Bildnachweis:
Die Bilder des Textteils: Rochssare Neromand-Soma
und Morten Hübbe
Coverfoto: Rochssare Neromand-Soma und Morten Hübbe
Kartenicon: © Stepmap GmbH, Berlin
Kartengestaltung: David Kippels

Bibliografische Information der Deutschen Bibliothek:
Die Deutsche Bibliothek verzeichnet diese Publikation in der deutschen Nationalbibliografie. Detaillierte bibliografische Daten sind im Internet über http://dnb.ddb.de abrufbar.

www.reiseliteratur-verlag.de
www.traveldiary.de

Umschlagentwurf und Layout: Jürgen Bold, Jens Freyler
Satz: Jens Freyler
Druck: Standartu Spaustuve

ISBN 978-3-944365-65-7

Morten Hübbe
Rochssare Neromand-Soma

Per Anhalter durch Südamerika

Zwei Jahre, 56.000 km, ein Kontinent

Prolog

Es gibt die unterschiedlichsten Gründe, warum Menschen zu Reisenden werden, warum sie ihr sicheres Heim verlassen und in die weite Welt hinausgehen. Warum sie ihre Komfortzone und ihren geregelten Alltag hinter sich lassen und ins Unbekannte aufbrechen. Wagemut spielt häufig eine Rolle, Sehnsucht, Fernweh oder gar die Suche nach dem eigenen Selbst und spiritueller Erweiterung. Manchmal ist Reisen auch einfach nur eine Flucht.

Für uns ist es nichts von alledem. Als wir unsere Reise planen, fühlen wir uns weder besonders mutig, noch suchen wir eine selbstreinigende Erfahrung. Was uns antreibt ist eine Neugier, ein Interesse an der Welt, das uns schon seit geraumer Zeit nicht mehr ruhig sitzen lässt. Wir wollen wissen, lernen und erfahren, sehen und spüren, wie das Leben am anderen Ende der Welt ist. Wir wollen Kulturen, Bräuchen, Menschen und Regionen begegnen. Wir wollen die Luft dort drüben riechen, Unbekanntem lauschen und den Geschmack der Fremde auf unserer Zunge schmecken. Wir wollen durch die Augen der anderen sehen. Auf ihr Leben und vielleicht auch auf unser eigenes.

Während sich Freunde und Bekannte zielstrebig um ihre Karrieren bemühen und versuchen Job und Familie unter einen Hut zu bringen, schlagen wir einen anderen Weg ein.

Die Aussicht auf eine 40-Stunden-Woche im Büro hat uns ehrlich gesagt noch nie gereizt. Zwar bewundern wir diejenigen, die sich damit arrangieren können, aber in unserer Lebensplanung ist dafür momentan kein Platz. So stoßen wir kurzum alles Materielle ab, was uns noch in Deutschland hält. Wir kündigen unsere Wohnungen, verkaufen unsere Möbel, verschenken unsere Klamotten. Unsere Planung ist rudimentär. Eigentlich nicht vorhanden. Wir wollen ein halbes Jahr unterwegs sein – vorerst.

In unserem Gepäck befinden sich zwei One-Way-Tickets nach Argentinien und eine unbändige Neugierde auf alles, was uns erwartet. Unser Geist ist hungrig und wir wollen ihn füttern.

Das Ziel heißt Südamerika. Inspiriert von großen Entdeckern wie Magellan, Humboldt und Darwin verschlingen wir unzählige Reiseberichte. Der entfernte Kontinent übt eine besondere Faszination auf uns aus. Schneebedeckte Berggipfel und karibische Strände, trockene Wüsten und tropischer Regenwald, menschenleere Weite und überfüllte Megastädte ziehen uns in ihren Bann.

Darüber hinaus ist Südamerika eines der wenigen Gebiete dieser Erde, durch das wir mit nur einer Sprache weit reisen können. Das ist uns wichtig, wollen wir doch neben all den atemberaubenden Landschaften vor allem die Menschen kennenlernen.
Letztendlich reisen wir zwei Jahre mit Autostopp und Couchsurfing durch alle südamerikanischen Länder. Solange es Land und Straßen gibt, so beschließen wir es vorab, wollen wir in kein Flugzeug steigen. Die Reise soll als solche erlebbar bleiben. Wir wollen die kleinen Veränderungen zwischen zwei Orten spüren, genauso wie die großen Veränderungen zwischen zwei Kulturen.
Vom ersten Tag an verlieben wir uns in den fernen Kontinent – in seine Menschen, in die faszinierende Natur und die städtebauliche Pracht. Jeder neue Kontakt, jedes neue Gespräch, jeder neu entdeckte Ort bestätigt uns.
Wir reisen langsam, lassen uns Zeit, genießen jeden Augenblick. Wir haben keinen Zeitplan, keine Termine. Allein die Neugier treibt uns vorwärts. Sie lässt uns aber auch inne halten und genauer hinsehen. Überall treffen wir auf freundliche Menschen, kommen mit ihnen ins Gespräch. Der Wert einer Reise, so wird uns schnell bewusst, wird an denjenigen gemessen, denen man begegnet.

Inhalt

ARGENTINIEN

Buenos Aires – La Boca und die Begeisterung

Und da kommen sie: Die Mannschaften betreten den Rasen. War die Stimmung auf den Rängen bisher lediglich eindrucksvoll, so steigert sie sich nun in pure Ekstase. Die rhythmischen Fangesänge, die aus dem wogenden blaugelben Fahnenmeer zu hören sind, wandeln sich in Sekundenbruchteilen in eine gefährlich brodelnde Brandung, die alles zu verschlingen droht.
Heute ist ein besonderes Spiel, spätestens jetzt ist es allen klar. Ein neuer Spieler steht im Aufgebot: Ein talentierter Junge von gerade einmal 20 Jahren und dennoch schon ein hoch dekorierter Sportler. Im letzten Jahr gewann er mit der U20 Argentiniens die Junioren-Weltmeisterschaft, wurde zum besten Spieler des Turniers gewählt und trägt nebenbei auch noch die Auszeichnung als bester Fußballer seines Landes und Südamerikas. Doch all das scheint ihn nicht weiter zu interessieren. Völlig ungehemmt spielt er in seinem ersten Spiel für die Boca Juniors in der ‚Bombonera' auf, erzielt zwei Tore und wird Jahre später als ‚die Hand Gottes' Weltruhm erreichen. Sein Name: Diego Armando Maradona. Für viele Argentinier der einzig wahre Fußballer auf dem Planeten.
Auch heute, mehr als 30 Jahre nach diesem denkwürdigen ersten Auftritt im Boca-Trikot, ist die Begeisterung für den Fußballer des 20. Jahrhunderts ungebrochen. Das Bild Maradonas prangt beinahe von jeder Häuserwand im Hafenviertel La Boca, der Heimstätte des Vereins. Hier im sozialschwachen Stadtteil steht nämlich die ‚Bombonera', das Stadion der Boca Juniors. Gegründet als Arbeiterverein, symbolisiert der erfolgreichste argentinische Fußballclub heute das Ideal eines gelungenen Aufstiegs innerhalb der Gesellschaft, weshalb viele seiner Anhänger vor allem in der armen Bevölkerungsschicht zu finden sind. Weder der Prunk des schicken Palermos im Norden Buenos Aires', noch der Charme des benachbarten San Telmos sind hier zu spüren. Selbst Argentinier raten davon ab, La Boca zu betreten: Überfälle seien an der Tagesordnung.
Die einzige Ausnahme bildet der ‚Caminito'. Im ‚Sträßchen', der touristischen Hauptattraktion La Bocas, reihen sich bunte Wellblechhäuser wie die Perlen einer Halskette aneinander und vermitteln das Bild eines fröhlichen und farbenfrohen Viertels, das es so wahrscheinlich nie gegeben hat. Ängstliche Touristen werden in Reisebussen direkt hierher gefahren und trauen sich kaum einen Schritt aus der Gasse heraus. Hier grüßt Diego Maradona gleich mehrfach als Figur aus Pappmaché von den Balkonen. Vom ersten Stock winkt er mit den anderen Nationalhelden Argentiniens: Che Guevara, Evita Duarte de Perón und Carlos Gardel. Unten verkaufen fahrende Händ-

ler Kunsthandwerk, und Europäer, die ihren Rucksack fest umklammert auf dem Bauch tragen, lassen sich in verführerischer Tangopose fotografieren. Alles wirkt hier unauthentisch: Die Kellner, die vor den unzähligen Restaurants in dieser kurzen Gasse um zahlende Kunden werben, die Tangotänzer auf den Terrassen der Gaststätten, die ihre Leidenschaft für diesen stolzen Tanz schon vor langer Zeit verloren haben und nur noch gelangweilt in die Weite starren, der Maradona-Doppelgänger, der lediglich dann freundlich lacht, wenn eine Kamera auf ihn gerichtet ist. Sie alle verdienen ihr Geld an den Touristen, die in Scharen hierher gekarrt werden, um drei Fotos zu machen und zusammen mit 500 anderen hungrigen Mäulern Mittag zu essen. Dann geht es zurück in den Bus und was bleibt sind Lügen der Erinnerung. Weder das gestellte Tangofoto noch die Umarmung mit Maradona waren echt.

Doch La Boca ist weit mehr als eine kleine betrügerische Straße. La Boca ist Begeisterung, ist Leidenschaft, ist Identifikation – zumindest wenn es um Fußball geht. Das blau-gelbe Trikot der Boca Juniors ist die Arbeitsuniform, der Paradeanzug und wahrscheinlich auch das Nachthemd jedes einzelnen Bewohners dieses Viertels. Es macht den Anschein, als ob jeden Tag ein Heimspiel wäre, so omnipräsent sind die Farben des Vereins. Doch was passiert, wenn Boca wirklich einmal zuhause spielt, ist fast nicht in Worte zu fassen. Von überall pilgern tausende und abertausende Fans in Richtung des Stadions. Wenn in einem der Stadtbusse mit 22 Sitzplätzen plötzlich 80 Boca Juniors Fans überschwänglich ihre Lieder singen, gegen die Innenwände trommeln, sich weit aus den Fenstern lehnen, auf und ab hüpfen und so den Bus bei voller Fahrt zum Schaukeln bringen, dann passiert ganz offensichtlich etwas Besonderes – Boca spielt.

Rund um die ‚Bombonera' geht es etwas beschaulicher, aber nicht weniger enthusiastisch zu. An jeder Ecke finden Expertengespräche statt und diejenigen, die es nicht bis ins Stadion geschafft haben, schauen in einer großen Traube die Liveübertragung auf einem Fernseher, den jemand zur Freude aller vor die Tür gestellt hat. Ich stelle mich einen Augenblick in die Menge und schaue dem Spielgeschehen zu. Boca greift an, ein Alleingang, ein Schuss – weit vorbei. Alle um mich herum stöhnen entsetzt über die vergebene Chance auf. „No es Maradona, lamentablemente" – „Leider ist er nicht Maradona", ächzt jemand hinter mir. Der hätte den Ball nämlich rein gemacht.

Sofort ist der Diego-Effekt da. Jeder hat eine eigene Geschichte zu erzählen, eine eigene Erinnerung, einen eigenen Diego-Moment. Die ehemalige Nummer 10 ist eine lebende Legende, an deren Nimbus ganz Argentinien arbeitet. So werden 10% umgangssprachlich ‚Diego' genannt und der Code

für Marihuana im Wert von 10 Peso heißt – wie sollte es anders sein – ‚Diego'.
Der Personenkult wird auch nicht durch Drogenskandale und kolossale Misserfolge als Trainer geschwächt. Diego ist und bleibt Diego – der mit Abstand beste Fußballer der Welt. Und so wird es auch weiterhin einen Doppelgänger im Caminito geben, Touristen werden weiterhin T-Shirts, Tassen und Schlüsselanhänger mit seinem Konterfei kaufen und irgendwann, irgendwann wird Diego vom 10-Peso-Schein lächeln. Ich glaube fest daran.

Gottes Segen und geschlossene Welten in Rosario

Mit einem klapprigen Zug verlassen wir Buenos Aires. Langsam rattern wir durch die Vororte der Megametropole, bis wir an der Endstation Zárate ankommen. Zárate ist klein, wie klein weiß ich nicht, aber Menschen mit Rucksäcken scheinen selten zu sein. Im Bus in Richtung Autobahn werden wir neugierig beäugt. Eine ältere Dame kann sich nicht zurückhalten, spricht uns an, fragt uns aus.
Am Ende des Gespräches haben wir ihren und Gottes Segen und den Ratschlag: „Kinder, passt auf euch auf! Die Zeiten sind nicht einfach!". Das macht Mut. Auf den letzten Metern zur Autobahn, die wir zu Fuß zurücklegen, ein ähnliches Bild. Der ältere Herr, der stolz zu erkennen gibt, dass er unseren Akzent grob als ‚europäisch' einstufen kann, gibt uns zwar Auskunft, schlägt aber, als er von unseren Plänen erfährt, per Anhalter durch das Land zu reisen, die Hände über dem Kopf zusammen, den er dabei gleichzeitig heftig schüttelt. Auch er schenkt uns Gottes Segen.
Bei so viel göttlichem Segen kann ja gar nichts mehr schiefgehen. Wir gehen weiter. Und tatsächlich: An der Autobahn Richtung Rosario hält nach unglaublichen zwei Minuten Carlos an. Ich habe mehr Zeit damit verbracht, liebevoll unser Pappschild zu beschriften, als wir auf eine Mitfahrgelegenheit warten müssen. Wir steigen ein. Carlos ist 30 und hat ein sehr rundes, aber nicht minder nettes Gesicht. Nur sein Auto macht mir Sorgen. Es klappert verdächtig, die Sicherheitsgurte funktionieren nicht und die beiden Seitenspiegel sind auch nicht vorhanden. Auf meinen inneren Notizzettel füge ich hinzu: „Nicht nur Zustand des Fahrers, sondern auch des Fahrzeuges begutachten". Auf den 250 km bis nach Rosario müssen wir vier Mal tanken. Warum wir dabei jedes Mal aus dem Auto aussteigen müssen, bleibt uns jedoch ein Rätsel.
Nichtsdestotrotz erreichen wir am frühen Abend Rosario, die drittgrößte Stadt des Landes. Direkt am Rio Paraná gelegen, sagt man Rosario nach, dass es die Stadt mit der höchsten Lebensqualität in Argentinien sei. Die für argentinische Verhältnisse beschauliche Einwohnerzahl von einer Million lässt dabei beinahe eine gemütliche Kleinstadtatmosphäre aufkommen.

Grillen – Kunst und Leidenschaft in Argentinien

Kurz nachdem wir von der Autobahn abfahren, sehen wir das größte Casino des Landes, welches dem mittlerweile verstorbenen Ex-Präsidenten Néstor Kirchner gehörte. Direkt neben dem Casino, wie paradox, ein Armenviertel, ein ‚Villa'. Die verschwenderische Beleuchtung des Casinos macht Kinder sichtbar, die in der Dämmerung barfuß im Müll spielen. Nach der Busfahrt ins Zentrum werden wir von unseren Couchsurfing-Hosts Flor und Pedro empfangen. Die beiden sind selbst ein Jahr per Anhalter und mit Couchsurfing durch Südamerika gereist und nehmen als Dank nun selbst fleißig Reisende bei sich auf. Die Wohnung der beiden begeisterten Musikstudenten und Musiklehrer ist übersät mit Instrumenten aus aller Herren Länder.

Am selben Abend werden wir direkt zu einer kleinen Feier des Karnevalvereins eingeladen, in dem Pedro singt. Die junge Gruppe bringt politische Satire in melodischer Form an das eh bereits karnevalverrückte Volk.

Am nächsten Tag sind wir gegen Mittag bei Flors Vater und seiner Frau zum Grillen eingeladen. Flors Vater wohnt in einem ‚Country'. Das ist genau das Gegenteil einer Villa. In einem Country wohnen die Reichen unter sich – mit „mehr Sicherheit", wie sie selbst betonen. Diese Art zu Leben sei eher der neuen Frau ihres Vaters zuzuschreiben, erzählt uns Flor. Lorena sei „sehr speziell". Ein Country, das sind etwa 200 große Villen mit großen Gärten und großen Autos davor. 200 Villen umgeben von einer Mauer. Mehrere Autos einer privaten Securityfirma fahren 24 Stunden am Tag im

Country Streife. Der riesige Eingang des Countrys erinnert an den Eingang eines Freizeitparks. Um reinzukommen, muss man beim Sicherheitspersonal seinen Namen angeben und die Person, zu der man möchte. Mit einem Telefonanruf wird dies dann überprüft. Wenn alles stimmt, darf man hinein. Hinein in eine andere Welt. Schöne Anekdote: Morgens fährt ein Junge auf dem Fahrrad durch das verschlossene Reichenviertel und wirft zusammengerollte Zeitungen in die gepflegten Vorgärten – wie in den schönen alten US-Filmen. Herrlich. Manche Menschen bezahlen anscheinend tatsächlich für ein Leben im eigenen Gefängnis.

Bei der Begrüßung und dem ersten Smalltalk mit Flors Vaters versuchen wir nicht gänzlich überwältigt auszusehen. Das Haus ist beeindruckend, genauso wie der riesige Berner Sennenhund ‚Khalef'. Bei den Kuschelversuchen des anhänglichen 50 kg schweren Kolosses verliert man ab und zu die Balance. Wir schließen ihn direkt ins Herz. Dann steigt Lorena die Stufen zu uns herab. Lorena ist ein bisschen zu dünn, ein bisschen zu sonnengebräunt und ein bisschen zu blond gefärbt. Ihre Schuhe, ihre Hose und ihr T-Shirt blenden uns im strahlendsten Weiß mit unauffälligen Tommy-Hilfiger-Emblemen. Doch der erste Eindruck trügt. Marcello und Lorena leben zwar in einer völlig anderen Welt, sind aber sehr zuvorkommend, hilfsbereit und humorvoll. Wir bekommen eine Einweisung in die argentinische Grillkunst und zaubern zusammen Köstliches auf die Teller.

Nach drei gemeinsamen Tagen mit Flor und Pedro wechseln wir unseren Host und wohnen nun bei Manuel. Gottes Segen verlässt uns nicht. Bereits im Auto eröffnet uns Manuel zwei gute Nachrichten. Erstens: Er wohnt in einer Großfamilie, und zweitens: Seine Eltern sind heute aus dem Brasilien-Urlaub wiedergekommen und es gibt ein großes Familienessen. Es wird natürlich gegrillt. Ganze Platten feinsten argentinischen Rindfleisches machen die Runde.

Am nächsten Tag lädt uns Manuels Vater zu einer Bootstour auf dem Rio Paraná ein. Im Motorboot der Familie cruisen wir über den Rio Paraná, der nur 5 Blocks vom Haus der Familie entfernt fließt. Erst in der beginnenden Dämmerung kehren wir zurück. Rosario im Abendlicht, vom Motorboot aus betrachtet, lässt uns sentimental unserem letzten Abend entgegenschippern, den wir gemeinsam mit Manuel und einigen seiner Freunde ausklingen lassen.

Mendoza und die Weingebiete

„Am Sonntag essen wir Asado, trinken Wein bis wir richtig voll sind und gehen dann um 18 Uhr ins Bett!“, so beschreibt Manuel, unserer Host in Mendoza, den Tagesablauf.

Was nach jugendlicher Unüberlegtheit klingt, sind die Worte eines Mitarbeiters der bekanntesten und teuersten Privatschule Mendozas. Und so sitzen wir auf der Dachterrasse, lassen jede Menge Malbec unsere Kehlen hinunterlaufen und verwirklichen diese Aussage. Dabei handelt es sich keineswegs um einen besonderen Tag. Es ist lediglich Sonntag – und wie jeden Sonntag sitzen Manuel und sein Lebensgefährte Ignacio in der Sonne und betrinken sich. Dieses Mal begleiten wir sie auf ihrer Reise hinein in den Rausch der Woche. Das ganze hat System: „Wenn du abends um 18 Uhr betrunken bist und schläfst, dann hast du richtig viel Zeit, um dich bis Montag früh auszuruhen", erklären die beiden ihre ganz eigene Taktik, um das Wochenende ausklingen zu lassen.
Mendoza, umringt von unzähligen Weingütern, die Weine in überzeugender Qualität produzieren, ist für diese Art der Freizeitgestaltung wohl der beste Ort in ganz Argentinien. Hier herrschen perfekte Bedingungen: Die Höhenlage von 700 bis 1.500 Metern sorgt für große Temperaturunterschiede zwischen Tag und Nacht und die mächtigen Gipfel der Anden schützen die Trauben vor zu viel Niederschlag. Natürlich bleibt unsere Sonntagsverkostung dieses regionalen Produktes nicht die einzige. Volle drei Tage widmen wir uns gänzlich dem edlen Tropfen. Zunächst machen wir uns auf den Weg ins Valle de Uco, ein nahegelegenes Tal, in dem nach Herzenslust und ohne Auflagen mit Wein experimentiert werden darf.
Aus diesem Grund tummeln sich hier Winzer aus Spanien, Frankreich, Holland, den USA, um immer neue Weine zu kreieren. In Tunuyán, einem Städtchen im Tal, bekommen wir in der ortsansässigen Touristeninformation eine Karte und jede Menge Material. Allerdings scheinen wir die allerersten Reisenden zu sein, die hier einkehren, denn der freundliche Mitarbeiter wirkt überaus aufgeregt, beschriftet unsere Karte, markiert Wege, malt Kreise, schraffiert Flächen, setzt Verweise. Am Ende ist von der eigentlichen Karte nicht mehr viel zu erkennen, stattdessen kreuzen sich jede Menge Striche und Linien, die der Kugelschreiber auf dem Papier hinterlassen hat. Verwirrt von all dem entledigen wir uns dieses Zettels und entscheiden uns für einen Besuch der Bodega Salentein – Weinverkostung inklusive.
Dabei lernen wir, wie eine professionelle ‚Degustación' abläuft: Zuerst wird das Glas geschwenkt, um die alkoholischen Dämpfe zu verflüchtigen, um dann die Nase tief ins Glas zu halten und zu schnuppern. Dann kommt die Farbe: Je heller der Wein, desto älter. Beim Verkosten des Weines erklärt uns der Winzer, was wir schmecken sollten: Marmelade, Kaffee, Nuss. Er hätte auch Gras, Leder und Teer sagen können, so vielfältig schmeckt Wein.
Dieses neu erlernte Wissen wenden wir am Folgetag gekonnt an. In Maipú, einem Vorort Mendozas, der sich selbst als ‚Wiege des Rebstocks' bezeichnet,

leihen wir uns ein Tandem und erkunden die ländliche Umgebung. Naja, eigentlich fahren wir von Bodega zu Bodega, verzichten auf die Führungen und kommen gleich zum Wein. Bei herrlichem Sonnenschein und einem Blick auf die Anden, der einfach unbeschreiblich ist, trinken wir ein Glas nach dem anderen, bis wir, fünf Bodegas bereits hinter uns, völlig betrunken auch das letzte Weingut verlassen.

Und dort neben unserem Tandem sitzt ein Polizist auf seinem Motorrad, ganz offensichtlich auf uns wartend. Doch er sagt kein Wort, spricht nicht, als wir unser Gefährt sicherheitshalber ein paar Meter weiter weg schieben, nicht, als wir beschließen, etwas zu essen um Zeit zu gewinnen und auch nicht, als wir endlich aufsteigen und losfahren. Aber er begleitet uns: Etwa eine Stunde fährt er im Schneckentempo hinter uns her. Unbeirrt bleibt er hinter uns, bis wir das Zentrum Maipús erreichen. Und dann ist er genauso plötzlich weg, wie er gekommen ist.

Den Abend verbringen wir mit Manuel und Ignacio, essen selbstgemachte Empanadas, mit Hackfleisch, Zwiebeln und Ei gefüllte Teigtaschen, und trinken selbstverständlich noch mehr Wein aus Maipú.

Doch Wein ist nicht die einzige Attraktion der Gegend. Ein paar Autostunden von Mendoza entfernt erhebt sich der Superlativ Amerikas: der Aconcagua. Seine 6.962 Meter machen ihn zum höchsten Berg des Planeten - zumindest außerhalb Asiens. Mit dem Bus fahren wir von Mendoza bis hinein in die andine Welt. Was wir beim Einsteigen in Mendoza nicht bedenken: Hier auf 3.000 Metern Höhe ist es verdammt kalt. Um uns herum ist nichts außer Berge, Schnee und Eis.

Völlig durchgefroren erreichen wir den Parque Provincial Aconcagua und machen uns auf zum Aussichtspunkt. Es ist der einzige offene Rundweg im Juni, mitten im Winter. Auf dem Weg fährt ein Ranger an uns vorbei, bremst, und klärt uns in lässigem Ton darüber auf, dass fünf bis sechs Wildhunde in der Nähe seien. Nichts zur Beunruhigung, aber „cuidado“ – „Vorsicht“. Spätestens jetzt wissen wir, dass wir in der Wildnis angekommen sind.

Und tatsächlich begegnen uns kurz vor dem Aussichtspunkt einige dieser Vierbeiner. In gegenseitigem Respekt kreuzen sich unsere Wege, ohne dass wir sie aus den Augen lassen. Und dann sind sie auch schon weg. Vom Aussichtspunkt, einem kleinen Hügel, öffnet sich ein freier Blick auf den massiven Berg. Seine zerklüftete Südwand, die Gletscher an den Hängen und die Schneestürme, die über seinem Gipfel tosen und wie riesige Wolken aussehen, lassen uns ungläubig staunen. Der Aconcagua – der ‚steinerne Wächter‘, war für die Inka ein heiliger Berg, ein zeremonieller Ort, und auch wir halten einen Moment inne und genießen die Aussicht, bevor wir uns bibbernd und zitternd auf den Rückweg machen.

Grüne Riesen und die Pampa – Reise durch die Valles Calchaquíes

Die Schönheiten eines Landes haben gelegentlich einen kleinen Haken: Sie liegen dort, wo sonst nichts ist; wo es keine Menschen und schon gar keinen Verkehr gibt. Es sind abgelegene Orte, die man, wenn überhaupt, nur sehr schwer erreicht. Genau aus diesem Grund besitzen sie eine außergewöhnliche Ausstrahlung.

Sie vermitteln das Gefühl, ihre Schönheit mit niemandem sonst teilen zu müssen. Zu diesen Orten gehören die Valles Calchaquíes südlich von Salta, im Nordwesten Argentiniens. Über 300 Kilometer erstreckt sich diese Kette mehrerer zusammenhängender Täler, die allesamt von der berühmten Ruta 40 durchzogen werden. Die Ruta 40 ist die längste Straße Argentiniens und durchmisst das Land von Süden nach Norden auf 5.224 Kilometern.

Von Salta aus machen wir uns zunächst mit dem Mietwagen auf den Weg in Richtung Cachi, einen kleinen Ort in den Valles. Die Strecke dorthin ist schlichtweg atemberaubend und gehört wahrscheinlich zu den schönsten und vielfältigsten der Erde. Zu Beginn fahren wir durch eine erdig beigebraune Landschaft. Trockene Sträucher säumen die Straße und von den Hängen der Berge winken uns nun riesige Kakteen mit ihren stacheligen Armen zu. Immer wieder halten wir an, um einen dieser beeindruckenden Weggefährten genauer zu betrachten.

Die Straße haben wir bereits lange hinter uns gelassen und folgen mittlerweile einer staubigen Piste, die sich immer höher und höher um die uns umgebenden Berge windet. Wir schauen hinab ins Tal, das mit seinem saftigen Grün einen krassen Gegensatz zur kargen Vegetation hier oben bietet. Die Kakteen verschwinden nun und die Vegetation wird deutlich niedriger. Gräser, Farne und kleine Sträucher prägen die Landschaft. Hier über dem Tal bläst uns ein starker Wind um die Ohren.

Wenig später erreichen wir das nächste Microklima: Wir sind mitten in der Pampa – der Pampa Cachi – eine trockene Hochebene auf 3.000 bis 4.000 Metern Höhe. Hier ist es offensichtlich lebensfeindlich.

Der Wind wandelt sich in einen Sturm und fegt die trockene Erde in riesigen, sandigen Wolken über das Hochland. Trockene Sträucher fliegen, zu Ballen verkümmert, über die Straße, während unser getrübtes Auge, außer der flachen Ebene und aufgewirbeltem Sand kaum etwas zu sehen vermag.

Immer weiter dringen wir in diese Einöde vor und plötzlich sind sie wieder da: die großen Winker am Wegesrand. Die endlose Kakteenwüste des Parque Nacional El Cardón erstreckt sich nun vor uns. Soweit wir sehen können, nichts als Kakteen.

So fahren wir weiter und weiter bis irgendwann die schneeweißen Häuser Cachis vor uns auftauchen. Der Sandsturm tost hier immer noch unablässig.

Die Umrisse und Formen der umliegenden Felsen verschwimmen vor unseren Augen und die Welt versteckt sich hinter einem beige-braunen Schleier aus Sand, Erde und Staub, der alles, aber auch alles einhüllt und kaum etwas eindeutig Erkennbares preisgibt. Selbst der Nevado de Cachi, ein 6.380 Meter hoher Berg direkt hinter dem Ort, ist nur noch zu erahnen.
Unseren Schlafplatz finden wir in San José, einige Kilometer weiter auf der Ruta 40. Dieser Ort, mit seinen 10 Häusern eigentlich viel zu klein, um ihn als Dorf zu bezeichnen, besitzt wie selbstverständlich eine Kirche und davor ein hübsche Plaza, die uns als Nachtlager dient.
Am nächsten Morgen machen wir uns auf den Weg nach Cafayate. Der Schleier aus Sand und Sturm hat sich gelegt. Die Straße führt uns weiter durch trockene Landstriche und vorbei an bizarren Felsformationen und scharfkantigen Gebirgsrücken, bis wir unser Ziel erreichen. In Cafayate angekommen machen wir das, was man in Argentiniens zweiter Weinhauptstadt (nach Mendoza) so macht: Vier Bodegas und mehrere Gläser Wein später sitzen wir auf einer Bank an der Plaza und genießen das Nichtstun. Hier im höchsten Weinanbaugebiet der Welt tickt die Uhr ein wenig langsamer. Die Abgeschiedenheit ist deutlich spürbar. Hektik scheint in Cafayate eine unbekannte Größe zu sein. Und auch wir kommen schnell in einen entspannenden Trott und kehren erst am nächsten Tag zurück nach Salta.

Kakteenlandschaft im Nationalpark ‚El Cardón'

Uruguay

Montevideo und die Völlerei am Muttertag

Seit einer Stunde stehen wir am Straßenrand kurz hinter Rosario und warten darauf, dass ein gut gelaunter LKW-Fahrer anhält oder wir gnädigerweise in einem PKW mitfahren dürfen.
Aber nichts passiert. Ab und an wird uns aus den vorbeifahrenden Autos „Suerte“ – „Viel Glück“ zugerufen. Andere lachen einfach über unser ‚Uruguay‘-Schild und auch wir sehen irgendwann ein, dass die 370 Kilometer bis zur Grenze zwischen Argentinien und seinem kleineren Nachbarstaat nicht so einfach zu überwinden sind. Ein neues Schild muss her. Unser Ziel heißt jetzt ‚Victoria‘. Und nur wenige Minuten später haben wir Glück. Ein Camionero, ein Lastwagenfahrer, nimmt uns mit.
Sein Haus, wie er die Kabine des Trucks nennt, entspricht ziemlich genau dem Bild einer Junggesellenwohnung. Überall liegen Kleidungsstücke wild verstreut. Es gibt einen Karton für Mate, dem wohl traditionellsten Getränk in Argentinien, mitsamt der Thermoskanne und Yerba, allerdings keinen für Abfall, weshalb allerlei Papier und Plastik den Boden bedeckt. Kurz vor Victoria steigen wir aus.
Die nächste Mitfahrgelegenheit ist ein alter Lastwagen – und in die Jahre gekommen ist auch sein Fahrer. Nach all der Zeit, in der die beiden zusammen über die südamerikanischen Straßen von Ushuaia bis nach Lima, von Valparaíso bis nach Montevideo fuhren, scheint eine Verbindung zwischen Mann und Auto entstanden zu sein. Die Zähne des einen klappern wie die Türen des anderen und die schwarze Abgaswolke draußen ist ähnlich giftig wie die Gase des Camioneros im Inneren. Letztere kommentiert der alte Herr selbst gerne mit den Worten „was für ein Gestank“. Und so fahren wir dahin, durch die Weiten des argentinischen Campos. Immer ein bisschen Glück im Gepäck, aber auch immer mit einer Überraschung rechnend. Das ‚Uruguay‘-Schild kommt heute nicht mehr zum Einsatz. An einem Tag von Rosario bis nach Montevideo vorzudringen, war wohl etwas zu optimistisch kalkuliert. Wir übernachten in Gualeguaychú, einem kleinen Ort nahe der Grenze.
Am nächsten Morgen erreichen wir Uruguay. Eine besondere Eigenheit des Reisens per Anhalter ist, an Orten zu sein, die normalerweise kein Tourist zu sehen bekommt. Das klingt zunächst sehr romantisch, entpuppt sich in der Realität aber gelegentlich auch als frustrierend. Wer schon mal mitten im uruguayischen Nichts zwei Stunden in einem kleinen Ort namens Cardoná auf eine Mitfahrgelegenheit warten musste, weiß wovon ich spreche. Doch auch aus dem Nichts führt ein Weg heraus. Martín hält für uns an. Er ist 23 und fährt einen sehr gut gepflegten und ordentlich aufgeräum-

ten LKW. Martín kommt aus Montevideo, sitzt seit dem er denken kann hinterm Steuer und kann Argentinier nicht leiden. „Das sind alles Lügner, Heuchler und Egoisten“, sagt er – und sowieso ist in Uruguay alles besser. Wir werden sehen.
In Montevideo angekommen, bietet uns Mario eine Couch. Der 64-jährige, von Beruf Reiseführer in Montevideo, hat schlechte Nachrichten zu verkünden. Zum einen ist seine Tochter zu Besuch, weshalb er für uns zwei Matratzen in sein Arbeitszimmer legt, und zum anderen hat er eigentlich gar keine Zeit, um Gäste aufzunehmen. Nach einem deftigen Abendessen verkündet uns Mario am nächsten Morgen außerdem, dass die Notlösung von letzter Nacht zu viel Platz in Anspruch nimmt und wir uns für den nächsten Tag eine neue Bleibe suchen sollten. Wir lassen uns von dem kleinen Rausschmiss nicht irritieren und spazieren tagsüber durch Montevideo. Die Altstadt liegt auf einer kleinen Landzunge und ist von beiden Seiten vom Wasser umspült. Zwischen den Häusern blickt man stets auf den Rio de La Plata oder den Hafen herab. Viel mehr gibt es jedoch nicht zu entdecken. Montevideo besticht vor allem durch provinziellen Kleinstadtcharme.
Gegen Abend kehren wir zu Mario zurück, trinken Wein und lassen uns von Uruguays Sehenswürdigkeiten berichten. Mario weiß natürlich jede Menge zu erzählen und um seine Kehle nicht austrocknen zu lassen, schenkt er sich regelmäßig nach. Irgendwann zeigt das Wirkung und Mario ist ein bisschen betrunken, wird sentimental und lässt es sich nicht nehmen, uns Fotos von seinen Urlaubsreisen und seiner Familie zu zeigen. Wir sitzen in seinem Arbeitszimmer – das sowohl unser Schlafzimmer als auch sein Rauchersalon ist. Zwei Stunden und zwei Zigarettenschachteln später schlafen wir vollgepackt mit Informationen ein.
Am nächsten Morgen treffen wir uns mit unseren neuen Gastgebern. Die beiden Studenten Vero und Nico laden uns in ihre kleine Wohnung mitten im Stadtzentrum ein. Doch dort bleiben wir nicht lange. Schon am nächsten Tag fahren wir hinaus aufs Land und besuchen Veros Eltern. Es ist Muttertag und das wird in Uruguay gebührend gefeiert.

Seit über vier Monaten sind wir bereits in Südamerika. In Argentinien, das dafür berüchtigt ist, furchtbares Spanisch zu sprechen, haben wir uns der Herausforderung gestellt und eine Sprachschule besucht. Ausgerechnet in Córdoba, in einer Region, in der nicht gesprochen, sondern gesungen wird, lernen wir unsere ersten spanischen Sätze. Danach arbeiteten wir drei Monate in Buenos Aires, der Stadt, die für den schlechten Ruf der argentinischen Sprache verantwortlich ist. Hier wird nur gezischt, genuschelt, geschrien und geflucht. Dennoch können wir uns mittlerweile annähernd

problemlos verständigen. Aber das, was auf dem uruguayischen Land gesprochen wird, gibt uns Rätsel auf. Wir brauchen einige Zeit, um auch nur erahnen zu können, worum es in den Gesprächen geht.
Kurz vor dem Mittag beginnt das Essen. Zunächst serviert uns die Mutter Quiche, dann gibt es den Hauptgang. Natürlich Asado – mit jeder Menge Fleisch. Obwohl bereits jetzt schon niemand mehr essen kann, lässt es sich Veros Vater nicht nehmen, jedem immer noch ein weiteres „kleines" Stück Fleisch auf den Teller zu legen, während seine Frau ihn mit einem animierenden „Esst, esst reichlich, ihr könnt doch noch nicht satt sein" unterstützt. Danach gibt es eine riesige Torte, gefüllt mit Dulce de Leche – einer Spezialität Uruguays, eine Creme aus karamellisiertem Zucker. Wenige Augenblicke später geht es weiter mit frisch gebackener Pizza und anschließend noch Gebäck und Kuchen. Unterbrochen wird diese mehrstündige Fressorgie nur von einem Verdauungsspaziergang, der jedoch keine Wirkung zeigt. Vero hatte uns zwar gewarnt, aber soviel Essen auf einem Haufen haben wir noch nie gesehen. Zu guter Letzt gibt es für alle eine Runde Verdauungstee.

Rinderhoden auf Brot und ein Bauernhof irgendwo in Uruguay

„Nein, nein, ich bin kein Gaucho." Ignacio muss lachen. „Ich verdiene doch viel mehr." Trotzdem macht es dem Anschein nach keinen allzu großen Unterschied. In seinen weiten Campo-Hosen, dem großen Messer hinten am Bund und der obligatorischen Mütze könnte Ignacio glatt als ein uruguayischer Gaucho durchgehen.
Unsere Couch für die nächsten Tage ist ein Bauernhof irgendwo in Uruguay. Ignacio ist 28 und Supervisor für das 1.200 Hektar große Grundstück. Ein kleiner Hof für Uruguays Verhältnisse, sagt er. Neben den drei Millionen Einwohnern Uruguays bevölkern nämlich rund zwölf Millionen Rinder das kleine Land – im Falle von Ignacio sind es Milchkühe. Der Arbeitstag unseres Gastgebers beginnt morgens um 5:30 Uhr und endet gegen 19 Uhr. Dann sitzt Ignacio an seinem Kamin, klimpert ein bisschen auf seiner Gitarre und genießt seinen Feierabend. Ignacio besitzt keine Töpfe und Pfannen. Braucht er auch nicht. Ignacio grillt. Abends stellt er ein kleines Rost in seinen Kamin und grillt Fleisch. Dazu gibt es Mate oder auch mal einen Wein. Morgens gibt es frisch gemolkene Milch und Brot.
Auf dem Bauernhof, einige Kilometer von der Kleinstadt Rocha entfernt, lebt und arbeitet er seit zwei Monaten. Sein karges Wohnzimmer strahlt den Charme eines alten Landhauses aus. Die Möbel seien noch von dem alten Mann, der hier vor ihm gelebt hat. Über dem Kamin, an der schon gelblich verfärbten Wand, hängt ein altes Jagdgewehr. Daneben der Rost für das Fleisch und ein Teekessel für die Zubereitung des Mates. Eine alte Glasvi-

trine mit einem in die Jahre gekommenen Teeservice zeugt vom ländlichen Leben, wie es früher einmal gewesen sein muss.

Wir dürfen Ignacios Alltag für einige Tage begleiten. Er nimmt uns mit auf seinen Rundgang durch die Anbauflächen. „Ihr schaut in die Weite und ich schau auf den Boden", erklärt er uns bereits im Vorfeld, wie die nächsten Stunden ablaufen werden. Und so kommt es. Während wir bei milden Temperaturen unseren Blick über die weichen grünen Hügel und die endlos erscheinende Landschaft schweifen lassen, beäugt Ignacio kritisch den Boden. Seit zwei Monaten hat es nicht mehr geregnet. Mit auf dem Rücken gekreuzten Händen stapft Ignacio weiter über die Felder. Mal vor Freude strahlend – eine neue Grassorte, die er auf dem Hof eingeführt hat, gedeiht prächtig – mal mit besorgniserregendem Blick – einige Hügel sind aufgrund der langen regenlosen Zeit völlig verdorrt.

Um unseren Weg querfeldein fortsetzen zu können, robben wir bäuchlings unter elektrisch geladenen Zäunen hindurch und springen über Wasserstellen. Wir sehen neben von Aasfressern sauber abgenagten Knochen auch eine verendete Kuh. Der Verwesungsprozess ist deutlich wahrnehmbar. Aufsteigendes Gas tritt aus dem leblosen Körper. Artigas, ein Mitarbeiter Ignacios, kommt uns auf dem Pferd entgegen. Auch er trägt sein großes Messer hinten am Gürtel. Gemeinsam besprechen sie den Zustand der Weideflachen.

Abends sehen wir einen Auftritt des jungen Orchesters von Uruguay, welches Stücke von Mozart, Wagner und Tschaikowski spielt. Ignacio ist völlig

Bauernhof in Rocha

begeistert. Es ist eine der wenigen Veranstaltungen, die seinen Ansprüchen gerecht werden. Der passionierte Theatergänger beschwert sich über den Mangel an kulturellen Veranstaltungen in Rocha. Es gäbe nicht mal ein Theater, schimpft er. „40.000 Einwohner und keiner interessiert sich für Kultur!" Ein für ihn unfassbarer Umstand.

Zurück auf der Farm sitzen wir nach Sonnenuntergang gemeinsam an seinem Kamin und grillen unser Abendessen. Heute gibt es eine Flasche Wein dazu.

Zwei Tage später werden die jungen Kälber markiert, enthornt und kastriert. Aus der Ferne hören wir die Verzweiflung der Tiere, die Rufe der Männer und riechen Verbranntes. Nach ein paar Stunden holt uns Ignacio zum Mittagessen ab. Sein Hemd ist zerrissen und mit dem Blut der Kälber bespritzt. Schelmisch grinsend führt er uns aufs Feld, dorthin wo die Jungbullen kastriert werden. Die Beute der Bauern wird direkt vor Ort, im nun leeren Gehege, auf einer improvisierten Feuerstelle gegrillt. Es gibt Rinderhoden auf Brot.

Ignacio und die auf dem Hof arbeitende Familie – Artigas mit seiner Frau und den drei Söhnen – sitzen auf einer Holzbank und langen kräftig zu. Wir zögern einen Augenblick, setzen uns dann jedoch dazu. Rinderhoden-Sandwich?! „Wenn ihr das jetzt nicht probiert, werdet ihr es nie probieren", sagt Ignacio. Wir geben ihm Recht und gönnen uns den kleinen Snack. Artigas schmunzelt über unsere zögerlichen Bissen. Für ihn sind frische Rinderhoden eine Delikatesse. Und wie so vieles, schmeckt es auch nur nach Hühnchen. Nach dem Essen und einer Einführung im Lasso werfen, machen wir uns lieber wieder auf den Rückweg. Der zweite Schub Kälber kommt zur Kastration.

Am Abend gehen wir Ignacio beim Eintreiben der Kühe zur Hand. Unsere Aufgabe: Den Kühen den Weg versperren, in die Hände klatschen und „Afuera vaca" – „Weg mit dir, Kuh" brüllen. Klingt eigentlich ganz einfach. Der Erfolg gibt uns aber nur teilweise Recht. Eine junge Kuh kann fliehen, läuft Richtung Straße und Ignacio wie verrückt hinterher. Während mich bereits unbeschreibliche Schuldgefühle überkommen, galoppiert Artigas auf dem Rücken eines Pferdes herbei und kann zum Glück die Situation retten bevor die Kuh für immer verschwindet. Menos mal – Schwein gehabt!

Obwohl man Ignacio die Freude an der Arbeit auf dem Land ansieht, frage ich ihn an unserem letzten Abend, ob er sich denn nicht manchmal einsam fühlt, alleine an seinem Kamin. Ignacio lacht wieder: „Weißt du, wenn ich morgens aufwache, sehe ich die Sonne über diesen Bergen aufgehen. Das reicht schon, um den Rest des Tages glücklich zu sein."

Strahlende Sterne und wildes Wasser – Uruguays Atlantikküste

Stotternd und stockend kommt unsere Mitfahrgelegenheit auf der sandigen Straße zum Stehen. Wir sind in Valizas, einem kleinen Fischerdorf an der Atlantikküste Uruguays. Was uns hierher verschlagen hat, wissen wir selbst nicht genau.

Auf den meisten Landkarten Uruguays sucht man Valizas vergeblich. Zu klein und zu unbedeutend ist der Ort mit seinen 200 Einwohnern. Doch wir sind froh, hier aussteigen zu können, denn die ältere Dame hinter dem Steuer des Kleinwagens, die uns bis hierher bringt, besitzt keine Fahrerlaubnis. Sie fährt uns, wie sie sagt, um ein bisschen zu üben. Außerdem erzählt sie irgendeine Geschichte, die wir nicht ganz verstehen: Offensichtlich ist sie mit dem deutschen Kaiser verwandt. Wir steigen aus Sicherheitsgründen aus.

Auf der Hauptstraße stellen wir bald fest, dass es in Valizas nichts gibt, was unsere Aufmerksamkeit erregt. Während die Häuser entlang unseres Weges noch mehr oder weniger geordnet nebeneinander stehen, wirken die Hütten dahinter und in unmittelbarer Strandnähe, als seien sie wahllos durcheinandergewürfelt worden. Ein paar Hunde kreuzen unseren Weg genauso wie ein, zwei Menschen, aber sonst ist niemand zu sehen. Unsere Gastgeberin für die nächsten Tage ist Cecilia mit ihren zwei Kindern. Unsere Unterkunft ist ein Strandhaus mit Blick auf die Wanderdünen und den Ozean. Valizas ist touristisch noch sehr unerschlossen. Zwar gibt es ein Hostel und einige Restaurants, aber zu dieser Jahreszeit im Mai, beinahe Winter, ist alles geschlossen. Einzig ‚Rabuk', eine Gaststätte, ist geöffnet und Treffpunkt der Einheimischen.

Wir machen uns auf zum Strand – mehr gibt es auch nicht zu tun. Dunkle Wolken hängen tief über dem hin und her wogenden Meer. Möwen ziehen kreischend ihre Runden und ganz weit weg, nur als kleiner Punkt wahrnehmbar, treibt ein Fischerboot auf den Wellen. Täglich fahren die Männer hinaus, um ihre Netze auszuwerfen und sie am nächsten Morgen wieder einzuholen. Das erzählt uns einer von ihnen, während wir gemeinsam sein Boot an Land befördern. Wir laufen eine Weile den Strand entlang und werden dabei von zwei Hunden begleitet, die uns für den Rest unseres Aufenthaltes in Valizas nicht mehr verlassen werden. ‚Pilsen' gehört eigentlich dem Nachbarn Cecilias und ‚Fleischpastete', nun ja, ‚Fleischpastete' gehört wohl irgendwie zu uns.

Am nächsten Tag brechen wir ins sieben Kilometer entfernte Cabo Polonio auf. Zwischen riesigen Dünen, immer parallel zur rauschenden Uferbrandung, laufen wir Richtung Süden. Mit dabei: ‚Fleischpastete'. Nachdem

Cabo Polonio

wir ihm tags zuvor heimlich etwas von ‚Pilsens' Futter zu fressen gaben, weicht er nicht mehr von unserer Seite und wir nehmen seine Begleitung gerne an. Nach zwei Stunden befinden wir uns im Nirgendwo der uruguayischen Atlantikküste. Sand und nichts als Sand umgibt uns, türmt sich auf, weht in unsere Gesichter, erschwert das Vorwärtskommen. Und daneben der unendliche Atlantik, dessen grau-blaues Wasser sich in unermesslicher Weite öffnet, um am Horizont mit dem Himmel zu verschmelzen: bedrohlich und melancholisch zugleich.

Nach mehreren Stunden erreichen wir unser Ziel – Cabo Polonio. Dieser Ort, nicht einmal als Dorf zu bezeichnen, befindet sich auf einer Landspitze, die von drei Seiten vom Ozean umspült wird. Cabo Polonio ist Teil des gleichnamigen Nationalparks und nur mit allradbetriebenen Fahrzeugen zu erreichen, wenn man nicht gerade, so wie wir, zu Fuß anreist. Der Ort ist winzig und das hat seinen Grund. Nicht viele Menschen können dauerhaft mit den Bedingungen leben, die hier geboten werden. Cabo ist isoliert von beinahe jedem modernen Schnickschnack. Es gibt kein Internet, keinen Strom, keine Infrastruktur. Dafür haben die meisten Häuser, die wild um den Leuchtturm verstreut sind, einen Brunnen vor der Haustür. Solarzellen, Windräder und Generatoren sorgen dafür, dass das Radio läuft und ab und an auch mal eine Glühbirne leuchtet.

Permanent wohnen etwa 30 Personen in Cabo. Einer von ihnen ist Jorge, in dessen Hostel wir übernachten. Jorges Alltag besteht im Wesentlichen

aus zwei Dingen. Jeden morgen schnappt er sich eine Angel, geht die paar Meter ans Wasser, wirft die Angel aus und schaut raus aufs Meer. So steht er da, mit seiner verwaschenen Schirmmütze auf dem Kopf, den Füßen in den olivgrünen Gummistiefeln und den Händen in den ausgebeulten Hosentaschen seiner Cargohose. Ab und an gesellt sich jemand zu ihm, spricht ein paar Worte oder auch nicht und geht wieder. Aber Jorge bleibt. Unbeirrt und unverwüstlich schaut er hinaus auf den Ozean – oftmals stundenlang. Ich glaube, dass Jorge in dieser Zeit nicht mehr Jorge ist. Er ist Sand, ist Wasser, ist Wind, ist vielleicht sogar der Fisch, den er versucht zu fangen.
In diesen Momenten hat sich Jorge, obwohl seine physische Gestalt noch immer da ist, aufgelöst. Einmal bewegt er sich dennoch, ist wieder vollständig Jorge aus Cabo Polonio, kommt auf uns zu und zeigt aufs Wasser: „Miren!" – „Schaut!" Und dort, keine 50 Meter vom Ufer entfernt, schwimmen zwei Delphine. Wir sehen ihre Rückenflossen immer wieder zwischen den Wellen auftauchen. Heute fängt Jorge keinen Fisch mehr, die tierische Konkurrenz macht seine Chancen zunichte. Doch Jorge bleibt gelassen. „Dann eben an einem anderen Tag", sagt er und kümmert sich um das Mittagessen Lunas, ein Straßenhund-Welpe undefinierbarer Rasse.
Direkt unterhalb des Leuchtturms befindet sich Cabos Hauptattraktion. Dort auf dem felsigen Ufer ist der Ruheplatz einer Kolonie Seelöwen, die meist faul herumliegen und nur ab und an ihre Nasen in den Wind stecken.
Im Sommer, wenn das Quecksilber im Thermometer auf 30°C steigt, füllt sich Cabo mit Touristen, Sonnenanbetern und Surfern. Sie alle haben von diesem Ort gehört und wollen ein Stück unberührte Natur ergattern, wollen Teil von dem sein, was für eine Woche ganz romantisch klingt. In dieser Zeit verhundertfacht sich die Bevölkerungszahl und aus aller Welt kommen Gäste. Obwohl Jorge mit seinem Hostel von genau dieser Urlaubszeit lebt, zieht er den Winter und die gefühlte Einsamkeit vor. Seit 12 Jahren lebt er mittlerweile hier, und wenn man ihn sieht, fällt es nicht schwer zu glauben, dass er an diesem Ort seinen Seelenfrieden gefunden hat.
Auch wir lassen uns von der Magie Cabos verführen, genießen die Ruhe, nehmen Sonne, Sand und Wasser in uns auf. Über Uruguays Küste heißt es, dass alle Orte gleich seien, dass es eigentlich keinen Unterschied mache, wohin man gehe. Tatsächlich ist Cabo Polonio, zumindest im Winter, die Ausnahme. Nicht nur am Tag sondern auch nach Sonnenuntergang. Dann nämlich strahlen Millionen und Abermillionen Sterne, deren Anblick durch keine auch noch so kleine künstliche Lichtquelle getrübt wird auf die Erde herab. In dieser Zeit beleuchtet Jorge sein Hostel mit Kerzen. Auf der Terrasse, in der Küche, im Bad – überall flackert ein kleines Feuer und sorgt so für ein wenig Licht in der Dunkelheit der Nacht, in der sogar der Lichtke-

gel über dem einige Kilometer entfernten Valizas wie der einer Großstadt erscheint.
Nach zwei Tagen verlassen wir Cabo Polonio so, wie die meisten Touristen den Ort erreichen – auf der Ladefläche eines russischen LKWs, der außerdem über einen Ausguck wie bei einer Safari verfügt. Während der halbstündigen Fahrt werden wir ganz schön durchgerüttelt. Auf und ab, die Dünen hoch und wieder runter bahnt sich der Transporter seinen Weg bis wir endlich eine befestigte Straße zurück nach Valizas erreichen.

Tacuarembó, die Hutmacher und andere Verrückte

Die Sache ist wie folgt zu erklären. Eigentlich geschah dies alles aus einem einzigen Grund.
In Uruguay leben drei Millionen Menschen. Zwei Millionen davon in und um Montevideo. Eine weitere Million schlängelt sich an der langen Küste Uruguays entlang. Es stellt sich also die Frage: Wer oder was tummelt sich im Inneren des Landes, im Großteil Uruguays?! Um genau dies herauszufinden machen wir uns auf den Weg. Unser Ziel lautet: Tacuarembó. Das liegt ziemlich genau in der Mitte und außerdem klingt der Name vielversprechend. Grund genug für uns, einen kleinen Abstecher dorthin zu wagen.
Direkt zu Beginn ergeben sich jedoch Probleme. Es gibt keine Verbindungswege, keine Straßen nach Tacuarembó. Um von der Küste in den kleinen Ort zu gelangen, haben wir eine lange Reise vor uns. Doch vor solchen Schwierigkeiten schrecken wir nicht zurück. So kommt es, dass unsere Reise zunächst gen Nordosten führt, nach Chuy, der Grenzstadt zu Brasilien. Die Grenze verläuft mitten durch die Stadt hindurch. An der großen Hauptstraße, der Avenida Uruguai, spricht man auf der einen Seite Spanisch und auf der anderen Seite Portugiesisch. Und zwar ausschließlich.
In einer Stadt, in der Nachbarn aufgrund von Sprachbarrieren nicht miteinander kommunizieren können, bleiben wir, um uns am nächsten Tag auf den Weg ins Landesinnere zu machen. Der kaum vorhandene, nicht erwähnenswerte Verkehr und die schlechten Straßen machen uns mürbe. Über die Städte Treinta y Tres und Melo kommen wir nach insgesamt drei Tagen in Tacuarembó an.
Bereits auf dem Weg wird uns einiges klar. Zwischen Treinta y Tres, Melo und Tacuarembó, Städten, zwischen denen jeweils mehr als 100 Kilometer liegen, gibt es absolut gar nichts. Nicht mal die sonst so üblichen kleinen Dorfgemeinschaften. Alles und zwar wirklich alles ist eine einzige Weidefläche für riesige Rinderherden. Und trotz ihrer enormen Größe, verschwinden sie in der weichen, hügeligen, grünen Landschaft, die nicht zu enden scheint, wie kleine Punkte im Nichts.

In Tacuarembó übernachten wir bei Carmen. Auf die Frage, was man denn in Tacuarembó machen könnte, fängt Carmen an zu grinsen und macht eine vage, große Bewegung mit der Hand. Dabei atmet sie tief ein. Kein gutes Zeichen. Am nächsten Morgen fahren wir mit Carmen in das kleine Dorf Valle Edén. Laut Carmen, das einzig Interessante, was man hier machen kann. Außerdem sind die Leute auf dem Dorf, mitten im Nichts, in der Mitte Uruguays ganz besonders. Das dürften wir nicht verpassen. In Valle Edén leben rund 50 Menschen. In der Grundschule gibt es genau vier Schüler, die, trotz der verschiedenen Altersstufen, gemeinsam unterrichtet werden.
Ein paar Stunden nehmen wir am Unterricht der Kleinen teil und sind gleichzeitig Unterrichtsstoff. Wir beantworten fleißig Fragen, suchen gemeinsam Deutschland auf der Landkarte und ordnen die entsprechende Flagge zu. Im Endeffekt tragen wir sogar die Schuld an der Hausaufgabe für morgen: Im Internet weitere Informationen über Deutschland zu recherchieren.
Schuldbewusst verabschieden wir uns und brechen auf, um Valle Edén etwas weiter zu erkunden. Nach wenigen Minuten ist unsere Erkundungstour beendet; Valle Edén ist wirklich klein.
So besuchen wir kurzerhand Mabel, eine Freundin Carmens. Mabel ist, wie Carmen uns bereits tags zuvor warnte, speziell. Alle fünf Minuten fragt sie uns, woher wir kommen – und ist jedes Mal aufs Neue gleich überschwänglich überrascht und begeistert über unsere Antwort. Mit stetig gleichbleibender Neugier stellt sie uns immer wieder die gleichen Fragen. Ich weiß nicht, wie oft die strickende alte Dame ihr Dorf bereits verlassen hat, aber Europa scheint für sie auf einem anderen Planeten zu liegen, so außer sich ist sie, wenn ihr wieder einmal klar wird, dass wir aus Deutschland kommen. Also zeigt sie uns ihr Haus und ihren kleinen Hof auf eine ganz spezielle Weise. Detailliert erklärt sie uns alles, was wir sehen. Und wir gucken uns alles ganz genau und aus nächster Nähe an. Wir gehen in das selbst gebaute, furchtbar stinkende kleine Kabuff, in dem Mabel Hühner und zwei Schweine zur Müllvernichtung hält. Während sie uns genauestens erklärt, was denn Schweine und Hühner seien, schaut sie uns an, als müssten wir vor Begeisterung und Freude über das neu Erlernte beinahe platzen. Unterbrochen werden ihre eigenen Begeisterungstürme nur von der leidigen Frage, wo wir denn noch mal herkämen, um dies dann mit ungläubigen Augen und einem lauten „Ahhhh“ erneut aufzunehmen.
Anschließend zeigt uns Mabel ihren kleinen Garten, in dem sie Gemüse anbaut. Begleitet werden wir dabei von Klever, einem bärtigen Mann mit langen, grauen, fettigen Haaren, dessen Alter nicht einzuschätzen ist. Klever lebt seit einigen Jahren bei Mabel und hilft ihr bei der Arbeit im Garten und im Stall für ein kleines Zimmer in ihrem Haus. Auch Klever erklärt uns bei

der Besichtigung die verschiedenen Gemüsesorten und ist überzeugt davon, dass die effektivste Art des Anbaus der familiäre Hof ist. Als Klever anfängt, von der Landflucht zu erzählen, wird er unangenehm emotional. Seine Stimme bricht, als er uns darüber aufklärt, dass ja auch jemand auf dem Land bleiben muss, um das uruguayische Volk zu ernähren und mit Gemüse zu versorgen. Das liege nun alles ganz allein in seiner Verantwortung, sagt er uns, als ihm Tränen in die Augen schießen.
Mabel ist bereits vorgelaufen. Als wir sie wieder einholen, begrüßt sie uns freudig und fragt, woher wir denn noch mal kämen. Die Welt hier ist verrückt. Das Einzige, was mir nun noch durch den Kopf schießt, ist Alice im Wunderland bei dem Hutmacher und die Tatsache, dass der einzige Bus in Richtung Tacuarembó erst in drei Stunden fährt. Nach der Besichtigung des Gartens und der stinkenden Ställe, kehren wir zurück ins Haus, wo Carmen mit einem breiten Grinsen bereits auf uns wartet.
Die restliche Zeit, in der auch einige Nachbarn zu uns stoßen, erklärt uns Mabel die verschiedenen Gemüsesorten Uruguays: Tomaten, Salat und Kartoffeln. Ihre Erklärungen sind sehr detailliert und gleichzeitig reicht sie uns kleine Stückchen des beschriebenen Gemüses zum Probieren. Unsere Beteuerungen, dass es dies alles auch bei uns zuhause gibt und wir bereits wissen, wie Tomaten aussehen und schmecken, vergisst Mabel anscheinend, genau so schnell, wie die Tatsache, dass wir aus Deutschland kommen.
Die folgenden Stunden verbringen wir ungläubig – halb lachend und halb weinend – und sehnen die Abfahrt des Busses herbei. Carmen hatte Recht: Die Menschen hier muss man kennengelernt haben.

PARAGUAY

Koka und ein parlamentarischer Putsch – Der Weg nach Asunción

Wir verlassen Uruguay und kehren zurück in den Norden Argentiniens. Nach Mendoza, von wo aus wir über die Valles Calchaquíes und Jujuy nach Paraguay weiterreisen wollen. Doch wir haben uns viel vorgenommen. Der Weg von Jujuy nach Asunción, Paraguay ist lang. Um genau zu sein 1.142 km.
Wir verschätzen uns. Die Konkurrenz ist einfach zu groß. Teilweise stehen wir mit vier anderen Wartenden an derselben Straßenkreuzung. Es ist Wochenende und auch die Argentinier fahren nun per Anhalter. Jetzt stehen wir mitten im Nirgendwo. Die Sonne geht langsam unter. Der wunde Punkt ist erreicht.
Nach Sonnenuntergang sinken unsere Chancen mitgenommen zu werden schlagartig gen Null. Mit sorgevollem Blick sehen wir der Sonne zu, wie sie hinter den Horizont rutscht. Aber die wenigen Autos, die hier vorbeifahren (ich weiß nicht einmal, wo wir sind) wollen einfach nicht halten. Auf unserem kläglichen Schild steht schon nur noch: Estación de Servicio – Tankstelle. Wir erwarten nicht mehr viel, brauchen nur noch eine Tankstelle, wo wir – wieder einmal – vor Müdigkeit mit dem Kopf auf dem Tisch liegend, seelenruhig bis zum nächsten Morgen warten können. Aber es sieht nicht gut aus.
Die nächste Tankstelle ist 50 km entfernt. Wir scheinen regelrecht im Niemandsland angekommen zu sein. Kurz bevor die Sonne hinter den Bergen verschwindet und wir bereits überlegen, in welchem Busch, hinter welchem Strauch wir die Nacht ohne Zelt überleben könnten, hält Roberto. Sein grimmiges Gesicht macht mir Angst. Der LKW-Fahrer hat statt der üblichen golfballgroßen Menge Koka-Blätter, gleich eine tennisballgroße Menge in seiner Wange. Sie soll ihn wach halten in der Nacht. Den Blättern der Kokapflanze werden faszinierende Eigenschaften zugeschrieben. Ihr Genuss wirkt belebend, unterdrückt den Appetit und hilft gegen die Höhenkrankheit. Seit Jahrhunderten schwören die Menschen in Südamerika auf die Pflanze. Da aus ihr Kokain hergestellt wird, ist ihr Anbau allerdings illegal. Nichtsdestotrotz gehört die Koka-Pflanze vor allem in den Andenregionen noch immer zum Alltag.
Beim Anblick Robertos und seiner dicken Wange überlege ich, ob sein großes, weiches, hängendes Gesicht sich einfach nur sehr gut dazu eignet, um Unmengen von Koka zu verwahren, oder ob sein großes, weiches, hängendes Gesicht nur daher rührt, dass er einfach immer Unmengen Koka in seinem Mund verwahrt. Auf der anderen Seite seines Mundes kaut Roberto ununterbrochen auf etwas anderem herum. Gleichzeitig brennt seine Zigarette, ohne dass er dran zieht, langsam zwischen seinen Lippen ab. Aufgrund

des gefüllten Mundraumes und den geschlossen Lippen ist kaum zu verstehen, was Roberto uns sagen will.
Wir verstehen aber, oder wollen verstehen, dass er ganze 700 km in unsere Richtung fährt, direkt nach Resistencia, wo bereits unser Couchsurfing-Gastgeber auf uns wartet. Doch anstatt Freude überkommt mich ein ungutes Gefühl. Wir würden die ganze Nacht mit Roberto durchfahren. Aber wir haben keine andere Wahl. Obwohl Roberto uns nicht geheuer ist, steigen wir ein. Roberto redet kaum. Nach wenigen Minuten fragt er uns, woher wir kommen. Danach herrscht 2 Stunden lang Stille. Die nächste Frage beunruhigt mich. „Wie viel Geld gebt ihr am Tag aus?“ Wir werden stutzig. Was möchte er mit dieser Frage bezwecken? Uns wird immer mulmiger zu Mute. Jetzt, mitten in der Nacht auf einer einsamen Landstraße, hoffen wir nur, dass er nicht auf die Idee kommt, uns ausrauben.
Wie alle Camioneros trägt auch Roberto, ganz unverdeckt, eine Schusswaffe bei sich. Doch Roberto macht keine kriminellen Anstalten. Gegen 22 Uhr sitzen wir zu dritt in einem schäbigen Lastwagenfahrer-Treff und teilen uns, wie hier üblich, eine 2-Liter Flasche Cola und essen jeder ein riesiges Schnitzel-Sandwich. Im Laufe der Nacht steigt Robertos Konsum an Koka-Blättern. Nun wechselt er mehrmals pro Stunde die Portion in seinem Mund, die mir nun noch größer erscheint. Die Mittelrippe, aus der Kokain hergestellt wird, trennt er schon lange nicht mehr raus. Backpulver verstärkt die Wirkung der Blätter. Roberto wird sehr geschwätzig. Obwohl man immer noch absolut nicht versteht, was er sagt – sein Mundraum ist gefüllt wie eh und je – redet Roberto die ganze Nacht.
Nach 11 Stunden Fahrt kommen wir um 7 Uhr morgens total gerädert in Resistencia an, wo uns Nelson abholt. Nelson beherbergt ausschließlich Reisende, die wie wir zur Durchreise nach Resistencia kommen. Couchsurfer aus Argentinien hatte er seltsamerweise noch nicht. Nelson lacht: „Die Argentinier wissen, dass es in Resistencia nichts zu sehen gibt.“ Dennoch machen wir uns direkt auf, um die kleine Stadt im Norden Argentiniens zu besichtigen. Nach 3,5 (!) Stunden Fußmarsch und vielem, was es nicht wert ist, gesehen zu werden (vor allem in unserem total geräderten Zustand), sind wir wieder zuhause. Nachdem uns Nelson bereits mehrfach ermahnt hat, bloß nicht zu viel Wasser zu benutzen, verzichte ich gerne auf eine Dusche. Denn auch bei der Säuberung des Badezimmers spart Nelson an Wasser: Es ist übersät mit grünen, blauen und weißen Flecken. Der Wasserhahn ist nicht als solcher erkennbar. Dieses Badezimmer blieb wohl schon seit geraumer Zeit von einer Reinigung verschont.
Abends, als wir gerade Pfannkuchen zubereiten und nach Tellern fragen, geht Nelson seltsamerweise Richtung Kühlschrank. Er hätte nur zwei. Mit

einem Griff holt Nelson diese aus dem Kühlschrank hervor, lässt die Essensreste, die sich noch auf ihnen befinden, locker mit einer Handbewegung auf den Boden fallen und deckt den Tisch. Die Apfelpfannkuchen haben heute den Geschmack frisch geschnittener, saftiger Zwiebeln.
In politisch aufgewühlten Zeiten kommen wir am nächsten Abend in Asunción an. Chalo, unser Host, hatte uns vorher gewarnt. Es habe gerade einen parlamentarischen Putsch gegeben. Der linke Präsident Fernando Lugo wurde gestürzt und durch den Konservativen Federico Franco ersetzt. Und das wenige Monate vor den regulären Neuwahlen. Wir sollen die Nachrichten verfolgen. Wenn es zu Aufständen kommt, rät Chalo von einem Besuch der Hauptstadt ab. Aber alles bleibt ruhig. Aufruhr gibt es nur von Seiten der linksregierten Staaten in Südamerika. Allen voran die argentinische Präsidentin Kirchner, die medienwirksam ihr verzerrtes, von Operationen geschundenes und zu stark geschminktes Gesicht in die Kameras hält und tut, was sie am besten kann: Schreien. Chalo rechnet mit wirtschaftlichen Sanktionen gegen Paraguay und auch mit der Schließung der Grenzen in wenigen Wochen. Wir müssen uns beeilen.
Doch die Paraguayer bleiben gelassen und auch in der Stadt ist alles ruhig. Trotzdem scheint man auf alle Eventualitäten vorbereitet. Wir sehen große, offene Lastwagen, die Soldaten aus allen Ecken des Landes in die Hauptstadt karren. Hier warten bereits die anderen: entspannt, in großen Horden, auf Bänken und dem Boden sitzend, die ganze Stadt einnehmend, darauf, ob etwas passiert. Die Scharen von Polizisten und Soldaten, die die Stadt überwuchern, bieten ein seltsames Bild. Die meisten, kaum 18 Jahre alt, mit flaumigen Gesichtern und schlaksigen Körpern, verschwinden gänzlich hinter der zu groß erscheinenden Panzerung ihrer Gliedmaßen. Die jungen Uniformierten sind offensichtlich gelangweilt. Sie spielen unbedacht mit ihren Schlagstöcken und Maschinengewehren, die größer und mächtiger erscheinen als sie selbst. Davon unberührt tummelt sich auf der Wiese vor dem Kongress ein Rudel Straßenhunde sowie zwei große Säue. Einige Meter weiter prangt das übergroße Bild eines alten Bekannten: Nelson Valdéz lächelt von einer Werbetafel, hält dabei ein Erfrischungsgetränk in Dosenform freudig in die Kamera.
Neben seinen Fußballhelden ist Asunción auch geprägt von den deutschen und arabischen Einwanderern, denen netterweise als neues Zuhause, der leere, ungenutzte Norden Paraguays angeboten wurde. Die Besiedlungsflächen im trockenen, lebensfeindlichen Chaco kosteten jedoch vielen Einsiedlern in den Anfangsjahren das Leben. Sie erlagen Krankheiten, Hunger und Durst. Ihre landestypischen Leckereien haben es aber bis in Paraguays Hauptstadt geschafft. Hier gibt es nun eine Reihe von Schawarma-Läden

und auch Bollos, Berliner, werden von Händlern, die riesige Körbe mit den deutschen Kalorienbomben auf dem Kopf tragen, überall in der Stadt angeboten. Und jedes Jahr an Weihnachten freut man sich in Asunción über frische Christstollen.

Die zweite Nacht in Asunción versacken wir in einer Bar und müssen zu später Stunde feststellen, dass unser Bus nach Hause nicht mehr fährt. Auf der Suche nach einem anderen, streunen wir nachts durch die Innenstadt, landen auf dem Straßenstrich und werden hier letztendlich fündig. Der alte, große Bus, der bald vor uns hält, ist spektakulär. Während ich auf einem der Doppelsitze im Bus Platz nehme, stürzt dieser ohne Vorwarnung ein. Ich rutsche nach vorne, sitze auf dem Boden. Man braucht eine zweite Person zur Stabilisierung der Sitzbank.

Die gepolsterten Sitze sind so durchgesessen, dass man quasi völlig in ihnen versinkt. Ohne fremde Hilfe ist es kaum möglich, wieder aufzustehen. Der Boden des Busses ist aus morschem Holz. Ununterbrochen steigen fliegende Händler in den Bus, in den meisten Fällen Kinder, die lautstark ihre Waren anpreisen. Getränke, Snacks, magische Gesundheitspastillen für die ganze Familie, Handys, Schmuck: Nichts, was man nicht im Bus erwerben kann. Die Händler schreien so laut sie schreien müssen, um kommunizieren zu können. Mit unbeschreiblich lautem Brummen bahnt sich der Bus seinen Weg durch die Nacht. Chalo klärt uns später auf: Die Busse, die nachts fahren, sind um die 40 Jahre alt. Und sie fahren aus einem bestimmten Grund nur nach Anbruch der Dunkelheit: Nachts gibt es keine Polizeikontrollen.

Auf dem Weg vom Zentrum in Chalos Wohngegend sind fast keine Häuser entlang der Straße zu sehen. Das private Leben in Asunción findet ausschließlich hinter hohen Mauern und Stacheldraht statt. Und wer sich keinen Stacheldraht leisten kann, der klebt zerbrochene Flaschen und spitze Glasscherben mit Zement auf den oberen Rand der Mauer. Alles im Namen der Sicherheit, versteht sich. Alltag in Asunción, auch wenn das Sicherheitsrisiko in den meisten Wohngegenden nicht annähernd so hoch ist, wie es die Mauern erscheinen lassen.

Nach einer knappen Woche endet unsere Zeit in Paraguays Hauptstadt. Wir machen uns auf, den Rest des Landes zu entdecken.

Auf dem Río Paraguay – Eine Flussfahrt und andere Katastrophen

Als wir Manuel, unserem Host in Concepción, von unserem Reiseplan erzählen, verdreht er nur die Augen und erklärt uns schlichtweg für verrückt. Dass er vielleicht nicht ganz Unrecht hat, werden wir einen Tag später merken.

Denn damit hatten wir nicht gerechnet. Das Schiff, das dort vor uns am Kai liegt, ächzt geradezu aufgrund der schweren Last. Knoblauch, Bananen und Windeln türmen sich meterweise übereinander, Menschen drängen sich eng auf dem Deck der ‚El Aquidabán' zusammen und immer noch verladen Träger Unmengen an Säcken und Kisten, drücken sich Mitreisende über die schmale Planke in die organische Masse der an Bord wartenden Passagiere. Einige klettern sogar über die Schiffswand ins Innere des Bootes, in der Hoffnung einen besseren Platz zu ergattern – angesichts der dort vorherrschenden Situation jedoch ein aussichtsloses Unterfangen. Dicht an dicht stehen die Reisenden aneinander gedrängt. Jeder Zentimeter an Bord ist von ihnen belegt und mit jedem Atemzug stößt der Bauch an den Nebenmann.
In Concepción, einer kleinen Stadt Zentralparaguays, ist das Spektakel um die ‚El Aquidabán' die größte wöchentliche Aufregung, und so wundert es nicht, dass viele Schaulustige dem Beladen des Schiffes beiwohnen. Wir überlegen kurz, ob wir es wirklich wagen sollen, diesen Kahn, der schon so aussieht, als ob er bald sinken würde, zu betreten. Doch als die Planken zum Beladen endlich beiseitegeschoben werden, fassen wir uns ein Herz und springen auf. Vor uns liegt eine 5-tägige Schiffsreise. Es geht Richtung Norden, den Río Paraguay hinauf durch das Pantanal, eines der größten Binnen-Feuchtgebiete der Welt, bis nach Bahia Negra, nahe der brasilianischen Grenze.
Wir hatten uns eine entspannende Reise auf dem Fluss vorgestellt. Wir wollten Sonne tanken, in Hängematten liegen und einfach mal die Seele baumeln lassen. Doch der ersehnte Frieden bleibt aus. An Bord geht nun wirklich gar nichts mehr. In den Materialbergen auf dem Deck stecken neben Unmengen von Taschen und Koffern, Motorräder, Schränke, Stühle, eine Motorkutsche, mehrere Bettgestelle und Matratzen. Dazu kommen unzählige Kisten voller Tomaten, Orangen, Bananen, Kohl und säckeweise Kartoffeln, Maniok und Zwiebeln.
Alles ist ineinandergeschoben, türmt sich meterhoch auf und stützt sich gegenseitig. An der Reling drängen sich, den wenigen Raum den die Fracht des Schiffes noch übrig lässt nutzend, die Passagiere. Ein paar Glückliche haben soviel Platz, um sich zusammengekrümmt auf den Boden zu kauern, als das Schiff den Hafen verlässt. Männer, Frauen und Kinder, ganze Familien, Mütter mit Kleinkindern, Greise und wir zwei Touristen aus Deutschland: Alle sitzen, oder besser gesagt stehen im selben Boot.
Niemand spricht, lediglich das dumpfe Brummen der Schiffsmotoren ist zu hören. Wir stehen eingeklemmt zwischen Koffern, Säcken voller Knollen und zwei Motorrädern. Einen Meter über mir schläft jemand auf mehre-

Marktboot auf dem Río Paraguay

ren Reisetaschen. Neben uns quetscht sich eine fünfköpfige Familie auf ein armlanges Stück der eingezogenen Planke und uns gegenüber sitzen drei Jugendlichen auf einem der Motorräder. Die Sonne brennt unerbittlich auf uns herab. Schweißgebadet schaue ich auf die Uhr: Seit wir uns an Bord befinden, sind gerade einmal 20 Minuten vergangen.

Nach einiger Zeit erreichen wir den ersten von vielen noch folgenden Häfen. Das Wort Hafen ist bei den meisten Anlegestellen jedoch der falsche Begriff. Oft handelt es sich lediglich um eine Handvoll Häuser am Ufer, die angefahren werden. Gelegentlich auch nur um einen kleinen Bauernhof. Die ‚El Aquidabán' ist ein schwimmender Marktplatz. Ihre Ankunft wird stets voller Freude erwartet. Sobald das Schiff das Ufer erreicht, laufen Kinder aufgeregt lachend herbei, Hunde bellen und Männer und Frauen zeigen ein erfreutes Lächeln, sobald sie das Boot betreten.

Das Angebot im Inneren des Schiffes gleicht einem Supermarkt. Es gibt alles für den täglichen Bedarf. Von Obst und Gemüse über Milch, Fleisch, Brot bis hin zu Spielzeug, Taschenlampen, Arbeitshandschuhen und sonstigen Gebrauchsgegenständen. Mehrere Verkäuferinnen, dick und geschäftstüchtig, bieten ihre Waren feil und verkaufen alles, was sie greifen und weiterreichen können. Dieser schwimmende Markt ist die wiederkehrende Attraktion entlang des Río Paraguay.

Die Menschen vom Fluss steigen lachend auf und schwer schleppend, aber glücklich wieder ab. Selbst Fünfjährige tragen voller Freude Bananenkisten von Bord, so als wären es die tollsten Spielsachen überhaupt. Draußen auf dem Deck sind wir inzwischen mit einem der Jugendlichen auf dem Motorrad ins Gespräch gekommen. Domingo wohnt ebenfalls am Fluss, in einem kleinen Dorf. Der 20-Jährige, der gerade zu Frau und Kind zurück nach Hause fährt, klärt uns auf: „Heute Nacht werden wir leiden." Und er scheint Recht zu behalten.

Als es Abend wird, sinkt die Temperatur deutlich. Es ist stürmisch und bitterkalt. Da wir auf einen sonnigen Trip eingestellt waren, fehlt uns jegliche Art warmer Bekleidung. Ich habe nicht einmal geschlossene Schuhe, sondern lediglich meine Flip-Flops dabei. Zum Glück bietet mir Domingo eine seiner Jacken an. Allerdings ist das Schiff immer noch so überfüllt, dass wir uns fragen, wo wir eigentlich schlafen werden. Im Moment haben wir nicht mal genügend Platz, um uns auf den Boden zu setzen. Die Zeit gibt die Antwort. Wir lehnen uns gegen einige Kisten und hoffen, dass bald weitere Güter ihre Besitzer erreichen und sich das Schiff nach und nach leert. Den Gedanken, im Inneren des Schiffes zu schlafen, haben wir mittlerweile verworfen.

Als die Sonne schon lange hinter dem Horizont verschwunden ist, erfüllt sich unsere Hoffnung. Immer mehr Waren verlassen das Schiff und geben Raum für die müden Passagiere. Nun liegen wir beinahe komfortabel auf Säcken voller Zwiebeln und Maismehl, neben Kisten voller Knoblauch in unsere Schlafsäcke gehüllt – bis es anfängt zu regnen. Nicht besonders stark, aber beständig. Nieselregen. Es ist kalt. Wir sind durchnässt. In unserer Nähe schreit ein Säugling bitterlich. Er hat vollkommen Recht. Es ist zum Heulen.

Auf einmal höre ich blechern, aber gewohnt schräg, die Stimme von Thomas Anders aus einem Handylautsprecher tönen: „Brother Louie Louie Louie. Oh she's only looking to me ..." Schlimmer kann es nicht mehr kommen. Dazu kommt der ständige Kampf um das eigene Nachtlager. Die besten Plätze – Obst- und Gemüsesäcke, die als Matratzen dienen, sind heiß begehrt und im wahrsten Sinne des Wortes umkämpft. Die Glücklichen, die einen Platz ergattern, verteidigen ihn ohne Unterlass. Und das ist auch notwendig. Dreht man sich im Schlaf ein klein wenig auf eine Seite, reckt sich sekundenschnell und unmerklich der Nebenmann in die entstandene Lücke.

Einige unserer Mitreisenden habe eigene Strategien gegen die Umstände der Nacht entwickelt. Sie liegen, völlig betrunken und ohnmächtig auf ein paar Kisten und stoßen gelegentliche Gaswolken aus, die uns den Schlaf rauben. In dieser Nacht halten wir noch weitere Male. Jedes Mal werden wir unsanft geweckt, mit Fußtritten zum Aufstehen aufgefordert. Jedes Mal schauen wir verschlafen und unwillig dem Ausladen weiterer Waren zu.

Säcke werden umher geworfen, Materialtürme abgetragen und wieder aufgebaut. Ein Durcheinander ohne jegliches System. Und so dauert die Suche nach einer Tasche, einem Koffer oder einer Kiste nicht selten mehr als eine halbe Stunde. Nachdem das Schiff den Hafen wieder verlässt, beginnt eine erneute Jagd auf die passabelsten Schlafplätze.
Von Hafen zu Hafen verringern sich jedoch die Möglichkeiten, da immer mehr Säcke das Schiff verlassen. Als wir beinahe nur noch auf dem nackten Holzboden des Schiffes liegen, finden wir – mehr durch Zufall und Glück – eine freie Hängematte im Schiffsrumpf. Endlich ungestört schlafen. Mit diesem Gedanken teilen wir uns auf. Wir besetzen die Hängematte und eine Mulde zwischen den riesigen Einkaufstüten einer der vielen Marktfrauen. Diese ist am nächsten Morgen jedoch gar nicht erfreut darüber. Mit bösem Blick und ein paar krächzenden, gurgelnden Worten verabschiedet sie mich aus meinem Schlaf – und ihrem Verkaufsbereich.
Nach den Strapazen der ersten Nacht ist die Freude groß, als wir merken, dass das Schiff bereits ein Drittel der Fracht, sowohl Waren als auch Menschen, abgegeben hat. Da wir einen unserer Schlafplätze aufgrund der meckernden Marktfrau aufgeben müssen und auch die Hängematte zwischen lärmendem Motorenraum und stinkender Toilette nicht die beste Lage hat, suchen wir uns einen Ort auf dem Oberdeck. Schnell werden wir fündig und so reservieren wir eine Bank mit unseren Schlafsäcken. Die Reviermarkierung erscheint uns nach dem Kampf der letzten Nacht absolut notwendig. Wir verbringen den Tag abwechselnd drinnen und draußen auf dem Deck, auf dem immer noch Unmengen an Gütern lagern. Kurz nach Sonnenuntergang sind wir sogar glückliche Besitzer zweier Holzbänke, die wir erfolgreich verteidigen können.
Wir bereiten uns gerade auf die Nacht vor und erwarten sehnsüchtig den Schlaf und die Erholung, welche die Vorherige vermissen ließ, als das Unfassbare geschieht. Plötzlich und unerwartet fällt eine Horde Teenager in unseren Bereich ein. Begleitet werden sie von zwei Frauen – Nonnen. Die Klosterschüler, aufgeregt und pubertär, sind mit einer Gitarre bewaffnet. Und es vergehen nur wenige Minuten, bis eintritt, was wir bereits mit offenen Mündern und ungläubig befürchten. Voller Inbrunst und in lauten, schiefen Tönen, beginnen sie in schrecklichen Liedern Jesus zu preisen. Und sie tun das bis spät in die Nacht.
Am dritten Tag ist das Schiff fast leer. Wir sind nur noch wenige Stunden vor Bahia Negra und mittlerweile ist es merklich kälter geworden. Diesen Wetterumbruch verdanken wir dem frostigen Wind aus Patagonien, der vom Süden Argentiniens bis nach Paraguay weht und uns statt den erwarteten 30 Grad eiskalte Temperaturen knapp über Null beschert. Wir verlassen kaum

noch das Oberdeck, versuchen uns so gut es geht vor dem Wind, der durch die scheibenlosen Fenster bläst, zu verstecken und warten nur noch ab, bis wir endlich wieder in Concepción ankommen. Es ist so bitterkalt, dass wir uns außerhalb unserer Schlafsäcke um keinen Preis aufhalten wollen.

An die eingangs erwähnte Erholungsreise denken wir schon lange nicht mehr. Es geht nur noch um Schadensbegrenzung. Wenigstens sind wir mittlerweile im Besitz zweier Hängematten, so dass das Schlimmste wohl überstanden ist – denken wir. Falsch. In Bahia Negra gesellt sich eine ältere Frau mit drei Kindern zu uns. In unseren Hängematten liegend, bekommen wir jedes einzelne ihrer Gepäckstücke in den Rücken gedrückt. Riesige Koffer, Taschen und Kühlboxen. Unmittelbar danach probiert die größte Tochter, deren körperliches Alter 20 mindestens 10 Jahre vor ihrem geistigen Alter entfernt zu sein scheint, sämtliche Tasten- und Klingeltöne ihrer drei Handys aus. Außerdem beginnt sie einen SMS-Marathon, der die nächsten zwei Tage kein Ende haben wird. Natürlich mit Tastenton, natürlich mit lauter Empfangsbestätigung.

Die beiden anderen Giftzwerge vergnügen sich damit, die Kühlboxen zu plündern. Sie saugen heftig an Strohhalmen, knabbern geräuschvoll Chips und Kekse, schlürfen, schmatzen, sabbern, husten, niesen, stampfen ununterbrochen mit den Füßen auf den metallischen Schiffsboden und sind so nervenaufreibend, wie es nur möglich ist. Natürlich alles unter den zustimmenden Blicken der Erziehungsberechtigten. Dazu kommt der mittlerweile über das gesamte Schiff verteilte Gestank von Urin und Fäkalien aus den seit der Abfahrt in Concepción nicht mehr gereinigten Toiletten und der menschliche Schweiß der Passagiere, die sich um uns herum befinden. Kakerlaken flitzen über den Boden. Die Kälte, die uns in den Schlafsäcken fesselt, rundet dieses absolute Gefühl von Unwohlsein ab. Wir wollen nur noch runter vom Boot und weg.

Nach 5 Tagen verlassen wir die ‚El Aquidabán' und betreten wie in Trance die Straßen von Concepción. Als wir über die Planke endlich wieder festes Land erreichen, sehen wir, dass in den vergangenen zwei Tagen, an denen wir unsere Hängematten vor Kälte nicht verlassen wollten, dutzende Menschen das Boot bestiegen und unglaublicher Weise sogar draußen auf dem Deck die Nächte ausharren mussten. Müde und entnervt finden wir doch noch einen positiven Gedanken: Dieses Abenteuer liegt hinter uns.

‚Fernheim' im paraguayischen Chaco

Der Gran Chaco: Trockenwälder und Dornbuschsavannen – kurz: undurchdringbares, stacheliges Gestrüpp. Der Chaco ist trocken und verdammt heiß. Hier will niemand leben.

Tut auch keiner. Die Grenzen zwischen Paraguay und Bolivien verlaufen hier fließend. Eigentlich ist es nämlich egal, wem der Chaco gehört. Bis es zu Gerüchten über Ölvorkommen im Chaco kommt.

Zur gleichen Zeit flieht die evangelische Glaubensgemeinschaft der Mennoniten, in Russland unterdrückt, nach China, Deutschland und Kanada. Und wird später höflich von Paraguay in den „grünen und fruchtbaren Chaco" eingeladen. Mit dieser Besiedlung des Chacos will Paraguay Besitzansprüche geltend machen. 1927 kommen die ersten Mennoniten im Chaco an. Geschockt über die vorherrschenden Verhältnisse, werden in den ersten Jahren viele an Hunger und Krankheit sterben. Und während des Chacokrieges sterben über 100.000 Bolivianer und Paraguayer. Die Ölbohrungen Paraguays bleiben erfolgslos.

Von Concepción aus besuchen wir Filadelfia, die Hauptstadt der deutschen Mennonitensiedlung ‚Fernheim' im Grand Chaco. In der Stadt, mitten in die trockene Wüste des Chacos gebaut, treffen wir zunächst nur auf Indigene. Im Zentrum der Stadt blitzt ab und zu zwischen der dunkelhäutigen Bevölkerung ein strohblonder Kopf auf. Neugierig werden wir beäugt, erkannt, angelächelt und auf plattdeutsch gegrüßt. Seltsam. Wir laufen vorbei an deutschen Schulen, an deutsch lautenden Straßenschildern, an deutschen Ämtern. Auf einer Parkbank sind auf deutsch pubertäre Liebesschwüre gekritzelt.

Dass in Filadelfia auch Indigene leben, ist nicht selbstverständlich. In den zwei weiteren Mennonitensiedlung des Chacos ist das nämlich nicht der Fall. Die Siedlung Neuland ist mit öffentlichen Verkehrsmitteln nicht einmal zugänglich. Als einzige Siedlung seien hier in Filadelfia sogar Verbindungen zwischen Indigenen und Mennoniten erlaubt, erzählt uns der Beamte der Fernheimer Poststelle. „Aber das passiert hier sowieso nicht", sagt er weiter. „Wir sind einfach zu unterschiedlich." Würden sich ein Mennonit und ein Indigener um 15 Uhr verabreden, käme der Mennonit um 14:45 Uhr und der Indigene um 16.30 Uhr.

Hinzu kommen, so merken wir schnell, die vorhandenen Sprachbarrieren. Langsam, bedacht und mit Fehlern bestückt, antworten die Mennoniten auf unsere spanischen Testfragen. Die Kenntnis der spanischen Sprache ist auch nicht notwendig. Im örtlichen Supermarkt ist alles zweisprachig beschriftet. Sogar auf Unsinniges wie ‚Tomate/Tomate' wird nicht verzichtet. Wir finden eine kleine Abteilung mit importierten Produkten wie Maggi Würze, Nutella, Kinderriegel, Vanillezucker und Backpulver, Salat-Fix, Hackbraten-Fertigmischungen oder Senf. Endlich, lange nach der EM-Euphorie, werden wir stolze Besitzer von Duplo-Fußballaufklebern. Auch gibt es vorgekochte und abgepackte Gerichte ‚según receta alemana – nach deutschem Rezept'.

Fantastische Kräuterbutter, an der wir uns noch lange erfreuen werden, und sogar Königsberger Klopse sind im Angebot.
Dann sehen wir noch etwas, das wir im letzten halben Jahr unseres Aufenthaltes in Südamerika noch nicht gesehen haben. Etwas, wie wir nun merken, ohne das Deutsche wohl nicht leben können, und auch wir müssen zugeben, dass dies ein dringender Bestandteil unseres Lebens ist: Eine riesige Abteilung voller Ordner, Klarsichthüllen, Textmarker, Haftnotizzettel, Büroklammern, Fineliner und neonfarbener Lesezeichen. Ordnung ist nun mal das halbe Leben!
Wir planen abends in eine deutsche Bierstube zu gehen. Unauffällig postieren wir uns vor dem Supermarkt und versuchen, besonders ‚deutsch' zu gucken. Unser Plan geht auf. Nach kurzer Zeit werden wir schüchtern angesprochen. „Ich hab euch hier grad so stehen sehen und da dachte ich, ich spreche euch mal an." Aber wir werden enttäuscht: Sowas wie eine Bierstube gäbe es hier leider nicht. Bei den Pionieren von einst spielte Vergnügen keine Rolle. Wichtig seien nur zwei Sachen gewesen: arbeiten und beten.
Die Öffnungszeiten des Heimatmuseums in Filadelfia lassen mich schmunzeln. Braucht man sonst in Südamerika vor 10 Uhr nicht aus dem Haus zu gehen, öffnet das Heimatmuseum in Filadelfia um 7 Uhr morgens. Wie gute Deutsche nehmen wir uns vor, um 6:59 Uhr vor der Tür zu stehen, schaffen es aber erst zu 9:45 Uhr. Wir finden nämlich eine deutsche Bäckerei. Freudestrahlend, unser Glück kaum fassend, laufen wir hinein. Eine korpulente Frau empfängt uns. Hier hätten sie sogar einen echten deutschen Bäcker aus Deutschland, der echtes deutsches Brot backen würde. „Der hat sich hier nämlich eine von unseren Frauen genommen." Zu unserem Unglück ist besagter Herr jedoch im Moment auf Heimaturlaub und hat, geschäftstüchtig wie er nun mal ist, das gute Rezept nicht an seine Mitarbeiter weitergegeben. Enttäuscht ziehen wir ab, erfreuen uns aber auch ohne deutsches Brot an guter alter Kräuterbutter.
So modern und gemischt Filadelfia heute auch erscheinen mag, früher umgrenzte eine Mauer die kleine Stadt, um so die indigene Bevölkerung daraus fern zu halten. Kurz nach der Ansiedlung der ersten Mennoniten in den 1920er Jahren habe es einen Angriff von Indianern gegeben, der für eine ganze Familie tödlich endete. „Die wussten ja auch nichts mit uns anzufangen", erklärt uns der Postbeamte mit russischem Akzent. Die Fortschrittlichkeit Filadelfias ist nicht im Sinne aller Mennoniten. Für die anderen beiden Siedlungen im Chaco seien die Fernheimer „schon verloren".
Die Entscheidung per Anhalter den Chaco Richtung Bolivien zu verlassen, werden wir noch bereuen. Guter Dinge wie wir aber sind, geben wir bis auf wenige Münzen unser paraguayisches Geld schon mal komplett aus.

Trampen im Gran Chaco

Der Plan ist, den Chaco komplett über die Landstraße Transchaco, in 40 Jahren mühsam von den Mennoniten in die kaum zu durchdringende Landschaft des Chacos gebaut, zu durchqueren. Anders als bei sonstigen Grenzübergängen befinden sich Ein- und Ausreisestelle nicht an der Grenze. 200 km vor der Grenze zu Bolivien müssen wir uns den Ausreisestempel besorgen, und mehr als 100 km nach der Grenze den Einreisestempel. Dazwischen gibt es keine Möglichkeiten. Dazwischen gibt es nur noch den Chaco.
Die Fahrt bis zum Zoll verläuft problemlos. So nett die Mennoniten auch erscheinen, Tramper mitzunehmen geht ihnen dann doch wohl zu weit. Zwei Indigene nehmen uns auf der Ladefläche ihres Pick-Ups mit. Die riesigen metallenen Stützpfeiler, die ebenfalls transportiert werden, brechen uns bei einer Vollbremsung fast die Beine. Die Fahrt ist staubig und stürmisch. Wir fahren an den mitten im Staub des Chacos gebauten Ortschaften ‚Schönbrunn' und ‚Schönwiese' vorbei und sehen – wie unwirklich – einen kleinen, wasserstoffblonden Jungen mit Pottschnitt im Garten mit dem Dreirad spielen.

Am Zoll wartend werden wir enttäuscht. Wir finden zwar zwei LKW Fahrer auf dem Weg nach Bolivien, sie haben aber Probleme mit den Papieren und werden, so erfahren wir noch, die nächsten drei Tage warten müssen. Auch wir warten. Stundenlang in der unerbittlichen Hitze des Chacos. Versuche, sich der Vegetation des Chacos zu nähern, erschrecken. Bereits wenige Meter vorher, quasi noch an der Straße, verkletten Dornen und Stacheln die Hose, ja sogar die Schuhe verhaken sich am Boden. Wir haben kein Glück und auch kein Geld. Mit den letzten Münzen kaufen wir Brot und beschmieren es mit dem Rest unserer Kräuterbutter.

Am Abend, als die Tankstelle schließt, an der wir seit Stunden auf eine Mitfahrgelegenheit warten, wechseln wir in einem langen Marsch unseren Stützpunkt. Hier, an der nächsten Tankstelle, sollen angeblich in den frühen Morgenstunden LKWs vorbei fahren. Die Nacht verbringen wir wartend mit zwei angetrunkenen paraguayischen Bauern und viel Bier. Zum Abschied bekommen wir eine Flasche Wein geschenkt. Es kommen keine LKWs vorbei. Am nächsten Morgen – die Nächte im Chaco sind so kalt wie die Tage heiß – gehen wir zurück zum Zoll. Die Probleme der LKW-Fahrer sind noch immer nicht gelöst.

Wir treffen auf drei junge Reisende aus Buenos Aires. Sie haben dieselbe törichte Idee wie wir. Der Verkehr auf der Transchaco ist mehr als nur dünn gesät. Am Abend teilen wir gemeinschaftlich unser Essen. Wir haben eine Flasche Wein und die Jungs eine Büchse Sardinen und ein bisschen trockenes Brot. Die Nacht ist kalt. Wir sitzen auf der staubigen Schotterstraße gegenüber der Zollstation in unsere Schlafsäcke gehüllt aneinander gelehnt. Straßenhunde gesellen sich zu uns, lecken die Reste aus der Sardinenbüchse. Morgens um 5 passiert das Unglaubliche. Ein LKW fährt vorbei und hält an ...

BOLIVIEN

Dschungel, Che und Korruption – Endlich in Bolivien

Wir sind in Bolivien. Nach zwei Tagen im Niemandsland des paraguayischen Chacos ist die Ankunft in Santa Cruz, der größten Stadt des Landes, wie das Betreten einer anderen Welt.

Dutzende Reisende drängen sich durch die Eingangshalle des Busbahnhofs, vorbei an Gepäck und anderen Wartenden, Mitarbeiter verschiedenster Reiseunternehmen preisen lautstark, im eingeübten Singsang, ihre Ziele in ganz Bolivien an, Folklore beschallt das Terminal und immer wieder bieten fliegende Händler ihre Sandwiches, Fruchtsäfte oder Tageszeitungen an. Von all diesen Eindrücken benebelt, suchen wir eine Bank und warten auf Edwin, unseren Host in Santa Cruz. Doch statt Edwin statten uns zwei Polizisten einen Besuch ab. „Reisepass, bitte!" Dass gerade zwei Rucksackreisende aus Paraguay, dem größten Marihuanaproduzenten Lateinamerikas kommen, ist höchst verdächtig. Jedoch verläuft die Rucksackkontrolle genauso stümperhaft, wie die Befragung nach unserem Drogenkonsum.

Wenig später taucht Edwin auf, lacht über unser gerade erlebtes Abenteuer mit der bolivianischen Polizei und klärt uns über den nur in Bolivien geltenden speziellen Paragraphen Nr. 100 auf. Dieser besagt, dass man sich, ganz gleich um welche Straftat es sich handelt, die Polizei mit 100 Bolivianos, umgerechnet circa 10 Euro, vom Hals schaffen kann. Fahren ohne Führerschein, Drogenbesitz oder sonstiges – mit der Bezahlung von 100 Bolivianos hat niemand irgendetwas gesehen. Die zwei Beamten haben uns also nur in der Hoffnung durchsucht, dass wir sie mit ein wenig Kleingeld versuchen würden loszuwerden. Edwin muss grinsen und meint mit einem Augenzwinkern und gebrochenem Englisch „This is Bolivia". Diesen Satz werden wir noch häufig von ihm hören. Bolivien ist speziell.

Edwin, absolvierter Ingenieur, hat Zeit. Sein einziger Termin außerhalb des Hauses ist der zweimal wöchentlich stattfindende Deutschunterricht am Goethe-Institut. Doch momentan sind Ferien und so erkunden wir gemeinsam die Stadt. Mit dem Micro, einem Kleinbus für 12 Personen, fahren wir durch Santa Cruz. Dass das Einhalten von Verkehrsregeln nicht zu den Stärken südamerikanischer Autofahrer gehört, haben wir schon lange verinnerlicht, aber die Busfahrer in Santa Cruz sind dennoch eine besondere Gattung ihrer Zunft. Für sie scheinen die Richtlinien der Straßenverkehrsordnung außer Kraft gesetzt. Mitten auf der Kreuzung bleiben sie stehen, um sich von einem Händler die neuesten DVDs zeigen zu lassen oder sie halten, um ein paar Riegel, ein Sandwich oder einen Orangensaft am Straßenrand zu kaufen.

Rushhour hin oder her, so viel Zeit muss sein. Da nützt auch kein wildes Hupen der anderen Verkehrsteilnehmer. Überhaupt sind Busfahrer in Santa Cruz sehr gelassen. Das bringt ihr Beruf mit sich. Ständig winkt ein Arm am Straßenrand und bedeutet dem Bus anzuhalten. Offizielle Bushaltestellen gibt es nicht. Das Ein- und Aussteigen erfolgt auf individuellen Wunsch. Wer den Bus nehmen möchte, stellt sich an die Straße und wartet bis die gewünschte Linie vorbei fährt. Wer aussteigen will, brüllt dem Busfahrer einfach zu. So kommt es durchaus vor, dass auf einer Strecke von zehn Metern der Bus dreimal zum Anhalten aufgefordert wird. An ein schnelles Vorankommen ist dabei nicht zu denken. Anfahren und bremsen und wieder anfahren und bremsen …

Im Gegensatz zum hektischen Straßenbild hat sich das Zentrum von Santa Cruz jedoch einen kleinstädtischen Charme bewahrt. Rund um den Platz des 24. Septembers geht es beschaulich zu. Hier reihen sich Cafés und Restaurants aneinander, die vor allem von ausländischen Touristen bevölkert werden. Richtige Sehenswürdigkeiten sucht man vergebens. Dafür hat das Umland mehrere Attraktionen zu bieten.

Eine davon ist La Higuera, das Dorf in dem Che Guevaras Leben ein Ende fand. Eine holprige Straße mit engen Serpentinen führt bis auf eine Höhe von 2.000 Metern in diesen kleinen Ort. Dort angekommen machen wir uns auf Spurensuche des Helden der Revolution.

Wir kommen in den Besitz einer handgezeichneten Karte der Umgebung auf der verschiedene historisch bedeutsame Stätten eingezeichnet worden sind.

Dazu gehören Orte, wie der Schauplatz des letzten Gefechts der revolutionären Milizen zur Befreiung Boliviens, die Stelle an der Che verwundet wurde und weitere pathetisch aufgeladene Plätze. Wir machen uns auf den Weg zum Che Monument, dem Ort, an dem Che von einem Bauern zufällig in seiner Hängematte liegend beobachtet und später verraten wurde. Auf dem Weg dorthin passieren wir schmale Pfade, beobachten Kolibris, durchqueren Maisfelder, kreuzen den Weg einiger Rinder, laufen Berge hinauf und klettern Abhänge hinunter. Alles nur um ein Monument zu erreichen, dass eher einem Grillplatz gleicht.

Neben dem großen, in den Boden eingelassenen Stern der Revolution entdecken wir ein paar Feuerstellen und die Reste von halb verbrannter Kohle. Die umliegenden Steine zieren natürlich das Konterfei Ches, sowie Sprüche und Symbole der Revolution. Auf dem Rückweg treffen wir mitten im Gestrüpp auf einen Bauern. Mit einer Axt und einer Machete bewaffnet, folgt er uns einige Meter, bis er sich entschließt uns anzusprechen. Er möchte uns von Che Guevara erzählen. Es stellt sich heraus, dass dieser 72-jährige

Bauer, der sich immer wieder mit seinem rostigen Buschmesser hinter dem Ohr kratzt, ein Zeitzeuge der Geschichte ist.

Er lebte schon in La Higuera, als das, was heute strahlende Legende ist, noch reale Gegenwart war. Und so erfahren wir, dass der Grillplatz, den wir gerade besuchten, früher einmal ein Kartoffelacker war, auf dem Che und seine Kumpanen Zuflucht vor der einbrechenden Nacht suchten, dabei jedoch beobachtet und ans Militär verraten wurden. Außerdem berichtet uns der Bauer in allen Einzelheiten, was in den folgenden Tagen bis zur Ergreifung Che Guevaras passierte.

Verblüfft von so viel Detailwissen begleiten wir den Bauern bis nach La Higuera und schauen uns etwas im Dorf um. Den zentralen Platz ‚schmückt' eine überlebensgroße vergoldete Che-Statue. Keine fünf Meter entfernt prangt eine riesige silberne Büste auf einem großen Stein. Überall sind die bekannten revolutionären Sprüche zu lesen und natürlich lassen sich allerhand Revoluzzer-T-Shirts käuflich erwerben. Der ganze Ort wirkt wie ein kitschiges Sammelsurium an Guevara-Erinnerungsstücken. Auch das kleine Museum, das früher einmal die Schule des Ortes war und als Gefängnis für ‚El Che' diente, strotzt nur so vor Zuneigungsbekundungen unzähliger Touristen. Am Türrahmen der ehemaligen Schule, die eigentlich nur ein kleiner Raum ist, steht geschrieben: „Hier trat ein Mann über die Schwelle und wurde zur Legende."

Zurück in Santa Cruz erwartet uns Edwin bereits freudestrahlend. Wir gehen bolivianisch Essen. Auf dem Weg ins nahe gelegene Cotoca, das vor allem durch die Erscheinung einer Jungfrau berühmt ist, sprechen wir über das Bolivien der Gegenwart – Mafia und Korruption. Edwin erklärt: „In Bolivien bedeutet Geld Macht. Hast du kein Geld, so hast du nichts." Der Paragraph Nr. 100 ist dafür ebenso ein Beispiel wie gekaufte Führerscheine, Arbeitspapiere, Bescheinigungen oder sonstige Dokumente.

Mit dieser Erkenntnis über die vorherrschenden Zustände innerhalb der Staatsmacht setzen wir uns an einen Tisch in der Markthalle in Cotoca. Es gibt Sonso – gestampfte Yucca (eine Kartoffelart) mit Käse am Stock und Majadito, ein Allerlei aus Reis, Kartoffeln und Hühnerfleisch. Nach dem Essen besuchen wir die Kirche von Cotoca, entzünden eine Kerze für die Jungfrau und werfen eine Münze in den Wunschbrunnen – nur zur Sicherheit. Beistand kann man immer gebrauchen.

Und wieder verlassen wir die Stadt. Diesmal ist unser Ziel der nur wenige Stunden von Santa Cruz, im Nordosten Boliviens, gelegene Parque Nacional Amboró. Im Dorf Buenavista starten wir unsere Expedition in den tropischen Dschungel Boliviens. Zunächst geht es mit einem Sammeltaxi über eine holprige Straße bis zum Eingang des Nationalparks. Es sind nur wenige Kilometer, doch die Fahrt dauert aufgrund der schlechten Piste, auf der sich Schlagloch an Schlagloch reiht, eine Stunde. Vom Eingang des Parks sind es nun noch 15 Kilometer bis zum Zeltplatz der Parkverwaltung, die wir allerdings zu Fuß zurücklegen müssen. Es werden 15 lange Kilometer durch die Wildnis.

Voll gepackt mit Lebensmitteln und dem alltäglich Notwendigen laufen wir vorbei an kleinen Hütten und großen Bäumen, sehen Felder und Waldflächen, die erst vor kurzem der Brandrodung zum Opfer fielen. Immer tiefer gelangen wir in den Urwald, fragen Einheimische nach dem Weg und lassen uns auch nicht davon verunsichern, als diese kaum glauben können, dass wir ohne Guide unterwegs sind. Diese Überzeugung hält – bis wir plötzlich vor einem breiten Fluss zum Stehen kommen. Was nun?

Wir entscheiden uns, einem ausgetretenen Fußweg entlang des Ufers zu folgen, doch auch dieser endet bald vor den Fluten. Es hilft nichts, an einer Überquerung des Flusses kommen wir nicht vorbei. Und so waten wir, in mehreren Durchgängen das Gepäck befördernd, von Sandbank zu Sandbank, bis wir das andere Ufer mehr oder weniger trocken erreichen. Es dauert eine Weile, bis wir auf den eigentlichen Weg zum Lager zurück finden.

Etwa fünf Stunden Fußmarsch liegen hinter uns, als wir den Zeltplatz erreichen. Eine kleine Lichtung mitten im Urwald mit ein paar Zelten und einem provisorischen ‚Badezimmer' ohne Strom. Dort angekommen, treffen wir auf eine Gruppe Engländer – potenzielle Geldgeber für den Nationalpark, die sich einmal anschauen wollen, in was sie investieren.

Wir erfahren, dass die Briten für den nächsten Morgen bereits eine ‚Bird Watching Tour' geplant haben und gesellen uns unbemerkt zu der etwas spießigen, aber natürlich bestens ausgerüsteten Gesellschaft. Unter einem atemberaubenden Sternenhimmel, von leuchtenden Glühwürmchen umringt, stehen wir dafür um 5 Uhr morgens auf, um uns mit Handylicht begleitet für den Tag vorzubereiten. Tatsächlich bekommen wir einige interessante Vögel zu Gesicht. Die drei Tukane, die gemeinsam in einem Baum sitzen, sind das Highlight dieses morgendlichen Waldspaziergangs. Nach etwa anderthalb Stunden kehren wir zum Lager zurück und machen uns sofort wieder auf den Weg in den Urwald – diesmal nur von einem Guide begleitet.

Bereits kurz nachdem wir erneut in den Dschungel eintreten, stehen wir mitten in einem riesigen Schmetterlingsschwarm. Rote, gelbe und blaue Falter umschwirren unsere Köpfe, schweben auf und ab und kommen erst wieder zur Ruhe, als wir schon ein paar Meter hinter ihnen sind. Um uns herum ranken sich Schlingpflanzen die Bäume hinauf, während Lianen in dichten Vorhängen von den Baumkronen hinunterfallen. Noch bewundern wir die alles überwuchernde Vegetation. Doch bald darauf haben wir dafür fast kein Auge mehr. Der Pfad, auf dem wir uns bewegen, wird immer schmaler und immer anspruchsvoller. Während wir stetig bergauf laufen, bleibt unser Blick fest auf den Weg vor uns gerichtet. Steine, Wurzeln, umgestürzte Baumstämme, tief hängende Äste und Lianen erschweren das Vorwärtskommen.

Wir balancieren über schmale Felskanten und schlagen uns Stück für Stück immer tiefer in den Dschungel. Irgendwann stehen wir vor einer wackligen Leiter, die nicht sehr vertrauenswürdig auf sechs Metern Höhe an eine Holzplatte in einem Baum gelehnt ist. Wie hoch wir bereits auf dem schmalen Pfad nach oben gestiegen sind, war durch die undurchdringliche Vegetation nicht einmal zu erahnen. Doch schon auf der dritten Sprosse der wackeligen Leiter, bereits über eine Vielzahl von Bäumen schauend, wird mir schummrig. Oben auf der knapp einen Quadratmeter großen Plattform ist die Aussicht unglaublich. Aus dem Blätterdach des Dschungels heraus eröffnet sich ein fantastischer Blick über das Tal, aus dem wir gerade kommen.

Aus der Ferne hören wir die Blätter der Bäume laut rauschen. Ein Geräusch, das bedenklich näher kommt. Eine kalte Windböe rauscht auf uns zu, lässt die Bäume ringsum tanzen, als sich plötzlich die Plattform, auf der wir ohne Geländer bibbernd stehen, gefährlich hin und her neigt. Der Baum, an den die Plattform gelehnt ist, schwingt fröhlich im Wind und wir mit ihm. Nach einem lauten Schreckensschrei haben wir wenige Augenblicke später wieder festen Boden unter den Füßen.

Etwa eine Stunde später erreichen wir einen zweiten Aussichtsunkt. Hier bläst der Wind bereits orkanartig, doch die Plattform ist wesentlich stabiler als die vorherige und so können wir die Aussicht angstfrei genießen.

Nach vier Stunden Fußmarsch durch den Dschungel kehren wir zurück zum Lager und machen uns nur wenig später wieder auf den Weg. Diesmal geht es in die entgegengesetzte Richtung, dem Lauf eines Flusses folgend. Wir passieren mehrere natürliche Schwimmbecken und erreichen nach anderthalb Stunden einen idyllisch gelegenen Wasserfall. Während auf dem ersten Weg zum Aussichtspunkt die Vegetation aufgrund des stürmischen Wetters noch relativ niedrig war, wachsen hier, auf der windabgewandten Seite, regelrechte Baumriesen. Doch nicht nur die Pflanzen erreichen gigantische Ausmaße, auch die Tierwelt bringt regelrechte Monster hervor.

Wir sehen Grasschneideameisen, so groß wie Fingerkuppen, Schmetterlinge, deren Flügelspannweite so groß ist, wie zwei ausgestreckte Hände und Spinnen, die in ihrer Größe nur noch von ihrem erschreckenden Äußeren übertroffen werden. Am frühen Nachmittag kehren wir ins Camp zurück. Etwa zehn Kilometer sind wir durch den Dschungel gestreift – in sieben Stunden. Und noch liegen die 15 Kilometer zurück zur Straße vor uns. Wir haben gerade noch genug Zeit, um vor Sonnenuntergang aus dem Dschungel heraus zu sein, erklärt uns der Guide. Er irrt sich. Auf den letzten Kilometern holt uns die Dunkelheit ein. Wir tasten uns mehr vorwärts, als dass wir laufen.

Um uns herum erwacht nächtliches Leben. Wir hören Geräusche und Laute, die wir nicht einordnen können und auch nicht einordnen wollen. Im Schein unseres antiken Klapphandys können wir lediglich erahnen, wo sich der Weg befindet. Und so stolpern wir über unzählige Steine und Wurzeln vorwärts, treten in Schlammlöcher und stürzen beinahe bei jeder Unebenheit des Bodens. Unser Abenteuer endet, als wir endlich die Straße erreichen. Taxis fahren keine mehr und so wächst unsere Sorge, die Nacht an der Straße verbringen zu müssen. Doch unsere Verzweiflung vergeht schnell. Bereits nach wenigen Minuten hält ein LKW mit vier lachenden, witzelnden und Koka kauenden Männern.

Der Platz, der uns angeboten wird ist winzig. Hinter den Vordersitzen gibt es eine schmale, etwa 20 cm breite Ablage. Die Hintern in die Lücke quetschend, von unserem eigenen Gepäck erdrückt, harren wir mit nach oben gestreckten Beinen die zweistündige Fahrt aus. Wir erleiden unzählige Krämpfe, spüren durch mangelnde Durchblutung nur noch wenige Teile unseres Körpers. Zwei Stunden lang ertragen wir mit eingeklemmten Leibern und schmerzverzerrten Gesichtern jeden Stoß und jeden Schlag, den der alte Laster direkt von der Straße auf unsere Körper überträgt. Mit wackeligen, wegknickenden Beinen, die uns nicht mehr gehorchen, erreichen wir jedoch letzten Endes doch noch unser Ziel.

Kokain, Milchshakes und Sahnehäubchen – Die weiße Hauptstadt

Die Bolivianer sind entspannt. Und davon lassen wir uns nur allzu gerne anstecken. Wir sind in Sucre, der offiziellen Hauptstadt Boliviens. Doch Sucre ist alles andere als eine Hauptstadt. Und das nicht nur wegen des an La Paz abgegebenen Regierungssitzes.

Sucre gleicht mit seinen vielen Kirchen und Klöstern, seinen kleinen Gässchen und ruhigen Straßen, den weiß getünchten Häusern und Rundbögen einem kleinen gemütlichen Ferienort und ist ein krasser Gegensatz zum hektischen und riesigen Santa Cruz. Doch gerade hier hinterlässt das Einfallen des Gringos seine Spuren. Auf der Plaza, dem Hauptplatz der Stadt, bieten jeden Tag dieselben kleinen Jungen, mit der Ausrüstung eines Schuhputzers ausgestattet, ihre Dienste für 20 Cent an.

Marktfrau in Sucre

Enttäuscht blicken sie auf jedes frisch gereinigte Paar an Touristenfüßen und verfluchen dabei leise die Konkurrenz, mit der sie wenig später wieder gemeinsam durch die Straßen toben. Oder sie berichten den Gringos täglich mit derselben Aufregung erneut von einer dubiosen Hausaufgabe oder dem wichtigen Schulprojekt mit dem Namen ‚Münzen aus aller Herrenländer'. Und auch wenn diese Masche mal nicht klappt, so ziehen sie doch letzten Endes mindestens mit einem Eis vom Eismann auf der Plaza von dannen.

Wir genießen die letzten warmen Tage vor dem frostigen Altiplano, dem Hochland Boliviens, und beginnen jeden Morgen mit einem Gang zum Markt, wo wir gezielt auf die Riege der Obstfrauen zusteuern. Mit Milch und einem Mixer bewaffnet zaubern diese in sekundenschnelle in verschiedensten Variationen köstlichste Milchshakes für 40 Cent und Obstsalate, die trotz des riesigen Sahnehaufens, die Illusion eines gesunden Frühstückes nicht erblassen lassen. Eigene Erfahrungen beweisen jedoch, dass der Milchkonsum eines Erwachsenen die Menge von vier Milchshakes täglich, entsprechend zwei Litern Milch, nicht übersteigen sollte. Doch das tut unserem Müßiggängerleben keinen Abbruch, denn es gibt da noch andere Helden, die an jeder Kreuzung zu finden sind. Mit Körben voller Orangen und Grapefruits und einer Saftpresse ausgestattet kommen die Straßenverkäufer mit frisch gepressten Säften jedem kleinen Vitaminbedürfnis zuvor.

Wir schlendern von Café zu Café, von Park zu Park, von Milchshake zu Milchshake, genießen die immerzu scheinende Sonne Sucres – bis wir es auf einmal in der Zeitung lesen: Bolivien hat Kolumbien das erste Mal in der Geschichte bei der Kokainproduktion überholt. Plötzlich kommt mir eine Idee – ich sehe förmlich ein kleines Glühlämpchen neben meinem Kopf aufleuchten. Warum nicht in den lokalen Drogenmarkt einsteigen? Hier in einem Land, wo man sich die Polizei mit 10 Euro vom Hals schaffen kann und niemand etwas gesehen hat. Noch nie war Bestechung einfacher, noch nie so billig wie hier. Mir schweben Bilder eines nicht enden wollenden Lotterlebens voller Milchshakes und frisch gepresster Obstsäfte vor …

Um weiteren Erfolgsfantasien in der Drogenbranche entgegenzutreten, müssen wir aktiv werden, uns endlich gegen das Milchshake-Leben wehren, und so machen wir uns auf in die umliegenden Berge – die Cordilleras de los Frailes. Die Faulenzer-Tage haben ihre Spuren hinterlassen. Nichts schreckt uns ab. Weder die Tour-Bezeichnung ‚intensiv' noch der eingestufte Schwierigkeitsgrad ‚sehr hoch'.

Begleitet werden wir von unserem Guide David und den beiden Londoner Biologiestudentinnen Emma und Alice. Emma und Alice rauchen nicht, trinken nicht und ernähren sich gesund. Täglicher Ausdauersport macht sie topfit. Im Gegensatz zu ihnen stopfe ich mir, mit dem Auto auf 4.300 Metern angelangt, schon mal vorsorglich Kokablätter in den Mund, um meine Kurzatmigkeit auf diesen Höhen nicht sofort Preis zu geben. Wir laufen los: über schmale Pfade in luftigen Höhen wandern wir bergauf und bergab, vorbei an steilen Felswänden, kraxeln einige Meter runter bis wir in einer kleinen Höhle mit Wandmalereien aus der Zeit vor der spanischen Eroberung ankommen.

Auf dem Rückweg geht es wieder stetig bergauf. Nach anstrengenden 6 Stunden eröffnet uns David, dass nun der letzte und schwierigste Part unseres Ausflugs bevorsteht. Auf einem aus groben Gesteinsbrocken gebauten präkolumbianischen Weg geht es nun die nächsten 2 Stunden sehr steil bergauf. Auf 5 Kilometern werden wir einen Höhenunterschied von mehr als 1.000 Metern bewältigen. Soviel Kokablätter passen nicht in meinen Mund.

Während Emma und Alice stramm vorwärts marschieren und dabei ohne Unterlass über Gott und die Welt philosophieren, spare ich mir bereits jedes unnötige Wort, welches mir die Luft für den Aufstieg raubt. Kurz vor dem Ziel fragt mich David lachend, wie es meinem Herzen geht. Mein Herz gleicht seit dem Beginn des Aufstiegs einem Trommelwirbel und scheint mir nunmehr fast aus dem Hals zu springen. Ich lächle gequält und strecke David stumm heuchelnd meinen hochgestreckten Daumen entgegen. Für ein einfaches „gut" fehlt mir inzwischen gänzlich die Luft.

Beim abschließenden und verdienten Bier am Abend erzählt uns David stolz von dem morgigen Auftritt seiner Band, die einen Straßenumzug zu Ehren eines gewissen San Pantaleón begleitet. Wir sind herzlich eingeladen.

Davids Band entpuppt sich als eine Ansammlung von sechs jungen Panflötenspielern, die bereits um 10 Uhr morgens völlig betrunken sind. Jedoch sind dies auch die restlichen verkleideten Teilnehmer des Umzugs, der von grotesk mit Plüschtieren verzierten Autos begleitet wird.

Wir beobachten das bei Verkleideten weit verbreitete Phänomen von Menschen, die im Schatten ihrer Anonymität jeglichen Anstand verlieren. Ein gewisser ‚Herr Löwe' tanzt auf sehr vulgäre Art und Weise alle Frauen an, die er zu greifen kriegt, und piekt einigen Männern mit seinen langen Krallen in die Genitalien, um dann kichernd das Weite zu suchen. Die schiefen Töne und rhythmischen Aussetzer der Panflöten stören hier niemanden. In zu großen Mengen fließt der Alkohol an diesem Samstag, der besinnlich mit einer zweistündigen Messe zu Ehren des Heiligen begann.

Am nächsten Tag steigen wir in einen rostigen, aus allen Nähten quietschenden Bus, der alles andere als einen verkehrstauglichen Eindruck macht, und ruckeln zwei Stunden in Minimaltempo in Richtung Süden. Ziel ist der riesige Sonntagsmarkt in Tarabuco. Direkt an der Plaza wimmelt es von handgemachtem warmem Allerlei aus Lama- oder Alpakawolle – Schutz vor dem frostigen Altiplano, vor Höhen über 4.000 Metern, denen ein Großteil des Landes ausgesetzt ist.

Wir schlendern vorbei an Koka- und Handy-Verkäufern und stehen plötzlich vor einer Traube Menschen, die gespannt und neugierig einem Mann lauschen

Der Wunderheiler preist gekonnt seine Salben und Tröpfchen an, die angeblich jede Art von gesundheitlichen Beschwerden wie durch Zauberhand verschwinden lassen. Dann schüttelt er noch ein Ass aus dem Ärmel, um die bereits eingelullte Menge endgültig vom Kauf der überteuerten Mittelchen zu überzeugen. „Willst du deinen kranken Vater denn nicht endlich von seinen Schmerzen befreien?!" „Und du! Sparst du etwa an der Gesundheit deiner Familie?!" Seine Masche zieht. Wie aus dem Nichts werden ihm nun die Scheinchen entgegengestreckt.

Wir gehen weiter, landen in Unmengen von frischem Obst und Gemüse, bis wir auf einmal falsch abbiegen. Wir sind in der Fleischabteilung. Ich schaue nach rechts und blicke in die offenen Augen fünf abgeschlagener Rinderköpfe, die aufgereiht auf einem Tresen liegen. Erschrocken und angewidert drehe ich mich um. Eine falsche Entscheidung. Ich sehe einen Mann mit einer Axt die Schädeldecke eines auf dem Boden liegenden Rinderkopfes spalten. Hektisch suche ich das Weite, bis ich mich endlich wieder von friedlichen Tomaten, Kartoffeln und Zwiebeln umgeben sehe. Ich atme durch.

Nach der Mittagshitze hält ein Bus an der Plaza. Ein großer, moderner und verkehrstauglicher Bus. Ein Bus, von dessen Decke Sauerstoffmasken hängen, um möglichen gesundheitlichen Wehwehchen aufgrund des niedrigen Sauerstoffgehaltes entgegenzuwirken. Hier, auf angenehmen 2.000 Metern völlig sinnfrei. Touristen steigen aus. Bewaffnete Touristen. In kleinen Gruppen stürmen sie, die riesigen Spiegelreflexkameras um den Hals gehängt, den Markt. Ungehemmt und anstandslos halten sie ihre riesigen Linsen direkt in die Gesichter der indigenen Verkäufer und drücken ab; kontrollieren das Bild auf dem Display, um sich direkt danach wieder an einer Nahaufnahme zu versuchen. Ohne ein Lächeln, ohne eine Geste des Menschlichen machen sie Platz für ihren Nebenmann, der dasselbe Verhalten an den Tag legt, um dann wiederum Platz für einen weiteren Nebenmann zu machen.

Erschrocken und angewidert, wie von den abgeschlagen Rinderköpfen, die mich mit ihren toten offenen Augen anstarrten, drehe ich mich weg, suche das Weite. Doch es bringt nichts. Wir warten auf die Abfahrt unseres schäbigen Busses, als ich einen Mann beobachte, der die Linse seines 50cm Objektivs wenige Zentimeter vor das Gesicht eines kleinen Jungen hält. Als dieser ängstlich und irritiert von der Penetranz des Touristen wegrennt, passiert das Unglaubliche. Der Hobbyfotograf beschleunigt ebenfalls sein Tempo, um im Laufschritt, den Jungen verfolgend, die Linse in sein Gesicht gedrückt, zwei Fotos pro Sekunde zu schießen.

Der Junge fängt an zu weinen. Und auch mir ist angesichts solch eines Verhaltens zum Heulen zu Mute.

Der Berg, der Menschen frisst – Besuch in den Silberminen Potosís

Potosí ist eine Stadt der Extreme. Extrem hoch auf 4.300 Metern liegend, ist sie die höchste Stadt der Welt. Extrem abhängig, denn Potosís Wirtschaft kennt seit jeher nur einen Arbeitgeber: Den Cerro Rico, den in Regenbogenfarben schillernden, reichen Berg, der sich über der Stadt erhebt.

Extrem reich war Potosí im 16. Jahrhundert, nachdem unglaublich ertragreiche Silberadern im Cerro Rico gefunden wurden. Die Hälfte des weltweit gewonnenen Silbers stammt zu jener Zeit aus Potosí. Die Stadt war so bedeutend wie London oder Paris. Über Jahre hinweg schufteten indigene Sklaven in den Minen, um die spanischen Königskassen mit Silber nur so zu überhäufen. Auch afrikanische Sklaven wurden für die harte Arbeit im Berg nach Potosí gebracht. Doch starben die meisten von ihnen an den Folgen der Höhenkrankheit, noch bevor sie die Stollen betreten konnten.

Potosí war das Synonym für Reichtum. Gleichzeitig war Potosí – und ist es bis heute – extrem gefährlich. Zahlen für den Reichtum der Stadt mussten die einfachen Arbeiter – und das mit ihrem Leben. Etwa 8 Millionen Menschen starben in den Minen des Cerro Ricos an Folgen von Einstürzen, Explosionen oder Erstickungen durch Gas. Nicht ohne Grund nennt man ihn den Berg, der Menschen frisst. Die meisten Opfer forderte jedoch die sogenannte Quarzstaublunge. Auch heute ist sie die Todesursache Nummer eins bei den Minenarbeitern, den Mineros, der sie nach 10 bis 20 Jahren Arbeit erliegen.

Auf dem Friedhof in Potosí gibt es einen eigenen Bereich für die Arbeiter aus dem Bergwerk. Im Schatten des Cerro Rico steht dort in großen Buchstaben geschrieben „Hier ruhen die Männer, die ihre Lungen in den Minen verloren!" Extrem gläubig sind die Mineros. Außerhalb der Stollen beten sie zu Jesus Christus, aber im Berg vertrauen sie auf El Tío. Der gehörnte Gott des Berges, der Minerale gibt und Menschenleben nimmt, lässt sich nur durch Koka, Zigaretten und Alkohol beschwichtigen.

In jeder Mine sitzt mindestens eine tönerne Figur des Tío und wacht über die Arbeiter, die oft mit ihm rauchen, trinken und Koka kauen.

Wir machen uns selbst auf zu einer Tour in die Mine. Zunächst werden wir mit Schutzkleidung ausgestattet: Wasserdichte Jacke und Hose, Gummistiefel und ein Helm mit Stirnlampe. Ein Tuch um Mund und Nase soll uns vor dem Quarzstaub schützen. Anschließend laufen wir über den Markt der Minenarbeiter, den einzigen öffentlichen Markt weltweit, auf dem es legal Dynamit zu kaufen gibt – die Mineros nutzen es täglich in den Stollen. Dann ist es endlich soweit. Etwas ängstlich stehen wir nun vor ihm, dem Berg, der Menschen frisst. Mit mulmigem Gefühl treten wir bedächtig in die Mine ein. Im ersten Moment wähnen wir uns in vollkommener Dunkelheit. Nur langsam gewöhnen sich die Augen an die schlechten Lichtverhältnisse im Inneren des Berges.

Wir schalten die Stirnlampen an unseren Helmen an und gehen entlang der Schienen der Transportkarren tiefer in den Stollen. Je weiter wir in den Berg eindringen, desto näher kommen die Wände und Decken der Gänge. Ständig stoße ich mit meinem Helm gegen das Gestein, kleine Staubwolken wehen von der Decke und rieseln auf mich hinab. Nur noch in gebückter Haltung schaffe ich es durch die Tunnel. Von den Decken tropft Wasser unablässig in die Schächte. Der Boden wird immer feuchter. Innerhalb weniger Meter verlieren wir jegliches Gefühl eines sicheren Schrittes. Wir schlittern und rutschen nur noch über den Untergrund. Nach einigen Minuten machen wir eine Pause. Unser Guide, Daniel, erzählt über die Arbeit unter Tage und von seinen Erfahrungen, als er selbst in der Mine arbeitete.

Den gefährlichsten Job, und damit meint er den todlichsten, haben die sogenannten Driller. Sie arbeiten mit Bohrern und Presslufthammern und suchen nach ertragreichen Mineraladern im Berg. Kaum geschützt sind sie den Staubmassen, die sie selbst zutage bringen, ausgeliefert. Die Driller verdienen um einiges mehr als die anderen Mineros und sterben in der Regel nach drei bis fünf Jahren an der Quarzstaublunge. Die Motivation für die Driller, ihren Job auszuüben, liegt meist in der Familie. Sie brauchen Geld für ein Haus oder die Ausbildung ihrer Kinder. Die Erfüllung ihrer Wünsche zahlen sie mit dem Leben. Außerdem erfahren wir von Daniel, dass heute noch etwa 12.000 Mineros in den Minen schuften. Etwa 2.000 von ihnen sind unter 18 Jahre alt.

Daniel erzählt von den Schwierigkeiten im Berg, von Unfällen und Explosionen, vom Erstickungstod. Die Arbeitsbedingungen in den Minen sind mittelalterlich, Sicherheitsvorkehrungen gibt es kaum, die Schächte sind schlecht belüftet. Etwas beunruhigt schaue ich mich um und betrachte besorgt den geborstenen Holzträger ganz in meiner Nähe. Auch andere Balken scheinen kaum noch in der Lage zu sein, den Stollen zu stützen. Wie ernst es hier drinnen werden kann, fällt mir ein, als ich mich an das Schriftstück erinnere, das wir vor Beginn der Tour unterschreiben mussten. „Der Veranstalter übernimmt keine Haftung für Unfälle jeglicher Art und den Verlust des Lebens."

Wir gehen weiter. Plötzlich schreit Daniel etwas und winkt uns, wild gestikulierend, an die Seite. Eine Lore, ein Wagen zum Transport von Erz und Mineralien, kommt uns auf seinen Schienen entgegen. Zwischen den Gleisen und der Felswand sind nur wenige Zentimeter Platz. Wir müssen uns beeilen, eine Nische in dem engen Stollen zu finden, in der wir uns vor dem schweren Karren in Sicherheit bringen können. Keuchend bewegen drei Arbeiter, einer vorne ziehend, zwei von hinten schiebend, die Lore gefüllt mit einer Tonne Gestein im Laufschritt an uns vorbei. Das ist keine Showvorführung. Wir sind mitten im Bergwerk.

Nur wenig später müssen wir all unseren Mut beweisen. Es geht tiefer in den Berg. Jedoch nicht mehr entlang der Schienen, sondern durch einen kleinen Öffnung in der Felswand. Gerade groß genug um bäuchlings durch sie hindurch zu kriechen und so ein anderes Level, weiter unten im Berg zu erreichen. Das ist für die Hälfte unserer Gruppe zu viel. Alle Überredungsversuche bringen nichts.

Die Angst vor dem Berg ist zu groß und so setzten wir den Weg ohne sie fort. Auf dem Bauch liegend robben wir mehrere Meter nach unten. Ich kann den Kopf gerade soweit heben, dass ich die Füße meines Vordermannes sehe. Nur wenige Zentimeter über dem staubigen Boden kommen mir die Geschichten über Asbest und die Quarzstaublunge in den Kopf.

Bloß nicht atmen, denke ich. Doch das fällt hier sowieso schwer. Oben, außerhalb des Berges, auf über 4.000 Metern Höhe, ist der Sauerstoffgehalt der Luft schon sehr gering. Hier drinnen ist von ihm kaum noch etwas zu spüren. Auch das Tuch vor Mund und Nase, das uns vor dem Staub schützen

soll, behindert die Atmung zusätzlich. Ich verspüre den Drang tief einzuatmen, ziehe das Tuch vom Gesicht und gebe mich dem natürlichen Reflex hin. Doch bereue ich es sofort. Anstatt Sauerstoff saugen meinen Lungen Staub und Dreck ein. Hustend ziehe ich das Tuch wieder über die Nase.
Es wird immer heißer und stickiger. Schweiß läuft mir über die Stirn und in die Augen. Kurzatmig krieche ich weiter und versuche, nicht an Klaustrophobie und Erstickungstod zu denken. Es gelingt mir nicht. Am liebsten möchte ich laut schreien, doch in diesem Moment öffnet sich die Enge und wir stehen in einem weiteren Stollen, 50 Meter unterhalb des Mineneingangs.
Hier hören wir bereits das Klacken und Klingen von Metall auf Stein. Mittlerweile sind es fast 40°C und wir stehen inmitten einer Gruppe halbnackter, heftig schwitzender Männer. Alle fünf Minuten kommt eine vollgeladene Lore vorbeigefahren. Die Arbeiter müssen sich beeilen, den Karren zu entleeren, bevor der nächste mithilfe eines Flaschenzuges angerollt kommt. Sechs Männer sind notwendig, um die Lore zu kippen und das Gestein auf den Boden zu befördern. Wir müssen dabei ständig aufpassen, nicht im Weg zu stehen und wechseln in dem engen Raum immer wieder die Seiten. Zwischen den Schienen der Lore und der Felswand ist kaum mehr als ein halber Meter Platz.
Wir versuchen, so wenig wie möglich zu stören, doch das gelingt kaum. Zu eng ist der Stollen. Nachdem das Gestein mit viel Getöse aus der Lore befördert wurde, schaufeln die Männer das Material zum Weitertransport in steil abfallende Öffnungen im Boden. Auch wir dürfen uns an der Arbeit versuchen. Nur mit Mühe bekomme ich die Schaufel unter ein paar der Gesteinsbrocken und kann sie etwas anheben. Bei der Hitze und der geringen Luft im Schacht bin ich bereits nach wenigen Bewegungen komplett durchnässt und völlig außer Atem.
Juán kommt mir zu Hilfe und nimmt mir die Schaufel ab. Er arbeitet hier bereits seit 15 Jahren, immer mit den tödlichen Gefahren im Hinterkopf. Sein hageres Aussehen verrät zunächst nichts von seinem täglichen Knochenjob, doch seine routinierten Handgriffe und die Schnelligkeit, mit der er das Gestein in den Abgrund befördert, lassen mich staunen. Mit einem Augenzwinkern sagt er: „Wir fressen den Berg und der Berg frisst uns." Doch sein Glaube an Tío, den Beschützer der Mine, stärkt ihn bei der Arbeit.
Er, der Berggott, kümmert sich um die Mineros, so wie sie sich um ihn kümmern. Wenig später sehen wir, was damit gemeint ist. Wir stehen vor einer riesigen Tío-Statue. Sein Haupt und seine Schulter sind schwer beladen mit bunten Girlanden (die Mineros feiern Karneval in der Mine bei ihrem Gott). In seinen geöffneten Händen, in seinem Mund und um ihn herum liegen Unmengen Kokablätter. Die Asche von abgebrannten Zigaretten klebt an

seinen Lippen und zu seinen Füßen liegen leere 96%ige Alkoholflaschen. Daniel erklärt uns den Aberglauben um El Tío.
Die Minenarbeiter müssen an ihren Beschützer glauben. Anders ist die gefährliche Arbeit nicht auszuhalten. Und dann beginnt er Beispiele von Mineros zu nennen, die nicht an El Tío glaubten und dies mit dem Leben bezahlen mussten. Männer, die nicht bereit waren, Opfergaben in Form von Koka, Zigaretten und Alkohol zu bringen, und Männer, die in der Mine arbeiteten, als es der Aberglaube verbot. El Tío verlangte nach ihrem Leben. Einstürzende Wände oder austretendes Gas stillten den Blutdurst des Berggottes.
Um den Zorn Tíos zu beruhigen, findet einmal jährlich, an jedem ersten August, eine Sacrification, ein heiliges Opferfest, vor den Minen statt. Wir haben das Glück dieser Zeremonie beiwohnen zu dürfen. An diesem Tag arbeiten die Mineros nicht. Stattdessen feiern sie mit sehr viel Alkohol. Der rituelle Höhepunkt ist die Schächtung mehrerer Lamas. Verängstigt stehen die Tiere in einer Ecke bis sie, eines nach dem anderen, auf den Boden gedrückt werden. Dort finden sie, nach einigem Kampf und begleitet von kläglichem Weinen, den Tod. Das Blut der Lamas wird in Tellern und Schüsseln aufgefangen und gegen die Wände der Häuser und der Eingänge der Minen geschleudert.
Dieses Treiben soll den Durst El Tíos für ein Jahr stillen. Durch das anschließende Häuten, Entfernen der Gedärme und Zerlegen des Fleisches verliert das einstige Lebewesen immer mehr an Form und Gestalt, bis nur noch der Kopf übrig ist. Auch Pachamama, Mutter Erde, werden an diesem Tag Opfer gebracht und so versickert jeder erste Schluck eines jeden Getränks im staubigen Erdboden. Der Kopf und die Innereien der Lamas werden in einem Erdloch vergraben – eine weitere Opfergabe für Mutter Erde. Die Mineros teilen mit ihrer Ernährerin. Der viele Alkohol sorgt jedoch dafür, dass die Minenarbeiter bereits mittags völlig betrunken sind. Sie lallen unverständliches Zeug, verlieren ihre Hemmungen und es kommt zu kleineren Unstimmigkeiten. Für uns ist irgendwann Schluss. Wir verzichten auf das angebotene Lama-BBQ und kehren vom Cerro Rico zurück nach Potosí.

Vier Tage in der Surrealität – Die größte Salzwüste der Welt

Darauf freuen wir uns schon eine Ewigkeit. Zwar überrascht uns Bolivien immer wieder mit spektakulären und vielfältigen Landschaften, atemberaubenden Bergen, andinem Hochland und tropischem Dschungel. Doch die beeindruckendste Naturschönheit ist ohne Zweifel die Salzwüste von Uyuni und ihre nahe Umgebung. Vier Tage verbringen wir in einer Welt, die uns kaum unwirklicher erscheinen könnte.

Tag 1: Start ist um 8:30 Uhr in Tupiza. Mit in unserem Team und damit in unserem Jeep: Nicolas, unser Guide und Fahrer, Flora unsere Köchin und unsere Mitstreiter Grundschullehrerin Heather aus England und Grundschullehrerin Jill aus Australien. Auf dem Dach: unser Gepäck, Unmengen von Benzin, Ersatzreifen, Nahrungsmittel, Werkzeug, Schaufel und Spitzhacke für den Notfall. Die Reise geht los.
Zunächst fahren wir durch die Quebrada de Palala und lassen uns von den durch Wind und Regen bizarr geformten Felsformationen und dem ständig steigenden, sich steil nach oben schlängelnden Schotterweg und dem immer tiefer werdenden Abgrund beeindrucken. Die Fahrt ist holprig und wird es auch die nächsten vier Tage bleiben.
Wir fahren durch die Aguanapampa. Eine endlos scheinende Wüste im Hochland Boliviens. Grasbüschel reihen sich unentwegt aneinander. So weit das Auge reicht: Grasbüschel. Es ist kalt. Der eisige Wind weht unerbittlich pfeifend um uns. Hier lebt niemand und wächst auch nichts. Hier gibt es nur Grasbüschel. Lediglich Lamas, Vikuñas und Nandus trotzen, gut geschützt und neugierig drein blickend, den Wetterverhältnissen. Wir steigen aus. Flora zaubert unser Mittagessen. Der zweite Jeep unserer Tour trifft ein. In ihm sitzen fünf Franzosen. Darunter ein ketterauchendes älteres Paar, das weder Spanisch noch Englisch spricht, jedoch bei allem was gesagt wird, laut lacht. Ihr gemeinsamer täglicher Zigarettenkonsum, so erfahren wir im Laufe der Tour, beläuft sich auf fünf Schachtel filterloser Zigaretten am Tag. Dann sind da noch unser Liebling Christopher und seine Freundin. Christopher ist 27, hat schiefe Zähne und eine große Halbglatze am Hinterkopf. Christopher ist auf alles eingestellt. Uns fällt seine neu gekaufte, unbenutzte Extrembergsteiger-Profiausrüstung auf. Seine Thermo-Hose mit verstärktem Knie- und Hinterteil, sein knallrotes, zu eng sitzendes Thermo-Oberteil, seine giftgrüne Windjacke, seine mit Strasssteinchen verzierte Sonnenbrille, seine neue Spiegelreflexkamera, die an seine Brust angewachsen zu sein scheint und zu guter Letzt seine passend zur Jacke giftgrüne, riesige, extra für den Urlaub gekaufte Uhr, die in fetten Zahlen die Höhe über Normalnull angibt. Wir gehen davon aus, dass Christopher als erfahrener Bergsteiger die Erklimmung einiger Andengipfel plant – doch Fehlanzeige. Christopher reist mit seiner Freundin drei Wochen durch Bolivien und wird die meiste Zeit mit seinem verstärkten Hinterteil in Hotels oder in Autos sitzen. Ich frage höflicherweise nach seinem Beruf. Ohne weitere Erklärungen, ohne mit der Wimper zu zucken und eiskalt antwortet er: „Manager“. Ich merke, wie seine Genitalien wachsen. Ich frage nicht weiter nach.
Wir fahren weiter durch die Wüste und über Grasbüschel. Plötzlich zeichnet sich in der Ferne ein Dorf aus der Grasbüschelebene ab. Hier leben 150

Menschen in der Kälte, im pfeifenden Wind, mit sich über den Schultern stapelnden Wolldecken. Das Dorf ist mitten in die Einöde gebaut. Die einfachen braunen Lehmhäuser, die braune Lehmkirche, alles ist farblich der Umgebung angepasst.
Alles ist braun – nur umgeben von hellen Grasbüscheln. Hier gibt es zwar Strom, aber keine Heizung, keine Einkaufsmöglichkeiten, keine Schule. Die Menschen hier sind Lamabauern oder arbeiten in der nahegelegenen Kupfermine. Einmal in der Woche wird ein Lama geschlachtet, das Fleisch im weit entfernten Tupiza verkauft und von dem Geld einige Grundnahrungsmittel gekauft. Uns kommt ein Betrunkener entgegen.
Wir fahren weiter durch die Wüste. Nicolas hält an, klappt die Motorhaube unseres Jeeps hoch und lässt seinen routinierten Blick zur Sicherheit über den Motorraum schweifen. Christopher springt hektisch aus dem anderen Jeep. Hält die Kamera drauf, knipst fünf Minuten lang ununterbrochen und aufgeregt Fotos. Wir schauen uns irritiert um.
Am späten Nachmittag kommen wir in San Antonio an. Es ist unglaublich kalt. Christopher schaut auf seine Uhr, gibt ungefragt die aktuelle Höhe an. Unser Guide kommt zu uns, klärt uns auf. Wir befinden uns auf einer Höhe von 3.800 Metern. Christophers teure Spezialuhr arbeitet leider nicht korrekt und verschätzt sich um 700 Meter. Ich hoffe innerlich, dass sich damit seine Genitalien beruhigen.
Zum Abendessen gibt es bolivianische Gaumenfreuden. Wir sitzen mit Mütze, Schal und Handschuhen am Esstisch. Christopher erzählt laut von seinen Abenteuern. Es stellt sich raus, dass er eigentlich nur „Bar-Manager" ist und am Ende sogar, dass er, ohne jeglichen Schulabschluss erreicht zu haben, in einer Bar die Nachtschichten schiebt. Sein ‚Absolut Vodka'-T-Shirt mit der großen Rückenaufschrift ‚Staff' lässt mich schmunzeln.
Heather und Jill führen uns in das englische Kartenspiel ‚Shithead' ein – wie Heather grandios übersetzt: ‚Scheißekopf'. Der unerträglichen Kälte wegen liegen wir bereits um 9 Uhr im Bett. In unserem unbeheizten Zimmer befinden sich zwei Betten und 8 Wolldecken. Wir versuchen zu schlafen: drei Paar Wollsocken, zwei Hosen, vier Jacken, Mütze, Schal, Handschuhe, Schlafsack und vier Wolldecken. Es reicht nicht. Es ist einfach zu kalt.

Tag 2: Um 5 Uhr morgens werden wir geweckt. Es wird ein langer Tag. Den Sonnenaufgang erleben wir in den Ruinen des ehemaligen San Antonios – wenige Kilometer von San Antonio entfernt. Die verwahrlosten Mauerreste sind die eines verlassenen Dorfes. Die Bewohner flüchteten vor dem hier wandelnden Geist. Zu vielen Menschen erschien der Geist des Dorfes, zu viele Menschen fanden danach den Tod. Ein Friedhof erinnert heute noch

Im Salar de Uyuni, der größten Salzwüste der Welt

an diejenigen, für die der Umzug, die Flucht zu spät kam. Sofort spüren wir die Wärme der aufgehenden Sonne. So lange sie scheint, ist es sogar fast warm. Eine leichte Jacke reicht. Sobald die Sonne untergeht, sind sogar 5 Jacken zu wenig. Es ist verrückt.

Wir fahren weiter, steigen bis auf 5.000 Meter über Normalnull. Kokablätter lindern den starken Druck auf Kopf und Augen merklich. Wir fahren vorbei an farbigen Lagunen, die in der lebensfeindlichen, wüstenartigen, trockenen Vulkanlandschaft unwirklich wie kleine Edelsteine funkeln.

Mittags erreichen wir die grüne Lagune Polques und die angrenzenden Thermalquellen. Wir gönnen uns ein wärmendes Bad. Später durchqueren wir stinkende Schwefellandschaften, hören, sehen und riechen es blubbern und rauchen. Endstation des zweiten Tages ist die aufgrund von Mineralien rot leuchtende Laguna Colorada – bewohnt von rosa Flamingos, umgeben von sumpfartigem Boden und vertrockneten Grasbüscheln. Abends muss Christopher seine Schuhe am Herd in der Küche trocken. Er hat vergessen, seine Profiwanderschuhe zu imprägnieren. Wir hingegen verbringen den Abend mit billigem Wein und dringen weiter in die Materie des ‚Shitheads' ein. Auf einer Höhe von 4.400 Metern beziehen wir wenig später unser Zimmer. Es ist deutlich kälter als am Abend zuvor. Die Inspektion der Betten macht mir Angst. Pro Person sind nur zwei Wolldecken eingeplant. Meine Bedenken bewahrheiten sich in der kurzen Nacht.

Tag 3: Los geht's um 5 Uhr morgens. Die Kälte schmerzt. Bis die Sonne endlich aufgeht und ihre wärmenden Strahlen die sich bereits tot anfühlenden Füße aufwärmen, vergehen Stunden. Wir fahren weiter durch die Steinwüste. Die Vulkane häufen sich. Vor Jahrtausenden ausgespuckte Lavabrocken, seltsam geformt und durch schneidenden Wind und Wasser noch weiter deformiert, säumen unseren Weg. Wir passieren weitere funkelnde Lagunen, die wie per Hand in die Kälte gesetzt scheinen. Auf jeder tummeln sich rosa Flamingos. Am Nachmittag erreichen wir die Laguna Hedionda, bevölkert von Scharen der rosa Tiere, deren Kopf, krummer Hals und staksiger Gang mich unweigerlich an Rentner erinnert. An rosafarbene Rentner.
Abends befinden wir uns am Rand des Salars, der größten Salzwüste der Welt. Die Nacht werden wir in einem Salzhotel verbringen. Hier ist angeblich alles aus Salz: Wände, Betten und Tische. Der Boden ist übersät mit grobem Salz. Es scheint zu stimmen. Ich lecke an der Wand in unserem Zimmer. Sie ist aus Salz. Nach drei Tagen haben wir endlich die Möglichkeit zu duschen. Dass die Duschzeit auf 10 Minuten begrenzt ist und es im ganzen Hotel nur eine einzige Dusche gibt, tut der Sache dabei fast keinen Abbruch. Die Kälte hat unsere Körper geschunden. Nase und Lippen sind rau und rissig vor Kälte, die Haut ausgetrocknet, die Hände wund. Es gibt wieder Wein, Flora zaubert Köstliches, wir küren den ‚Ultimate Shithead'. Der letzte Abend ist angebrochen. Wir befinden uns auf nur noch knapp 3.400 Metern. Es ist beinahe warm. In dieser Nacht schlafe ich nur mit drei Jacken.

Tag 4: Um 6 Uhr morgens brechen wir auf. Wir fahren in die größte Salzwüste der Welt. Über 12.000 km² pures Salz – 10 Milliarden Tonnen. Die Salzkruste, bis zu 30 Meter tief, knirscht unwirklich unter den Füßen. Sie ist steinhart, zu sechseckigen Waben geformt. So weit man gucken kann: Sechsecke aus Salz. Und noch mehr Sechsecke aus Salz. Die Sonne geht auf, wärmt und blendet gleichzeitig über der riesigen strahlend weißen Fläche, schmerzt in den Augen.
Die Arbeiter, die ihr Leben lang am Rand der Salzwüste das Salz mit Spitzhacken aus dem Boden rausbrechen, zu Bergen auftürmen und in Lastwagen karren, erblinden meist nach vielen Jahren der harten Arbeit. Die Sonnenbrillen und Skimützen schützen nicht ausreichend vor der gleißenden Helligkeit. Das Weiß ist schmerzhaft hell, schmerzhaft weiß. Die Landschaft ist völlig surreal. Kein Tier, keine Pflanze lebt hier. Nichts und niemand schafft es hier an diesem lebensfeindlichen Ort zu überleben. Die Salzwüste ist tot. Wie unbegreiflich dieser Flecken Erde ist, wird einem erst bewusst, wenn man sich traut, für wenige Sekunden die Sonnenbrille abzunehmen,

erschrocken die Augen zusammenkneift, einen kurzen Rundblick wagt und die Sonnenbrille wieder zurückschiebt.
Wir besuchen die Isla Incahuasi, eine Insel in der Salzwüste, die übersät ist mit riesigen 1.000-jährigen Kakteen. Wenn etwas lebensfeindlichen Umständen trotzt, dann sind es die gigantischen, alten, beinahe weise erscheinenden Kakteen, denen keine Landschaft zu rau ist. Auf der Insel befindet sich eine Toilette. Letzte Möglichkeit für alle Besucher, denn wildes Urinieren im Salar ist strengstens verboten.
Wir frühstücken. Christopher kommt zu uns. Er schaut ernst. Gestern habe er erfahren, dass das bolivianische Gehalt, im Gegensatz zum europäischen, sehr niedrig ist. Er ist sichtlich geschockt. Auch unser Fahrer und die Köchin verdienen wenig. Er habe beschlossen, ihnen Geld zu geben. Hat Umschläge und kleine Briefe vorbereitet. Er ist bereit 2,50 Euro zu geben. Denn es sei ja wirklich erschreckend, wie wenig sie verdienen. Als wir sein Angebot, uns zu beteiligen ablehnen, wirkt der Manager gekränkt. Wir bleiben lieber bei den üblichen 10% Trinkgeld. Christopher, der Manager, begreift nicht, dass 10% mehr sind, als die von ihm vorgeschlagenen 2,50 Euro. Er schaut uns fassungslos an. „Respektlos, einfach respektlos", sagt er kopfschüttelnd.
Wir verlassen die Insel und kehren zurück in die Wüste aus Salz.

La Paz – Dünne Luft am höchsten Regierungssitz der Welt

La Paz – ein Häusermeer. Ein in dem Tal der Königskordillere eingebetteter Kessel, ausgelegt mit roten Backsteinhäusern. Rote Häuser, so weit das Auge reicht. Oben, unten, rechts und links. Einfach überall.
Chaotisch möchte man meinen, sind die kleinen Häuser hier und da planlos in jede beliebige freie Lücke gesetzt worden. So erscheint es, wenn man die roten, direkt an den steilen Abhängen gebauten Häuschen sieht. Doch das ganze hat offenbar System. Jeder freie Zentimeter dieser Stadt, gelegen auf 3.650 Metern, ist zugebaut. Eine riesige Stadt ohne Parks, ohne Gärten. Nichts als rote Backsteinhäuser. Die einzigen Grünflächen – das was man hier auf knapp 4.000 Metern als Grünfläche bezeichnen kann, sind graugrüne steil abfallende Rasenflächen, auf denen auch der kühnste Einwohner sich nicht wagt, sein Heim zu bauen.
Hier, auf dem verdorrten Grün, ist nur eine steil aufsteigende graue, nach Urin stinkende Betontreppe zu finden. Einst als Abkürzung gedacht, wird sie nun von Obdachlosen, Alkoholikern oder ein paar Jugendlichen genutzt, um in Ruhe ihre rote Dose Bier zu trinken. Doch auch Straßenhunde, mit den Fähigkeiten von Bergziegen ausgestattet, nutzen diese grau-grüne Rasenwand, als einzigen natürlichen Raum, wenn sie nicht in den riesigen Müllbergen der Stadt nach etwas Essbarem suchen.

In der Innenstadt verschwindet die rote Farbe plötzlich. Es wird grau. Unansehnliche Hochhäuser aus den 70er Jahren vermischen sich mit verfallenen, grauen Häusern aus der Kolonialzeit, von denen schon lange der Putz abbröckelt. Der morbide Charme der Innenstadt steht im Gegensatz zu dem winzigen Regierungsviertel, eigentlich nur dem kleinen Platz, der Plaza Murillo, neben dem der Kongress und das Regierungsgebäude – umsorgte Häuser aus der Kolonialzeit – in leuchtendem Gelb und Rot strahlen.
Die Bürgersteige der Stadt werden bevölkert von den Marktfrauen. Auf dem Hexenmarkt gibt es Lamaföten, als Glücksbringer beim Hausbau unter selbigem zu vergraben, Utensilien für die Geisterbeschwörung, Talismane und Amulette. Auf dem Schwarzmarkt, ganz offiziell und unverdeckt in die Straßenkarte der Stadt eingezeichnet, gibt es alles für den täglichen Bedarf – nur um einiges billiger. Unzählige andere Märkte überwuchern die Stadt. Marktfrauen, mit mehreren Wolldecken über den Schultern vor der eisigen Kälte der Stadt geschützt, sitzen an kleinen Tischen oder gar nur auf einer kleinen Plastikplane auf dem eisigen Boden und bieten eine Handvoll Tomaten oder Äpfel an. Sind am Ende des Tages noch ein oder zwei Äpfel übrig, sitzen sie auch noch in der Dunkelheit in kaum auszuhaltender Kälte auf dem Boden und warten geduldig – strickend, essend oder sich mit der Nachbarsfrau unterhaltend.
Meist verkauft jede Marktfrau nur ein Produkt. Man sieht Tische voller aufgestapeltem Toilettenpapier, Tische voller aufgetürmter Wollsocken, Tische

Häusermeer in La Paz

voller aufgeschichteter Bücher, Tische voll mit aufgehäuften Gewürzen. Die Produkte und Dienstleistungen sind geordnet – nach Straßen. Straßen voller Frisöre, Straßen voller Fleisch, Straßen voller mobiler Schuhmacher, die mit ihren Geräten auf dem Bürgersteig stehen und in wenigen Minuten alte Schuhe wie Neue glänzen lassen, Straßen voller Schneider, die mit Nähmaschinen ausgerüstet auf der Straße auf Kundschaft warten, Straßen voller Kleidung, Straßen, die Baumärkten gleichen, Straßen voller Kfz-Utensilien, Straßen voller Möbel und Straßen voller Blumen (übrigens immer vor dem Friedhof).

Auch gibt es Straßen voller Touristen. In der Calle Sagárnaga reiht sich ein Geschäft mit den immer gleichen günstigen Pullovern, Socken, Mützen, Handschuhen und Ponchos aus Alpaka- oder Lamawolle an das nächste. Unterbrochen von Tourismusagenturen, die unvergessliche Klettererlebnisse auf dem Nevado Illimani, der mit knapp 6.400 Metern über der Stadt thront, versprechen, Trekking-Abenteuer in den umliegenden Yungas, den immer feuchten Regenwäldern anbieten oder aber auch eine sichere Mountainbike-Fahrt auf der gefährlichsten Straße der Welt versprechen: „You want to survive the deathroad?!"

Um 8 Uhr morgens ist die Hektik, wie in jeder anderen Großstadt, nicht zu übersehen. Riesige stockende Autokolonnen, die man getrost zu Fuß überholen kann, versinken in einem entnervten Hupkonzert, arme reiche Menschen mit Aktentaschen unter den Armen hetzen im Laufschritt über die Bürgersteige, keine Zeit sich für Anrempler zu entschuldigen. Aus den Kleinbussen, ausgelegt für 10 Personen, lugt ein Kopf – ein Marktschreier, nur für den öffentlichen Verkehr. In übereifrigem Tempo schreit dieser die sechs Haltestellen des Busses, nahtlos aneinandergereiht, in Endlosschleife den Passanten lauthals im Singsang entgegen – bemüht die übrigen fünf Schreier der sich in unmittelbarer Nähe befindenden Busse zu übertönen.

Die Busse sind im Inneren zugepflastert mit Aufklebern, die das Beschädigen der Sitze, das Rotzen auf den Boden und das Liegenlassen von Müll verbieten. Ein weiterer Aufkleber bestätigt den Reisenden, dass Jesus sie liebt. Aufklappbare Sitze in den Gängen der Busse sichern die Nutzung der gesamten Kapazität, führen aber auch dazu, dass alle Insassen des Busses aussteigen müssen, wenn einer aussteigt. Und dies passiert alle paar Meter, auf Zuruf, je nach Wunsch.

Dazwischen unzählige Schuhputzer, aus Scham ihr Gesicht mit Skimasken bedeckend, die den eilenden Geschäftsmännern noch schnell die Schuhe auf Hochglanz polieren, und Straßenkehrer, die sich mit Mundschutz und riesigen Hüten vor dem Straßensmog und der brennenden Höhensonne schützen.

Inmitten dieses Wirrwarrs aus hupenden Autos, schreienden Bussen, laufenden Menschen und genervten Mengen, sehe ich zwei Zebras. Zwei Zebras, die mit einer Zebrafahne ausgestattet, den Verkehr dort regeln, wo eigentlich ein Zebrastreifen hätte sein müssen. Doch nicht nur das: Die Zebras helfen Verwirrten bei der Suche nach dem Weg, wissen wo die nächste Bank, der nächste Supermarkt ist, winken freundlich jedem vorbeihetzenden Passanten zu und quietschen ihnen ein „Buen día“ – ein „Guten Morgen“ entgegen. Immer in der Tonlage, die nach Ermessen jedes einzelnen Zebras der Stimme eines echten Zebras am nächsten kommt.
Alte, dicke Frauen stören in aller Seelenruhe den eilenden Verkehr auf den Bürgersteigen. In gigantischen Töpfen verkaufen sie das, was sie über Nacht zuhause zusammengebraut haben. ‚To go‘ gibt es aufgrund des fehlenden Plastikgeschirrs nicht. Doch es finden sich immer einige mit der notwendigen inneren Ruhe ausgestattete Großstädter, die auch in den hektischen Morgenstunden die Zeit finden, aus altem Keramikgeschirr auf dem Bürgersteig sitzend das zu frühstücken, was es auch als Mittag- und Abendessen geben wird: Reis mit Hühnchen. Auch oft gesehen: Pommes, Reis und(!) Nudeln auf einem Teller, dazu ein wenig Fleisch. Doch unter der traditionellen Kleidung der Bolivianerinnen, den Cholitas, einem mehrschichtigen weiten Rock, dicken Wolldecken über den Schultern und einem hohen Hut, fallen 20 - 25 Kilo mehr sowieso nicht auf.
Die kleine, kräftige Statur der Cholitas, den Frauen des Altiplanos, in der weiten traditionellen Kleidung noch betont, dient seit einigen Jahren der Unterhaltung von Einheimischen und Touristen zugleich. Es geht zum ‚Cholitas-Wrestling‘. Festlich gekleidete Bolivianerinnen spielen hier den Zuschauern den immer gleichen Schaukampf vor. Die sich ständig wiederholende Show eines parteiischen Schiedsrichters, einer unfairen und einer unfair behandelten Kämpferin, fallt auch beim zehnten Mal der tobenden Zuschauermenge nicht auf. Wildes Geschrei, Beschimpfungen und „Raus mit Dir“-Rufe werden zum Teil mit geworfenen Hähnchenschenkeln bekräftigt.
400 Meter hoch über La Paz befindet sich ‚El Alto‘. Der frühere Stadtteil von La Paz bot in den Zeiten der Neuansiedlung Raum für die Armen der Gesellschaft, für die Aymara-Indianer aus den umliegenden Dörfern des Hochlandes, die in La Paz ihr Glück, aber vor allem Arbeit suchten. Hier oben ist die Luft noch dünner. Die Temperaturen liegen im Durchschnitt um 10 Grad unter denen des vor den eisigen Winden geschützten Tals. Inzwischen gehört die Vorstadt El Alto nicht mehr zu La Paz. El Alto, eine Ansammlung aus Backsteinbauten und Wellblechdächern, ist eine eigenständige Stadt. Eine der größten und am schnellsten wachsenden Städte des Landes. Nie-

Unterwegs in Bolivien

mand weiß genau, wie viele Menschen inzwischen in El Alto leben. Schätzungsweise mehr als 900.000, damit zöge El Alto mit La Paz gleich.
Wir statten der Stadt in der Höhe einen Besuch ab. Doch wir finden nicht das vor, was wir erwarten. Die Einwohner El Altos sind stolz auf ihre Herkunft und ihre Identität, wollen gar nicht in der Stadt wohnen, auf die sie ihr Leben lang herabschauten. Ohne sich der abfälligen Bezeichnung bewusst zu sein, sagen sie nur „da unten" oder „die da unten", wenn sie über La Paz sprechen. Andere machen es deutlicher und nennen La Paz „La Hoyada – das Loch". Traditionen werden hier oben hoch gehalten. Modernes „Jeans- und Pullover-Getue" gäbe es hier nicht. Das neue Selbstbewusstsein in der größten indianischen Stadt Boliviens bietet bewusst mehr Raum für althergebrachte Sitten, Bräuche und Traditionen. Auch hat sich, obwohl nicht sichtbar, die Armut in Wohlstand gewandelt.
Der informelle Markt platzt aus allen Nähten. Sonntags und donnerstags verwandelt sich die ganze Stadt in einen undurchdringbaren riesigen Markt. Nichts, was es nicht gibt und natürlich viel billiger als „da unten". Das wissen auch die Einwohner von La Paz, die dann in Massen in die Stadt in der Höhe strömen. Die Paceños bezahlen aber dennoch, wie sollte es anders sein, unwissend viel höhere Preise. Eine Bankangestellte erzählt uns im Vertrauen – sie arbeitete in einer Filiale in El Alto und auch in einer Filiale in La Paz' Reichenviertel ‚Zona Sur' – dass die eingehende Geldmenge in El Alto inzwischen die Geldmenge in der Zona Sur um einiges übersteigt. Bei

den ehemaligen Einwohnern einfacher kleiner Bergdörfer herrsche einfach noch nicht das Denken mit ihrem vielen Geld große Häuser, dicke Autos und teure Kleidung zu kaufen. Sie lebten weiter in einfachen Verhältnissen und häuften ihren neu erworbenen Reichtum auf ihren Bankkonten an.

Deathroad – Downhill auf der gefährlichsten Straße der Welt

Es ist das Jahr 1930. Bolivien befindet sich gerade im Krieg mit Paraguay. Es geht um den Chaco, den eigentlich niemand will und braucht. Doch das wissen die Kriegsbeteiligten noch nicht. Auf beiden Seiten kommt es zu Gefangenen, mit denen die Mächtigen gar nichts anzufangen wissen.

Nach reichlichen Überlegungen kommen beide Parteien zu mehr oder weniger intelligenten Lösungen. Die bolivianischen Gefangenen holzen den paraguayischen Chaco ab, um Platz für Städte zu schaffen und Paraguayer arbeiten an einer Straße, in den Berg gebaut, die La Paz mit dem Regenwald im Norden Boliviens verbindet.

Bis dahin gibt es keine Verbindung zwischen dem kalten Altiplano, auf über 4.500 Metern gelegen, und den Yungas, den warmen, immer feuchten Wäldern des Amazonasbeckens, tief unten auf 1.200 Metern. Die paraguayischen Zwangsarbeiter schlagen sich mehr als 60 Kilometern durch dichtes Gestrüpp und überwinden dabei 3.450 Höhenmeter.

Das Resultat ist eine einspurige, schlecht ausgebaute Straße, direkt am Abhang gelegen. Sie durchquert fast alle Klimazonen Südamerikas. Leitplanken gibt es keine. Regen und Nebel sind hier ständige Begleiter. Steinschlag und Erdrutsch gehören zu den größten Gefahren auf dieser Strecke.

Hier ereignen sich immer wieder Unfälle mit tödlichem Ausgang. Jedes Jahr finden 200 bis 300 Menschen auf dieser Straße ihren Tod. In über 70 Jahren verlieren knapp 22.000 Menschen ihr Leben auf der Strecke, weshalb sie 1995 von der Interamerikanischen Entwicklungsbank zur ‚gefährlichsten Straße der Welt' ernannt wird. 1983 stürzt auf dem oft matschigen und morastigen Untergrund der Straße ein Reisebus mit 100 Passagieren in die Tiefe.

Erst im Jahr 2006 wird eine weniger gefährliche Umgehungsstraße errichtet, welche die ‚Todesstraße' entlasten soll. Heute zieht der ‚Camino de la muerte' Touristen aus aller Welt an. Gringos stürzen sich auf dem Mountainbike Tag für Tag die steile Abfahrt hinunter. Auch wir gehören dazu. Unsere kleine Gruppe besteht aus 15 Todesmutigen, die ihr Glück auf der gefährlichen Strecke herausfordern.

Die Sicherheitseinweisung ist lang: Insekten, die in Augen fliegen, starke Windböen, Gegenverkehr, enge Kurven, der Zustand der Straße und mögliche Tiere auf der Strecke sind die allgemeinen Gefahren, deren wir uns nun bewusst werden. Eindringlich werden wir darauf hingewiesen, dass es sich bei der Abfahrt nicht um einen Geschwindigkeitswettbewerb handelt. Endlich ist es soweit. Voll geschützt mit Helm, Handschuhen, Motorradanzug, Knie- und Ellenbogenschonern sitzen wir auf unseren Rädern. Vom La Cumbre Pass auf 4.650 Metern, etwa 60 Autominuten von La Paz entfernt, geht es los. Wir folgen zunächst der Landstraße Richtung Norden. Immer schneller und schneller rasen wir über den Asphalt. Linkskurve, Rechtskurve, geradeaus – 22 Kilometer geht es abwärts.

Fahrradfahren kann man dieses Abenteuer nicht nennen, denn in die Pedale treten wir nicht ein einziges Mal. Unsere Bikes fliegen regelrecht über die abschüssige Straße. Manch wagemutige Radler erreichen auf dieser Strecke eine Geschwindigkeit von über 70 km/h.

Sie schießen regelrecht an den umliegenden Berghöhen vorbei und verpassen das sich bietende Panorama. Nach jeder Kurve öffnet sich ein neuer, atemberaubender Blick auf die massiven Felswände und die Schlucht, an deren Rand wir entlang gleiten. Mit uns fährt der ganz normale Tagesverkehr. Tonnenschwere LKWs donnern ebenso an uns vorbei wie hupende Kleintransporter. Beim Anblick dieser Kolosse aus Stahl, die nur mit Zentimeterabstand an uns vorbei rollen, fällt es mir schwer, einfach geradeaus zu fahren.

Die Versuchung ist groß, einen ausreichenden Sicherheitsabstand zwischen mich und den Riesen aus Metall zu bringen. Doch der nahe Abgrund auf der anderen Seite macht mir einen Strich durch die Rechnung. Wir befinden uns auf 4.000 Metern Höhe. Langsam kriechen Fahrtwind und Kälte unter die Schutzkleidung. Je schneller wir fahren, desto unangenehmer wird es. Zitternd sitzen wir auf unseren Sätteln, doch anhalten ist nicht drin. Zu schnell bewegt sich die Gruppe vorwärts und zieht uns mit sich.

Nach 30 Minuten frostiger Abfahrt erreichen wir einen Kontrollpunkt, an dem uns die Genehmigung für die Fahrt auf der ‚Todesstraße' erteilt wird. Hier, auf der ‚world's most dangerous road' gibt es keinen Asphalt, sondern nur noch Schotter. Die staubige, steinige Piste, an der schmalsten Stelle knapp 2 Meter breit, windet sich hier, zwischen Felswand und Abgrund, etwa 41 Kilometer steil bergab. Als wir die Strecke betreten, sehen wir zunächst nur eine weiß-graue Wand.

Dicke Wolken umschließen die Straße. Vom Abgrund ist nichts zu erkennen. Doch es dauert nicht lange und die Gruppe ist abfahrbereit. Natürlich nicht, ohne noch einmal auf die Gefahren der Strecke aufmerksam gemacht zu werden: Lockere Steine, schmale Kurven, die enge Straße und rutschige und nasse Passagen erwarten uns. Langsam rollen wir an. Es scheint so, als ob sich Fahrer und Weg erst aneinander gewöhnen müssten. Grabsteine und Kreuze am Wegesrand führen uns die Gefahr, in der wir uns befinden, überdeutlich vor Augen. Die schlechte Sicht trägt ebenfalls zur allgemeinen Unsicherheit bei. Doch bald lösen sich die Wolken und Hemmungen auf. Uns wird klar: Mit unseren doppelt gefederten Mountainbikes können wir mit der entsprechenden Geschwindigkeit jedes Hindernis ganz einfach überspringen – oder auch buchstäblich überfliegen.

Gemeinsam mit unserer Gruppe jagen wir nach kurzer Zeit bereits über Stock und Stein dem Adrenalin hinterher. Dabei hat der Weg so seine Tücken. Obwohl wir fast nur rollen, verlangt die Strecke fahrerische Fähigkeiten. Auf der holprigen Steinpiste tauchen immer wieder tiefe Sandlöcher auf, die sich mit morastigen und rutschig-matschigen Passagen in der Nähe von Wasserfällen abwechseln. Große Gesteinsbrocken versperren Teile des Weges. Zu guter Letzt durchqueren wir sogar einen Fluss.

Trotz dieser widrigen Verhältnisse, erliegen viele Fahrer unserer Gruppe dem Geschwindigkeitsrausch. Etwas anderes ist auch kaum möglich, zu steil windet sich die Straße zwischen üppig grünen Büschen, Gräsern und Bäumen am Hang und dem schroffen, nackten Fels auf der anderen Seite. Wie im Zeitraffer rauschen die verschiedenen Klimazonen an uns vorbei. Die Vegetation verändert sich stetig. In einem 90° Winkel fällt der Berg auf der einen Seite ab und steigt auf der anderen Seite an. Dazwischen liegen ein paar lose Steine, auf denen wir uns mit unseren Rädern bewegen.

Im Verlauf der Strecke nimmt die Temperatur merklich zu. Je weiter wir den Berg hinunter kommen, desto wärmer wird es. Trotz des kühlenden Fahrtwindes rinnt uns der Schweiß das Gesicht hinunter.

Bald sind wir unter der schweren Schutzkleidung und dem Helm vom eigenen Schweiß völlig durchnässt. Und noch geht es immer weiter abwärts. Nur ab und an wird die Fahrt für eine Foto- oder Trinkpause unterbrochen, bis die Gruppe, die auf der Strecke immer weiter auseinander bricht, vollzählig ist. Gegen Ende des Weges, kurz vor Coroico, dem Zielort inmitten der Yungas, geht es noch einmal ein paar schweißtreibende Minuten bergauf, bevor wir nach vier Stunden downhill unser Ziel erreichen. Noch immer vor Adrenalin und grenzenloser Euphorie zitternd, gratulieren wir uns gegenseitig: Wir haben die berüchtigte ‚Todesstraße' überlebt.

Anakondas, Ameisenbären, Faultiere: Im Amazonasbecken

‚Dem Dschungel entkommen – Überlebenskampf im Urwald Boliviens': So dramatisch lautet der Titel von Yossi Ghinsbergs Katastrophen-Reisebericht. Der Israeli reiste nach seinem dreijährigen Militärdienst durch Südamerika. Durch einen Unfall von seinem Begleiter getrennt, schlägt sich der junge Rucksackreisende ohne Messer und mit spärlichem Proviant drei Wochen durch den Urwald Boliviens.

Dies geschah vor über 30 Jahren. Von den Abenteuern Ghinsbergs und seinen detaillierten Beschreibung des Dschungels angelockt, tun es ihm seit 30 Jahren junge Israelis gleich und reisen ins Amazonasbecken Boliviens. Der Urwald Ghinsbergs, heute als Nationalpark Madidi den Touristen zugänglich, dient den jungen Israelis nach ihrem langen Militärdienst als Schauplatz ihres persönlichen Abenteuers.
Schon Jahre vor dem Tourismus in Rurrenabaque, einer kleinen Stadt mitten im Dschungel gelegen, seien die Israelis da gewesen, erzählt uns Ever, der Touren durch den Amazonas leitet. In üblicherweise sehr großen Gruppen reisend, machten sie bei den Einheimischen keinen besonders guten Eindruck. „Die sind ein bisschen merkwürdig", erzählt Ever weiter. Doch die kleine Stadt tief im Norden Boliviens hat sich auf diesen Umstand eingestellt. Auf allen Speisekarten findet sich Frühstück Israeli, Salat Israeli, Sandwich Israeli. An den sich aneinanderreihenden Reiseagenturen und Restaurants liest man jede Information, jeden Werbespruch zunächst auf Hebräisch, dann auf Englisch und zuletzt auf Spanisch.
Von den Höhen La Paz' machen wir uns auf nach Rurrenabaque, auf nur knapp 100 Metern gelegen. Ein Höhenunterschied von beinahe 4.000 Metern. Die feuchte Hitze und die Moskitos, die uns nach der beschwerlichen 18-stündigen Fahrt (für 400 km) ins Gesicht schlagen, werden uns die nächsten Tage begleiten. Wir planen eine 5-tägige Tour durch den Dschungel.

Tag 1: Um 9 Uhr treffen wir uns mit unserem Guide Rodolfo. Rodolfo ist geschätzte 120 Jahre, komplett zahnlos, jedoch körperlich fitter als jeder 20-Jährige. Wie sich noch herausstellen wird, hört Rodolfo besser als ein Luchs, sieht besser als ein Adler, kann jeden erdenklichen Tierlaut simulieren, erkennt Tierarten am Geruch ihres Urins (und weiß auch, um wie viel Uhr hier gepinkelt wurde), kann Spuren auf laubbedecktem Waldboden lesen und Tierarten den von Fliegen übersäten Kothaufen zuordnen. Der perfekte Mann also für einen Besuch des tropischen Regenwaldes.
Zunächst geht es mit dem Boot mehr als eine Stunde den Río Beni hinauf. Um Zeit zu überbrücken, halten wir bei einer indigenen Familie, die hier in aller Abgeschiedenheit am Rande des Urwalds lebt. Unsere beiden bolivianischen Mitstreiterinnen haben Verspätung. Die Abgeschiedenheit bereitet Indalecio und seiner Familie jedoch keine Probleme. Ein Arzt wird hier nur im äußersten Notfall gebraucht. Das über Generationen vererbte Wissen über Heilpflanzen und deren Einsatz macht ihn sogar beinahe überflüssig.
Nach einem Rundgang durch den Garten der Familie, die neben Zuckerrohr auch Papaya, Kakao, Ananas, Limetten und Erdnüsse anbaut, ersetzen wir

das ewig im Kreis laufende Pferd und pressen den Zuckerrohrsaft selbst. Ein Schuss Limettensaft dazu – herrlich! Nach Ankunft von Pato und Fabi, unseren verspäteten Mitstreiterinnen, geht's weiter. Nach weiteren zwei Stunden auf dem Río Beni und dem Río Tuichi und einem kleinen Marsch durch den Urwald erreichen wir unser Lager. Einige Bambushütten auf einer kleinen Lichtung im dichten Wald werden uns heute als Schlafplatz dienen.

Wir machen uns auf zu unserer ersten Erkundungstour mit Rodolfo. Er warnt uns vor: Wenn wir Tiere sehen wollen, haben wir uns leise zu verhalten. Lautes Reden ist verboten. Rodolfo geht vor. Nein, besser gesagt: Er schleicht. Vorsichtig, um auf dem Waldboden keine Geräusche zu machen, schreiten wir voran. Immer wieder hält Rodolfo an. Er horcht, er riecht, er blickt um sich, signalisiert uns absolute Ruhe.

Man traut sich kaum zu atmen. Rodolfo versucht Kontakt aufzunehmen, gibt Tierlaute von sich und schleicht weiter. Weiteratmen. Wir merken schnell: Das hier ist kein Waldspaziergang – wir observieren. Plötzlich bleibt Rodolfo stehen, reißt die Arme auseinander. Wir sind mucksmäuschenstill. Rodolfo fiept irgendwas.

Für uns als Laien ist es nicht mal verständlich, welches Tier er imitiert. Aber: Es fiept zurück. Wir schleichen weiter. Für jedes Knistern und Knirschen unter den eigenen Füßen möchte man sich verfluchen. Und dann sehen wir den Urheber des Fiepens. 5 kleine Kaimanjunge, die aufeinander getürmt neben der wachenden Mutter in einer kleinen Wasserstelle liegen.

Ufer des Río Beni im Madidi Nationalpark

Wir schleichen weiter durch den Dschungel. Plötzlich wird es laut. Über uns in den Bäumen ist mächtig was los. Alles bewegt sich. Auf einer riesigen Fläche scheinen auf einmal alle Bäume in Bewegung geraten zu sein. Die großen Blätter der Baumriesen rascheln und tanzen unentwegt – soweit man sehen kann. Begleitet von einem fröhlichen Kreischen. Rodolfo kreischt mit. Das Kreischen kommt näher.
Ein ganzes Rudel Kapuzineräffchen scheint in Feierlaune zu sein. Sie hangeln sich durch die Bäume, mit großen Sprüngen werfen sie sich von einem Baum zum nächsten. Ein großes Blatt scheint ein besonders guter Landeplatz zu sein. Nacheinander springen alle Äffchen vom Baum, landen – mehr oder weniger geschickt – auf diesem Blatt, hangeln sich weiter. Ein riesiges Durcheinander, das man kaum überblicken kann.
Lautlos setzen wir unseren Weg fort. Wir sehen die knochigen Überreste einer vergangenen Jaguarmahlzeit, als Rodolfo, noch mit einem Bein in der Luft, wie erstarrt stehen bleibt. Ein lautes Scharren und Rascheln ist zu hören: Wildschweine. Das Gestrüpp ist zu dicht. Wir kommen nicht näher ran. Rodolfo sucht einen anderen Weg. Wir folgen lautlos. Rodolfo bleibt wieder stehen. Wir scheinen nah dran zu sein; denn es stinkt bestialisch. Es raschelt und scharrt und es grunzt gewaltig. Wir kommen jedoch nicht näher – wollen wir auch nicht. Der Gestank ist auf diese kurze Entfernung schon kaum zu ertragen.
Mit Taschenlampen machen wir uns nach dem Abendessen auf zu unserem Schlafgemach. Nicht, ohne über die giftige schwarz-rot-weiß gestreifte Korallenschlange zu stolpern, die in der Mitte des Weges liegt. In dieser Nacht untersuchen wir sicherheitshalber ein zweites Mal unser Zimmer in der Bambushütte.

Tag 2: Aufstehen um 5:30 Uhr. Ein 6-stündiger Fußmarsch liegt vor uns. Die morgendliche Futtersuche der Dschungelbewohner vertreibt die Stille des Waldes. Überall kreucht und fleucht es in unbeschreiblicher Lautstärke. Morgendliche Hektik – auch bei den Tieren.
Wir begegnen aufgeregten Äffchen auf Futtersuche, angriffslustigen Monsterameisen, riesigen Termitenhaufen und aasfressenden Ameisen. Nun müssen wir rennen. Mehrmals laufen wir durch Ameisenkolonien, deren Bisse stundenlange unangenehme Schmerzen mit sich führen. Rodolfos Anweisung: In Zweiergruppen sehr schnell und in sehr großen Schritten einen 50 Meter Sprint hinlegen. Danach kräftig mit den Füßen aufstampfen, um die Ameisen von den Schuhen zu schleudern, anschließend noch einen Kontrollblick über den Partner. Dies geschieht ungefähr zehn Mal. Die kleinen Sprints laugen aus.

Jaguarkot mit unverdauten Resten von Wildschweinfell und ein von Ameisen fein säuberlich abgenagtes Schlangenskelett säumen unseren Weg. Tukane und rot-blaue Aras fliegen unüberhörbar kreischend über unsere Köpfe hinweg. Rodolfo gibt uns jeweils ein kleines Blatt von einem Strauch zu essen. Eine Überraschung, so sagt er uns. Unsere Münder sind die nächste Stunde taub, wie nach einem Zahnarztbesuch. Eine medizinische Anästhesiepflanze, von den Indigenen als Betäubungsmittel eingesetzt. Rodolfo lacht. Meiner tauben Zunge gefällt sein Humor nur mäßig.

Riesige Lianen hängen von den Bäumen. Eine davon, die Ayahuasca, enthält ein Halluzinogen, welches von Schamanen in verschiedenen Ritualen eingesetzt wird. Ayahuasca erfreut sich mittlerweile als Naturdroge bei Touristen großer Beliebtheit.

Wir kommen an unserem Schlafplatz an. Diesmal, sehr tief im Wald, gibt es keine Hütte. Eine Plastikplane, unsere Schlafsäcke und ein provisorisch aufgebautes Moskitonetz müssen als Schutz für die Nacht reichen. Es ist Mittag: Zeit für Körperpflege. Wir gehen an den nahe gelegenen Fluss, um uns zu waschen.

Nach einem beschwerlichen, dreistündigen Marsch befinden wir uns hoch über dem Urwald. Aras bevölkern den Himmel und schreien den ganzen Wald in einer unbeschreiblichen Lautstärke zusammen. Kleine bunte Farbkleckse über dem ewigen, endlos erscheinenden Grün.

Nach Sonnenuntergang machen wir uns zu dritt – unseren beiden Mitstreitern ist dies ein wenig zu mulmig – auf zu einer Nachtwanderung – mit Taschenlampen ausgerüstet. Wie auf einer Klassenfahrt im Amazonas.

Nach wenigen Minuten schließen wir die Augen, um zu lauschen. Eine gewaltige Geräuschkulisse durchströmt den gesamten Wald. Eine Geräuschkulisse hergestellt von Abermillionen von Insekten. Langsam und zögerlich schleichen wir weiter.

Wir hören ein Trampeln: Das laute Stampfen eines Tapirs. Die Schritte des 2 Meter großen und bis zu 320 Kilo schweren Tieres sind unverkennbar und alles andere als anmutig. Rodolfo vermutet, dass das Tier sich auf den Weg zum Fluss macht, um zu trinken. Es sei sicherer, dort auf das Tier zu warten, als es hier zu erschrecken. Ein Tapir frisst zwar nur Pflanzen, aber mit über 300 Kilo sollte man sich nicht anlegen.

Wir machen uns auf zum Fluss. Der fast volle Mond beleuchtet das ganze Gebiet. Unsere Taschenlampen werden unnötig. Im Schlamm sehen wir Tapirspuren, durch das Gewicht tief in die Erde gedrückt und im Gegensatz dazu flache Spuren eines Jaguarweibchens mit ihrem Jungen. Rodolfo richtet sich auf einem umgestürzten Baumstamm ein. Anscheinend rechnet er mit einer längeren Wartezeit. Wir warten geduldig und auf Anweisung

laut- und bewegungslos. Das Jaguarweibchen in Begleitung ihres Jungen, das anscheinend zum Trinken an den Fluss gekommen ist, sei besonders aggressiv. Wir warten und warten. Nichts passiert.
Wir warten weiter. Rodolfo steht leise auf. Wir meiden die vielen Steinchen, die unter den Füßen knirschen und schleichen langsam wie ein kleiner Indianerstamm hintereinander her. Rodolfo fährt mit seiner Taschenlampe das Waldstück am Flussufer entlang. Die Taschenlampe bleibt ruckartig stehen: Sie leuchtet in zwei grün-funkelnde Jaguaraugen. Ein Stück des Felles wird im Schein der Taschenlampe sichtbar. „Ein Jaguar", wispert Rodolfo, „ein großer!" Rodolfo schleicht weiter in Richtung des Tieres. Hieß es nicht eben noch, das Tier sei besonders aggressiv? Sehe ich das richtig, dass wir gerade im Dunkeln zu einem aggressiven Jaguar hinlaufen? Uns als Beute präsentieren? Quasi auf dem Silbertablett? Ich zögere kurz.
Allein im Dunkeln in der schwachen Funzel meiner Taschenlampe zu stehen, steigert mein Wohlbefinden jedoch nur geringfügig. Ich folge dem Guide in Richtung Jaguar. Plötzlich verschwinden die grünen Augen im dichten Wald. Wir verlieren die Spur. Glück gehabt. Die Tapirobservation ist in den Hintergrund gerückt. Wir folgen dem Jaguar in den Wald. Ich glaube, Rodolfo ist verrückt geworden. Wir folgen ihm, ohne eine andere Möglichkeit zu sehen. Doch wir haben keinen Erfolg. Der Jaguar bleibt im Wald verschwunden.
Nach einiger Zeit geben wir auf und kehren zurück in Richtung Camp. Wenige Hundert Meter vorher hören wir die Laute des Jaguars aus der Entfernung. Rodolfo nimmt Kontakt auf, will das Tier anlocken. Wenige Meter vor unserem Camp, in dem wir geschützt von einem Moskitonetz die Nacht verbringen sollen. Ich stupse Rodolfo an. „Ist das denn jetzt eine gute Idee?" Rodolfo ignoriert mich und imitiert weiter Jaguarlaute.
In dieser Nacht schlafe ich unruhig, träume von wilden Jaguarangriffen. Ein Geräusch weckt mich auf. Ein Äffchen ist vom Baum herunter auf Rodolfos Regendach gesprungen und sitzt nun neben unserem Moskitonetz. Den Rest der Nacht bilde ich mir ein, dicht neben unserem Schlafplatz Jaguarlaute zu hören.

Tag 3: Frühe Morgenwäsche am Fluss. Den Weg zurück ins Camp der ersten Nacht legen wir mit einem selbstgebauten Floß zurück. Dafür binden wir Holzpfähle mit Hilfe von Lianen stramm zusammen. Rodolfo ist unser Kapitän. Das Floß liegt halb unter Wasser. Mit nassen und kalten Hinterteilen fahren wir nun den Weg, den wir am Vortag bestritten haben, auf dem Fluss zurück.

Am Nachmittag begleiten wir den Koch und den Hilfskoch erneut an den Fluss. Unser Abendessen muss geangelt werden. Kleine Holzplättchen, eine Schnur und ein Haken genügen dafür. Während wir geduldig auf einen möglichst großen Fang hoffen, fliegen kreischend zwei der sehr seltenen blau-gelben Aras über uns hinweg. Wir sind erfolgreich. Ein gelb-silberner Piranha beißt an.
Eine unschöne Entdeckung macht auch die dritte Nacht im Dschungel zu einer unruhigen. Auf der Palme, zwei Meter links von unserer Hütte, warten zwei Tarantulamännchen vor dem Eingang der Höhle eines Weibchens in aller Seelenruhe auf Einlass. Bleibt zu hoffen, dass die drei die Nacht über beschäftigt bleiben.

Tag 4: Aufstehen um 5:30 Uhr. Nach dem Frühstück geht es im Morgennebel zurück nach Rurrenabaque, um von dort aus mit dem Auto und unserem neuen Guide Ever in die Pampa zu fahren. Die Feuchtsavannen südöstlich der Stadt sind ideal für Tierbeobachtungen, die vom Boot aus auf dem Río Yacuma stattfinden.
Bereits auf dem Weg dorthin sehen wir Faultiere in den Bäumen rumhängen oder mit dem Kopf an den Baumstamm gelehnt, einem völlig Betrunkenen gleichend, die Mittagshitze verschlafend. Neidisch auf so ein Leben, fahren wir weiter bis in die Nähe des kleinen Ortes Santa Rosa, am Río Yacuma gelegen.
Dort steigen wir zu dritt in ein kleines Boot. In der ersten scharfen Kurve, kurz nach dem Einstieg, sehe ich einen großen Kaiman, der mit geöffnetem Maul am Ufer liegt und Sonne tankt. Aufgeregt zeige ich mit dem Finger auf das Tier und freue mich über meine Entdeckung. Wir biegen um die nächste Kurve. Meine Aufregung war völlig umsonst. Vor uns eröffnet sich ein wahres Spektakel.
Unzählige Kaimane liegen hier am Ufer des Flusses, kriechen bei unserem Anblick ungelenk ins Wasser, gelbe Augen, die aus dem Wasser ragen und uns wie die eines Spions folgen, bevor sie in sekundenschnelle lautlos untergehen. Manche hartgesottene Kaimane verharren regungslos am Ufer bis wir vorbeigefahren sind – nicht ohne uns mit ihrem Blick zu folgen.
Dutzende Schildkröten, auf im Wasser schwimmenden Ästen aufgereiht, lassen sich sicherheitshalber nacheinander seitlich ins Wasser plumpsen, riesige Reiher und Störche fliegen mit großem Flügelschlag ständig über unseren Köpfen von einem Flussufer zum anderen und wieder zurück. In den Bäumen, die bis ins Wasser ragen sowie am Flussufer tummeln sich Paradiesvögel, Ibisse und Löffelschnabelflamingos.

Tiere wohin man schaut – ein unbeschreibliches Szenario spielt sich vor unseren Augen ab. Im Boot sitzend, schwebt diese Szene wie unwirklich an uns vorbei. Ich wünsche mir Popcorn her, um diesen Film noch mehr genießen zu können, der sich wenige Zentimeter neben uns am Ufer und im Wasser abspielt.
Ganze Wasserschweinfamilien laufen an uns vorbei, Totenkopfäffchen, so klein, dass sie bequem in die Handfläche passen, zum Greifen nah, hangeln sich durch die Äste der Bäume, die auf Augenhöhe in den Fluss ragen. Wir fahren durch diese unwirkliche Welt weiter bis zur tiefsten Stelle des Flusses, in der sich rosa Flussdelfine tummeln. Trotz der uns zahlreich umgebenden Kaimane und der Piranhas wagen wir einen erfrischenden Sprung ins Wasser.
Mit großen Gummistiefeln ausgerüstet, begeben wir uns wenig später auf Anakonda-Suche. Wir steigen aus dem Boot, gehen über überschwemmte Graslandschaften in ein übel riechendes Sumpfgebiet. Bis zu den Knien im fürchterlich stinkenden Schlamm nur schwer vorwärts kommend, geben wir aufgrund der Hitze die Suche schnell auf. Das Anaconda-hunting wird auf den nächsten Tag verlegt.
Zurück im Boot werden wir Zeuge eines Dramas, auf das wir durch lautes und herzzerreißendes Fiepen aufmerksam werden. Eine Wasserschweinmutter und drei ihrer Kinder stehen auf einer kleinen Anhöhe am Ufer. Das vierte Junge, anscheinend mit einem verletzten Fuß, schafft es nicht, auf die Anhöhe zu klettern. Mutter und Kind fiepen verzweifelt. Wir wollen helfen und das Kleine hoch tragen. Ängstlich rennt es vor uns weg. Die Mutter gibt aggressive Laute von sich, kommt auf uns zu. Ever schreitet ein und imitiert anscheinend die Laute eines kampfbereiten Wasserschweines. Die Mutter lässt nach; wir retten das Kind. Die Familie ist wieder vereint. Ein kleines Happy End am Flussufer.
Die Sonne geht unter. Der Himmel in der Dämmerung ist nun übersät mit hektisch umherfliegenden Fledermäusen. In der Dunkelheit kommen unsere Taschenlampen zum Einsatz. Bei einem langsamen Schwenk von einem Flussufer zum anderen, stockt mir der Atem. Dutzende gelbe Kaiman-Augen sind zu sehen. Soweit das Auge reicht. Jetzt in der Dunkelheit befinden sich alle zur Futtersuche im Wasser.
Im Fluss reiht sich ein Kaiman an den nächsten. Bedächtig fahren wir weiter, als sich plötzlich ein Kaiman im Sprung gänzlich aus dem Wasser hebt, mit geöffnetem Maul, die Zahnreihen sichtbar, von rechts in Richtung unseres Bootes springt. Ich rechne bereits mit abgetrennten Gliedmaßen oder zumindest einem nächtlichen Bad im mit Kaimanen gefüllten Fluss.
Geräuschvoll kommt der große Körper im Wasser auf. Ich atme durch. Der

Sprung des Kaimans diente der Jagd eines fliegenden Fisches und nicht uns. Doch der Schreck sitzt tief und wiederholt sich jedes Mal, wenn sich ein mächtiger Kaimankörper mit geöffnetem Maul aus dem Wasser hebt.

Tag 5: Am Morgen angeln wir unser Essen für den folgenden Mittag. Nach einem ersten Fehlfang beißen Piranhas sowie ein Tigerfisch an. Dann geht es wieder auf Anakondafang. Mit Gummistiefeln quälen wir uns durch die stinkende Sumpflandschaft. Nur schwer sind die Füße aus dem hartnäckigen Schlamm wieder zu befreien. Jeder Schritt kostet Mühe. Der Gestank ist unerträglich. Genauso wie die Hitze der unablässig brennenden Sonne. Systematisch gehen wir zu dritt die große Sumpffläche ab. Ohne Erfolg. Wir steuern eine weitere Sumpffläche an. Die Stiefel sinken ein und bleiben stecken. Mein Fuß und mein halbes Bein versinken ungeschützt in der stinkenden Masse.
Wir geben auf und machen uns auf den Rückweg, auf dem wir einen Ameisenbären im Baum hängend erhaschen. Immer noch frustriert von der erfolglosen Anakondasuche passiert das Unglaubliche. Eine schwarze Anakonda schlängelt sich auf dem trockenen Waldboden an uns vorbei.

Paritambo – Der Anfang von allem

Alles begann im heiligen Titikakasee, hoch oben auf beinahe 4.000 Metern über dem Meeresspiegel. Manco und Ocllo fühlen sich, als hätten sie die Nacht durchgemacht.
Orientierungslos schauen sich die beiden um, bis sich ihre Blicke fragend treffen. „Wo zum Teufel sind wir?“ fragt Manco seine Schwester Ocllo, die er später heiraten wird. „Es riecht nach Fisch. Ich glaub‘, wir sind auf der Erde“, antwortet Ocllo.
Fassungslos darüber, was ihr Vater getan hat, entsteigen sie der Höhle Paritambo auf der Isla del Sol, hinein in die irdische Welt. Ihr Vater, Sonnengott Inti, hat seine Kinder auf die Erde gesandt, um den Nabel der Welt zu suchen. Auf der magischen Insel, wo bereits der Schöpfergott Viracocha die Sonne und den Mond erschaffen hat, beginnt ihre Suche nach einem würdigen Ort. Nach einer Weile werden die beiden Geschwister – mittlerweile miteinander verheiratet – fündig und gründen die Stadt Cusco: den Nabel der Welt, den Nabel des Inka-Reiches.
So oder so ähnlich beginnt der Inka-Legende nach die Geschichte ihres eigenen Volkes, die Geschichte der Welt. Nach 14 Königen, 300 Jahren und der Ausdehnung ihres Reiches, welches vom heutigen Ecuador bis nach Chile und Argentinien reichte, findet die Dynastie mit der Ankunft der Spanier im 16. Jahrhundert jedoch ein jähes Ende.

Blick auf den heiligen Titikakasee

Die Isla del Sol und ihr weiblicher Gegenpart die Isla de la Luna, beide im Titikakasee gelegen, galten bereits zur Zeit des Inka-Reiches als heilig. Damals Pilgerstätte und Urlaubsresidenz einzelner Inka-Könige, gelten die Inseln auch heute noch bei den indigenen Einwohnern Boliviens und Perus als mystisch und sagenumwoben.

Rund 5.000 Menschen leben auf der Isla del Sol, die mit einer Länge von 12 km und einer Breite von 5 km bequem zu Fuß zu erkunden ist. Eine andere Möglichkeit bleibt einem auch nicht. Auf der Insel befinden sich zwar einige alte Inka-Wege, noch mehr kleine Pfade und unzählbare abenteuerliche Abkürzungen, jedoch keine Straße und somit auch keine Autos. Die alten Inka-Wege, aus groben, unregelmäßigen Felsbrocken zusammengesetzt, sind nicht einmal mit dem Fahrrad passierbar. Alles hier läuft gemächlich zu Fuß, Gepäck und Waren werden mit Eseln befördert. Während wir uns keuchend und schleppend dem ewigen Auf und Ab und dem geringen Sauerstoffgehalt der Luft auf diesen Höhen stellen, verschwinden die Bewohner – in Windeseile zu Fuß an uns vorbeirauschend – schnell über den nächsten Hügel.

Mit dem Boot fahren wir nach Yumani, im Süden der Sonneninsel gelegen. Eine alte Inka-Treppe führt zu einem Brunnen, dessen Wasser angeblich ewige Jugend mit sich bringt. Vorsichtshalber trinken wir so viel, wie irgend möglich. Danach machen wir uns auf zum Palacio Pilkokaina, der Residenz eines der vielen Inka-Könige. Nach 16 Uhr herrscht plötzlich Totenstille auf

der Insel. Die Reisegruppen und Tagestouristen sind abgezogen. Auf der mystischen Sonneninsel kehrt Ruhe ein, die wir mit einer Menge Inka-Kola feiern. Noch sind wir uns nicht sicher, wonach das knallgelbe Nationalgetränk Perus, an dessen Grenze wir uns befinden, schmeckt. Nach ausgiebigen Geschmackstests einigen wir uns auf Zitrone mit Waldmeister und einem Schuss Kaugummi. Änderungen vorbehalten.
Am nächsten Tag machen wir uns in den 12 km entfernten Norden der Insel auf. Mit Schafsherden, Eseln, Inselhunden und flinken Bewohnern teilen wir dieselben Inka-Wege, die wir laut schnaubend beschreiten. Das tiefblaue Wasser des Sees steht im Gegensatz zu der kargen Oberfläche, dem auf dieser Höhe nicht grün werden wollenden Gras und den schneebedeckten Gipfeln im Hintergrund. Wie kleine Farbkleckse leuchten die bunten Trachten der Einwohner auf dem ewigen Grau-Gelb der Landschaft. Im Norden der Insel liegt die Höhle und angebliche Geburtsstätte der Welt Paritambo, die gleichzeitig der Bauch eines riesigen Katzenfelsens ist. Denn der heilige Felsen Titicala (Stein der Wildkatze), an den die Höhle anschließt, ähnelt – mit Phantasie – dem Gesicht einer Katze.
Die Überreste des Sonnentempels liegen an einem weißen Sandstrand, an dem der Titikakasee türkis schimmert. Ein Karibiktraum, wären da nicht die eisigen 8 Grad Wassertemperatur. Bei der brennenden Höhensonne sind diese jedoch für ein kurzes erfrischendes Kälte-Fuß-Bad gerade richtig. Wir überqueren die Nordspitze der Insel und übernachten am weißen Sandstrand Chayapampas.
Am nächsten morgen werden wir von grunzenden Schweinen und vorbeitrampelnden Schafsherden geweckt. Ein Fischer in einem kleinen Holzboot versucht in der frühen Stille des Tages sein Glück beim Forellenfang. Morgendliche Hektik auf der Sonneninsel – Fehlanzeige. Über schmale Pfade finden wir den Weg zurück in den Süden, von wo wir ein Boot zur kleinen Mondinsel, nur wenige Kilometer von der Sonneninsel entfernt, erwischen. Auf der nur 3 km^2 großen Insel leben 50 Menschen noch in aller Abgeschiedenheit. Touristen verlaufen sich nur selten auf dieses kleine Fleckchen Erde, auf dem sich mehr Schafe tummeln, als Menschen.
Nach ein paar Stunden verlassen wir die Mondinsel und kehren mit der Fähre zum Ufer des Sees zurück. Hier befindet sich der kleine Ort Copacabana. In den Sommermonaten treffen sich hier Partygänger, Paradiesvögel und Freigeister. Jetzt, in den letzten Tagen des südlichen Winters, ist davon kaum etwas zu spüren. Lediglich ein paar Hippies und Wochenendbesucher aus La Paz bevölkern die Stadt, von der regelmäßig Boote zur Isla del Sol und der Isla de la Luna starten.

Copacabana ist jedoch vor allem als Pilgerstätte berühmt. Hier befindet sich die Virgen de Copacabana, die bereits mehrere Wunder bewirkt haben soll. Jedes Jahr im August strömen unzählige Gläubige in den Ort, um mit Paraden, Tänzen, Prozessionen und jeder Menge Alkohol der Jungfrau zu huldigen. Als wir die gewaltige Basilika betreten, die zu Ehren der Virgen errichtet wurde, fällt gerade eine Gruppe Schulkinder in das Gotteshaus ein.
Auf dem Weg von der Schule nach Hause eine Abkürzung nehmend, laufen sie grölend und jauchzend durch das Kirchenschiff, von dessen Wänden ihr Gekreische in doppelter Lautstärke widerhallt. Mitten in diesem Gewusel treten Gläubige ehrfürchtig vor die Jungfrau, halten inne, bitten um Beistand und schleichen ebenso demütig wieder hinaus, wie sie gekommen sind.
Wir besteigen den Berg Cerro Calvario. Zwischen der Stadt und dem See gelegen bietet er einen einmaligen Blick über Copacabana und das blau und grün schimmernde Wasser des Sees. Als wir die Spitze erreichen, begegnen wir ein paar gut gelaunten, von Bier fröhlich gestimmten Bolivianern.
Während wir die Weite des Titikakas und die Bucht von Copacabana bestaunen, stürzen unsere Nachbarn Liter um Liter des Gerstensaftes in ihre Kehlen. Immer wieder laufen sie zum Getränkestand, um sich mit Nachschub zu versorgen.
Kurz vor Sonnenuntergang macht sich die Gruppe auf den Weg in Richtung Stadt. An uns vorbei torkelnd und mit vom Alkohol gelockerten Zungen, möchte jeder mit uns Freundschaft schließen – ein paar von ihnen sogar zwei Mal. „Wo kommt ihr her?“ – „Ah, Deutschland, eine schöne Stadt.“ So verlaufen die meisten Gespräche. Als die Sonne untergeht wird es schlagartig bitterkalt. Die Hitze des Tages ist in Sekundenschnelle verschwunden. Bibbernd harren wir aus, bis die feuerrot leuchtende Sonne hinter dem Horizont versinkt, und folgen unseren neuen Freunden zurück nach Copacabana.

PERU

Schwarzes Blut, heilige Jungfrauen und störrische Schweine

„Ich bin der Mann aus dem Schilf. Meine Welt ist das Schilf. Mein Boot besteht aus Schilf. Mein Haus besteht aus Schilf und wenn ich Hunger habe, dann esse ich Schilf."

So oder so ähnlich stellt sich jemand vor, der zum Volk der Uros gehört. Lange ist es her, da flüchtete dieser Indianerstamm vor den Inkakriegern auf den heiligen Titikakasee. Auf dem Wasser begannen sie ein neues Leben. Die Uros bauten schwimmende Inseln aus Schilf, auf denen sie sich bei Gefahr weit auf den See hinaus treiben ließen. Dort ernährten sie sich ausschließlich vom Fischfang und ihrem wichtigsten Gut – dem Schilf.

Noch heute existieren etwa 50 dieser Inseln, die von den Nachfahren der Uros bewohnt werden. Mit vorsichtigen Schritten betreten wir eines der kleinen, nur einige Quadratmeter großen Eilande. Das kreuzweise übereinander gelegte Schilf gibt unter unserem Gewicht merkwürdig nach. „Kein Grund zur Beunruhigung", erklärt uns Luis, ein Bewohner der Insel. Solange wir uns nicht zu nah am Rand aufhalten, ist der Schilfboden sicher. Bald finden wir Gefallen an dem weichen Untergrund. Für eine Weile machen wir es uns im Schilf gemütlich und beobachten das Leben auf den Inseln.

Da lehnen sich Männer, Schilfhalme kauend, an die Wände ihrer Schilfhütten; Frauen verkaufen Kunsthandwerk wie etwa Mobiles aus Schilf, Kinder spielen in selbstgebauten Schilfhöhlen Verstecken. Eine Katze raschelt durch den Untergrund und schleicht um ein Ibispärchen, welches sich jedoch nicht stören lässt. Wir lassen uns die Gelegenheit nicht nehmen, ein traditionelles Schilfboot zu besteigen.

Von weitem fallen die beiden Drachenköpfe am Bug des Schiffes auf. Ich stelle mir vor, wie die stolzen Uros von damals in diesen Gefährten, mit Speer und Bogen bewaffnet, durch den morgendlichen Nebel über den See gleiten. Der Legende nach hatten die ‚Wassermenschen', wie sich die Uros selbst nannten, schwarzes Blut, was sie vor der Kälte auf dem See schützte. Ich frage mich, ob auch heute noch etwas davon durch die Adern ihrer Nachfahren fließt, denn hier, mitten auf dem See bläst der Wind unablässig. Als das Schilfboot ablegt, bekommen wir noch einen besondere Abschied geboten. Die Frauen, die gerade noch ihr Kunsthandwerk aus Schilf verkauften, stehen nun als indigener Chor am Rand ihrer Insel und verabschieden uns mit Gesängen aus ihrer Welt.

Wir durchqueren den dicht bewachsenen Schilfgürtel in unmittelbarer Nähe der Inseln und nehmen Kurs auf Puno. Die Stadt auf der peruanischen Seite des Titikakas ist der größte Ort am See und gleichzeitig der touristischste.

Schilfboot der Uros

Mehrere Straßenblocks im Zentrum sind besetzt von Gourmetrestaurants, die um zahlungskräftige Gäste buhlen, Designerläden, in denen oft geschaut aber selten etwas gekauft wird und Textilgeschäfte, die Kleidung aus 100% Alpaka-Wolle anbieten.
Da Puno sonst nicht viel zu bieten hat, machen wir uns auf den Weg zur nahe gelegenen Halbinsel Capachica. Dort richten wir uns im kleinen Dorf Llachón ein. Wir spazieren die staubigen Feldwege entlang, vorbei an geduckten Lehmhütten, die perfekt in die trockene, beigefarbene Landschaft hinein passen. Esel fressen gelbes, verdorrtes Gras und lediglich das Blau des Sees unterbricht die Weite der Braun- und Ockertöne.
Entlang des Ufers begegnen wir einer Frau, die ihre fünfköpfige Schafherde ans Wasser treibt, um sie dort mit Algen zu versorgen. Ein alter Mann zerrt an einer Leine. Am anderen Ende zerrt ein Schwein. Offensichtlich wollen beide in verschiedene Richtungen. Es sieht so aus, als ob keiner den anderen zu irgendetwas überreden könnte. Der Alte, sein Gesicht ist wettergegerbt, blinzelt uns freundlich zu und zuckt leicht mit den Schultern, so als wolle er sagen: „So geht das ständig.“ Das Schwein grunzt zustimmend.
Unser Weg führt zurück ins Dorf. Auf den umliegenden Terrassenfeldern bewirtschaften drei Bauern ihren Acker. Mit einfachen Werkzeugen, die bereits Museumsreife haben, bestellen sie den Boden. Stöcke, an deren Enden spitze Steine gebunden sind, dienen als Hacken und Spaten. Die einzige Unterstützung sind zwei Rinder, die einen hölzernen Pflug durch die

trockene Erde ziehen. Hier, nur wenige Kilometer vom geschäftigen Puno entfernt, scheint die Zeit stehen geblieben zu sein.
Am Dorfplatz angekommen, kaufen wir im einzigen Laden des Ortes Brot – eine der wenigen Waren im Geschäft. Es gibt weder Käse, noch Tomaten oder Zwiebeln. Das Angebot ist karg, genauso wie die Landschaft. Nur einmal in der Woche, so erklärt die Verkäuferin, komme ein Lieferwagen mit frischer Ware. Doch was genau er bringe, wisse auch sie nicht. Nach zwei Tagen trockenen Brotes verspüren wir jedoch Lust nach mehr, verlassen die Idylle und kehren zurück zu einem größeren Warenangebot nach Puno.

Cusco – Unsere Tage in einer Wellblechhütte

Der Nabel der Welt und das Leben daneben: Berge von Mülltüten türmen sich übereinander. Eine Allee aus kaputten Autoreifen, Schutt und zerbrochenem Glas. Dahinter stehen Häuser, deren Fassaden schon seit Jahren abgebröckelt sind. Ihre Fenster sind mit Holzbalken verrammelt und auf den flachen Wellblechdächern trommelt der Nieselregen, als wäre es ein Monsun.
Zwischen all dem Dreck und Abfall hockt ein Mann mit heruntergelassener Hose und verrichtet das Geschäft, das üblicherweise in dieser Position verrichtet wird. Wir sind am Ziel, versichert uns der Fahrer unseres Taxis. Unwillkürlich zucken wir in den Sitzen zusammen, drücken uns tiefer in sie hinein, so als würden sie uns davor bewahren, aussteigen zu müssen. Doch der Fahrer drängt uns hinaus. Er will nicht länger als notwendig hier stehen und braust sofort davon, als wir sein Gefährt verlassen haben. So stehen wir mit unseren Rucksäcken verloren in einer stinkenden Straßen zwischen stinkendem Müll.
Wir haben zwar eine ungefähre Beschreibung unserer Couch, doch zur Adresse heißt es nur: „Am Fuß des Berges, neben den Bahngleisen.“ Wir wissen weder einen Straßennamen, noch eine Hausnummer. Bald stellt sich heraus, dass diese Angaben auch gar nicht existieren. Der Postbote hat es hier mitten in der Wellblechsiedlung bestimmt schwer – wir auch. Uns bleibt keine Wahl und so machen wir uns auf die Suche nach Hermogenes, unserem Host in Cusco. Doch niemand scheint ihn zu kennen. Wir werden immer wieder von links nach rechts und zurück geschickt. Langsam glauben wir nicht mehr daran, dass es unseren Host wirklich gibt, als plötzlich ein kleiner Junge in unserem Rücken auftaucht und erklärt, dass Hermogenes sein Papa sei.
Zusammen machen wir uns auf den Weg und stehen schon bald vor einem der vielen heruntergekommenen Häuser der Nachbarschaft. Sebastian, so heißt unser junger Guide, wirft ein paar Steine ans Fenster im ersten Stock –

eine Klingel gibt es nicht – und nur wenig später öffnet Hermogenes die Tür und führt uns in sein Heim. Das Haus liegt oberhalb des historischen Zentrums Cuscos. Obwohl nur wenige Straßen vom Hauptplatz entfernt, ist es hier merklich kälter und windiger. Die Luft ist dünner und das Leben, auch deshalb, beschwerlicher. Der schöne Blick hinunter auf die Stadt täuscht nicht darüber hinweg, dass diese paar Höhenmeter eine deutliche soziale Grenze bilden. Da unten die reichen Touristen, hier am Bergrand Cuscos die einfache Bevölkerung und noch weiter oben, im Hintergrund der Stadt, ein überdimensionales Graffiti: ‚Viva el Peru – Es lebe Peru!'

Hermogenes' Wohnung besteht aus zwei Räumen. Das Schlafzimmer teilen sich Hermogenes und seine Frau mit ihren beiden Kindern, dem zweijährige Ricardo und seinem neunjährigen Bruder Sebastian. Der andere Raum ist sowohl Küche, Wohnzimmer und Gästebereich. Die Matratze, auf der wir schlafen, liegt eingeklemmt zwischen dem Sofa und dem eingeschlagenen Fenster. Davor steht ein Doppelstockbett, das jedoch ungenutzt scheint. In der Mitte des Raumes befindet sich ein Fernseher und um ihn herum liegen Spielzeug, beschriebene Zettel, schmutziges Geschirr und eine Katze, die nun neugierig auf unser Gepäck zukommt und meinen Rucksack sofort als Kratzbaum interpretiert. Das Dach besteht aus Wellblechplatten, und wenn es regnet, dröhnt der Aufprall jedes einzelnen Tropfens durch die ganze Wohnung.

Im Haus leben noch weitere sechs Familien, die sich auf drei Etagen verteilen. Die offene Terrasse der mittleren Etage dient allen als Trockenplatz für die Wäsche, Lager für die Dinge, die nicht in die umliegenden Wohnungen passen, und Fußballplatz für die Kinder. In einer Ecke befinden sich zwei Toiletten, doch Wasser, so erklärt uns Hermogenes, gibt es nur morgens zwischen 8 und 10 Uhr und abends von 19 bis 21 Uhr. Vor den Toiletten, auf der Terrasse, ragt ein Wasserhahn aus der Wand, der den Bewohner als Waschbecken und Dusche dient.

Wir machen uns auf ins Zentrum Cuscos. Nur ein paar Straßen von unseren Gastgebern entfernt, beginnt eine völlig andere Welt. Am Hauptplatz, der Plaza de Armas, reiht sich ein Restaurant an das nächste. Souvenirläden wechseln sich mit Agenturen ab, die nicht nur Touren ins nahe gelegene Machu Picchu – Perus größter archäologischer Attraktion – verkaufen, sondern auch Ziele in den Nachbarländern Bolivien und Chile im Angebot haben. Überall auf der Straße werden Tourangebote versprochen, die natürlich immer die besten und günstigsten sind. Dazwischen tummeln sich Sonnenbrillenverkäufer, Schuhputzer und Fotografen, die unentwegt ihre Kamera in die Gesichter der Touristen halten und die Fotos anschließend als ein schönes Andenken aufdrängen wollen.

Den Inkas galt Cusco, die Hauptstadt ihres Imperiums, als Nabel der Welt, eine Stadt, die Stärke präsentierte und nicht zufällig in der Form eines Pumas angelegt wurde. Noch heute sind viele Gebäude der Stadt auf alten Inkamauern errichtet oder bestehen aus den Steinen ehemaliger Tempel. Cuscos historisches Zentrum ist ein einziger kultureller Überbau. Immer wieder staunen wir über die perfektionistische Baukunst der alten Hochkultur. Zement wurde nicht benutzt. Jeder Stein ist bearbeitet und sitzt passgenau auf dem anderen. Keine noch so kleine Lücke ist zwischen den präzise gearbeiteten Steinen zu erkennen. Ein beeindruckendes Beispiel dieser Puzzlearbeit ist ein zwölfeckiger Steinblock, der exakt in das Mauerwerk hinein passt.

Abends kochen wir für unsere Gastgeber. Es gibt Fleisch, Kartoffeln und Salat. Ricardos und Sebastians Augen weiten sich vor Freude. Sebastian kommentiert unseren Einkauf von 500 g Fleisch mit den Worten: „So viel Fleisch habe ich noch nie gesehen.“ Und genau so verhalten sich die beiden auch. Ricardo verschlingt zwei riesige Steaks. Mit beiden Händen das Fleisch festhaltend, reißt er mit seinen Zähnen immer wieder kleine Stücke heraus und ist bald über und über mit Fett beschmiert.

Freudestrahlend verlangt er nach mehr. Doch weder Salat noch Kartoffeln rührt er an und so verzichtet Hermogenes auf die Hälfte seines Steaks, was Ricardo in noch größere Glücksgefühle versetzt.

Plaza de Armas in Cusco

Am nächsten Morgen werden wir von schleimigem Husten geweckt. Ein Nachbar, Carlos, wie ihn eine Frauenstimme energisch krächzend ruft, vollzieht seine morgendliche Dusche auf der Terrasse. Wenig später kommt Sebastian, noch völlig verschlafen, mit ein paar Heften unter dem Arm und setzt sich an den Esstisch. Heute ist Schultag und es bleibt nur wenig Zeit zu frühstücken. Sebastians Schuluniform – Hose, Hemd, Krawatte und Jacke – sind sauber gebügelt und verleihen dem kleinen Junge das seriöse Aussehen eines Bankangestellten.

Wir wandern erneut zwischen den Welten und besuchen ein paar Inkaruinen im Valle Sagrado, dem heiligen Tal in unmittelbarer Nähe Cuscos. Eine davon ist die archäologische Stätte von Pisac. Hier sicherten einst riesigen Terrassenfelder den Nahrungsmittelbedarf Cuscos. Nur wenige Kilometer davon entfernt liegen die Ruinen von Ollantaytambo. Hier gelang dem letzten Inkaherrscher Manco Inca beinahe der Sieg über die spanischen Belagerer.

Die Festung Ollantaytambo beeindruckt vor allem durch die enormen Steinblöcke, die zu ihrem Bau verwendet wurden. Bis heute ist unklar, wie die Inka diese mächtigen Quader bis hierher bringen konnten. Noch gewaltiger sind die Felsen in der Tempelanlage Saqsaywamán. Sie wiegen bis zu 200 Tonnen. Die Zick-Zack-Wände der Verteidigungsanlage stellen die spitzen Zähne des Pumakopfes dar.

In Moray besuchen wir ein Agrar-Versuchslabor der Inkas. Jede der unterschiedlich hoch gelegenen Terrassen verfügt über ein eigenes Mikroklima. Hier experimentierten die Inkas mit dem Anbau von Kartoffeln und Mais. Viele Besucher halten das zentristisch angelegte Laboratorium für eine religiöse oder spirituelle Stätte, die es nie war. Umso lustiger ist es zu beobachten, wie esoterisch inspirierte Frauen in den 40ern auf diesem Acker versuchen neue Energien zu sammeln. Nicht weit von Moray entfernt liegen die Salzbecken von Maras, in denen bereits seit Jahrhunderten Salz abgebaut wird.

So verbringen wir die ersten Tage in Cusco. Wir wechseln ständig zwischen dem glänzenden Schein einer auf Tourismus getrimmten Welt und der peruanischen Realität, die Hermogenes und seine Familie leben. Nach drei Tagen verlassen wir Hermogenes. Wir ziehen aus der Oberstadt direkt ins Zentrum Cuscos und tauschen die Wellblechhütte gegen ein Partyhostel, die durchgelegene Matratze hinter dem Sofa gegen ein großes und komfortables, weiches Bett, Sebastian und Ricardo gegen feierfreudige Kanadier, Israelis, Briten und US-Amerikaner, den Wasserhahn auf der Terrasse gegen eine Dusche aus der 24 Stunden am Tag druckvoll heißes Wasser strömt.

Jeden Abend findet in der hauseigenen Bar eine andere Party statt. An unserem ersten Tag steht eine 80er-Party auf dem Programm. Dazu gibt's die ‚hour of power': Eine Stunde lang trinken wir jede Minute einen Shot Bier.

Was zunächst harmlos klingt, macht uns schneller betrunken als wir dachten und so fliegt der Abend an uns vorbei, bis wir müde und von Magenschmerzen – verursacht durch das viele Bier – gequält ins Bett fallen. Am nächsten Morgen schauen wir über unsere Kaffeetassen am Frühstückstisch in die Folgen der letzten Nacht. Überall blicken verkaterte Gesichter unter zerzausten Haaren hervor. Es scheint, als verlassen viele der Bewohner niemals das Hostel. Sie verbringen den Tag mit schlafen und essen bevor es wieder Zeit wird zu trinken und die nächste Party zu starten.

Salkantay-Trek nach Machu Picchu

Von National Geographic zu den besten 25 Treks der Welt gekürt, führt der Salkantay-Trek zur sagenumwobenen Inka Stadt Machu Picchu – eines der neuen sieben Weltwunder.

Tag 1: *Mollepata (2.900 Meter ü. NN) – Soraypampa (3.900 Meter ü. NN) / Distanz: 22 km / Gehzeit: 8 Stunden*
Der Tag beginnt morgens um 3:30 Uhr. Mit dem Bus legen wir um 4 Uhr morgens die 90 Kilometer von Cusco bis zum Anfang des Salkantay-Treks in Mollepata zurück. In unserem Team: 4 Taiwanesen, 2 Chilenen, 1 Mexikaner und wir. Nach dem Frühstück in Mollepata fängt es just zur Aufbruchsstimmung an wie verrückt zu regnen. Das hat zwei Vorteile: Die in die Jahre gekommene Verkäuferin des Kioskes in Mollepata, die sonst in dem ausgestorbenen Dorf wenig zu tun hat, verkauft mit einem Schlag völlig überteuert neun quietschbunte Plastik-Regenponchos, was außerdem gleich zu Beginn das Gemeinschaftsgefühl in unserer Gruppe stärkt; denn nun sehen wir alle aus wie Idioten.
8:30 Uhr – es ist kalt, grau und feucht: Wir laufen los. Verglichen mit den Umständen am Anfang des Treks, spielt das Wetter sogar mit und der starke Regen wechselt sich zu unserem Glück ab und an mit kontinuierlichem Nieselregen ab. Schicht für Schicht legen wir unsere wärmende Kleidung ab, über Stunden geht es leicht aber beständig bergauf. Ich verfluche mein Thermo-Oberteil. Es wird warm und feucht. Zur Mittagszeit schüttet es wie aus Eimern. Mit Schichten von Plastik bedeckt, versuchen wir unser Essen (Reis mit Huhn) unter unseren Ponchos vor weiterer Verwässerung zu schützen.
Ein Teil der Gruppe lässt sich nun mit dem Auto ans Tagesziel bringen – der Regen ist zu stark. Wir begegnen dem unaufhörlichen Regen heldenhaft mit unseren pinken und grünen Ponchos und laufen weiter. Wie Lamas trotzen wir mit ungerührten Mienen allen Wetterverhältnissen und werden belohnt. Nach kurzer Zeit stoppt der Regen, ein Regenbogen leuchtet bunt in der grauen und rauen Landschaft. Dahinter zeigen sich bereits, im schwachen

Schein der Sonne, die schneebehangenen Bergspitzen der höchsten Andengipfel, von meterdicken Gletschern ummantelt.
Abgesehen von einigen kürzeren steilen Passagen bleibt der heutige Tagesabschnitt ohne große Anstrengungen. Um 17:30 Uhr erreichen wir den Zeltplatz in Soraypampa, an dem sich imposant ein Ausblick auf den folgenden Tag, den längsten und anstrengendsten des Treks, bietet – einen Nachbarberg des Salkantays, dessen Pass wir überwinden werden. Die Nacht wird kurz und auf knapp 4.000 Metern im Zelt sehr kalt.

Tag 2: *Soraypampa (3.900 Meter ü. NN) – Chaullay (2.800 Meter ü. NN) / Distanz: 22 km / Gehzeit: 10 Stunden*
Eine Tasse Koka-Tee soll morgens um 5:30 Uhr den folgenden 4-stündigen Aufstieg auf den Salkantay-Pass auf 4.629 Meter Höhe erleichtern, dennoch bremst die Höhenkrankheit unerwartet einige unserer Mitstreiter aus.
Um 6:30 Uhr beginnt der gemeinsame Aufstieg. Die Luft ist dünn, der Druck auf Kopf und Augen wird immer größer, das Atmen fällt schwer. Für einige unerträglich. Der stämmige texanische US-Soldat kriecht bereits zu Beginn beinahe auf allen Vieren, bis er sich entschließt, sich von einem Maultier auf die Spitze des Berges befördern zu lassen. Nach einer Stunde lösen sich die Gruppen auf, ab jetzt läuft jeder sein eigenes Tempo, nach seinen eigenen Möglichkeiten weiter.
Wir gehen am Ende unserer Gruppe. Langsam aber stetig steigen wir Meter um Meter. Nach jeder kleinen Pause fällt das Weitermachen schwerer, der Schmerz in den Beinen wird größer, der Sauerstoff noch knapper. Also laufen wir einfach weiter und weiter – verzichten gänzlich auf Pausen. Die sich eng windenden Serpentinen führen uns im ewigen Zickzack immer weiter nach oben. Wir überholen in kleinen Schritten all diejenigen, deren Kondition nachlässt. Zunächst überholen wir unsere eigene Gruppe, dann die zweite Gruppe, die dritte, die vierte, letztendlich die fünfte Gruppe. Einige Mittvierziger, anscheinend in der Midlife Crisis, schauen immer wieder ängstlich nach hinten, machen sich breit, gehen in der Mitte des Weges, wollen um Nichts auf der Welt überholt werden und müssen uns am Ende doch passieren lassen. Kaum schießen wir ein Foto, laufen sie ins Bild, jede Möglichkeit nutzend, doch noch an der Spitze der Gruppe zu gehen, bis sie endlich endgültig aufgeben. Der Abstand zwischen uns ist einfach zu groß geworden. Bald zeigt sich in der Entfernung, in gleißendem Licht, in blendendem Weiß der von der Sonne angestrahlte Salkantay und lässt uns den Atem stocken. Der schmale Pfad ist nun ein fließender Bach aus dem unter der Hitze geschmolzenen Schnee, der den Weg unter unseren Füßen in eine Mischung aus Schlamm, Schnee und Wasser verwandelt.

Wir steigen weiter und weiter, sind nun völlig umgeben von unglaublich hell leuchtendem Schnee und Eis. Hinter uns ist, nicht mal in der Entfernung, jemand auszumachen. Wir schaffen die letzten Meter, wollen nicht aufgeben, quälen uns, angetrieben von dem Wunsch, endlich den Pass zu erreichen. Die letzten Höhenmeter, der letzte kleine Aufstieg ist geschafft. Von Wolken verhangen erheben sich wie in einem unwirklichen Traum die Gipfel des fast 6.300 Meter hohen Berges direkt vor unseren Augen.
Der Pass ist fast menschenleer, nur einige Maultiere und deren Treiber machen eine kleine Rast. Auch wir müssen warten, bis unsere Gruppe vollständig den Pass erreicht. Statt in 4 Stunden haben wir den Pass in 2,5 Stunden bezwungen. Die wochenlange Akklimatisierung im bolivianischen und peruanischen Hochland macht sich nun bezahlt. Unsere aufgeheizten Körper kühlen aus, es ist nun fast unerträglich kalt. Doch der Anblick des Berges lohnt alle Mühen. In Sekundenschnelle wechselt das Wetter. Mal komplett von Wolken verhangen, mal hinter leichtem Nebel durchschimmernd, mal hell erleuchtet von der Sonne: Der Salkantay fesselt uns.
Bis zum Mittagessen sind es noch fast 3 Stunden bergab. Auf dem vom Regen aufgeweichten steilen Pfad, von Felsbrocken gesäumt, fällt der Abstieg fast schwerer als der Aufstieg. Die Kräfte und die Konzentration lassen nach. Der Weg scheint kein Ende zu haben. Bereits aus der Ferne sehen wir weit unten am Wegesrand eine kleine Ansammlung von Häusern, die wir lange ansteuern und am Ende glücklich erreichen. Die Nachricht unseres Guides, dass wir von hier an noch 40 Minuten vor uns haben, trifft uns schwer. Die folgenden Minuten ziehen sich unerträglich in die Länge. Vor allem der Gedanke daran, dass nach dem Mittagessen weitere 3 Stunden steiler, matschiger Abstieg auf uns warten, lassen die Stimmung sinken. Fast am Ende unserer Kräfte erreichen wir um 17 Uhr unser Tagesziel Chaullay.

Tag 3: *Chaullay (2.800 Meter ü. NN) – Playa (2.100 Meter ü. NN) / Distanz: 13,5 km / Gehzeit: 5 Stunden*
Der 3. Tag beginnt um 5 Uhr morgens. Die Nacht war deutlich wärmer und wir konnten einigermaßen zu Kräften kommen. Vor uns liegt ein 5-stündiges Auf und Ab durch die nun herrschende Hitze.
Unser 6-stündiger gestriger Abstieg vom Pass bleibt nicht ohne Folgen. Die Vegetation hat sich deutlich geändert. Dichter feuchter Wald, Unmengen Moskitos, trockener Boden bedeckt von losem Geröll haben die raue kalte Berglandschaft nun ersetzt. In Playa angekommen, fahren wir mit dem Bus die folgenden 20 km auf einer unspektakulären Schotterstraße bis nach Santa Teresa, wo wir unseren Körpern in den dortigen Thermalquellen eine kleine Wohltat gönnen. Ein Lagerfeuer und ein vorhandener Kiosk am Zeltplatz in

Santa Teresa zeigen ihre gewohnte Wirkung. Nach einigen Bieren kriechen wir unverschämt spät erst um 24 Uhr in unsere Schlafsäcke.

Tag 4: *Santa Teresa (1.900 Meter ü. NN) – Aguas Calientes (2.000 Meter ü. NN) / Distanz: 25,5 km / Gehzeit: 7 Stunden*
Heute heißt es ausschlafen. Los geht es erst um 6:30 Uhr. Die Einfachheit des heutigen Tagesabschnittes – es geht schlichtweg geradeaus, ohne Aufs und Abs, auf einem sogar befahrbaren Schotterweg – wird dadurch zu Nichte gemacht, dass wir unser komplettes Gepäck selbst tragen müssen. Die Maultiere haben heute ihren freien Tag. Voll beladen heißt es also, mehr als 25 km zurückzulegen. Die ersten 3,5 Stunden geht es an einigen Wasserfällen vorbei nach Hidroelectrica.
Die Sonne brennt. Es ist unerträglich heiß. In Hidroelectrica beginnen die Schienen des überteuerten Zuges, der täglich Massen von Touristen nach Aguas Calientes, am Fuße von Machu Picchu gelegen, befördert.
Am Bahnhof schauen wir uns um. Hoch oben auf den Bergen zeichnen sich Häuserruinen ab – es ist tatsächlich Machu Picchu. Wir erkennen die berühmte Silhouette von Huayna Picchu, dem halbrunden Berg, dem Schwanz einer Eidechse ähnelnd, die die alte Inka Stadt schützend umringt. Die Vegetation erinnert uns an all die Fotos des touristischen Höhepunkts Perus, die uns auf unserer Reise bis hierhin begleitet haben. Die ganze Skepsis verfliegt. Das ewige Gerede über Machu Picchu, die unzähligen aggressiven Straßenwerber Cuscos, die Besuchern „Machu Picchu, Machu Picchu, Machu Picchu" rufend über die Straße hinweg verfolgen und versuchen, ihr Angebot aufzudrängen, haben für alles andere als aufkommende Vorfreude gesorgt. Nun, beim Anblick der Ruinen hoch über uns, steigt diese wieder. Soweit das Auge reicht, sehen wir tiefgrün bewachsene Berge, mystisch von Nebel umringt.
Morgen ist es endlich soweit. Nun müssen aber erstmal die 16 km entlang der Schienen bewältigt werden. Die Hitze lässt zwar im Schatten der hohen Bäume etwas nach, jedoch wird das Gepäck auf unseren Schultern immer schwerer. Nach weiteren 4 Stunden erreichen wir endlich Aguas Calientes, die wohl touristischste Stadt Perus. Mit großen Augen bemerken wir die horrenden Preise, welche von den Schildern und Tafeln der aneinander gereihten Restaurants und Cafés prangen. Hier scheint alles 10 Mal teurer zu sein, als im Rest des Landes. Das interessiert uns jetzt aber reichlich wenig, denn nach vier stinkenden und schwitzenden Tagen, heißt es nun endlich: Duschen!

Die heilige Stadt Machu Picchu – Ein Gipfelsturm

Nach vier anstrengenden Tagen des Salkantay Treks, der uns bis an den Fuß der Inkaruine Machu Picchu führte, heißt es nun endlich am 5. Tag: Gipfelsturm auf Machu Picchu.

Tag 5: *Aguas Calientes (2.000 Meter ü. NN) – Machu Picchu (2.400 Meter ü. NN) – Machu Picchu Mountain (3.051 Meter ü. NN)*

Dieser völlig verdrehte Tag startet um 4 Uhr morgens. Um 6 Uhr öffnet Machu Picchu seine Tore, bereits um 5 Uhr öffnen die Tore am Fuße des Berges, auf dem Machu Picchu thront, ein wenig außerhalb von Aguas Calientes gelegen.

Um 4:40 Uhr stehen wir vor einem riesigen Metallschild, das uns herzlich Willkommen heißt und beglückwünscht, uns am Fuße von Machu Picchu zu befinden. Drei Kekse und ein Apfel in unserer Tasche dienen als verfrühtes Frühstück. Das Verrückte: Wir sind nicht alleine. Schon jetzt stehen um die 50 Personen in kleinen Gruppen verstreut vor dem Häuschen, in dem sich der wichtigste Mann des Tages darauf vorbereitet, die Tore zu öffnen – das Wettrennen zu eröffnen.

Immer mehr Menschen strömen aus dem Stockdunkeln in das Licht, welches das Willkommensschild beleuchtet. Über uns hört man den Zug quietschend die erste Fahrt des Tages einläuten. Irgendwo warten Menschen ungeduldig darauf abgeholt zu werden. Um 4:50 Uhr beschließen einige anscheinend völlig Überdrehte, sich schon mal wenige Zentimeter vor dem noch verschlossenen Tor aufzustellen.

Eine Schlange bildet sich, natürlich reihen sich alle ein. Ich fühle mich wie vor einem Popkonzert. Ständig blicken die Menschen ungeduldig auf ihre Armbanduhren. Was wird passieren, wenn sich die Tore öffnen? Werden wir überrannt?

Doch ganz gesittet wird die Reihenfolge der Schlange eingehalten. Es gibt keinen Grund zur Panik. Der Stärkere wird gewinnen und es wird Verlierer geben.

Langsam schreiten wir im Entenmarsch voran. Stufe um Stufe geht es bergauf. Kontinuierlich, Schritt für Schritt. Die engen Reihen lichten sich, die ersten geben auf, treten zur Seite, müssen durchatmen. Allen rinnt der Schweiß von der Stirn. Fast eine Stunde lang steigen wir Stufen hoch, geben nicht auf, auch wenn wir wollen. Einige versuchen zu tricksen, machen nach jedem Schritt eine klitzekleine Pause, atmen durch und gehen weiter. Sie wollen ihren Platz in der Reihe nicht opfern, haben aber auch keine Kraft mehr weiterzumachen. Sie quälen sich und Machu Picchu treibt sie verrück-

Die Ruinen von Machu Picchu

terweise an. Aber auch sie werden bald aus der Reihe heraus an die Seite gehen.
Niemand will aufgeben. Jeder, der stehen bleibt, ist bis zum Äußersten gegangen.
Nach 45 Minuten kommen wir, in Schweiß getränkt, bereits am Ende unserer Kräfte, oben an. Wir sind etwa 400 Höhenmeter auf der steinernen, steilen und unebenen Treppe gestiegen und stehen nun in der Schlange vor den Toren Machu Picchus – 20 Menschen vor uns. Was hier passiert ist unglaublich. Der übermäßige Ehrgeiz einzelner steckt alle anderen an.
Es ist kurz vor 6 Uhr, die Schlange hinter uns ist bis ins Unermessliche gewachsen. Die ersten Busse aus Aguas Calientes kommen an. Menschen, die sich den anstrengenden Aufstieg ersparen wollten, bereits um 3 Uhr morgens in der Schlange für den Bus anstanden und 10 US-Dollar für die nur wenige Minuten andauernde Fahrt bezahlten, steigen nun aus.
Die Tore öffnen sich. Bedächtig schreiten wir in die Anlage hinein. Es ist noch nichts zu erkennen. Wir gehen um die erste, um die zweite Ecke. Dann eröffnet sie sich vor unseren Augen, noch im Halbdunkel liegend und menschenleer: die sagenumwobene Stadt der Inkas. Unsere ersten Schritte sind zögerlich. Völlig überwältigt schauen wir der Sonne zu, wie sie allmählich die Ruinen in weiches Licht taucht, der Nebelschleier verzieht sich langsam. Das ist beeindruckender als jedes Foto uns hat träumen lassen. Ich muss

grinsen bei dem Gedanken, dass ich kurz davor war, auf dieses Spektakel zu verzichten; aus Angst vor riesigen Touristenströmen, die jedes Erlebnis zunichte machen. Aber das hier ist unbeschreiblich.

Nach einem 2-stündigen Rundgang durch die Ruinen, in der sich die noch kleine Menge von Touristen fast verläuft, steht uns ein weiterer schwerer Gang bevor. Wir wollen den Machu Picchu Mountain besteigen, den Berg, auf dem Machu Picchu liegt. Im Gegensatz zum kleinen Berg Huayna Picchu (2.700 Meter ü. NN), der täglich von 400 Menschen bestiegen wird (Tickets sind vorab zu buchen, da die Personenzahl auf 400 beschränkt ist), will anscheinend kaum jemand auf den Machu Picchu Mountain hinauf, der sich majestätisch hoch über den Ruinen erhebt. Wir werden bald herausfinden, warum.

Noch nicht am Kontrollhäuschen angekommen, sind wir uns nicht mehr sicher, ob wir den 650 Meter hohen Aufstieg schaffen werden. Wir sind außer Atem, die Kräfte lassen nach. Die letzten 4 Tage und der bereits hinter uns liegende 400 Meter hohe Aufstieg bis hierhin haben geschlaucht. Und nun wollen wir noch höher hinaus? Bereits nach den ersten steilen Stufen setzen wir uns völlig entkräftet. Wir müssen erstmal verbotenerweise frühstücken (Essen ist in der gesamten Ruinenanlage untersagt). Aber auch die Nahrungsaufnahme macht die Sache nicht leichter.

Immer wieder, nach nur wenigen Stufen, wenigen Metern, bleibt einer von uns beiden stehen. Wir können nicht mehr, kommen so aber auch nicht voran. Wir setzen uns kleine Ziele. Die nächste Pause machen wir erst bei dem Baum, nach der Kurve … Die Stufen werden immer steiler. Wir begegnen einigen von den 20 Menschen, die heute den Aufstieg gewagt haben auf ihrem Rückweg. „Ich war selbst am Ende. Aber gebt nicht auf. Es lohnt sich" oder „Es wird immer steiler und steiler. Am Ende macht ihr nach jeder dritten Stufe eine Pause" werden wir begrüßt, ermutigt oder verängstigt. Das Schlimmste liegt noch vor uns. Das wissen wir jetzt.

Nach einer Stunde Quälerei ist aber noch lange kein Ende in Sicht. Immer wieder blicken wir auf eine neue Kurve, die uns von der Spitze trennt. Unzählige Male. Die zerbröckelten, immer schmaler werdenden Stufen gehen unbeschreiblich steil hinauf, rechts geht es ungeschützt 600 Meter bergab, direkt auf Machu Picchu zu. Die letzten Treppen nehmen wir am äußersten linken Rand. Mit der rechten Hand die Augen verdeckend, kriechen wir nun beinahe die Treppen hinauf. Das ist nichts für schwache Nerven. Jetzt bloß nicht nach unten gucken. Endlich oben angekommen haben wir einen Überblick über die gesamte vernebelte Bergwelt, in der die Ruinen fast unscheinbar wirken. Ein näherer Blick zaubert uns ein Lächeln ins Gesicht. Wir scheinen zur richtigen Zeit oben angekommen zu sein.

Täglich besuchen 2.000 Menschen die Ruinen von Machu Picchu. Nun sind sie alle da. Wie kleine Ameisen rennen sie die Ruinen hinauf und hinab. Wir hingegen genießen die Ruhe weit über dem Getümmel Machu Picchus, lächeln über jeden adrenalingeschwängerten Bezwinger des Berges, der uns erstmal euphorisch berichtet, wie hart der Aufstieg für ihn war. Beim ebenso schwierigen Abstieg, versuche ich die uns entgegenkommenden keuchenden und schwitzenden Menschen nicht merken zu lassen, dass noch unbeschreibliche Qualen auf sie zukommen werden.
Die restlichen Stunden beobachten wir von einem ruhigen Plätzchen aus das bunte Treiben in den Ruinen. Die Menschenmassen verschwinden wieder. Einheimische Touristen kommen nun in den späten Nachmittagsstunden. Lamas fressen in aller Seelenruhe das Gras zwischen den verfallenen Häusern Machu Picchus. Am Ende dieses Tages werden wir 1.000 Höhenmeter treppauf und 1.000 Höhenmeter treppab gelaufen sein. Noch liegen 300 Meter bergab vor uns, bevor wir am Ende unserer Kräfte auf der Rückfahrt nach Cusco wie alle anderen auch, erschöpft in die weichen Sitze des Zuges fallen.

Santa Cruz-Trek – Ein Leben ohne Esel ist möglich, aber sinnlos

Um den Giganten Lima, die neun Millionen-Stadt, zu verlassen oder zumindest die Außenbezirke zu erreichen, benötigen wir eine mehrstündige Busfahrt. Aus dem geschäftigen Zentrum heraus bis in die armen Vororte, die eigentlich schon mitten in der Wüste liegen, bis zur Panamericana. Wir fahren über zwei Stunden auf einer Schnellstraße bei fließendem Verkehr in ein und dieselbe Richtung und sind immer noch mitten in der Stadt. An der Panamericana halten wir den Daumen raus und sind erfolgreich. Nach einer Stunde im Niemandsland hält ein LKW. Für die nächsten 400 Kilometer bis nach Huaraz, in der Cordillera Blanca, dem weißen Gebirge gelegen, brauchen wir zwölf Stunden.
Immer wieder müssen wir Pausen einlegen, damit unser Fahrer etwas Schlaf bekommt. Und dennoch fällt er während der Fahrt ständig in einen Sekundenschlaf, wird von Autos auf der gegenüberliegenden Fahrbahn wachgehupt oder von uns kurz vor Aufprall oder Absturz von einer der vielen Serpentinen panisch wachgerüttelt. Irgendwie erreichen wir zum Glück dennoch unbeschadet unser Ziel. Huaraz ist Perus Mekka der Bergsteiger und Wanderer. In der unmittelbaren Umgebung liegen mehrere schneebedeckte Gipfel, die es zu erklimmen gilt, Lagunen und Riesenbromelien. Die Hauptattraktion ist jedoch der 50 Kilometer lange Santa Cruz Trek. Er zählt zu den beliebtesten Wanderrouten in Peru und National Geographic listet ihn in das Ranking der besten 20 Treks der Welt. Diesen Empfehlungen können wir natürlich nicht widerstehen.

Tag 1: *Cashapampa (2.900 Meter ü. NN) – Llamacorral (3.600 Meter ü. NN) / Distanz: 14 km / Gehzeit: 5 Stunden*
Endlich ein Trek auf eigene Faust. „So schwer kann das ja nicht sein", denken wir und schauen uns in Huaraz nach der passenden Ausrüstung um: Wir brauchen ein Zelt, zwei Isomatten, zwei Schlafsäcke, einen Gaskocher mit Geschirr, Wasser und Essen für vier Tage. In unserem Hostel bekommen wir ein paar Gaskartuschen. Die sind zwar nicht mehr voll, aber es wird schon reichen, versichert unser Gastgeber. Von Huaraz fahren wir nach Cashapampa, zum Ausgangspunkt des Treks. Dort angekommen schwingen wir unsere Rucksäcke auf die Schultern und … „Scheiße, ist das schwer!" Wie Blei wiegt die Last auf unseren Schultern und zieht uns zu Boden. Beim zweiten Versuch sind wir auf das Gewicht vorbereitet. Langsam aber zielsicher gehen wir unseren Weg. Zunächst folgen wir einem schmalen Tal bergauf. Geröll, lockere Steine und der Anstieg machen uns zu schaffen.

Während wir schwitzend darauf achten, nicht zu stolpern, auszurutschen oder mit den schweren Rucksäcken das Gleichgewicht zu verlieren, überholt uns, grinsend und gut gelaunt, eine kleine Gruppe Wanderer. Gringos. Keiner von ihnen trägt Gepäck, nicht einmal einen kleinen Rucksack. Ein voll beladener Esel folgt ihnen auf dem steinigen Untergrund. Bereits nach wenigen Minuten bereuen wir, nicht auch diesen Service genutzt zu haben. Stattdessen grüßen wir nur kläglich lächelnd zurück und sehen der Gruppe zu, wie sie leicht und beschwingt hinter der nächsten Kurve verschwindet. Wir dagegen stapfen mit schweren Schritten dahin.

Unser Pfad führt uns entlang eines Flusses, der das gesamte Tal durchschneidet. Kleine Sträucher und gedrungene Bäume säumen seine Ufer und kontrastieren mit den nackten, braunen und grauen Felswänden der umliegenden Berge. Immer höher steigen wir und immer langsamer werden unsere Schritte. Am Ende des Tages werden wir 700 Höhenmeter überwunden haben. Wir kämpfen gegen die Schwerkraft und verfluchen uns bereits jetzt für unseren Enthusiasmus, alles allein schleppen zu wollen. Die Stunden vergehen. Das schmale Tal weitet sich etwas. Die Vegetation wird vielfältiger. Kakteen und grüne, ausladende Büsche sind nun unsere Begleiter.

Die Schönheit der Landschaft können wir jedoch kaum genießen. Wir sind erschöpft, Schweiß rinnt uns in die Augen, die Schultern schmerzen. Nur noch ein Gedanke treibt uns vorwärts: Schokolade und Softdrinks. Am ersten Campingplatz, so lesen wir, gibt es einen kleinen Shop, der eben diese Köstlichkeiten anbietet. Unsere Gedanken und Gespräche kreisen nur noch um Snickers, Twix und Inka-Kola. Und so stemmen wir uns gegen die Müdigkeit und machen weiter; Schritt für Schritt, Meter für Meter. Als wir kurz vor Sonnenuntergang den Zeltplatz erreichen, werden wir jedoch

mit voller Wucht aus unseren Träumen gerissen. Das kleine Häuschen, das einmal der Shop gewesen war, steht verrammelt und verlassen da. Hier gibt es nichts mehr zu holen. Lediglich ein paar Verpackungsreste deuten an, welche Leckereien es hier einmal gab.
Missmutig machen wir uns daran, das Zelt aufzubauen. Wir haben eine Plane, eine sehr lange und eine sehr kurze Stange. Das war‘s. „Was zum Teufel sollen wir damit?“, fragen wir uns und den Eseltreiber der Gringos, die vor einigen Stunden so gut gelaunt an uns vorbei liefen und jetzt ebenfalls auf dem Campingplatz sind. Was wir nicht schaffen, erledigt der Eseltreiber im Handumdrehen und so liegen unsere Rucksäcke bei Anbruch der Dunkelheit gemütlich im Zelt, während wir draußen frierend das Abendessen zubereiten.
Leider sind die Gaskartuschen, die wir mit auf den Weg bekommen haben, fast leer und so essen wir unseren Reis, aus Mangel an Brennstoff, nur halb gekocht. Außerdem fehlt uns Trinkwasser. Als wäre das nicht schon eine schlechte Nachricht, warnt uns der Eseltreiber davor, das Wasser aus dem Fluss zu trinken. Unsere Wasserreinigungstabletten würden nicht ausreichen. Vor kurzer Zeit habe es eine Rinderepidemie gegeben, sagt er, und die vielen Kadaver hätten das Wasser stark verunreinigt. Müde, hungrig, durstig und frierend liegen wir an diesem Abend in unseren Schlafsäcken. Das kann ja noch heiter werden.

Tag 2: *Llamacorral (3.600 Meter ü. NN) – Tallipampa (4.100 Meter ü. NN) / Distanz: 14 km / Gehzeit: 6 Stunden*
Der zweite Tag beginnt wie der erste endete: mit einer Portion Reis. In den morgendlichen Strahlen der Sonne entspannen wir einige Zeit am Flussufer. Schnell erwärmt sich das Tal und lässt uns die Kälte der letzten Nacht vergessen. Doch irgendwann müssen wir aufbrechen, wollen wir unser Ziel, den Zeltplatz Tallipampa, erreichen. Der Weg ist fast ausschließlich eben, was die Wanderung um einiges angenehmer macht als am Vortag. Doch die Sonne, deren Wärme uns am Morgen noch willkommen war, brennt nun erbarmungslos auf uns herab.
Wir passieren die Laguna Jatuncocha – Einen See, vom Fluss gespeist, dessen grün schimmerndes Wasser unter den schneebedeckten Gipfeln des Nevados Quitaraju uns daran erinnert, dass wir unsere Wasservorräte auffüllen müssen. In der Nähe finden wir ein paar kleine Bäche, deren eiskaltes Wasser uns die ersehnte Erfrischung bringt. Schatten spendende Bäume säumen den Weg entlang der Lagune, die uns Schutz vor der unerbittlichen Sonne bieten.
Doch bald darauf sind wir der Sonne erneut ausgeliefert. Wir durchqueren ein trockenes Flussbett, das die gesamte Breite des Tales einnimmt. Sand und

nichts als Sand umgibt uns. Lediglich ein paar große Steine markieren den Weg. Doch Schatten suchen wir vergeblich. Mittlerweile sind wir bereits vier Stunden unterwegs. Schultern und Rücken schmerzen unter dem Gewicht unserer Rucksäcke. Nur nach vorne gebeugt können wir die Last überhaupt tragen und schleichen entkräftet durch das Tal.
Hinter dem Flussbett müssen wir noch einmal ein paar Höhenmeter bewältigen, die uns für den heutigen Tag den Rest geben. Immer wieder machen wir Pausen, setzen die Rucksäcke ab, wischen uns den Schweiß vom Gesicht, zwingen uns weiter zu gehen. In der Dämmerung sehen wir in einiger Entfernung endlich ein paar bunte Zelte leuchten, doch bis zum Campingplatz Tallipampa schaffen wir es nicht mehr. So bauen wir unser Zelt, mehr schlecht als recht zwischen zwei großen Steinen auf, die uns als Windschutz dienen, und schlafen Sekunden später erschöpft von der Wanderung ein.

Tag 3: *Tallipampa (4.100 Meter ü. NN) – Quenualpampa (3.800 Meter ü. NN) / Distanz: 12 km / Gehzeit: 10 Stunde*
Die Nacht war kalt. Auf 4.100 Metern Höhe sinken die Temperaturen nach Sonnenuntergang bis an die Null Grad Grenze und sogar darunter. Fröstelnd manövrieren wir uns aus den Schlafsäcken. Zum Frühstück gibt es Haferbrei, was uns, hungrig wie wir sind, wie ein Gourmetessen vorkommt. Nachdem wir unsere Glieder in den ersten Sonnenstrahlen aus der Kältestarre befreit haben, machen wir uns auf den Weg. Es geht hinauf bis zum 4.750 Meter hohen Pass Punta Union, dem höchsten Punkt des Treks.
Ich weiß nicht, ob es an der Höhe, dem schlechten Essen oder zu wenig Schlaf liegt, aber wir kommen so gut wie gar nicht vorwärts. Jeder Schritt kostet Überwindung. Wir habe weder Kraft noch Motivation, die uns weiter zwingt. Die Versuchung sich auf der Stelle hinzulegen und einzuschlafen ist groß. Immer wieder machen wir Pausen. Zuerst alle 20, dann alle 15, später alle 5 Minuten. Dafür werden unsere Stopps immer länger. Zunächst nur 2 bis 3, dann 5, später 10 Minuten. Für eine Strecke von 100 Metern brauchen wir so eine gefühlte Ewigkeit.
Für die umliegenden Berge, deren verschneite Gipfel wir gestern zum ersten Mal sahen, haben wir heute kein Auge mehr. Zu sehr sind wir mit unseren Leiden beschäftigt. Kraftlos, müde und erschöpft laufen wir immer weiter steil bergauf, ohne dass ein Ende in Sicht wäre. Je höher wir kommen, desto langsamer werden wir, desto stärker zerrt das Gepäck an unseren Schultern. Wir setzen uns kurze Ziele, um vorwärts zu gelangen. Bis zur nächsten Kurve, bis zum großen Stein und so weiter.
Doch bald darauf geht nichts mehr: Atemnot, Schwindel und Magenschmerzen (Auswirkungen der Höhenkrankheit?) machen es uns unmög-

lich, weiter zu gehen. Völlig am Ende fallen wir mehr auf den Boden, als dass wir uns setzen. Alle Glieder unserer Körper schmerzen. Jede Bewegung ist zu viel. Wir versuchen unsere Physis mit etwas kalt angerührtem Haferbrei zu unterstützen, was uns tatsächlich für ein paar Minuten gelingt. Mit neuer Energie stürmen wir vorwärts, doch schon bald darauf geht es uns so schlecht wie zuvor.

Unzählige Serpentinen müssen wir aufsteigen, um zum Pass Punta Union zu gelangen. Je höher wir kommen, desto schwächer fühlen wir uns. Nicht einmal die Entdeckung eines Gletschersees, der Lagune Taullicocha, vermag unsere Erschöpfung für einen Moment zu lindern. Und so beschließen wir tatsächlich, dass uns jetzt nur noch ein kleines Nickerchen helfen kann. Etwa eine halbe Stunde später machen wir uns, so gut wie gar nicht erholt, jedoch von der Höhensonne total verbrannt, wieder auf die Beine, um den Pass endlich zu überqueren.

Umgeben von den Nevados Taulliraju, Rinríjirca und Millisraju erreichen wir wenige Momente später den Pass Punta Union. Nicht breiter als eine Wohnungstür öffnet sich hier der Fels und gibt den Blick auf ein weiteres Tal frei. Laut krachend hören wir eine Lawine nach der anderen den Berg herunter stürzen. Mit viel Glück sehen wir auch das ein oder andere Mal, wie der Schnee unter seinem eigenen Gewicht krachend bricht und sich seinen Weg nach unten bahnt.

Der Abstieg verläuft wesentlich einfacher als der Aufstieg, obwohl auch hier lockere Steine eine ständige Rutsch- und Stolpergefahr darstellen und wir mehr als einmal den Weg verlieren. Unten im Tal folgen wir einem schmalen Pfad, der uns an vielen kleinen Seen und Lagunen vorbeiführt. Noch bevor es dämmert, fallen die ersten Regentropfen, die sich in der Nacht zu einem Gewitterschauer ausweiten werden. Bis zum Campingplatz schaffen wir es nicht mehr und so bauen wir unser Zelt, mal wieder ohne Tageslicht, auf einer kleinen Wiese auf.

Wir ahnen jedoch nicht, dass dieses Rasenstück bereits besetzt ist: Ein Bulle, schwarz, mit spitzen Hörnern, taucht plötzlich hinter unserem Zelt auf, stellt sich in einiger Entfernung auf und lässt uns nicht mehr aus den Augen. Erst als ich beginne, etwas Haferbrei zu kochen, ändert er sein Verhalten und schleicht in immer enger werdenden Kreisen um mich herum. Als ich plötzlich eine riesige feuchte Nase nur wenige Zentimeter vor meinem Gesicht wahrnehme und mein Blick auf zwei leuchtende Augen trifft, verstehe ich: Unser Freund hat Hunger.

Da sind wir also: Der Bulle und ich, Auge in Auge im strömenden Regen. Etwa eine Minute schauen wir uns an. Erst als ich langsam den Topf vom Kocher nehme, um ihn vor dem sabbernden Maul in Sicherheit zu bringen, löst sich auch die Starre des Tieres. Doch beim Versuch vom Haferbrei zu naschen, verbrennt sich der Bulle die Nase am Gaskocher und sucht erschrocken das Weite. In dieser Nacht schlafen wir kaum. Der starke Regen, der bis ins Innere des Zeltes dringt, und der Gedanke des um uns schleichenden Bullen, der ab und an über die Zeltbefestigung stolpert, sorgen für eine unruhige Nacht.

Tag 4: *Quenualpampa (3.800 Meter ü. NN) – Vaqueria (4.543 Meter ü. NN) / Distanz: 10 km / Gehzeit: 7 Stunden*
In der Morgendämmerung verlassen wir das Zelt. Das Tal ist in dichten Nebel gehüllt. Der Bulle ist noch immer da, liegt nur wenige Zentimeter neben uns und scheint nur auf uns gewartet zu haben. Sobald wir beginnen unsere Sachen zu packen, macht auch er sich bereit. Zu guter Letzt begleitet er uns eine Weile, während wir dem Ende unseres Treks entgegen sehnen. Wir laufen durch ein feuchtes Tal und steigen einige rutschige Serpentinen hinab, bevor wir den Zeltplatz Quenualpampa erreichen. Von dort sind es noch drei Stunden, die wir durch üppige, immer feuchte Vegetation bis nach Huaripampa, einem kleinen Dorf auf 3.350 Metern, laufen. Die letzte Etappe hat es noch einmal in sich und führt uns von Huaripampa bis nach Vaqueria. Eine Stunde lang geht es über steile Pisten und Trampelpfade bergauf. Regen verwandelt unseren Weg in einen Bach, so dass wir immer wieder Gefahr laufen auszurutschen.
Am frühen Nachmittag erreichen wir den Ort und finden bald einen LKW, der uns bis nach Yungay bringt. Als hätten uns die letzten vier Tage nicht schon genug geschlaucht, finden wir einen Platz auf der Ladefläche zwischen Ölfässern, Leitern und unseren Rucksäcken. Auf der holprigen Straße fliegt die komplette Ladung, inklusive uns, wie wild über die Ladefläche. Vier Stunden dauert die Fahrt bis nach Yungay. Vier Stunden, in denen wir noch einmal ordentlich durchgeschüttelt werden. In Yungay angekommen, nehmen wir einen Bus nach Huaraz. Erleichtert und völlig kaputt lassen wir uns am Abend Pizza und jeder Menge Pisco Sour schmecken. Wir haben den Santa Cruz Trek überstanden.

Die Urwaldmetropole Iquitos – Nichts für schwache Nerven

Wer nach Iquitos reisen möchte, hat es schwer. Es existiert nämlich keine Straße, die nach Iquitos führt. Die Stadt ist lediglich per Schiff oder Flugzeug zu erreichen – denn Iquitos liegt mitten im peruanischen Amazonas.
Dementsprechend beschwerlich ist unsere Anreise. Von Chachapoyas aus reisen wir auf der Ladefläche eines Pick Ups. Das Problem dabei ist nur, dass die Ladefläche bereits gefüllt ist – und zwar mit aufeinandergestapelten

Autoreifen. Also setzen wir uns gezwungenermaßen jeder in einen Autoreifenstapel und fahren los. Fühle ich mich am Anfang noch wie in einem großen Schwimmring auf offener See, wird die Fahrt sehr schnell sehr unangenehm. Acht Stunden lang fahren wir rückwärts Serpentinen hoch und runter, immer mit der Angst vor einer Vollbremsung im Nacken, die uns den sicheren Tod brächte. Mit der Dunkelheit kommt auch die Kälte, die uns mitsamt des Fahrtwinds unter die Kleidung kriecht. Nach einigen Stunden wird es unerträglich.

Durchgeschüttelt und immer noch wankend fallen wir in Yurimaguas, wo die Straße endet, in die schäbigen Betten, die wir mitten in der Nacht noch auftreiben können. Wenige Stunden später werde ich hektisch geweckt. Unser Schiff legt in einer Stunde ab.

Mir dreht sich noch immer der Kopf, als wir die ‚Eduardo X' besteigen und unsere dreitägige Reise auf dem Río Maranón antreten. Bepackt mit einigen Wasserflaschen und einer Handvoll Obst, die wir in der kurzen Zeit noch auftreiben können, bleibt uns nur die Hoffnung, dass die Verpflegung auf dem Schiff ausreichend ist. Doch es gibt nur Reis, Bohnen und Kochbananen. Bereits nach einem halben Tag beäugen wir neidisch unsere Mitreisenden, die mit allerlei Keksen, Snacks und anderen Leckereien ausgestattet sind. Drei Tage lang reisen wir gemächlich den Fluss hinunter, vorbei an dichtbewachsenen Ufern, in deren Mitte manchmal wie aus dem Nichts eine kleine Ansammlung von Häusern zu sehen ist, erleben monsunartige Gewitter, die alles in ein undurchdringliches Weiß tauchen, sehen atemberaubende Gewitter-Sonnenuntergänge in einem tiefen Dunkelgelb und stumme Nächte, die gefüllt sind mit lautlosen Blitzen, die in der Ferne den Himmel ununterbrochen aufleuchten lassen.

Mit wackeligen Beinen betreten wir nach der langen Reise in Iquitos endlich wieder festen Boden. Die heiße, unglaublich feuchte Luft schlägt mir ins Gesicht. Beim Atmen füllen sich meine Lungen mit dampfender Hitze. Wir folgen den aus dem Schiff strömenden Menschen, hinaus aus dem Hafen, immer dem lauten Brummen hinterher. An der Straße angekommen, halten wir erst einmal inne.

Iquitos ist mit 400.000 Einwohnern die größte Stadt der Welt, die nicht auf dem Landweg zu erreichen ist. Hier gibt es natürlich kaum Autos. Die Gründe sind schnell erklärt: Es gibt keine weiten Strecken zu fahren und der Transport eines PKWs hierher ist mehr als nur umständlich. Dafür gibt es in Iquitos Roller. Und davon etwa 40.000. Die meisten von ihnen sind zu Mototaxis umgebaut und bevölkern laut brummend die Straßen. Vollkommen ungeordnet jagen sie über den Asphalt, quetschen sich in jede nur erdenkliche Lücke und bestimmen so das Straßenbild der Stadt.

Von bunt bemalten alten Herrenhäusern aus der Zeit des Kautschukbooms bröckelt der Putz ab, andere erstrahlen im neuen Glanz, sind total verfallen oder bestehen nur noch aus der Häuserfassade. Wir sitzen im Zentrum der Stadt, auf der Plaza de Armas, als es zu regnen anfängt.
Gewaltig entlädt sich die aufgestaute Feuchtigkeit in einem heißen Gewitter und legt die gesamte Stadt lahm. Man sieht kaum die Hand vor den eigenen Augen, so dicht ist der Regen, so weiß sprüht es von allen Seiten. Schlagartig riecht es wie im Gewächshaus und vor meinem inneren Auge sehe ich Axel Rose, der mir mit weit aufgerissenem Mund entgegenschreit: „Welcome to the Jungle. Welcome to the Jungle".
Auch wenn Iquitos durch seine Größe zunächst den Eindruck einer mehr oder weniger normalen Stadt macht, ist nicht zu übersehen, wo wir uns befinden. Anstatt grauer Tauben fliegen exotische bunte Vögel auf der Plaza zwischen den Bäumen umher. Gerade erst sind hier die Faultiere, die in den Bäumen hingen und faulenzten, umgesiedelt worden. Auf der Kuchentheke beim Bäcker ums Eck besteht die Dekoration aus Schädeln von Kaimanen und Jaguaren, die aufgereiht auf der Glasvitrine stehen, als handele es sich um einfache Plastikblumen. Ein kleines Mädchen trägt ihr Faultier umarmend spazieren, an jeder Ecke gibt es Schlangenhaut, Tierschädel und allerlei anderen abartigen Schmuck käuflich zu erwerben.
Aus der Ecke eines Ladens blickt mich ein kleiner, mit bunten Federn geschmückter Affenschädel an. An der Promenade des Amazonas, der kurz vor Iquitos beginnt, ist der Boden übersät mit schwarzen Käfern. Zu hunderten liegen diese zerquetscht auf dem Boden, während riesige, anscheinend intelligentere Kakerlaken in Windeseile in die nächste Häuserritze krabbeln und sich so vor den trampelnden Menschen schützen.
Wir verlassen das Zentrum der Dschungelstadt und machen uns auf nach Belén. Das ‚Venedig der Armen' ist eine schwimmende Barackenstadt, in der tausende Menschen in einfachen Holzhütten leben. Das Besondere: Die Stadt hebt und senkt sich mit dem Pegel des Flusses. Das Leben der Menschen hier ist vollständig vom Fluss bestimmt. Die meisten Häuser sind auf riesigen Stelzen gebaut und befinden sich so auch in der Hochwassersaison im Trockenen. Andere Häuser sind auf zahlreichen Holzplanken befestigt. Bei steigendem Wasser schwimmt das Haus mitsamt den Holzplanken einfach auf der Wasseroberfläche, wie eine Nussschale.
Jetzt in der Trockenzeit kann man die verzweigten Wasserstraßen bequem zu Fuß entlanglaufen. Vor uns eröffnet sich ein riesiges Labyrinth aus Holzhäusern, die sich hoch oben über unseren Köpfen auf langen Stelzen befinden. Die meisten sind stark von den Kräften des Wassers gezeichnet. Kaum ein Haus steht aufrecht, heruntergebrochene Bretter geben den Blick ins

Dschungelmarkt in Iquitos

Innere der Häuser frei, andere sind notdürftig repariert. Die zerborstenen Schichten werden mit neuen Brettern provisorisch ausgebessert und geflickt. Unter den Stelzenhäusern entsteht in der Trockenzeit der Aufenthaltsraum der Bewohner. Hier im Schatten ist man vor der brennenden Hitze des Tages geschützt. Die Hängematten werden an den Stelzen befestigt, der Fernseher wird raus gestellt, hier wird gegessen. Wir sehen eine Familie, die Schildkrötenpanzer zu Tellern umfunktioniert hat und im Schatten unter ihrem eigenen Haus ihr Mittagessen zu sich nimmt. Weiter unten am Fluss, direkt neben der Holzlatrine, wäscht eine Frau gerade Wäsche, während ihre Kinder im Fluss baden.

Wir gehen weiter auf den riesigen, aber nicht ganz legalen Markt in Belén, auf dem sich die Einwohner der schwimmenden Stadt täglich versorgen. Das Erste, was ich sehe, ist eine hagere Frau, die ihre langen dunklen Haare zu einem großen Knoten am Hinterkopf gebunden hat. Routiniert greift sie immer wieder in einen großen Behälter, schlitzt lebende Fische längs auf und ordnet sie dann fein säuberlich, noch zappelnd und atmend, mit herausquellenden Innereien auf ihrem kleinen Markttisch. Die zahlreichen, eng aneinander stehenden Tische lassen nur einen schmalen Gang frei, durch den sich die Marktbesucher hindurch quetschen. In der Mitte des Ganges verkauft ein älterer Herr Unmengen von Medikamenten. Die Pillen liegen weiß und unbeschriftet in großen Haufen vor ihm. Es ist dunkel, denn die großen Schirme und Markisen der vielen Stände lassen kaum einen Lichtstrahl hinein.

Der erdige Boden ist schlammig und uneben. In großen flachen Mulden sammeln sich Wasser, Fischinnereien und wahrscheinlich vielerlei anderes Zeug. Ein Mann kippt gerade einen Behälter voller Fischköpfe an die Seite seines eigenen Standes. Es riecht unangenehm. Eine Mischung aus Abfall, Fischgerüchen und Urin steigt mir in die Nase. Unter einem Tisch ziehen gerade zwei Geier an demselben Stück Tiergedärm. Mit Flip-Flops hierher gekommen zu sein, erscheint mir gerade total idiotisch. Mit einem kurzen unauffälligen Anlauf, versuche ich die breite Pfütze, die sich vor mir ausbreitet, zu überspringen, und … KLATSCH! Ich lande bis über den Knöchel inmitten einer Mischung aus Schlamm, Wasser, Dreck, Urin und Fischzeug. Ich schließe die Augen, versuche den Brechreiz zu unterdrücken, zu verdrängen und gehe weiter, als sei nichts gewesen.

Die schummrige Atmosphäre hier auf dem Markt erhält bereits nach wenigen Metern ihre Berechtigung. Auf den ausgestellten Tischen kann man neben den unzähligen Fischsorten wahrscheinlich alles kaufen, was jemals in den Tiefen des Dschungels kreuchte und fleuchte: Halbierte Schildkröten liegen neben ausgenommenen Alligatoren in der Auslage zum Verkauf bereit, Kaimanschwänze und eine riesige Rolle aufgewickelter Anakonda-Haut neben toten Affen und Tukanen, Tierschädel jeglicher Art neben dem vom Aussterben bedrohten Gürteltier, das hier ausgenommen auf dem Verkaufstisch liegt.

Auch lebende Affen und Faultiere werden, in winzige Käfige gezwängt, angeboten. Auf dem Boden kriechen zahllose Kakerlaken und anderes Ungeziefer umher. Inmitten dieses Durcheinanders aus stinkenden Gerüchen, Müll, Dreck und toten und lebenden Tieren, nehmen die Marktbesucher in Ruhe an einem der vielen Stände Platz, um einen Teller Eintopf oder Reis mit Bohnen zu essen. Während ich einer Marktfrau dabei zusehe, wie sie geübt und kraftvoll Fische entschuppt, stolpere ich über eine tote Ratte. Eine weitere Gruppe Geier macht sich gerade lautstark über irgendwas her. In ihrer Mitte zerreißen Innereien.

In der Schamanenabteilung des Marktes gibt es für jede Krankheit, für jedes Leid das richtige Mittel. Ob Rheuma, Haarausfall, Impotenz, Geldnot, die fehlende Frau oder einfach nur Pech. Hier finden Hilfesuchende für alles das entsprechende Mittelchen, die entsprechenden Medikamente oder die notwendigen Zutaten für einen Trank oder ein Ritual: Tierblut, Schlangenköpfe, Tierschädel, Armbänder aus Schlangenhaut, Tieröl gewonnen aus einer Boa Constrictor, Talismane, getrocknete Kräuter, pflanzliche Produkte – nichts, was es nicht gibt. Wir haben genug gesehen und machen uns auf nach Hause: Füße desinfizieren.

Amazonas – 4.200 Kilometer auf dem mächtigsten Strom der Welt

Unzählige Mythen und Legenden ranken sich um den Amazonas, den mächtigen Strom Südamerikas, der sich durch die endlosen Weiten des tropischen Regenwaldes schlängelt. Er ist der wasserreichste Fluss der Erde und führt in seinem Lauf mehr Wasser als die sieben nächstkleineren zusammen. Diesen Giganten wollen wir bereisen.

Mehr als 4.200 Kilometer vom peruanischen Iquitos, wo sich der Maranón und der Ucayali zum Amazonas vereinen, bis ins brasilianische Belém, im Delta des Flusses, liegen vor uns. Das entspricht ungefähr der Strecke von Berlin bis in die irakische Hauptstadt Bagdad. In den kommenden Tagen werden wir beinahe den gesamten südamerikanischen Kontinent in der Breite durchqueren. Doch noch hat die Reise nicht begonnen und wir sind spät dran. Nur noch wenige Stunden bis unser Schiff den Hafen von Iquitos verlässt und wir sind noch völlig unvorbereitet. Wollen wir an Bord einigermaßen bequem schlafen, so müssen wir uns zunächst Hängematten besorgen, denn ohne diese bleibt uns nur der harte Metallboden als Alternative.

Schnell machen wir uns auf zum Markt und fragen nach den günstigsten Exemplaren, die es laut Angaben von Verkäufern und Marktbesuchern „bei den Chinesen“ gibt. Etwas misstrauisch beäugen wir den dünnen Stoff der Hängematten, der uns die nächsten Tage als Schlafplatz auf dem Amazonas dienen soll. Doch die Zeit drängt, wir packen die bunten Stofffetzen ein und eilen zum Anleger.

Bereits mehrere Stunden vor der Abfahrt herrscht Hochbetrieb an Bord der ‚Jorge‘, unserem Zuhause für die erste Etappe bis zur brasilianische Grenze. Das Schiff wird beladen und immer mehr Passagiere drängen sich an Bord, um die besten Plätze zu ergattern. Zwei Stunden vor der geplanten Abfahrtszeit betreten wir das Boot und finden einen Platz auf dem Oberdeck.

Wir versuchen die fehlende Qualität unserer Knotentechnik durch Quantität zu ersetzen, bringen unsere Hängematten mit jeder Menge übereinander geschnürter Knoten an und können nur hoffen, dass diese laienhafte Aufhängung unserem Gewicht Stand hält. Das erste Probeliegen besteht den Test, doch knarrt die Hängematte verdächtig. Geräusche von reißenden Fäden begleiten jede Bewegung. Die Abfahrtszeit rückt näher und noch immer wird der Frachtraum beladen, noch immer erklimmen Reisende die Decks. Auf dem Zwischendeck wird es voll – übervoll. Zu den Passagieren gesellen sich nun auch Straßenverkäufer, die allerlei Lebensmittel anpreisen.

Sie verkaufen Juanes, in Bijaoblätter gewickelten Reis mit Hühnchen und Oliven, gegrillte Fische oder in kleinen Plastiktüten portionierte Säfte. Hektisch und lautstark rufen sie ihre Angebote durch die Reihen der Hängematten. Die Zeit verrinnt. Mittlerweile haben wir die Abfahrtszeit schon um zwei Stunden überschritten und noch immer schleppen Männer Waren ins Unterdeck. Doch irgendwann ist alles verstaut, die Passagiere an Bord und unsere Reise auf dem Amazonas beginnt.

Während Iquitos hinter uns immer kleiner wird, richten wir den Blick nach vorne und schauen auf den Amazonas, dessen Farbe an Tee mit Milch erinnert, so wie ihn die Briten lieben. Wolken und Sonne spiegeln sich in den Fluten, während an den Ufern die mächtigen Bäume des Urwaldes empor ragen. Immer wieder wirbeln Strömungen die Wasseroberfläche auf, Baumstämme treiben den Fluss hinunter und gelegentlich begegnen wir einem Fischer, der einsam in einer Nussschale sitzend sein Netz auswirft.

Sonst sind die Unterhaltungsmöglichkeiten auf dem Schiff überschaubar. Die meiste Zeit hängt unser Blick auf dem Wasser oder wir dösen in der Mittagshitze vor uns hin. Unterbrochen wird die Fahrt nur von gelegentlichen Stopps bei größeren und kleineren Gemeinden am Ufer, die manchmal nur aus einer Familie bestehen. Die Menschen am Fluss leben in einfachen Holzhütten, die auf Stelzen gebaut und so vor Hochwasser geschützt sind. Ein paar Familien halten Vieh und fast immer ist ein Hund am Ufer zu sehen, der freudig aufgeregt und Schwanz wedelnd das ankommende Schiff begrüßt.

Mitten im Dschungel sind Frachtboote, die den Amazonas hinauf und hinunter fahren, die einzige Versorgungsmöglichkeit für die hier lebenden Menschen. Kühe, Pferde und Hühner werden ebenso transportiert wie Betten, Schränke oder Motoren. Nichts, was es an Bord nicht gibt. Dazu kommen die Passagiere, die auf dem Schiff den Regenwald durchqueren. Familien, Paare, Alleinreisende – so unterschiedlich wie die Fracht sind auch die Fahrgäste. Was sie vereint, ist das Leben in der Hängematte an Bord und so entstehen für die kurze Zeit der gemeinsamen Reise regelrechte Freundschaften zwischen den Liegenachbarn. Mit Gesprächen über Gott und die Welt lenken sie sich von der tagelangen Reise ab.

Alle Flussschiffe sind mit drei Decks ausgestattet. Im Unterdeck stapeln sich Kisten, Säcke voller Obst und Gemüse, Maschinen, Möbel und allerlei andere Gebrauchsgegenstände. Daneben stehen eingepfercht Schafe, Schweine und anderes Nutzvieh. In niedrigen Käfigen gackern Hühner und Küken. Passagiere haben hier unten nichts zu suchen und wer sich doch hierher verirrt, der flieht ob des Gestanks sofort wieder auf die beiden oberen Etagen. Diese sind für die Reisenden reserviert. Das Zwischendeck ist dabei regelmäßig überfüllt.

Die Passagiere schlafen in ihren Hängematten nicht nur neben, sondern auch über und untereinander. Ständig müssen sie auf der Hut sein, um nichts von ihrem Schlafplatz einzubüßen, denn bei jedem Stopp kommen neue Reisende hinzu, die jede kleine Lücke nutzen, um ihre eigenen Hängematten anzubringen. Aus der Kombüse, der Schiffsküche, und dem Motorenraum dringt heiße, stickige Luft hierher und riesige Planen verdecken die Sicht nach draußen. Dennoch befinden sich hier wesentlich mehr Menschen als auf dem Oberdeck. Der Grund ist schnell erklärt: Tickets für das Zwischendeck kosten nur halb soviel wie Tickets für das Oberdeck, das im Vergleich beinahe luxuriös wirkt: Der Fahrtwind zerzaust das Haar, die Sonne scheint vom frühen Morgen bis zum späten Abend in die Gesichter der Reisenden und der Blick auf den Amazonas und die entfernten Ufer des Regenwaldes ist frei.

An Bord schaukeln wir in unseren Hängematten im Takt der Wellen, die das Boot leicht hin und her bewegen. Wie hypnotisiert schauen wir stundenlang auf das Wasser. Lediglich die drei täglichen Mahlzeiten reißen uns aus unserer Trance. Das Essen an Bord: eine Katastrophe. Es besteht vor allem aus viel zu lange gekochtem Reis, garniert mit einer Soße aus schwarzen Bohnen, die besonders durch ihre Geschmacklosigkeit besticht. Die einzigen Geschmacksträger sind eine halbe Kochbanane und ein winziges Stück Hühnchen. Wer Glück hat, bekommt trockenes Brustfleisch. Die anderen finden auf ihren Tellern mehr Knochen und Knorpel als Muskelfleisch. Ich gehöre zu letzteren und strafe meine Ration mit Missachtung. Langsam und bedacht drehe ich mich in meiner Hängematte, die dabei wieder laut knarrt und verdächtige Geräusche macht, so als würde sie jeden Moment auseinander reißen. Vielleicht hätten wir doch nicht die billigsten Modelle kaufen sollen.

Vom Essen abgewandt, beobachte ich die Passagiere um mich herum. Familien mit riesigen Koffern und vollgestopften Seesäcken sitzen in ihren Hängematten und löffeln eifrig ihre Mittagsteller leer. Ich frage mich, ob sie etwas Schmackhafteres vom Koch serviert bekommen haben, da fällt mein Blick auf einen Mann, der hinter der Absperrung auf dem offenen Deck steht. Zuerst traue ich meinen Augen nicht, aber dann gibt es keinen Zweifel: Dieser Typ pinkelt aufs Deck. Doch niemand sonst stört sich daran. Angewidert wende ich mich ab. Wenig später laufe ich über das Zwischendeck und erkenne, warum der Pinkler keine allgemeine Welle der Empörung hervorruft. Bereits vor den WCs stinkt es ekelerregend nach Urin und Fäkalien. Auch ein Grund dafür, warum die Liegeplätze hier billiger sind als auf dem Oberdeck.

Auf dem Boden der Toilettenkabinen, die gleichzeitig als Duschen fungieren, schwappt eine schmutzige Flüssigkeit und ich hoffe inständig, dass es sich dabei nur um Flusswasser handelt. Hier möchte niemand seine Notdurft freiwillig verrichten. Taumelnd verlasse ich die Toilette und falle beinahe in eine der unzähligen Hängematte auf dem Zwischendeck. Mitleidig schaue ich die junge Frau an, die genau vor der Zone des Grauens ihr Lager aufgeschlagen hat. Doch diese wippt nur mit dem Kopf und singt die Lieder mit, die in voller Lautstärke metallisch aus ihrem Handylautsprecher dröhnen, so als läge sie zuhause auf ihrer gemütlichen Couch. Mein kurzer Spaziergang endet auf dem gut durchlüfteten Oberdeck. Ich lasse mich in meine Hängematte fallen und „KRRRSCH": zwei Stricke für die Spannung der Matte reißen auseinander und baumeln lose herunter. Plötzlich ist ein Viertel meiner Liegefläche verschwunden und ich hänge nur noch in den Resten meines schaukelnden Bettes.
Bald darauf läuft ‚Jorge' einen weiteren Hafen an und plötzlich kommt Bewegung in die Menge auf dem Oberdeck. Zunächst höre ich nur ein paar freudige Ausrufe, sehe meine Nachbarn mit Fingern auf den Fluss zeigen, und andere Reisende, die bereits an der Reling stehen. Der Grund für die Aufregung ist einfach: Die Flussdelfine sind da. Etwa fünf oder sechs der rosa Tümmler schwimmen in unmittelbarer Nähe des Schiffes hin und her. Immer wieder kreuzen sich ihre Wege, tauchen sie bald links und bald rechts von uns auf. Pfeilschnell schießen sie auf der Jagd nach Fischen durchs Wasser.
Fasziniert beobachten wir die Tiere, wie sie scheinbar miteinander spielend um das Boot herum schwimmen. Bei jedem Stopp sind die Tiere zu sehen und genauso schnell verschwinden sie wieder, sobald ‚Jorge' erneut Fahrt aufnimmt.
Zurück in meiner kaputten Hängematte döse ich wieder vor mich hin, bis mich unerwartete Kälte aufschrecken lässt. Der Wind hat deutlich zugenommen und dunkle Wolken ziehen über dem Fluss auf. Wie aus dem Nichts beginnt es sintflutartig zu regnen. Gerade noch rechtzeitig rollen wir eine Plane vom Sonnendach, um unsere Habseligkeiten und uns vor der Nässe zu schützen. Und so sitzen wir wie in einer Höhle, der Sicht auf die Umgebung beraubt. Statt auf die Fluten des Amazonas zu schauen, starren wir nun auf die riesigen Buchstaben, die auf der grünen Plane das peruanische Bier ‚Pilsen Callao' bewerben. Ich schließe die Augen und lausche dem Prasseln der Regentropfen auf dem Dach.
Die heruntergelassene Plane hat bei den meisten Reisenden dieselbe Wirkung wie bei Wellensittichen: Kaum ist es dunkel, liegen sie in ihren Hängematten, eingewickelt in Frotteedecken und schlafen bis die Sonne erneut

zum Vorschein kommt. Der Schauer ist jedoch bald wieder vorbei, das Deck trocken und die Passagiere von der Abendsonne gewärmt. Es wird Nacht. Unmengen von Urwaldkäfern versammeln sich auf dem Boot. Sie schwirren um die schwach leuchtenden Lampen an Deck, tanzen auf und ab, halten sich kopfüber an den Metallstangen des Sonnendaches fest und fallen wenig später voller Erschöpfung in die Hängematten der Schlafenden – was diese nicht gerade mit Begeisterung aufnehmen. Viele der Insekten überleben den nächtlichen Tanz nicht. Am nächsten Morgen ist das Deck übersät von schwarz, braun und violett schimmernden Käferleichen: Sie finden ihre letzte Ruhe in den Fluten des Amazonas, in die sie mit einem Kehrbesen befördert werden.

Nach zwei Nächten und drei Tagen auf dem Amazonas erreichen wir das Dreiländereck Peru-Kolumbien-Brasilien. In Santa Rosa (Peru) verlassen wir das Schiff. Der Ort, nicht mehr als ein kleines Dorf, hätte gar nichts zu bieten, wäre da nicht seine direkte Nähe zu Brasilien und Kolumbien auf der anderen Flussseite. Diesem Umstand verdankt Santa Rosa den Ruf einer Partyhochburg. Junge Brasilianer und Kolumbianer überqueren jedes Wochenende den Amazonas, um auf der peruanischen Seite günstig zu feiern und vor allem zu trinken. Tatsächlich finden wir in den wenigen Straßen, aus denen das Dorf besteht, keinen Supermarkt, aber mehr als ein Dutzend Bars, Clubs und Discotecas. Aus den Restaurants wummert brasilianische Musik, Samba und Forro, in voller Lautstärke. Ausgehend von Santa Rosas Hafen, nicht mehr als eine unbefestigte Anlegestelle am Fluss, überqueren kleine Boote in nur fünf Minuten den Amazonas in Richtung der Nachbarländer.

Wir entscheiden uns zunächst für die kolumbianische Seite. In Leticia, der kolumbianischen Dschungelstadt, schlendern wir über den Obst- und Gemüsemarkt. In den verschiedensten Farbtönen leuchten die Waren in den Verkaufsständen. Rot, Gelb, Orange, Violett und Grün in all ihren Nuancen bestimmen die Auslagen. Bananen, Limetten, Amazonastomaten, Ananas, Maniok – nur die wenigsten Früchte kommen uns bekannt vor. Groß und vielfältig ist das Angebot. Wir spazieren angeregt philosophierend durch die Straßen. So viel haben wir schon über dieses Land gehört: Die freundlichen Menschen, die wunderschöne Natur, Kaffee, Kokain und Drogenkriege. In einem Café am Parque Santander gönnen wir uns ein ausgiebiges Frühstück. Die Rechnung bezahlen wir ohne einen einzigen kolumbianische Peso zu besitzen. Im Dreiländereck gelten neben der jeweils eigenen Währung auch die der Nachbarländer.

Von Leticia geht es mit dem Bus in zehn Minuten bis ins brasilianische Tabatinga. Und nun überschreiten wir nicht nur eine Länder- und Währungs-

grenze, sondern kommen auch in eine neue Zeitzone und einen anderen Sprachraum. Plötzlich heißt ‚Willkommen' nicht mehr ‚Bienvenidos', sondern ‚Bem-vindo'. Zwischen den drei Ländern gibt es keine Passkontrollen und solange man nicht weiter ins Landesinnere reist, ist auch ein Visum unnötig. Dutzende Ideen rauschen uns durch den Kopf, wie die hier vorhandenen Möglichkeiten zu nutzen sind: Auswandern ohne Bürokratie, Verbrechen begehen ohne Angst vor Auslieferung. Anonymität im Paradies.
Doch wir haben keine Zeit, weitere Theorien zu schmieden, denn wir steigen aus dem Bus und stehen schon in Tabatinga. Obwohl nur wenige Meter Luftlinie von Santa Rosa und Leticia entfernt, unterscheidet sich der Ort in seinem Erscheinungsbild stark von seinen Nachbarn. Die Straßen sind breiter, asphaltiert und gepflegter. Trotz der vielen Motorroller herrscht nicht annähernd so ein Verkehrschaos wie etwa in Peru. Alles scheint moderner und geordneter; so wie es auf der brasilianischen Flagge propagiert wird: ‚Ordem e Progresso' – ‚Ordnung und Fortschritt'.
Jugendliche spielen auf der Straße Fußball und überall grüßen uns entspannte, freundliche Gesichter.
Zu den auffälligen Eigenheiten Tabatingas gehören die öffentlichen Personenwaagen zur Gewichtskontrolle, die vor jedem Supermarkt stehen und von Männer und Frauen gleichermaßen genutzt werden. Die Gemütslage ändert sich je nach Anzeigenstand, doch die meisten scheinen mit sich selbst zufrieden zu sein. Tabatinga erfüllt die europäische Klischeevorstellung Brasiliens vollkommen. Gut gelaunte Fußballspieler und schöne Menschen inmitten des undurchdringlichen Regenwaldes.
Wir verbringen die Nacht in einem Hostel in Tabatinga. Dort machen wir die Bekanntschaft mit Manuel, einem Kolumbianer aus Leticia. Das Gespräch mit dem Betrunkenen beginnt zunächst harmlos, dann bietet er uns Marihuana an, später Kokain und Heroin. Je mehr Manuel trinkt, desto redseliger wird er und bittet uns letztendlich, einen Koffer voller Kokain und Heroin für ihn nach Manaus, den Amazonas hinunter zu bringen. Ganz ungefährlich sei das und überhaupt kein Problem.
Wir lehnen jedoch dankend ab. Die Nacht ist unerträglich heiß. Nicht einmal der Ventilator neben unserem Bett verschafft Abkühlung und so legen wir uns kurzerhand auf den kalten steinernen Fußboden, um unsere Körper etwas zu erfrischen. Nach wenig Schlaf packen wir am nächsten Morgen unsere Sachen zusammen, kontrollieren, ob Manuel nicht heimlich ein ‚Geschenk' für uns dagelassen hat und machen uns auf zum Anleger. Es geht weiter den Fluss hinunter. Nächster Stopp Manaus.

BRASILIEN

Amazonas Teil 2 – Von Tabatinga nach Manaus

Ein grünes Meer, undurchdringlich, bedrohlich und voller Gefahren – so erschien den ersten Europäern der Regenwald des Amazonas. Riesige Bäume bedeckten mit ihren Kronen sämtliches Leben. Kaum ein Sonnenstrahl gelang bis auf den Boden. Feucht und düster war es, voller giftiger Tier- und Pflanzenarten.

Die selbst ernannten Eroberer suchten Gold, fanden hier jedoch lediglich den Tod. Es war die grüne Hölle auf Erden. Ein paar hundert Jahre später befinden wir uns auf dem Amazonas und fahren gemächlich mitten durch diese grüne Hölle hindurch.

Der erste Streckenabschnitt vom peruanischen Iquitos bis ins Dreiländereck zwischen Kolumbien, Peru und Brasilien liegt bereits hinter uns. Nun setzen wir unsere Reise auf dem Amazonas vom brasilianischen Grenzort Tabatinga ausgehend fort. Wie schon in Iquitos, herrscht auch in Tabatinga bereits Stunden vor der Abfahrt rege Betriebsamkeit. Doch nicht etwa, weil jede Menge Waren verschifft werden, sondern weil etwa zwanzig Zollbeamte den Weg auf die oberen Etagen versperren. Mehrere, nebeneinander aufgereihte Tische stehen im Unterdeck, eskortiert von den brasilianischen Staatsdienern. In ihren dunkelblauen Uniformen sehen die Grenzbeamten aus wie Cops aus schlechten US-Filmen. Einige sind dick und feist, tragen einen Schnurrbart und stützen ihr Übergewicht auf den Tischen ab. Andere, mit Anglerhut und der Attitude eines Crocodile Dundees ausgestattet, laufen durch die Schlange der Wartenden und kontrollieren mit geübtem Blick die Reisepässe der Anwesenden.

An den Tischen im Schiffsrumpf wird das Gepäck überprüft. Jeder Koffer, jede Tasche und natürlich jeder überdimensionale Gringo-Rucksack, so wie es unsere sind, erfährt eine komplette Observation. Haben wir vor ein paar Stunden erst unsere Habseligkeiten ordentlich verstaut, so herrscht nach der Durchsuchung ein heilloses Durcheinander in unseren Rucksäcken. Nicht nur, dass jeder Reißverschluss geöffnet und sämtliche Kleidung durchwühlt und ausgepackt wird, auch eine intensive (!) Leibesvisitation gehört zum Programm.

Die Beamten fahnden nach Drogen und Waffen. Grund dafür sind die Nachbarstaaten: Kolumbien, der traditionelle Kokainproduzent, und Peru, das mittlerweile zum größten südamerikanischen Kokainhersteller aufgestiegen ist, blasen ihren ‚Schnee‘ in alle Winde. Dem Drogenverkehr kontert die brasilianische Regierung mit einem massiven Aufgebot an Beamten, um die gemeinsamen Grenze zu kontrollieren. Es dauert Stunden, bis alle Reisenden an der Kontrolle vorbei kommen und einen Platz auf dem Boot ergattern. Die drei Decks der ‚Voyager IV' gehören fast ausschließlich den Passagieren. Nur wenig Fracht ist an Bord und so schaukeln bereits im Unterdeck jede Menge Hängematten.

Das Oberdeck ist dagegen eine Partyzone mit eigener kleiner Bar und lauter Musik, in der leider keine Hängematten erlaubt sind. Wir bleiben auf dem Zwischendeck, auf dem neben jeder Menge Brasilianer auch einige internationale Passagiere ihren Platz finden. Peruaner, Kolumbianer, ein paar Europäer und sogar eine kleine Gruppe Haitianer sind an Bord.

Das Schiff legt ab und mit ihm fahren auch die Grenzbeamten den Amazonas hinunter, der zwischen Tabatinga und der Dschungelstadt Manaus den Namen Río Solimões trägt. Auf dem Oberdeck sitzend lachen sie, machen untereinander Scherze und spielen, je nach Dienstgrad, Schach oder Domino. Ihre Anwesenheit auf dem Partydeck sorgt jedoch für eine gewisse Beklemmung bei den anderen Reisenden. Für südamerikanische Verhältnisse ist es trotz der lauten Musik, die sogar noch das Zwischendeck beschallt, erstaunlich ruhig. Es wird kaum gesprochen und angestrengt gehen die Blicke der Passagiere immer wieder hinaus aufs Wasser. Sie suchen die Weite des Amazonas und können gleichzeitig ihre Augen nicht von den Grenzbeamten lassen.

Erst am nächsten Hafen, nachdem weitere zugestiegene Passagiere die gründliche Arbeitsweise der Beamten kennengelernt haben, verlassen diese das Schiff und schlagartig verändert sich die Stimmung. Das Oberdeck füllt sich mit immer mehr Reisenden, Bierdosen werden geleert und neben der lauten Musik sind portugiesische, englische, spanische und französische Gesprächsfetzen zu hören. So verrinnt die Zeit, bis die Schiffsglocke zum Essen läutet.

Im kleinen Speisesaal gibt es ein Buffet. Pasta, Reis, Bohnen, Salat, Hühnchen – Nachschlag inklusive. Was für eine Auswahl im Vergleich zum Essen auf der letzten Fahrt bis zur brasilianischen Grenze. Tatsächlich schmeckt es auch um einiges besser. Der Speisesaal füllt sich in Sekundenschnelle. Die etwa 20 Sitzplätze werden unter den scharfen Augen des Küchenchefs, einem älteren Herrn mit Plauze und Lachfalten, aufs Genaueste beobachtet. Schulter an Schulter sitzen die Essenden, um jeden Zentimeter auf der harten Holzbank am Esstisch auszunutzen. Vor der Tür warten weitere Hungrige auf ihre Portion und so herrscht ständig Bewegung im Speisesaal: Während die einen durch die Hintertür verschwinden, drängen die nächsten von vorne in die Minikantine. Wer zu lange am Tisch sitzt ohne zu essen, wird vom Küchenchef freundlich zu einer weiteren Portion aufgefordert oder gebeten für andere Reisende Platz zu machen. Die Essenszeiten richten sich nach dem Leben auf dem Schiff. Frühstück gibt es kurz nach Sonnenaufgang von 6 bis 7 Uhr, Mittag zwischen 11 und 12 Uhr und Abendessen zwischen 16:30 und 17:30 Uhr, eine Stunde vor Sonnenuntergang.

Leider können wir uns nur am ersten Tag über das leckere Essen freuen, denn schon bald merken wir, dass in der Kombüse nicht selbst gekocht, sondern nur aufgewärmt wird. Aufgewärmt, aufgewärmt, aufgewärmt. Zwei Mal pro Tag, für drei lange Tage. Mit jedem Essen werden die Nudeln weicher, das Fleisch zäher und der Reis trockener. Nichtsdestotrotz: Zu jeder Mahlzeit gibt es ein Wettrennen um den Einlass in den Speisesaal. Nach dem Essen versammeln sich die Massen vor den Waschbecken. Es ist Zeit zum Zähneputzen und natürlich für Zahnseide. Nach drei Monaten in Peru und all den zahnlosen Gesichtern, die uns dort angrinsten, ist der brasilianische Einsatz für ein strahlend weißes Lächeln ein ungewohntes Bild.

Immer weiter fahren wir den Amazonas hinunter, immer mehr Menschen steigen an Bord und beanspruchen mit ihren Hängematten einen Platz an Deck. Nur mit Mühe verhindern wir, dass zwischen, über und unter unseren eigenen Hängematten neue Schlafplätze entstehen. An jedem Hafen der gleiche Kampf um die Plätze. Es herrscht Chaos. Zu viele Menschen und zu wenig Platz. Ein Spaziergang auf dem Deck gleicht einem Hürdenlauf. Überall liegen Koffer, Säcke, Tüten, Rucksäcke und Kisten, die es zu überwinden gilt. Gleichzeitig sind die Wege mit Hängematten versperrt, unter denen wir uns auf unserem Weg hindurch zwängen müssen. Jeden Tag kommen nicht nur neue Passagiere an Bord, sondern auch immer wieder Zollbeamte, die erneut das Gepäck aller Passagiere durchsuchen. Freundlich aber bestimmt, jeden Tag, mindestens zwei Mal. Wir geben es schnell auf, unsere Sachen wieder ordentlich zusammengelegt in den Rucksäcken unterzubringen.

Die meiste Zeit verbringen wir in unseren Hängematten – dösend, lesend oder philosophierend. Die Frage nach der Fliege stellen wir uns mehr als nur ein Mal: Wenn das Insekt über unseren Köpfen in Fahrtrichtung des Bootes fliegt, muss es sich dann doppelt anstrengen, um die Geschwindigkeit des Schiffes aufbringen zu können? Und wenn es entgegen der Fahrtrichtung fliegt, bewegt es sich rückwärts, obwohl es vorwärts fliegt, weil das Schiff schneller als die Fliege ist? Wir finden jedoch keine zufriedenstellenden Antworten. Erst wenn die Hitze des Tages allmählich nachlässt, wagen wir uns hinaus aufs Oberdeck und genießen die letzten Sonnenstunden vor dem Einbruch der Dunkelheit. Wir sind jetzt mitten drin im Amazonasgebiet, das mit sieben Millionen Quadratkilometern eine Fläche umfasst, in die ganz Europa bequem hinein passt. Es reicht vom Norden Boliviens bis nach Venezuela. Die enorme Größe des Regenwaldes wird nur noch durch seine Artenvielfalt übertroffen. Jede zehnte bekannte Tier- und Pflanzenspezies ist hier beheimatet. In Zahlen ausgedrückt heißt das: 40.000 Pflanzen-, 1.300 Vogel-, 400 Säugetier-, 4.000 Fisch- und 2,5 Millionen Insektenarten leben in dem riesigen tropischen Waldgebiet. Darüber hinaus, so wird vermutet, gibt es noch einige bisher nicht entdeckte Arten. Im Herzen dieses wilden Amazonasgebietes befindet sich die Dschungelstadt Manaus, die wir nach drei Nächten an Bord der ,Voyager IV' erreichen.

Am Zufluss des Río Negro gelegen, bekommen wir eines der eindrucksvollsten Naturschauspiele der Region geboten. Der teefarbene, sedimentreiche Rio Solimões und der dunkle, sedimentfreie Rio Negro fließen hier zusammen, ohne sich jedoch zu vermischen. Der Fluss ist nun zweifarbig, in der Mitte strikt voneinander getrennt. So wird das linke Ufer von schwarzem Wasser umspült, während an der gegenüberliegenden Seite hellbraunes Wasser auf das Land trifft.

Hier, in der Nähe von Manaus, weitet sich der Amazonas von fünf Kilometern im Flusslauf auf bis zu elf Kilometer und ist etwa 30 bis 40 Meter tief. Vom Deck der ,Voyager IV' sehen wir kaum noch den dichten Regenwald am Ufer, sondern nur noch einen grünen Küstenstreifen am Horizont. Ungläubig schauen wir hinaus auf den Fluss, der mittlerweile wie ein Binnensee wirkt. Nie hätte ich mir vorstellen können, auf dem Amazonas und gleichzeitig so weit entfernt vom Regenwald zu sein. Der Strom, 1.500 Kilometer vom Meer entfernt, wird bis hierher von Hochseefrachtern und Ozeanriesen befahren, die Manaus mit allem Notwendigen beliefern.

Der Passagierhafen der Stadt ist eine Anlegestelle am sandigen Ufer des Flusses, an dem sich dutzende große und kleine Schiffe treffen. Zwischen den vielen Hafenarbeitern, die die Fracht der Schiffe löschen, und den herumstehenden Transportern, die die Waren an ihren Bestimmungsort bringen, schlängeln wir uns hindurch, bis wir das Hafengelände verlassen und inmitten der Stadt stehen. Schon nach wenigen Schritten durch Manaus fällt uns die Ambivalenz der Stadt auf. Überall im Zentrum entdecken wir Prachtbauten aus der Glanzzeit Manaus' während des Kautschukbooms um 1900.

Die Stadt gehörte zu den reichsten des Kontinents und war die zweite Stadt Brasiliens, die mit Elektrizität versorgt wurde. Von dieser Epoche zeugen eindrucksvolle Gebäude wie das Teatro Amazonas, das bekannteste Opernhaus Brasiliens oder der Palácio Rio Negro, ehemaliger Wohnsitz eines Kautschukbarons. Doch auch der in den Folgejahren einsetzende Verfall ist bis heute spürbar. Kaputte Straßen und Häuser, Prostitution und Drogen, das ist mein erster Eindruck der Stadt, als wir zu später Stunde die Umgebung erkunden.

In Manaus kommt der Regen – heftig und ohne Ankündigung. Laut prasseln die Wassertropfen auf Autodächer und gegen Fensterscheiben. Die Straßen

verwandeln sich in wenigen Minuten in reißende Bäche. Doch es ist so heiß und schwül, dass der Regen keine Abkühlung bringt. Unter der warmen Amazonasdusche ist es genauso heiß wie in der Mittagshitze. So schnell wie er beginnt, ist der Tropenguss auch wieder vorbei und die Sonne strahlt mit all ihrer Kraft auf uns hinab. Wir machen uns auf in den ‚Bosque da Ciência', den Wald der Wissenschaft. In diesem innerstädtischen Stück Dschungel leben Affen, Faultiere und Schildkröten, die mit etwas Glück den eigenen Weg kreuzen. Auch gibt es ein kleines Museum, das allerdings eher an eine Freakshow oder Frankensteins Laboratorium erinnert. Riesige, in Gläsern eingelegte Frösche starren die Besucher mit ihren Glupschaugen an, ganze Krokodilhäute hängen an den Wänden und jede Menge präparierte, merkwürdig aussehende Amazonasfische gehören zur Ausstellung.
Nach dieser etwas eigenartigen Art der Tierbeobachtung, machen wir uns wieder auf den Weg ins Zentrum und bleiben in einer der unzähligen Saftbars hängen. Das Angebot ist einfach gigantisch. Mehr als 60 verschiedene Saftsorten gibt es. Die Auswahl reicht vom bekannten Orangensaft bis hin zu Säften aus exotischen Früchten und Beeren wie Açai, Guaraná und deren Kombinationen. Die Saftbar ist bis auf den letzten Platz besetzt. Um uns herum leuchten rote, gelbe, orange, weiße und braune Flüssigkeiten in Cocktailgläsern. Wir wollen alles probieren, doch von den meisten der aufgelisteten Früchte haben wir noch nie gehört und so ist jedes Getränk eine neue Überraschung für die Geschmacksnerven.
Wir bleiben ein paar Tage in Manaus und schlendern durch die Straßen, sobald der mehrfach am Tag niedergehende Katastrophenregen es zulässt. Bei einem dieser Spaziergänge laufen wir plötzlich in eine große Menschenmenge, in deren Mitte ein riesiger Weihnachtsbaum steht. Es ist der erste Advent. Eine Band spielt Weihnachtslieder, gefühlsbetont hauchen elegant gekleidete Sänger Barry Whites ‚White Christmas' und John Lennons ‚War is over' den Zuhörern entgegen, ein roter Teppich und abgezäunte Bereiche kündigen den Besuch von Berühmtheiten an und um den Weihnachtsbaum herum tanzen Lebkuchenmänner, Wichtel und Schneemänner. Das alles bei 36°C und umringt von tausenden schwitzenden Schaulustigen in T-Shirts, kurzen Röcken und Shorts. Sie fächern sich Luft zu, während sie Lieder über Schnee, Kälte und Kaminfeuer singen. So sehr wir uns auch bemühen, die Weihnachtsstimmung schwappt hier, mitten im Amazonas, überhaupt nicht auf uns über.
Wir schlendern an den nahegelegenen Essensständen vorbei. Ein Weihnachtsmarkt ohne Mutzen, Bratwurst und Glühwein. Dafür gibt es Tacará, eine Suppe aus Jambu-Blättern mit Shrimps und einem durchsichtigen Brei

Verfallener Prachtbau in Manaus

aus Maniok. Sauer und ein bisschen fischig schmeckt sie. Dazu gibt es Caipirinha oder Guaraná, wahlweise als Saft oder Softdrink. Der brasilianische Advent endet mit einem Feuerwerk über der Plaza. Auf der Terrasse einer kleinen Saftbar schlürfen wir Maracuja-Caipirinhas, beobachten die leuchtenden Explosionen am nächtlichen Himmel und das allmählich abflauende Treiben um uns herum. Als der Lebkuchenmann und seine Freunde ihren Tanz um den Weihnachtsbaum beenden, machen wir uns auf den Weg nach Hause. Am nächsten Tag geht es weiter den Amazonas hinunter, bis nach Santarém.

Amazonas Teil 3 – Von Manaus nach Santarém

Mehr als die Hälfte des Amazonas haben wir bereits hinter uns gebracht; doch noch immer liegen 1.500 Kilometer bis zum Atlantik vor uns. Wir verlassen Manaus etwas überstürzt.

Erst drei Stunden vor Abfahrt erfahren wir, dass es ein Schiff gibt, das uns weiter den Amazonas hinunter bis nach Santarém bringen wird. Eile ist geboten, wie immer, wenn es um das Besteigen eines Bootes geht. Eigentlich sind wir schon zu spät und darum noch mehr gestresst. Ohne uns um Proviant für die Reise zu kümmern, hetzen wir zum Anleger und sind anderthalb Stunden vor der geplanten Abfahrt der ‚Santa Ana' an Bord. Wieder verschlägt es uns ins Zwischendeck, wo wir nach einigem Suchen nur noch im Inneren von fünf Reihen zwei nebeneinanderliegende Hängemattenplätze finden.

Der Blick nach draußen bleibt uns damit verwehrt. Stattdessen schauen wir nur auf weitere große Stofffetzen, egal wohin wir den Kopf drehen. Die auf der ersten Fahrt nach Tabatinga zerrissene Aufhängung meiner Hängematte ist notdürftig mit ein paar Knoten repariert und so liegen wir in unseren schaukelnden Lagern und betrachten die Reisenden um uns herum. Es ist laut: Kleine und größere Kinder, die abwechselnd weinen, schreien oder einfach nur vor sich hin brabbeln, bestimmen die Geräuschkulisse. Es scheint, als ob wir in der Kindergartenabteilung gelandet wären. Mehr als die Hälfte der uns umgebenden Personen hat das Schulalter noch nicht erreicht.

Immer mehr Menschen drängen auf die Decks und auch der Frachtraum wird eilig beladen. Die Abfahrtszeit verstreicht, es vergeht eine Stunde, dann zwei und drei und wir liegen immer noch am Hafen. Mit vier Stunden Verspätung kommt endlich Bewegung in den Körper aus Stahl. Die Motoren lärmen und das Schiff nimmt Fahrt auf. Langsam schiebt sich der Koloss durch das schwarze Wasser des Río Negro, der hier in den Amazonas fließt. Das Zwischendeck ist bis auf den letzten Platz gefüllt. Hängematte neben Hängematte und nur wenige Zentimeter Freiraum dazwischen. Die meis-

ten Passagiere entgehen der Enge, indem sie sich mit sich selbst ablenken. In ihren Hängematten liegend, hören sie mit geschlossenen Augen Musik, lesen oder lösen Sudoku-Rätsel.
Vier riesige Klimaanlagen sorgen dafür, dass auf dem Zwischendeck eine angenehme Temperatur herrscht. Dafür sitzen wir hinter einer Fensterfront, die die komplette Reling umschließt. Wohl temperiert betrachten wir die Außenwelt hinter der Glasscheibe. Das fühlt sich an wie fernzusehen. Zu spät bemerken wir, dass diesmal auch auf dem Oberdeck Hängematten zugelassen sind – unter freiem Himmel, mit Fahrtwind und dem Geruch von Wasser und Sonne. Doch für einen Umzug aus der künstlich temperierten in die natürliche Ebene ist es zu spät. Alle Plätze sind belegt.
Wir staunen immer wieder über die Breite des Flusses. Egal zu welchem Ufer wir schauen, die Baumriesen sind nichts weiter als ein schmaler Streifen am Horizont. Zu weit sind wir vom Ufer entfernt. Schmal und schemenhaft zieht sich ein grünes Band entlang des Stroms auf dessen Mitte wir reisen. Durchschnittlich ist der Amazonas fünf Kilometer breit. Rund um Manaus sogar bis zu elf Kilometer. Unfassbare Ausmaße nimmt der Fluss an, der als solcher kaum noch wahrzunehmen ist.
In den Hochwasserphasen, wenn der Wasserpegel anschwillt, liegen sogar bis zu 120 Kilometer zwischen den beiden Ufern des Flusses. Dann wird das Schwemmland zwischen Manaus und Santarém, unserer nächsten Station, geflutet und nur noch die Uferdämme ragen aus dem Wasser empor. Das Reich des Jaguars wird dann zum Jagdgebiet des schwarzen Kaimans.
Von Zeit zu Zeit steuern wir einen Hafen an, Passagiere steigen auf und ab und Teile der Fracht werden entladen. Ein paar Männer rollen mehrere riesige Kabelrollen an Land. Etwa sechs von ihnen sind notwendig, um eines der Ungetüme aufzurichten und in die richtige Position zu bringen. Danach geht es einfach. Das Monster rollt die Planke hinunter und landet mit lautem „Rums" am Ufer. Uns kommen die kurzen Stopps sehr gelegen, denn die magere Kost aus Reis und Bohnen an Bord, die diesmal nicht einmal im Fahrpreis enthalten ist, können wir schon lange nicht mehr sehen.
So verpflegen wir uns mit allem, was am Hafen angeboten wird: Obst, Brot, gefüllte Teigtaschen und Saft, portionsgerecht abgefüllt in kleinen Plastiktüten. Mit langen Stangen reichen die Verkäufer auf dem Anleger ihre Waren nach oben ins Schiff. So baumelt allerlei Essbares an der Reling entlang, bis es seinen Bestimmungsort erreicht. Auf die gleiche Weise gelangt das Geld nach unten. Das ist genauso einfach wie genial und so ragen minutenlang immer wieder mehrere Stangen in alle drei Decks, bis die Passagiere versorgt sind. Nach zwei Tagen und einer Nacht an Bord der ‚Santa Ana' erreichen wir Santarém mit einer Verspätung von sechs Stunden. Es ist bereits dunkel,

Paradiesischer Strand am Amazonas in Alter do Chão

und so beschließen wir die Nacht erneut an Bord des am Hafen liegenden Schiffes zu verbringen.
Erst am nächsten Morgen gehen wir an Land und fahren von Santarém hinein in den Regenwald bis nach Alter do Chão, ein kleiner Ort mitten in den Tropen. Umgeben von weißen Sandstränden am Flussufer, die es mit denen in der Karibik locker aufnehmen können, ist Alter do Chão das Badeparadies im Dschungel. Nur wenige Meter vom Ufer entfernt, windet sich eine sandige Landzunge durch das Flussbett, die traumhaft schöne Strände bietet. Es herrscht völlige Ruhe. Selbst die Strandkneipen, deren Plastiktische und Stühle im seichten Wasser stehen, können der Abgeschiedenheit nichts anhaben. Menschenleer erstreckt sich der Strand, bis er hinter ein paar Kurven im Regenwald verschwindet.
Nach den übervölkerten Schiffsreisen der letzten Tage kommt dieser Ort wie gerufen. Stunden verbringen wir damit, im Sand zu liegen, die Sonne anzublinzeln oder im flach abfallenden Flussbett zu baden. Dabei ist das Wasser so warm, dass es kaum Abkühlung verschafft. Wie in einer überdimensionalen Badewanne planschen wir ein bisschen herum. Die Einsamkeit wird nur ab und an durch ein paar Strandspaziergänger unterbrochen. Gedrungene Bäume und Sträucher spenden wenig Schatten und so brutzeln wir den ganzen Tag in der Sonne. Ein paar Fischerboote schaukeln weit draußen auf dem Fluss hin und her. Die beiden Männer an Bord – unbewegliche Statuen im Blau des Stroms – warten auf die Fische. Beide habe ihre Position

gefunden und noch Stunden später sitzen sie unverändert da. Lediglich ein Windsurfer sorgt für etwas Bewegung auf dem Wasser. Er kreuzt gemächlich über den Fluss. Eine Wende hier, eine Halse da. Auch das sieht sehr entspannt aus.
In den staubigen Straßen Alter do Chãos verläuft das Leben langsam. Niemand ist im Stress, denn es gibt einfach unglaublich viel Zeit an diesem Ort. Auch wir verfallen schnell in einen langsamen, von der Atmosphäre des Ortes bestimmen Trott und hätten wir in Santarém nicht bereits die Tickets für die Weiterreise gekauft, wer weiß wie lange wir in Alter do Chão hängen bleiben würden. So ergeht es scheinbar vielen. Obwohl die Anfahrt hierher mehr als umständlich ist (eine mehrtägige Flussfahrt bis nach Santarém ist unumgänglich) und es außer den Stränden nichts zu sehen gibt, tummeln sich hier jede Menge ausländischer Touristen, die nicht selten bis zu zwei Wochen hier verbringen.
Vor allem Hippies und Straßenkünstler zieht der Ort magisch an. Auf der kleinen Plaza im Zentrum verkaufen sie Ohrringe, Armreifen und selbst gemalte Bilder oder musizieren bis spät in die Nacht. Doch nicht nur die Hippiegemeinde sorgt für Unterhaltung. In den nahegelegenen Restaurants spielen Live-Bands Reggae, Samba und brasilianische Folklore. Ein paar alternde Gäste bewegen ihre steifen Knochen und schwingen die Hüften zum Sound der Musik. Währenddessen erfreuen wir uns an ein paar ausgezeichneten Caipirinhas. Alles wirkt sehr ungezwungen. Selbst die Band macht eher den Eindruck, als bestehe sie aus Hobbymusikern, die nur zum Spaß musizierend vor den applaudierenden Restaurantbesuchern sitzen. Das ganze Flair Alter do Chãos wirkt sorglos. Das mag an der paradiesischen Lage liegen oder aber auch an der Marihuanawolke, die ständig über dem Ort schwebt.
Ganz in der Nähe der Plaza steht ein großer, alter US-amerikanischer Schulbus, mit allerlei bunten Graffitis verziert. Auf der Rückseite ist zu lesen: „Hier reist eine Familien aus dem argentinischen Patagonien bis nach Mexiko". Einmal komplett durch den Kontinent. Zusammen mit ihrer etwa vierjährigen Tochter, die sich in Sekundenschnelle mit allen Hippies anfreundet und nicht mehr von deren Seite weicht. Die Tage der Ruhe und Erholung sind jedoch bald zu Ende. Wir machen uns zurück auf den Weg nach Santarém. Unsere letzte Etappe bis ins Delta des Amazonas liegt nun vor uns.

Amazonas Teil 4 – Von Santarém bis ins Delta nach Belém

Schmale Gassen und enge Treppen müssen wir überwinden, als wir das Schiff nach Belém betreten. Mit unseren Rucksäcken passen wir kaum durch die Öffnung zum höher gelegenen Deck. Erst als ich mit der Brust auf einer

der oberen Stufen liege, rutscht mein Rucksack an der Kante der Einstiegsluke vorbei und ich schaffe den Aufstieg in die nächste Etage.
Zum ersten Mal betreten wir ein Boot, das bereits mehrere Tage auf dem Amazonas unterwegs ist. Wie erwartet schaukeln unzählige Hängematten über den Decks hin und her, Gepäck liegt überall auf dem Boden verstreut und hin und wieder schauen müde Augen aus einem der schwankenden Betten zu uns herüber. Nur mühsam schlängeln wir uns durch das Labyrinth aus Koffern, Taschen, Plastiktüten und Rücksäcken. Eine Runde, zwei Runden, drei Runden laufen wir entlang der Reling. Undurchdringlich ist die Mauer aus bunten Stoffbahnen. Nichts zu machen. Hier finden wir keinen Platz mehr. Auf dem Weg zum Oberdeck bleibe ich mit meinem Rucksack erneut auf der Treppe stecken. Zu eng ist der Durchgang und zu groß mein Reisegepäck. Erst nach ein paar ungelenken Bewegungen kann ich mich und meinen Rucksack durch die Öffnung zwängen.
Oben angekommen ist die Liegeplatzsituation genauso aussichtslos wie in den unteren Decks. Doch wir wollen um jeden Preis bleiben, um hier oben zwischen all den Passagieren zumindest etwas frische Luft zu atmen. Unser Hängeplatz ist als solcher eigentlich nicht zu bezeichnen. Wir bringen unsere Matten zwischen beziehungsweise unter die bereits vorhandenen Hängematten an. Genau so, wie wir es schon so oft bei anderen Reisenden gesehen haben. Platz ist ein Luxusgut und davon gibt es nur sehr wenig.
Während ich in meiner Matte liege und die schwingende, rote Stoffbahne wenige Zentimeter über meinem Gesicht anschaue, frage ich mich, wer wohl die nächsten Nächte über mir schlafen wird und was ich dabei erleben werden: lautes Schnarchen, nervende Musik aus Handylautsprechern oder einfach nur stinkende Furze? Doch über mir entsteht keine Katastrophe. Ein junger Mann schwingt sich bedacht in die rote Hängematte und grüßt mich freundlich. Neben ihm liegt seine etwa vierjährige Tochter. Obwohl von Beginn an klar ist, dass wir keine verbale Kommunikation betreiben werden – dazu fehlt uns die gemeinsame Sprache – kommen wir immer wieder in Kontakt. Es ist eine dieser Bordfreundschaften, von denen beiden Parteien wissen, dass sie nach der Reise beendet sein wird. Nichtsdestotrotz verstehen wir uns super, auch ohne jeglichen Wortwechsel. Ich werde mit Orangen aus dem Familienproviant versorgt und die tägliche Frage nach meinem Wohlbefinden, ausgedrückt mit dem ausgestreckten Daumen, beantworte ich stets mit lächelndem Kopfnicken.
Noch nie waren wir so sehr in unseren Hängematten eingezwängt wie auf dem letzten Abschnitt unserer Amazonasreise. Kaum eine Bewegung ist möglich, ohne eine andere Hängematte anzuschubsen. Die Strömung auf dem Fluss tut ihr Übriges. Das Schaukeln des Schiffes ist diesmal wesent-

lich stärker als auf den vier Schiffen, mit denen wir bisher gereist sind. Die Bewegungen des Bootes lösen in dem engen Gewimmel aus Hängematten eine Kettenreaktion aus. Ununterbrochen schaukeln und schubsen wir und werden gleichermaßen von schaukelnden Hängematten angeschubst.
Um der Enge zu entkommen, verlasse ich bei den Zwischenstopps unserer Reise das Boot. Ein kleiner Spaziergang an Land, bevor ich wieder in das Gefängnis meiner Hängematte zurückkehre. Natürlich kommt es wie es kommen muss: Auf dem Weg zurück zum Anleger, sehe ich ein Boot auf dem Amazonas treiben, das mir doch verdächtig bekannt vorkommt. Erschrocken laufe ich zum Pier und stelle fest, dass meine Befürchtung wahr geworden ist. Da, mitten auf dem Fluss, schwimmt mein Schiff ohne mich davon. Doch bevor mich vollkommene Panik übermannt, werde ich schon von ein paar Einheimischen in eine kleine Nussschale gesteckt, die gerade ablegen will. Ich bin nicht der Einzige, der zu spät zum Hafen zurückgekehrt ist. Mit mir im Boot sitzen noch zwei weitere Zu-Spät-Kommer.
Mit voller Kraft fahren wir dem Passagierschiff hinterher, doch holen wir nur sehr langsam auf. Mittlerweile hat sich an Bord herumgesprochen, dass es ein paar Nichtsnutze gibt, die die Abfahrt verpasst haben. Dutzende Köpfe ragen laut johlend über der Reling empor, winken uns zu, lachen und rufen uns schon von weitem entgegen, was sie von dieser Aktion halten. Schadenfreude pur und eine willkommene Abwechslung während der öden Schiffsfahrt. Als wir endlich mit unserem hölzernen Einbaum neben dem Riesen aus Stahl schwimmen, grinsen uns aus drei Etagen hunderte Reisende an. Einen Empfang der besonderen Art genießen wir, als wir zurück an Bord klettern.
Jeder hat einen Spruch für uns übrig und obwohl ich nie Portugiesisch gelernt habe, verstehe ich nur zu gut, was sie uns sagen wollen: „Ihr seid Idioten". Doch einige Zeit später herrscht wieder Normalität. Der undurchdringliche Wald aus Hängematten hält alle Passagiere an ihren Schlafplätzen fest. Die Aufregung ist vorbei und jeder beschäftigt sich wieder mit sich selbst. Jedoch werde ich ab und an noch immer mit einem schadenfrohen Lächeln bedacht. Lediglich mein Liegenachbar, der junge Mann in der roten Hängematte über mir, verschont mich mit Spott und gratuliert mir zur gelungenen Kletteraktion zurück aufs Boot.
Es vergehen Stunden. Hin und her schaukeln wir in unseren Hängematten. Dösend, halb in Trance, lauschen wir den Geräuschen des Amazonas. Doch nicht wildes Affengebrüll oder krächzende Papageienrufe dringen in unser Ohr, sondern brasilianischer Cumbia-Pop in voller Lautstärke. An der Bar dröhnt seit Stunden derselbe nervenaufreibende Remix aus den Boxen und beschallt unverschämt laut das Oberdeck. Immer und immer wieder, ohne

Pause. Die Einzige die daran Gefallen findet, ist das Mädchen hinter der Bar selbst. Unser mehrfaches Bitten um wenigstens ein neues Lied bleibt unerhört und so dudelt ein und dasselbe Lied ununterbrochen von Sonnenaufgang bis weit nach Mitternacht.
Beinahe zwei Wochen haben wir bisher auf dem Amazonas verbracht. Vom peruanischen Iquitos bis ins Delta am Atlantik. Etwa 350 Kilometer vor dem Ozean teilt sich der Strom und ergießt sich in seinen 200 Kilometer breiten Mündungsbereich. Etwa ein Fünftel des weltweiten Süßwassers strömt hier in den Ozean und drängt das Salzwasser bis zu 200 Kilometer zurück ins Meer. Viele kleine und größere Inseln befinden sich nun im Lauf des Flusses. Beinahe jede von ihnen ist bewohnt. Niedrige Holzhütten auf hohen Stegen stehen am Ufer. Allein und umgeben vom ausladenden Dschungel des Amazonas. Als wir an ihnen vorbei fahren, tauchen plötzlich mehrere kleine Boote auf, die mit laut knatternden Motoren auf uns zusteuern. Frauen und Kinder sitzen in ihnen und winken uns zu. Als sie nur noch wenige Meter von uns entfernt sind, fliegt ein Paket, in Plastiktüten gehüllt, über die Reling und landet in unmittelbarer Nähe eines der Schiffchen im Wasser. Auf und ab schwappt es auf den Wellen, bis es von einem kleinen Jungen an Bord gezogen wird.
Verwundert beobachten wir die Situation. Haben es tatsächlich Drogenkuriere geschafft, trotz aller Kontrollen Ware bis hierher zu bringen? Immer mehr Pakete landen in den Fluten und so langsam kommen uns diese Unmengen an Drogen unwirklich vor. Schließlich erkennen wir: Hier wird kein Kokain geschmuggelt. Die Passagiere unseres Schiffes werfen Lebensmittel für die Bewohner der Inseln über Bord. Eine Gabe für die, die wenig haben; offensichtlich schon ein eingeübtes Ritual. So schnell wie die kleinen Boote kommen, so schnell verschwinden sie auch wieder in Richtung ihrer Hütten.
Wir legen, nach einer geplanten eineinhalbtägigen Reise von Santarém, mit mehr als 12 Stunden Verspätung im Hafen von Belém an. Niemand weiß warum und wo wir so viel Zeit verloren haben. Mitten in der Nacht verlässt kaum ein Passagier das Schiff. Auch wir schlafen ein letztes Mal in unseren schaukelnden Hängematten. Zwei Wochen haben wir in ihnen verbracht und die Zeit hat ihre Spuren hinterlassen. Die Aufhängungen beider Hängematten sind mehr als nur einmal gerissen, die Liegeflächen fast um die Hälfte geschrumpft und dennoch haben sie uns bis zum Schluss einen guten Dienst erwiesen. 4.200 Kilometer auf dem Amazonas liegen nun hinter uns.

Belém ist, ähnlich wie Manaus, eine Dschungelstadt – es ist heiß, feucht und es regnet beinahe jeden Tag. Ohne Schirm verlässt niemand das Haus, denn entweder schützt er vor der brennenden Sonne oder vor einem prasselnden Tropenguss. Obwohl Belém mit mehr als zwei Millionen Einwohnern eine der größten Städte am Amazonas ist, hat sie ihren Kleinstadtcharme bewahrt. Wir spazieren entlang des Flussufers auf der Promenade und erreichen das historische Zentrum der Stadt.

Die Festung ‚Forte do Presépio' zeugt noch von der Zeit, als Piraten versuchten, die bis heute wichtigste Handelsstadt des Amazonas erfolglos einzunehmen. Riesige eiserne Kanonenrohre zeigen hinaus auf den Fluss, dessen gegenüberliegendes Ufer am Horizont nur zu erahnen ist. So weit entfernt liegt es. Neben der Schutzanlage befindet sich der Fischereihafen. Mehrere Kutter liegen vor Anker und um sie herum fliegen jede Menge Geier. Das Hafenbecken, ohne Wasser, ist übersät mit Müll und Unrat. Zerbrochene Kisten, Plastiktüten, Flaschen und Fischabfälle liegen überall auf dem Boden verstreut. Es stinkt erbärmlich – was die Aasfresser aus der Luft anlockt. Sie zanken um Fischköpfe und Innereien, picken mit ihren Schnäbeln in Augen und Körper und lassen sich die Mahlzeit schmecken. Nur wenige Meter von ihnen entfernt werden Kisten mit frischem Fisch aus den Booten entladen und zu Beléms größter Sehenswürdigkeit, dem Markt Ver-o-Peso (‚schau auf das Gewicht') gebracht. Hier wird alles verkauft, was der Amazonas zu bieten hat. Ganze Schwärme von Amazonasfischen, Kräuter, Nüsse und Kunsthandwerk.

Unzählige Essensstände servieren den hungrigen Mäulern der Stadt die verschiedensten Gerichte. Wir probieren die lokale Spezialität ‚Pato no tupuci', gebratene Ente garniert mit Jambu-Blättern in einer sauren Soße. So gestärkt schlendern wir weiter über den Markt und bleiben fasziniert in einem der Gänge stehen, in dem Kräuter, Wurzeln, getrocknete Blüten und Tinkturen angeboten werden. Hier gibt es für alles die richtige Mixtur, die Reichtum verspricht oder Glück oder Frauen oder einen Job. Für jedes Problem gibt es ein buntes Wässerchen. Gelb, rot und grün – kleine leuchtende Lösungen, die alles zum Guten wenden. Egal für welche Lebenskrise, auf dem Markt findet sich die Antwort in flüssiger Form. Daneben gibt es Schlangenöle, die gegen Rheuma und Diabetes helfen sollen, heilende Rindenextrakte und selbst natürliches Viagra steht zum Verkauf bereit.

Vom Markt gehen wir weiter ins heutige Stadtzentrum und kommen am Teatro da Paz, dem Theater des Friedens vorbei. Das prächtige Opernhaus stammt wie sein Äquivalent in Manaus aus der Zeit des Kautschukbooms. Wir besorgen uns Tickets für die Abendvorstellung – die Vorführung einer Tanzschule. Als wir jedoch vor dem Einlass stehen, werden wir abgewiesen. Für Männer ist das Tragen einer langen Hose Pflicht. Auch der Verweis auf die unzähligen Kinder, die mit ihren Bermudas ins Gebäude spazieren und unser Interesse für die lokale Kunst bringen nichts. Uns bleibt der Eintritt

verwehrt. Doch wir sind hartnäckig und irgendwann schießt einem der Mitarbeiter eine hervorragende Idee durch den Kopf.
Er eilt ins Gebäude und kommt kurze Zeit später mit seiner eigenen schwarzen Stoffhose zurück, die zu seiner Arbeitskleidung gehört. Sie ist zwar etwas zu groß, aber ich nehme dankend an und darf in den fremden Beinkleidern nun doch der Vorstellung beiwohnen. Der Saal ist bis auf den letzten Platz gefüllt. Der Vorhang hebt sich und wir sehen sowohl modernen Ausdruckstanz als auch Kleinkinder in Löwenkostümen, die eher unkontrolliert über die Bühne laufen. Dem Publikum, es besteht vor allem aus Familienmitglieder der Tänzer und Tänzerinnen, ist es egal. Sie feiern die Vorführung mit wahren Jubelorgien.
Gemeinsam mit unseren Hosts, Avner und Dani, erkunden wir ein weiteres Mal die Stadt. Wir lassen uns von ihnen führen und so gelangen wir zur besten Eisdiele weit und breit. Der unscheinbare kleine Stand in einem Shopping-Center offenbart uns neue, ungeahnte Geschmackswelten. Wir lassen uns Eiscreme aus den Früchten des Amazonas wie Açai, Cupuaçu und Tamarinde schmecken.
Gleichzeitig werden wir wieder daran erinnert, dass Weihnachten nicht mehr weit weg ist. Ein riesiger blauer Weihnachtsbaum, geschmückt mit überdimensionalen weißen Schneekristallen, reicht vom ersten bis in den dritten Stock des Einkaufszentrums. Daneben steht ein verschneiter Märchenwald in dessen Mitte der Weihnachtsmann höchst persönlich im dicken Mantel zum Fotoshooting mit den Kleinen bereit sitzt. Wieder kommt uns die Situation absurd vor. Draußen herrschen beinahe 40°C und hier drinnen gibt es Kunstschnee und die Sehnsucht nach Kälte.
Zurück zu Hause bekommen wir von Avner eine weitere brasilianische Spezialität serviert: Tapioca – in der Pfanne gebackene und mit Käse belegte Fladen aus dem Mehl der Maniokwurzel. Ein typisches brasilianisches Frühstück, wie uns Avner versichert. Außerdem lehrt er uns das Geheimnis eines erstklassigen Caipirinhas und so verbringen wir den Rest des Tages damit, unsere Fähigkeiten im Mixen dieses Getränks zu verbessern, und kämpfen anschließend auf der Playstation bis weit in die Nacht mit Son Goku gegen die Feinde der Welt.
Mit dem guten Gefühl, die Erde vor ihrer Zerstörung gerettet zu haben, besuchen wir tags darauf die Insel Cotijuba im Amazonasdelta. Etwa eine halbe Stunde dauert die Überfahrt. Vom Hafen fahren wir anschließend mit dem Inselbus – einem umgebauten Anhänger, der von einem Traktor gezogen wird – bis zum abgeschiedenen Strand Vai Quem Quer. Doch von Strand kann keine Rede sein. Das Wasser drängt bis an die Häuser in Ufernähe heran. Nur ein schmaler Sandstreifen bleibt uns.

Obwohl wir uns immer noch am Amazonas befinden, ist das gegenüberliegende Ufer nicht mehr zu sehen. Hohe Wellen schlagen an den Strand und wir haben eher das Gefühl an einem Ozean aus Süßwasser als an einem Fluss zu sitzen. Gegen Mittag ziehen sich die Fluten zurück und legen den Strand, den wir bisher vermisst haben, frei. Doch bald darauf setzt der gewohnte Regen ein und wir machen uns auf den Weg zurück zur Anlegestelle.
Staubige Straßen durchqueren die Insel. Auf einem Karren, der von einem Wasserbüffel gezogen wird, dösen zwei Jugendliche, während sie gemächlich an uns vorbei juckeln. Hier und da steht eine Hütte am Wegrand, doch die meiste Zeit umgibt uns der Urwald. Als wir uns dem Anleger nähern, statten wir dem ehemaligen Gefängnis Beléms, das sich auf Cotijuba befindet, einen Besuch ab. Nur noch die Mauern der einstigen Haftanstalt stehen und langsam erobert die Natur die Gebäude. Wir schlendern über die Korridore, durch die Sträflingsküche und vorbei an den Zellenbaracken. Die tropische Feuchtigkeit hat dem Ort zugesetzt und wir können nur noch erahnen, wie es hier einmal zuging – gefangen im Dschungel.

Zurück in Belém trinken wir einen letzten Caipirinha, dann verabschieden wir uns nicht nur von Avner und Dani, sondern beenden auch das bisher längste Abenteuer unserer Reise: Auf Wiedersehen Amazonas.

Brasília – Die Utopie einer perfekten Stadt

„Zweckarchitektur stinkt." Oscar Niemeyer grummelte. Er hatte die Schnauze voll.
Kein Wunder also, dass der brasilianische Präsident JK gerade Niemeyer für sein futuristisches Projekt ins Boot holt. Brasília. Die neue Hauptstadt Brasiliens – die Stadt der Zukunft. Im Landesinneren, fern ab von allem soll sie entstehen. Es sind die 50er Jahre. Modernisierungswahn und Bossa Nova geben den Ton an. Sie passt gut hinein, Brasília, in die Euphorie jener Jahre. Technik als Fortschritt. Die Stadt als Maschine. Aufbruchsstimmung in das Zeitalter der urbanen Gesellschaft.
Die Utopie einer neu erschaffenen, perfekten Stadt ist in aller Munde. Doch zunächst muss eine Start- und Landebahn her. Baumaterialien und Arbeiter müssen herangeschafft werden. Das auserwählte Fleckchen trockener rissiger Erde liegt weit ab vom Schuss. 640 km sind es bis zur nächsten befestigten Straße. Städtebau per Luftbrücke. In drei Jahren wird sie aus dem staubigen Erdboden gestampft. Brasília – die Perfekte.
Zukunftsmelodien schwirren durch die Luft. Brasília ist komplett auf das Auto ausgerichtet. Große mehrspurige Straßen führen durch die ganze Stadt. In großen Schleifen. Ohne Kreuzungen, ohne Fußgängerwege, fast

ampellos. Das Auto als Dogma. Mobilität als Errungenschaft. Die Stadt der Zukunft. Hier sollte niemand zu Fuß gehen. Old School.
Die Idee der großen Fläche. Viel weiter Platz. Viel leerer Platz. Der Sonne erbarmungslos ausgeliefert. Nichts spendet Schatten, hier in der großen Weite. Die Wohnhäuser stehen auf Stelzen. Es gibt keine Begrenzungen. Die unendliche Fläche und unendlich viel Beton. Moderne Gebäude, voller Leichtigkeit. Immer mit den tanzenden Kurven Niemeyers versehen, die ihn an die geschwungenen Hügel seiner Heimatstadt Rio de Janeiro und nicht zuletzt an die schönen Frauen an den Stränden Ipanemas und Copacabanas erinnern. Viel blendendes Weiß.
Die Funktion steht im Vordergrund. Alles hat seine Ordnung. Wohnsektoren. Arbeitssektoren. Freizeitsektoren. Hotelsektoren. Regierungssektoren. Banksektoren. Jeder Sektor ist weiter unterteilt in Superquadras. Adressen in Brasília gleichen chemischen Formeln: ‚SQE 67 Bloco B apto. 12' steht für ‚Östliches Super-Quadra 67, Block B, Wohnung 12'. Bis ins Detail durchdacht und konzipiert. Sie scheint perfekt zu sein. Diese Stadt. Diese Maschine.
Urbanität und der moderne Mensch. Wohnen, Arbeiten und Freizeit unterstehen dem Kriterium der größtmöglichen Zeitersparnis. Keine Zeit für Spaziergänge. Keine Zeit für Parks.
Der Grundriss der Stadt gleicht einem Flugzeug. Mehr Zukunft geht wohl nicht.
Heute, mehr als 50 Jahre nach ihrer Gründung, bröckelt bereits hier und da ein wenig der Putz ab. Doch die alte Dame wirkt immer noch verdammt fancy. Wie mag sie wohl damals gewirkt haben? 1960. Die verwirklichte Vision von Visionären.
Der erste Eindruck: Diese Stadt ist nicht zu vergleichen. Ein Museum futuristischer Architektur. Im Regierungssektor befinden sich in symmetrisch geordneten Blöcken die Ministerien. Jedes Gebäude ein Augenschmaus. Bei der Frage, wo man denn hier in der Nähe einen Kaffee trinken könnte, wird jedoch tief eingeatmet. Zu Fuß sei das Ganze schwierig, erklärt man uns etwas lahm. Wir müssten aus dem Regierungssektor, über den Arbeitssektor und den Banksektor hin zum Freizeitsektor. Dort gäbe es die Restaurants und Bars. Wir trauen kaum unseren Ohren. Keinen Kaffee, nicht mal einen Automaten, keine Tankstelle? Nichts?! Der junge Diplomat muss abwinken. Das sei eines der Probleme dieser Stadt. Aber wir könnten zu ihm ins Büro kommen. Dort gäbe es eine Kaffeemaschine.
Wir werden stutzig. Ist Brasília, die Perfekte, doch nicht perfekt?
Die Sonne brennt. Die Straßen sind wie leergefegt. Tagelang fragen wir uns, wo die Menschen sind. Hier gibt es einfach keine Menschen. Wir sitzen an

einer Bushaltestelle und warten. Der Bus kommt nicht. Wir fragen nach. Die Antwort macht uns wieder stutzig. Der Bus sei um 15 Uhr gefahren. Der nächste käme erst morgen. Zu Fuß kämpfen wir uns durch die Stadt. Gezwungenermaßen gehen wir auf der Fahrbahn. Die Büsche am Straßenrand sind nun wirklich nicht für Fußgänger geeignet. Mehrfach überqueren wir waghalsig die riesige, mehrspurige Fahrbahn. Einen Fußgängerüberweg oder eine Ampel brauchen wir wohl nicht zu suchen. Wir bleiben unverletzt.

Wahrscheinlich ist die U-Bahn in dieser Stadt voller Autofahrer nur ein Zeichen von Prestige. Sie besteht aus 2 Linien und wird kaum genutzt. An der Metro-Station sind wir fast alleine. Als wir einsteigen, huscht mir ein Lächeln übers Gesicht. Wahrscheinlich wusste man schon vorher, dass diese Bahn völlig überflüssig sein würde. In einem Waggon befinden sich gerade mal eine Handvoll Sitze und ansonsten, wie man es hier gewohnt ist: eine Menge freier Fläche.

Ein wenig langweilig ist sie vielleicht, die Perfekte, die eigentlich auch nur eine Beamtenstadt ist. Gebaut für die Mitarbeiter der Regierung. Wie im Film. Keiner, der ohne Schlips und Kragen zur Arbeit fährt. Die gehobene Klasse unter sich. Reiche Weiße, deren Eltern schon reich waren. Schwarze sieht man hier nicht.

Einige witzeln. Brasília läge nur so weit im Landesinneren, damit die Regierung hier ungestört ihre Spielchen treiben könne. Wer schaut einem hier

Futuristische Architektur in Brasília

schon auf die Finger? In einer Stadt voller Regierungsmitarbeiter. Und tatsächlich muss es sich für den einen oder anderen schon ein bisschen wie Narrenfreiheit angefühlt haben. Korruption und Vetternwirtschaft blühten hier in der Vergangenheit besonders prächtig. Eine so isolierte Hauptstadt bringt eben doch mehr Vorteile, als nur die Stärkung der Infrastruktur in der Landesmitte.
50.000 Bauarbeiter setzen die kühnen Pläne des Präsidenten Kubitschek in kürzester Zeit um. Jedoch waren sie bei der Planung der Stadt nicht berücksichtigt. Für sie ist kein Sitz im Grundriss des Flugzeuges vorgesehen. Sie haben sich in den Vororten, den Satellitenstädten Brasílias, niedergelassen. Mittlerweile sind diese Megasiedlungen größer als die Hauptstadt, rücken immer näher an sie heran. Weiterer Ringe haben sich um die Satellitenstädte Brasílias gebildet. Favelas.
Wenige Kilometer vom Präsidentenpalast entfernt blühen hier Drogenhandel und Kriminalität, während der Wohlstand in den Flügeln des Flugzeuges, in den Wohnsektoren der Hauptstadt, weiter wächst.
Einen Besuch ist sie allemal Wert, Brasília, die Zukunftsvision der Vergangenheit. Eine Stadt am Reißbrett entworfen, funktional und ein wenig uncharmant. Am Ende haben wir sie doch gefunden, die Menschen, die Bewohner Brasílias. Im Shoppingcenter der Stadt. Hier in der klimatisierten Hölle aus Neonlichtröhren, haben sie gefunden, was die Stadtplaner schlichtweg vergessen hatten: einen öffentlichen Raum – abseits von Eigenheim und Auto.

Capoeira & Candomblé – Die afrikanische Seele Brasiliens

Rhythmisches Trommeln dröhnt durch die kopfsteingepflasterten Straßen Salvadors. Eine dynamisch pulsierende Melodie fliegt durch die Luft, durchströmt die schmalen Gassen und dirigiert unsere Schritte.
Vorbei an bunt gestrichenen Kolonialbauten folgen wir ihr bis zu einem kleinen Platz, in dessen Mitte bereits eine große Menschentraube versammelt ist. Vor ihnen stehen sechs weiß gekleidete Musiker, die ohne Unterlass auf ihre Percussions einschlagen. Auf ihren Instrumenten steht ‚Olodum' und der bunte Stadtkern Salvadors ist leuchtend auf ihnen verewigt. Sie rufen, springen, lachen, tanzen mit ihren Trommeln hin und her und erzeugen mitreißende Rhythmen.
Hundertfaches klicken der Auslöser dutzender Spiegelreflexkameras durchbricht die Musik und spornt die Musiker noch weiter an. Sie posen mit ihren Instrumenten über den Köpfen, tanzen wilder, spielen schnellere Melodien. Immer mehr Schaulustige verfallen in schwingende Bewegungen, lassen sich mit zufriedenem Lächeln von der ansteckenden Musik treiben. Sie ver-

langen nach mehr und werden mehr bekommen: Trommelrhythmen als Einstiegsdroge in eine Stadt, die im Rhythmus dieser Melodien lebt.
Wir sind in Salvador, der afrikanischen Seele Brasiliens. In der Küstenstadt im Nordosten des Landes, vom türkis-blauen Wasser des Atlantiks umspült, herrscht ganzjährig Sommer. Ehemals florierendes Handelszentrum für Sklaven und erste Hauptstadt Brasiliens, ist Salvador auch heute noch stark vom kolonialen Einfluss geprägt. In Pelourinho, dem historischen Zentrum, reiht sich ein antikes Gebäude an das andere. Der Stadtkern gleicht einem Regenbogen. Grün, blau, rot und gelb erstrahlen die Häuser im Licht der Nachmittagssonne. Frauen mit über der Stirn verknoteten Kopftüchern und ausladenden, hellen Kleidern – traditionelle afrikanische Kleidung – flanieren durch die Gassen. Sie sind begehrte Fotomotive und sich ihrer Rolle als Aushängeschilder wohl bewusst.
Restaurants, Klamottenläden, Folkloreshows: Alle werben mit der afrikanischen Identität. Daneben verkaufen Straßenkünstler Gemälde und Kunsthandwerk, die die afrikanische Seele der Stadt widerspiegeln. Frauen mit großen Rundungen vor der Silhouette Salvadors sind darauf zu sehen. Sie balancieren tönerne Krüge auf ihren Köpfen oder tänzeln hin und her – genau so, wie das Klischee es verlangt. Wir schlendern weiter durch den Altstadtkern, vorbei an den Touristen, den Verkäufern, den Frauen in ihren Kostümen, den Kolonialbauten in farbenfrohem Glanz. Alles wirkt beschwingt, leicht, ein wenig künstlich, unwirklich.

Strand von Itaparica bei Salvador

Immer wieder begegnen wir dem Wort ‚Olodum'. Olodum prangt auf wehenden Flaggen, in Schaufenstern und auf den T-Shirts der Touristen. Olodum – das ist der Name der Kombo, deren Trommelrhythmen wir gerade noch hörten. Gegründet als karnevalistische Musikgruppe, ist sie heute die bekannteste Band Salvadors. Internationale Berühmtheit errang sie mit den Aufnahmen zu Michael Jacksons Musikvideo ‚They don´t care about us'. Seitdem ist nicht nur die Band berühmt, sondern auch der Balkon, auf dem MJ singend, tanzend und vom Ventilator mit viel Gegenwind versehen sein Lied darbot. Heute darf jeder gegen einen kleinen Obolus den Balkon betreten und mit schwarzem Hut und Hand im Schritt sich einmal wie der King of Pop fühlen.
Ein paar Straßen weiter, ein anderer Platz. Zwei Männer mit freiem Oberkörper stehen sich gegenüber. Der eine glatzköpfig und schon etwas in die Jahre gekommen. Der andere jung und muskulös. Beide bewegen sich im Wiegeschritt zu den Rhythmen der drei Musiker, die mit Trommeln und dem Berimbau, einem Musikbogen, den Tanz der Männer begleiten. Leicht nach vorn gebeugt stehen sie sich gegenüber, lassen den anderen nicht aus den Augen. Dann greifen sie an. Ein Fußtritt in Richtung des Kahlkopfes, Ausweichmanöver, Gegenangriff. Die Männer schlagen Rad und Salti, drehen sich um die eigene Achse, tauchen unter den Attacken des Gegenübers hinweg und starten eigene Angriffe. Immer wieder: Fußtritt, Angriff, Ausweichmanöver und das alles im beständigen Wiegeschritt zur Musik. Halb Tanz, halb Kampfsport und Akrobatik. Was sich da vor uns abspielt ist Capoeira, ein afro-brasilianisches Kulturgut und identitätsstiftendes Gemeinschaftsgefühl.
Capoeira lehrt Toleranz, Respekt, Körperbeherrschung. Entstanden während der Sklaverei, sind auch heute noch Spuren aus dieser Zeit in der Capoeira zu finden. So wird ausschließlich mit einem Bein angegriffen – eine Reliquie aus der Zeit, als Fußketten zum Alltag gehörten. War zu Beginn des 20. Jahrhunderts Capoeira noch als Gaunertum verpönt und unter Strafe verboten, so ist sie heute allgegenwärtig. Überall in der Stadt sehen wir Capoeiristas, die sogar Passanten in ihr Spiel einbauen und spontanen Capoeira-Unterricht geben.
Capoeira ist nicht das einzige Überbleibsel aus der Zeit der Sklaverei, die in Brasilien erst 1888 offiziell abgeschafft wurde. Auch die Candomblé, eine afro-brasilianische Religion, hat überlebt und gewinnt immer mehr Anhänger. Den verschiedensten Göttern wird in speziellen Zeremonien gehuldigt und jeder Gläubige lässt sich vom Zeremonienmeister seinen persönlichen Schutzgott weissagen. Regelmäßig, so erfahren wir, zeigen sich die Götter der Candomblé in den Zeremonien. Sie fahren in die Körper der Gläubigen,

benutzen sie als Medium. Angespornt von diesen Erzählungen, besuchen wir eine Candomblé-Zeremonie in einem der Außenbezirke Salvadors.
Helle Kleidung ist Pflicht, schwarz tabu. In dem großen Raum, in dem die Zeremonie stattfindet, befinden sich einige Plastikstühle für die Teilnehmer – streng nach Geschlechtern getrennt. An der Rückwand stehen die Musiker mit ihren Percussions und davor fünf thronähnliche Sessel. Sie sind für die Zeremonienmeister bestimmt. Einer von ihnen ist dick, trägt ein langes, bunt gefärbtes Kleid und eine ebenso farbenfrohe Kopfbedeckung. Daneben sitzt eine alte Dame, klein und hager, mit weißen, krausen Haaren und riesiger Brille. Sie trägt Unmengen von Ketten und ähnelt stark meiner Vorstellung einer Voodoopriesterin. Sie wird von allen Teilnehmern der Zeremonie respekt- und ehrfurchtsvoll mit einem Kniefall und gesenktem Kopf begrüßt.
Die Zeremonienmeister sind nicht nur religiöse, sondern auch weltliche Führer der Gemeinde. Sie schlichten Streit, geben Rat und entscheiden über das Wohl ihrer Schutzbefohlenen. Die Zeremonie beginnt mit einem Kreistanz der weiß gekleideten Priesterinnen. Trommelrhythmen geben den Takt vor, der von den Priesterinnen mit Rasseln und Fußstampfen aufgenommen und weitergeführt wird. Der Dicke in der bunten Kleidung singt ein paar Worte, die von den Tänzerinnen und den Gläubigen wiederholt werden.
So geht es über eine Stunde: Etliche hundert Male tanzen die Priesterinnen entlang des kleinen Kreises in der Mitte des Raumes. Begleitet von rhythmisch-monotonen Klängen und rituellen Gesängen. Wie ein Mantra wiederholen sich Worte und Bewegungen. Plötzlich brechen zwei der Priesterinnen aus dem Ring aus und bewegen sich entgegen der Tänzerinnen im Inneren des Kreises. Mit gebückter Haltung und ausgestreckten Handflächen bewegen sie sich wie in Trance. Sie werfen sich der Länge nach auf den Boden, nur um gleich darauf wieder aufzustehen und weiter zu tanzen.
Etwas Merkwürdiges geht hier vor. Weitere Priesterinnen treten mit flimmernden Augenlidern in den Kreis. Die Tanzenden bleiben stehen und nun bewegen sich nur noch die ‚Auserwählten' in ihrer Mitte. Sie stampfen mit den Füßen, tanzen mit angelegten Armen, drehen sich um die eigene Achse. Plötzlich verdreht auch ein junger Mann aus dem Publikum die Augen, Muskelzuckungen durchziehen seinen Körper und er kippt scheinbar wie in Trance nach vorne. Zwei Priesterinnen fangen ihn auf, leeren seine Taschen, ziehen ihm Schuhe und Socken aus. Zum Schluss bekommt er ein weißes Tuch um die Brust gewickelt und tanzt nun mit den anderen Auserwählten im Kreis. Ab und an stößt er einen wilden Schrei aus.
Ähnliches passiert auch mit anderen Teilnehmern. Am Ende bewegen sich etwa fünf Gläubige, alles junge Männer, mit geschlossenen Augen und regel-

Der Fahrstuhl Lacerda verbindet Ober- und Unterstadt

mäßig krampfenden Körpern zwischen den Priesterinnen in der Mitte des Kreises hin und her. Wie von Sinnen tanzen sie. Nach zwei Stunden führt der Vorsänger die in Trance Verfallenen aus dem Raum. Im Anschluss gibt es Essen. Jeder bekommt einen großen Löffel eines undefinierbaren zähen Breis in die hohle Hand. Faserig und klebrig ist seine Konsistenz und er schmeckt nach Kohl, Linsen und Sesam. Danach beginnt der Tanz von neuem. Wir verlassen die Zeremonie, die oft bis in die Morgenstunden dauert.
Erneut durchstreifen wir den Pelourinho, vorbei an kolonialen Schönheiten und durch die schmalen gepflasterten Gassen, bis wir den Elevador Lacerda erreichen. Dieser freistehende Fahrstuhl, das Wahrzeichen Salvadors, verbindet die Ober- mit der Unterstadt. Während sich in der Oberstadt der historische Kern befindet, die Museen, Shows und Restaurants, ist in der Unterstadt das wirtschaftliche Leben Salvadors zuhause. Banken und Bürogebäude prägen das Straßenbild.
Daneben der Hafen und eine Marina, die von ausländischen Luxusyachten nur so überquillt. Beide Stadtteile trennen 72 Höhenmeter, die seit 1873 mit dem hydraulischen Fahrstuhl überbrückt werden.
In der Unterstadt machen wir uns auf den Weg nach Süden zu den Stadtstränden Salvadors. Mehrere kleine Buchten liegen unterhalb der Stadtmauer. Doch vom feinen Sandstrand ist nichts zu erkennen. Hunderte bunte Sonnenschirme verdecken auch den kleinsten freien Platz. Darunter sitzen Brasilianer auf Plastikstühlen und trinken literweise Bier. Ab und an läuft

ein Verkäufer mit Käsespießen oder Kühlboxen voller Getränke durch die Reihen. Nur mit Mühe finden wir noch einen Platz für unser Handtuch und sind im weiten Umkreis die einzigen, die sich nicht unter einem Schirm verstecken. Brasilianer, so scheint es, mögen keine Sonne.

Irgendwann ist es dann endlich soweit. Es hatte sich lange angekündigt und auch wenn wir es nicht glauben können, es ist Weihnachten. Wir verbringen den Tag auf der nahegelegenen Insel Itaparica am Strand, sonnen uns unter einem strahlend blauen Himmel und entspannen uns wie Brasilianer im angenehm warmen, türkis-blauen Wasser. Das Weihnachtsessen nehmen wir diesmal in sommerlicher Kleidung zu uns. Mit kurzer Hose und T-Shirt bin ich zwar weniger schick, als es der Anlass gebietet, aber das Essen schmeckt ausgezeichnet. Dazu gibt es natürlich den ein oder anderen Caipirinha. Vor einem Jahr haben wir Deutschland verlassen und so feiern wir nicht nur Weihnachten, sondern stoßen auch auf 12 Monate in Südamerika an, die nun bereits hinter uns liegen.

Jahreswechsel an der Copacabana – Unsere Tage in Rio de Janeiro

Es ist die cidade maravilhosa, die fabelhafte Stadt, die nicht nur Neuankömmlinge, sondern auch ihre Einwohner jeden Tag von neuem in ihren Bann zieht. Langgezogene feine Sandstrände, Regenwald, Hügel und Berge. Rio de Janeiro ist das Aushängeschild Brasiliens. Kein Wunder also, dass die Cariocas, die Bewohner Rios, mit stolzgeschwellter Brust und voller Lebensfreude durch die Straßen gehen. Auch wir lassen uns von der Stadt faszinieren.

Mit unserem Host Diogo durchstreifen wir die Stadtteile Santa Teresa und Lapa. Vollkommen ruhig geht es zu. Von Großstadtlärm und Hektik im nimmermüden Rio ist hier nichts zu spüren. Stattdessen schlendern wir über kopfsteingepflasterte Straßen vorbei an kleinen Cafés und Restaurants bis hinauf zu einem Aussichtspunkt. Dort liegt sie nun vor uns, die fabelhafte Stadt, die für ein paar Tage unser zuhause sein wird. Der Zuckerhut, die Skyline – bereits hundertfach auf Fotos gesehen – wirkt bestens vertraut, auch ohne, dass wir jemals zuvor hier waren.

Wir spazieren weiter durch Lapa, Downtown Rio de Janeiro. Von der Bucht strömt ein kühler Wind durch die Gassen und obwohl die Sonne das Quecksilber bis auf 40°C in die Höhe schnellen lässt, ist es nicht unerträglich heiß. Nur wenige Menschen sind auf den Straßen unterwegs. Lapas enge Sträßchen versprühen Kleinstadtcharme inmitten der Metropole. Hier wohnt Diogo in einer Studenten-WG. Wir teilen uns ein kleines Zimmer mit ihm und seinem Mitbewohner Mauricio, das wir nachts fast vollständig ausfüllen.

Hier ist es so heiß, dass selbst der Ventilator, der während des Schlafes Abkühlung verschaffen soll, nicht im Entferntesten hält, was er verspricht. Doch schlimm ist das nicht, denn eigentlich schlafen wir kaum. Stattdessen lernen wir von Diogo alles, was es über Rio zu wissen gibt: ein Leben in Boardshorts und Bikini, ein Leben im Strandlook mit zerzaustem Haar und Sonnenbrille, ein Leben im Rhythmus des Sambas, zu dem man hier in Flip-Flops tanzt, ein Leben für den Karneval.
Diogo, der ein Jahr in England lebte, ist dabei nicht ganz zufrieden mit seiner Stadt. Die entspannte ‚Hanging loose'-Einstellung vieler Cariocas nervt ihn gelegentlich und viel lieber würde er in São Paulo leben, in der Stadt, deren Bewohner sich nicht einfach treiben lassen, sondern selbst anpacken. Für viele andere Carioca ist diese Vorstellung jedoch absolut unverständlich und nicht wenige von ihnen weigern sich sogar, auch nur ein Wort mit einem arbeitswütigen Paulista zu wechseln. So vergehen Stunden um Stunden, in denen wir immer mehr das Lebensgefühl der Carioca verstehen lernen. Warum Stress und Eile, wenn der Strand vor der Tür liegt und ganzjährig Sommer herrscht? Rio ist eine sehr entspannte Stadt.
Die ruhigen Gässchen Lapas, die sonst so viel Charme versprühen, verwandeln sich in vier Tagen der Woche zu Rios Ausgehviertel. Cariocas und Touristen erwecken die Nacht zum Leben. Tausende Feierfreudige bevölkern Lapa. Bars öffnen ihre Türen, fahrende Händler verkaufen Snacks und Getränke auf der Straße, Kleinkünstler bieten den Schaulustigen ihre Shows an. Ein junger Mann steppt in seinen beschlagenen Lackschuhen über eine Holzplatte auf dem Boden.
Wenige Meter weiter unterhalten ein Beatboxer und ein Violinist die umstehende Menge mit ihrem Mix aus klassischer und subkultureller, urbaner Musik. Am anderen Ende der Straße sitzen ein paar Männer auf dem Gehweg, trinken Bier und schlagen unermüdlich Rhythmen auf die Trommeln zwischen ihren Beinen. Daneben dröhnen aus den vielen Bars und Clubs Samba, Bossa Nova, Funk, MPB (musica popular brasileira – brasilianische Pop-Musik, die eigentlich gar nicht besonders populär ist) und Reggae.
Vor den Clubs stehen Schränke aus Fleisch und Blut in Anzug und Krawatte und regeln den Einlass am Eingang. Nur ein paar Meter weiter liegen halb nackte Gestalten, vom Crack betäubt, auf dem immer noch heißen Asphalt, während betrunkene Europäer in kurzen Hosen und verschwitzten T-Shirts mit silbrigem Blick hübschen Brasilianerinnen in aufregenden Kleidern hinterher starren. Rio ist ein Schmelztiegel und so ist es auch Lapa – nichts, was es hier nicht zu sehen gibt. Caipirinha schlürfend schlendern wir durch die Gassen bis zur Escadaria do Selarón.

Diese Treppe, vom chilenischen Künstler Jorge Selarón entworfen, ist über und über mit bunten Kacheln aus aller Welt besetzt. Ständig verändert der Künstler ihr aussehen und so entdecken Besucher tagsüber immer wieder etwas Neues. Nachts ist die Treppe ein beliebter Treffpunkt der Schlaflosen, die die Stufen und die vielen Ecken und Nischen der Treppe bevölkern. Das sich wandelnde Kunstwerk ist nachts fest in der Hand von Drogendealern. Der Marihuanarauch, der über den Köpfen der meist Jugendlichen schwebt, stört selbst die Polizei, die regelmäßig durch Lapas Partyszene patrouilliert, nicht im Geringsten. Gegen ein bisschen schmutziges Geld ist diese, kaum an der Treppe angelangt, auf beiden Augen blind.
Am nächsten Morgen eilen wir früh zur Treppe, um uns die vielen Kacheln näher anzuschauen. Ein paar Betrunkene taumeln noch immer auf ihr herum, während wir Stück für Stück, Stufe für Stufe, die Treppe untersuchen. Aus aller Herren Länder finden wir Keramikstücke. Deutschland ist dabei auffällig oft vertreten und so finden wir viele Orte mit denen uns einige Erinnerungen verbinden: Hamburg, Bremen, Rügen, Rostock, Essen. Die Treppe mit ihren mehr als 200 Stufen ist ein einziges Sammelsurium an Erinnerungsstücken, Kitsch und Liebesschwüren für jeden einzelnen Ort, der hier verewigt wurde. Wir brauchen lange, um auch nur die ersten zehn Stufen zu erklimmen.
Der Künstler Selarón selbst, den wir in seinem Atelier auf halber Höhe der Treppe antreffen, widmet dieses Projekt dem brasilianischen Volk, wie er selbst sagt. Grün, gelb und blau, die Farben der brasilianischen Flagge, bestimmen seine Arbeit. Ein bisschen kauzig wirkt er schon mit seinem gezwirbelten, buschigen Schnauzbart. In einer Ecke seines Studios sitzend, beobachtet er eindringlich alle Besucher, die seine heiligen Hallen betreten. Etwas verrückt scheint er zu sein, aber zwischen Genie und Wahnsinn liegt ja bekanntlich ein schmaler Grat. Als wir nach etwa einer Stunde das obere Ende der Treppe erreichen, dreht sich uns von den vielen verschiedenen Kacheln bereits der Kopf. Doch schon beim Abstieg entdecken wir mit jedem Schritt neue Kacheln, Bilder und Zeichnungen, die uns zuvor nicht aufgefallen waren. Die Treppe scheint zu leben, zu atmen, sich ständig zu verwandeln und neu darzustellen.
Ganz in der Nähe findet jedes Wochenende die Feira do Rio Antigo statt. Ein Markt, der alles hat – von antikem Schrott bis zu kleinen Schätzen. Designer und Sammler treffen hier aufeinander und kaufen und verkaufen jede Menge Brauchbares und Nutzloses. Besteckseis aus Silber wechseln hier ebenso den Besitzer wie hängende Frösche aus Stoff, deren Bauch mit allerlei Kram gefüllt werden will. Fabelhafte Straßenmusiker und Kleinkünstler verwandeln diesen Markt außerdem in einen kleinen Zirkus, der in den

Abendstunden mit einem obligatorischen Caipirinha auch als Vorbereitung für die verrückten Nächte in Rio genutzt werden kann.
Wir lassen es uns natürlich nicht nehmen, bereits an unseren ersten Tagen Rios Cristo zu bewundern. Eines der vielen oder vielleicht sogar das Wahrzeichen der Stadt. Eine Zahnradbahn bringt uns früh morgens den Corcavado, den Hügel von dessen Spitze der Cristo Redentor (Christus der Erlöser) seine schützenden Arme über die Stadt ausbreitet, hinauf.
Natürlich sind wir nicht allein. Niemand ist das, der Cristo besuchen möchte. Die Aussichtsplattform unterhalb der Statue ist ständig überfüllt. Hunderte Menschen drängeln sich mit ihren schweren Spiegelreflexkameras durch die Massen, werfen sich auf den Boden, um die beste Perspektive zu ergattern und kämpfen um jeden Zentimeter, den sie bekommen können. Es ist Wahnsinn. Jeder möchte seine Arme wie das 38 Meter hohe Vorbild strecken. Dass man dabei nicht selten anderen Touristen mit der flachen Außenseite der Hand blind ins Gesicht schlägt, wird in Kauf genommen.
Nebeneinander aufgereiht liegen die Hobbyfotografen auf dem Rücken, um ein Foto ihrer Freundin, ihres Sohnes oder sonst wem in dieser Geste, mit Cristo im Hintergrund, zu schießen. Dabei ist es beinahe unmöglich, ihn ohne weitere dutzende Bewunderer auf ein Bild zu kommen. Die drängelnde Masse tut ihr Übriges, um die Situation noch verzwickter zu gestalten. Ständig wird geschubst, gedrückt und gequetscht – Bewegungen ohne Körperkontakt mit anderen sind nicht möglich.
Wenn der richtige Winkel endlich gefunden und so viele Menschen wie möglich aus dem Fotoausschnitt verbannt sind, dann, ja dann zieht wahrscheinlich eine Wolke vor die Statue und alles Drängeln, Kämpfen und Fluchen war vollkommen umsonst. So geht es nicht wenigen, die auf das perfekte Foto hoffen. Ein Besuch bei Cristo erfordert Geduld.
Wem das alles zu stressig ist, der lässt den Blick von hier oben einfach über die Stadt gleiten. Die weltberühmten Strände Copacabana und Ipanema liegen in unmittelbarer Nähe und auch der Pão de Açúcar, der Zuckerhut, ist greifbar nah. Natürlich heißt stressfrei nicht, dass es diese Aussicht ohne Kampf zu genießen gibt, aber zumindest das Auf-den-Boden-werfen entfällt dabei. Nach zwei Stunden haben wir genug vom Tourigequetsche und machen uns an den Abstieg.
Zurück bei Diogo bleibt jedoch wenig Zeit zur Erholung, denn schon bald nach unserer Ankunft machen wir uns auf den Weg nach Copacabana. Es ist der 31. Dezember und in wenigen Stunden überschreiten wir die Jahresgrenze. Silvester in Rio und wir sind mitten drin.
Zwei Millionen Menschen tummeln sich jedes Jahr auf dem weichen, feinen, 4,5 Kilometer langen Sandstrand von Copacabana, um das neue Jahr will-

kommen zu heißen. Nationale und internationale Musiker geben Konzerte, das Bier fließt in Strömen und auch Caipirinha darf natürlich nicht fehlen. Bereits ab dem späten Nachmittag ist der gesamte Stadtteil Copacabana für den Privatverkehr gesperrt und nur noch Busse und Taxis dürfen passieren. Ab 21 Uhr geht dann gar nichts mehr. Copacabana ist eine einzige Fußgängerzone voller freudiger, tanzender und berauschter Menschen. Am Strand zeigt Diogo auf die riesigen Apartmenthäuser in Ufernähe. Die obersten Stockwerke sind hell erleuchtet und auch darunter strahlen einige der riesigen Fensterfronten im Glanz bunter Lichter. VIP-Partys. Wer einmal im elften Stock über dem Strand von Copacabana Silvester feiern möchte, der braucht ungefähr 1.000 US-Dollar – nur für den Eintritt, versteht sich.
Unten am Wasser versammelt sich die Normalbevölkerung. Cariocas und Touristen warten im Sand sitzend oder zu den Rhythmen der Musiker tanzend, auf das große Feuerwerk. Jugendliche aus den nahegelegenen Favelas streunen scherzend und lachend durch die Gegend, Familien sitzen mit Proviantkörben in persönlich abgesteckten Strandbereichen und jeder trinkt und schwatzt mit seinen Nachbarn. Der Strand, breit und langgezogen, ist übersät von Menschen. Die meisten Besucher sind, wie es die Tradition will, weiß gekleidet. Sie erhoffen sich Glück für das nächste Jahr.
Zusammen mit Diogo und seinen Freunden schlendern wir barfuß am Strand entlang und warten, Caipirinha trinkend und uns in den Wellen des Atlantiks erfrischend, auf den Countdown. Nach ein paar Stunden ist es dann endlich soweit. Riesige Feuerringe explodieren am Himmel, Raketen sausen kreischend durch die Luft, gigantische Smileys erleuchten den Nachthimmel, krachend steigen hunderte Sternschnuppen auf und sinken langsam wieder zur Erde herab. Eine halbe Stunde dauert die Vorstellung. 30 Minuten Getöse, leuchtende Farben und ungläubige Begeisterungsrufe.
Noch lange nach dem Feuerwerk bin ich völlig aufgedreht. Was für eine Show. Auch Diogo kommt aus dem Staunen nicht heraus. Jedes Jahr, so sagt er, ist das Feuerwerk länger und besser als im Vorherigen. Als wir uns in den frühen Morgenstunden auf den Rückweg nach Lapa machen, kommen wir in eine regelrechte Völkerwanderung. Tausende Menschen verlassen Copacabana und füllen die ausladenden Straßen der Stadt, wie sie zuvor den Strand bevölkerten. Sie strömen in die benachbarten Stadtteile Botafogo und Ipanema, um sich von dort mit Bussen und Taxis in weiter entfernte Stadtviertel zu ergießen. Das neue Jahr beginnt für die meisten von ihnen mit einem ordentlichen Kater.
Für uns beginnt der erste Tag des neuen Jahres spät. Nur langsam kommen wir aus den Betten. Ein verlorener Tag, bis Diogo eine beinahe geniale Idee durch den Kopf schießt: Wir fahren zum Strand. Doch nicht etwa Ipanema

oder Copacabana heißt unser Ziel, sondern der Strand von Barra da Tijuca. Nicht, dass er besonders hervorstehen würde durch seine Schönheit, Abgeschiedenheit oder sonstige Muster, nach denen Strände üblicherweise ausgewählt werden. Nein, dafür ist es der Strand der Neureichen Rios. Manager, Broker, Fußballspieler, TV-Sternchen: Sie alle leben in Barra, das vor etwa 30 Jahren westlich des Zentrums Rios aus dem Boden gestampft wurde. Private Wohnviertel – riesige Hochhaussiedlungen, eingerahmt von meterhohen Wänden, Stacheldraht, elektrischen Zäunen und überwacht von unzähligen Kameras und Sicherheitspersonal – reihen sich aneinander. Die neue reiche Schicht bleibt gerne unter sich.
Anders als die traditionell wohlhabenden Familien, die in Ipanema zuhause sind und dem dortigen Strand der Reichen und Schönen das Image verleihen, zieht es die neue Wohlstandsgeneration hinaus aus der alten Stadt und hinein in eine moderne Welt. Riesige Shoppingmalls prägen das Bild. Reichtum definiert sich hier nicht mehr über den Körperkult, wie in Ipanema, sondern durch Konsum. Die neuen Reichen bleiben in Barra und erfreuen sich an ihrer luxuriösen Scheinwelt, die gar nichts mit dem quirligen, lebendigen Rio zu tun hat, das wir bis jetzt kennenlernten. Dabei erinnert Barra da Tijuca ein wenig an Brasília. Es gibt keine Fußgängerwege und keinen öffentlichen Personenverkehr. Das ist auch nicht notwendig. Die Bewohner Barras fahren mit ihrem Auto zum Supermarkt, zum Bäcker und zur Wäscherei, zum Restaurant, ins Kino und zur Arbeit. Das Auto: Statussymbol und erstes Fortbewegungsmittel.
Wir treffen uns mit ein paar Freunden von Diogo und Mauricio. Lorenço, einer von ihnen, lässt es sich nicht nehmen, uns ausführlich über die Vorteile Barras zu informieren. Vor allem läuft seine Argumentation auf das Thema Sicherheit hinaus. Da wir uns in Rios Downtown aber keineswegs unsicher fühlen, überzeugt er uns nur mäßig. Zusammen mit ein paar Freunden sitzen wir wenig später am Strand. Das heißt: Eigentlich sitzen wir nicht am Strand, sondern in einer Bar in Strandnähe. Die Tische um uns herum sind voll besetzt. Muscheln werden geschlürft und gegen die Hitze hilft natürlich nichts besser als ein kühler Cocktail. Trotz herrlichem Sonnenschein befinden sich nur wenige Unerschütterliche am Strand. Ein Phänomen, das wir bereits mehrfach beobachten konnten. Es gibt so viel Strand in Brasilien, dass es die Brasilianer anscheinend überhaupt nicht mehr juckt. So trinken wir fröhlich schwatzend einen Caipirinha nach dem anderen und schauen sehnsüchtig auf die mannshohen Wellen, die nur wenige Meter von uns entfernt ans Ufer branden.
Doch irgendwann schaffen wir es, uns von den Plastikstühlen der Bar zu lösen und springen in die wilden Fluten.

Den Abend verbringen wir in einem Apartment in Barra. Aus dem elften Stock schweift der Blick über die feine Wohngegend und trotz allen Reichtums ist das Viertel nichts anderes als sterbenslangweilig. Als sich plötzlich allgemeiner Hunger breit macht, besuchen wir eine Pizzeria, mit all-you-can-eat Angebot. Riesige goldene Ringe und Ketten, Designer-Hemden mit großem sichtbarem Logo und wertvolle Handtaschen zieren die meisten Gäste. Understatement ist nicht die Sache der neuen reichen Schicht. Kellner in schwarzen Hosen und weißen Hemden tragen ununterbrochen riesige Bleche durch die Tischreihen und servieren leckere Pizzen in den verschiedensten Geschmacksrichtungen. Nach all diesen schmackhaften Pizzastücken, jedes einzelne ein Genuss, dann das Nachtischbuffet. Nicht Pudding oder Fruchtsalat, sondern weitere Pizzen befinden sich in der Auslage. Schokoladenpizza mit Erdbeeren oder Bananen, Calzone gefüllt mit Brownies und Eis, Pizza belegt mit karamellisierter Ananas und Zimt – jedes Stück unverschämt gut.

Unsere Erkundungsreise der Sehenswürdigkeiten, die wir schon lange vor Rio kannten, führt uns zum Zuckerhut, einem kegelförmigen, 396 Meter hoch aufragenden Felsen in der Guanabarabucht vor Rio. Wie auch der Cristo muss der Zuckerhut mit vielen anderen geteilt werden. Eine Seilbahn befördert die Besucher bis ganz hinauf auf den Berg, von wo sich ein atemberaubender Blick auf die Stadt bietet. Der lange Strand von Flamengo und der geschützte Strand von Botafogo mit seinen unzähligen Yachten liegen uns zu Füßen. Daneben

Strand von Ipanema in Rio de Janeiro

erkennen wir Copacabana mit seinen luxuriösen Hochhaussiedlungen und dem davor befindlichen leicht geschwungenen Sandstreifen und den Vermelho-Strand am Fuß des Zuckerhuts. Auch Cristo grüßt in einiger Entfernung auf uns herab. Der einzige Nachteil dieses spektakulären Panoramas ist der Umstand, dass wir es nicht auf ein einzelnes Foto bekommen.

Angeregt von so viel Strand entlang Rios Küste, beschließen wir einen ausgiebigen Spaziergang von Ipanema nach Copacabana zu unternehmen. In Ipanema, dem Viertel der Reichen und Schönen, treffen wir vor allem auf braungebrannte und durchtrainierte Körper am Strand. Knappe Bikinis und enge Shorts sind die beliebtesten Kleidungsstücke. Junge Männer stählen ihre Körper an Fitnessgeräten und attraktive Frauen räkeln sich im Sand. Andere üben sich an den vielen aufgereihten Netzen an Volley-Fußball. Mit Füßen, Beinen und dem Kopf spielen sie immer wieder einen Ball über ein Volleyballnetz. Ein Mix aus Ballbeherrschung und Akrobatik. Der Strand, in nummerierte Abschnitte gegliedert, ist klar in Zielgruppen unterteilt. Da gibt es den Strand der Reichen und Schönen, den Strand der Schwulen, den Strand der Familien und, ganz inoffiziell, sogar einen Couchsurfing-Strand. In Copacabana herrscht eine ähnliche Atmosphäre wie in Ipanema. Nur sind die Menschen nicht mehr ganz so schön, nicht ganz so gut gebaut, nicht ganz so braun gebrannt. Copacabanas Strand ist vor allem bei Touristen beliebt. Zwischen all den internationalen Gästen tummeln sich Strandtuchverkäufer und professionelle Sandburgenbauer, die ihre Kunstwerke gegen einen kleinen Obolus zum fotografieren freigeben. Der Copacabana Palace, das teuerste Hotel Rios, stammt noch aus der Zeit, als die High Society der Stadt hier über die Promenade flanierte. Mittlerweile ist sie nach Ipanema abgezogen, weshalb Copacabana etwas an Glanz verloren hat. Die internationale Strahlkraft ist jedoch noch immer vorhanden und so lassen sich Stars und Sternchen aus der ganzen Welt weiterhin im Copacabana Palace nieder. Als wir nach Hause kommen, hat Diogo eine Überraschung für uns geplant. Wir gehen aus. Karneval steht vor der Tür.

Da richtige Cariocas nie bis zum Beginn der fünften Jahreszeit warten können, gibt es bereits einen Monat zuvor sogenannte Vor-Karneval-Partys. In einem der Nachbarviertel Lapas machen wir uns auf den Weg zum Pedra do Sal, einem winzigen Platz, dessen Mitte ein riesiger Stein ziert. Hunderte Schaulustige drängen sich um die Band, die wir aufgrund der Menge nicht zu Gesicht bekommen und tanzen zu den erklingenden Sambarhythmen. Der enge Platz, umringt von Wohnhäusern und Treppen, ist zum Bersten gefüllt. Es geht weder vor noch zurück. Alle drängen zur Mitte um Escravos da Mauá, eine der bekanntesten Samba Bloquos Rios, zu sehen. Sie tanzen, trinken und lachen – Karneval hat für sie schon lange begonnen. Samba Bloquos sind Musikgruppen, die während des offiziellen Karnevals musizierend durch die Straßen der Stadt ziehen. Sie versammeln tausende Feierfreudige um sich, die ihnen tanzend auf ihrem Weg durch Rio folgen.

Doch damit nicht genug. Nach dem Konzert am Pedra do Sal machen wir uns auf zum Sambódromo, der neu gestalteten Paradestrecke des Karnevals. Vier Tage lang zeigen Rios Sambaschulen hier seit einigen Jahren ihr Können. In unterschiedlichen Klassen treten sie gegeneinander an. Den Gewinnern winken vor allem Ruhm und Ehre, denn für viele Cariocas und Mitglieder der Sambaschulen ist der Karneval mehr als nur eine Auszeit von der Routine. Es ist ihr Lebensinhalt, dem sie sich ganzjährig widmen. Elf Monate lang proben sie ihre Tänze, entwerfen und konstruieren die Paradewagen, schreiben Lieder für den Karneval, um dann während des Festes ihre Arbeit zu präsentieren. In den Wochen vor Karneval haben alle teilnehmenden Sambaschulen einmal die Möglichkeit, im Sambódromo aufzulaufen und öffentlich zu proben.

Wir sehen gleich drei Sambaschulen tanzend und musizierend die Paradestrecke ablaufen. Hunderte Tänzer schwingen ihre Hüften zu den Rhythmen der Musiker, die in einiger Entfernung hinter ihnen laufen. Sie tanzen vor und zurück, drehen sich im Kreis, springen, klatschen und singen. Die Lebensfreude der Cariocas zeigt sich hier wohl am besten. Sie sind in ihrem Element – den feurigen und fröhlichen Sambarhythmen. Auch wenn die wenigstens ihre Kostüme tragen, ist die Show jetzt schon beeindruckend. Doch sind nicht nur Tänzer und Musiker auf der Strecke.

Jede Sambaschule präsentiert mindestens eine attraktive und kaum bekleidete junge Frau. Sie bringen das Extra an Erotik mit, das Rios Karneval so besonders macht. Das Publikum rastet bei jeder Schule vollkommen aus. Auf den Rängen wird ununterbrochen geklatscht und lauthals werden die Lieder mitgesungen. Die Tänzer und Showgirls spielen mit dem Publikum, das beim Anblick einer der gut gebauten Frauen oder eines attraktiven Tänzers in völlige Ekstase ausbricht und mit dem Johlen gar nicht mehr aufhören kann. Bereits jetzt, in den Proben, hält es die Cariocas nicht lange auf ihren Sitzen. Auch auf den Tribünen werden standesgemäß die Hüften geschwungen. Eine Stimmung, wie sie zur eigentlichen Veranstaltung nicht besser sein könnte.

Die ursprünglich in den Favelas angesiedelten Sambaschulen, die auch heute noch ihre Wurzeln in der armen Bevölkerungsschicht haben, sind mittlerweile zu einem Zahnrad der großen Tourismusmaschinerie geworden. Tickets für die entscheidenden Präsentationen während des Karnevals kosten 200 bis 300 US-Dollar und sind für die meisten Carioca unerschwinglich. Rios Karneval ist mehr und mehr ein Karneval für Europäer und Nordame-

rikaner geworden. Dennoch scheint dies wenig zu stören, denn die Cariocas feiern sowieso das ganze Jahr ihren Karneval.
Von Rio aus überqueren wir die Bucht Guanabara und legen am gegenüberliegenden Ufer in der Stadt Niterói an. Rios kleine Schwester lebt ganz im Schatten der großen Metropole und nicht wenige Cariocas sagen, dass das Beste an Niterói, der Blick auf Rio sei. Unser Ziel ist jedoch nicht die wirklich schöne Aussicht über die Bucht. Vielmehr zieht uns ein alter Bekannter hierher: Oskar Niemeyer. Der Architekt Brasílias entwarf das Museum für zeitgenössische Kunst (MAC – Museu Arte Contemporario) in Niterói. Wie aus der Hauptstadt bekannt, geben auch hier viel freie Fläche und Beton den Ton an. Aus einem kleinen See wächst eine sich nach oben hin öffnende Blüte aus Metall, Glas und Beton, die in ihrem Inneren das Museum beherbergt. Separate Räume gibt es nicht und nur ein paar Wände deuten die Trennung in verschiedene Bereiche an. Die Außenwände des kreisförmigen Museums bestehen aus einer einzigen Fensterfront, die einen sagenhaften Rundumblick auf das Wasser und Rio bietet. Eine Rampe verbindet den Eingangs- mit dem Ausstellungsbereich. Weiche Rundungen statt harter Kanten: Angelehnt an die Hügel Rios und die geschwungenen Körper der Frauen am Strand von Ipanema. Niemeyer, der Genussmensch.
Nach knapp zwei Wochen verlassen wir schweren Herzens die fabelhafte Stadt Rio de Janeiro und unseren Host und neuen Freund Diogo. Unsere Zeit in dieser bezaubernden Stadt ist nun vorüber. Doch es gibt keinen Zweifel: Wir kommen wieder.

Post Scriptum: Nur wenige Tage nachdem wir Rio verlassen haben, wird der chilenische Künstler Jorge Selarón, der die mosaikreiche, bunt gekachelte Treppe Escadaria do Selarón in Lapa gestaltete, tot vor seinem Haus, auf eben dieser Treppe, gefunden. Noch vor kurzem kamen wir mit ihm in seinem Atelier ins Gespräch. Selaróns Körper weist Verbrennungsspuren auf und die Polizei kann nicht ausschließen, dass es sich um ein Verbrechen handelt. Freunde von Selarón geben an, dass er zuletzt an Depressionen litt und Drohbriefe erhalten haben soll. Es herrscht viel Raum für Spekulationen.

Favelas – Vom gesetzlosen Viertel zum Überwachungsbezirk

Tim Lopes sitzt in einer Bar in einer Favela im Norden Rios. Vor ihm steht ein Bier, das er mit abwesendem Blick anstarrt. Eigentlich braucht er eine Auszeit. Doch die Erfolge und Auszeichnungen seiner Arbeit motivieren ihn, lassen ihn weiter machen. Tim Lopes leert sein Glas und geht hinaus auf die Straße. Wenige Stunden später ist er tot – hingerichtet und zerstückelt von der Drogenmafia.

Tim Lopes war Journalist und dokumentierte 2002 den Drogenhandel in den Favelas Rio de Janeiros. Er filmte Dealer beim Verkauf von Kokain, zeichnete motorisierte Milizen auf, zeigte, wie die Favelas von den Drogenkartellen beherrscht werden. Seine Reportagen und Dokumentationen wurden mit Preisen ausgezeichnet und führten zu mehreren Verhaftungen. Gleichzeitig flackerte das Bild Tim Lopes' über alle Fernsehkanäle. Diese Berühmtheit wurde ihm zum Verhängnis: Auf der Straße vor der Bar, nach seinem letzten Bier, erkannten ihn zwei Mitglieder des Drogenkartells wieder. Der Rest ist Geschichte. Wochen später wurde die verstümmelte und verbrannte Leiche Tim Lopes' auf einem Hügel in der Favela Complexo do Alemão von der Polizei gefunden.

Damals, vor mehr als zehn Jahren, berichteten Rios Medien beinahe täglich über Gewalt und Mord. Der Schrecken tobte in den Favelas, nur wenige Meter abseits der touristischen Sehenswürdigkeiten. Mitten in Rio liegen diese Armenviertel dort, wo sonst niemand leben will: an den steilen Hängen der Berge, die der Stadt ihre unverwechselbare Silhouette geben. Drogenkartelle beherrschten die Viertel der sozial Schwachen. Nicht einmal die Polizei traute sich noch in die Favelas. Die Regeln des Staates galten hier nicht mehr. In den Favelas herrschten andere Gesetze.

Die Bosse regelten das Leben in den Favelas neu, gaben Hierarchien und Ordnungen vor. Drogenverkäufe auf offener Straße gehörten ebenso zum Straßenbild wie mit Maschinengewehren bewaffnete Dealer. Kokain und Marihuana wurden tonnenweise umgeschlagen. Die Favelas waren das Zentrum eines blühenden Drogenverkehrs, der vor allem in die wohlhabenden Stadtviertel Rios floss.

Jedoch brachte das Drogengeschäft auch Vorteile für die Bewohner der Favelas. Mit den Einnahmen finanzierten die Kartelle die Wasserversorgung, die Müllabfuhr und das Transportwesen innerhalb der Favelas. Die Elektrizität wurde von Stromleitungen abgezapft und gratis an die Bewohner der Favelas weitergeleitet. Die Energiekonzerne blieben machtlos. Der Zugang zu den Favelas blieb ihnen untersagt.

Die Favelas waren isoliert. Bewaffnete Milizen bewachten die Ein- und Ausgänge. Die Mafia regierte mit eiserner Faust. Sie bestimmte das Zusammenleben in den Favelas, stellte Regeln auf. Diebstähle, Überfälle und Gewalt wurden bestraft – je nach Ermessen der Bosse reichte das Strafmaß von einer ordentlichen Tracht Prügel bis hin zu Verstümmelungen und Mord. Paradoxerweise entstand durch die Angst vor der Mafia ein respektvolles Zusammenleben innerhalb der Favelas.

Nichtsdestotrotz wurde die Bevölkerung immer wieder Opfer gewalttätiger Auseinandersetzungen zwischen rivalisierenden Kartellen. Auch Schuss-

Favela in Rio de Janeiro

wechsel mit der Polizei forderten ihre Opfer in den Favelas. 2007 starben bei einer Polizeiaktion im Complexo do Alemão 19 Menschen. Dieser Vorfall geht als Massaker des Complexo do Alemão in die Geschichte Rios ein.
Ein Jahr später änderte sich das politische Interesse. Vor dem Hintergrund der Fußballweltmeisterschaft 2014 und den Olympischen Spielen 2016 in Rio herrschte ein neues Sicherheitsdenken. Die Weltöffentlichkeit schaute auf Rio de Janeiro.
2008 formierte sich der erste sogenannte Befriedungstrupp der Polizei am Fuß der Favela Santa Marta. Mit Panzern und schwerem Gerät wurde die Favela gestürmt – live übertragen von Hubschrauberkameras. Trotz einiger entkommener Mafiabosse: Die Erstürmung der Favela war erfolgreich. Rund um die Uhr patrouillierten von nun an 120 Polizisten in der Favela und sorgten für den Schutz der Bewohner.
Nach der erfolgreichen Befreiung Santa Martas, weitete die Polizei ihre Einsätze auf weitere Favelas aus. Im Jahr 2010 drang sie in den Complexo do Alemão ein und besetzt ihn dauerhaft. Ein Jahr später gelang die Befreiung der größten Favela des Landes, Rocinha. Bis heute sind alle Favelas in Rios touristischem Zentrum unter Polizeikontrolle.

Wir besuchen drei Favelas in Rio de Janeiro: Den Complexo do Alemão, den größten Zusammenschluss mehrerer Favelas des Landes (70.000 Einwohner); Rocinha, die größte Favela Rios (65.000 Einwohner), nur einen Steinwurf vom luxuriösen Ipanema entfernt, und die mitten im Zentrum der Stadt gelegene Favela Santa Marta (7.000 Einwohner), deren Berühmtheit nicht zuletzt auf Michael Jacksons Musikvideo zu ‚They don't care about us' beruht.

Der Complexo do Alemão, ein Zusammenschluss 25 verschiedener Favelas, die in ihrer Fläche den größten Slum Brasiliens bilden, liegt im Norden Rios. Aus der Seilbahn heraus, nach der Erstürmung durch staatliche Mittel finanziert, bietet sich ein Blick über die Dächer des Viertels. Soweit das Auge auch reicht: Überall stehen die niedrigen, improvisierten Häuser und Hütten. Bis an den Horizont reicht das Meer aus Wellblechdächern. Hang auf und Hang ab drängen sich die Häuser auf den umliegenden Hügeln eng aneinander.

Die Seilbahn verbindet alle Hügelkuppen des Complexo miteinander und gilt als einziges öffentliches Transportmittel innerhalb der Favela. Von den Kuppeln – auf jeder thront ein Polizeigebäude – haben wir einen besonderen Blick auf die windschiefen Gebäude, die aus allen möglichen Materialien zusammengeschustert sind. Sie stehen so nah beieinander, dass die schmalen Gänge und Treppen dazwischen lediglich von einer Person passiert werden können. Riesige Wassertanks stehen auf den Dächern und einige Bewohner besitzen dort oben sogar einen kleinen, eigenhändig gebauten Pool. Jungen lassen selbstgebastelte Drachen steigen. Ein paar Männer stehen um einen voll belegten Grill – aufgrund von Platzmangel findet das BBQ auf dem Dach des Hauses statt.

Die Hügel des Complexo, früher Schauplatz von Folter und Mord, sind heute beliebte Aussichtspunkte. Nicht nur Einheimische lehnen hier an den Geländern, sondern auch brasilianische Touristen. Mit der Seilbahn geht es sicher von Polizeistation zu Polizeistation mitten durch den undurchdringlichen Dschungel aus menschlichen Behausungen.

1.800 Beamte des polizeilichen Befriedungstrupps sind im Complexo do Alemão im Einsatz. Oben auf den Hügeln patrouillieren sie zu zweit zwischen den Bewohnern der Favelas und den interessierten Besuchern hin und her. Auch wir schlendern ein bisschen durch die Gegend. Hier befinden wir uns in einer anderen Welt, ganz weit weg von Traumstränden, Körperkult und Touristenströmen. Zwischen den unverputzten Häuserwänden um uns herum steht plötzlich ein ausgewachsenes Pferd. Mitten in der Favela, eingequetscht zwischen den Gebäuden.

Die Ausmaße des Complexos sind kaum in Worte zu fassen. In alle Richtungen drängen sich kleine Häuschen aneinander. Es ist kein Ende auszumachen in dem Meer aus improvisierten Hütten und dem Labyrinth aus

Pfaden, Stufen und Schleichwegen. Bei diesen Dimensionen und dem undurchschaubaren Gewirr aus Treppen und Gängen erscheint uns ein tieferer Einblick in die Favela unmöglich. Diogo, unser brasilianischer Freund, beschleicht dazu noch ein ganz anderer Gedanke: Orientierungslos und mit zwei Gringos an seiner Seite hält er uns für ein gefundenes Fressen. Er bevorzugt es, in Sichtweite der Polizisten zu bleiben.

Auch Rocinha, die größte eigenständige Favela Rios, erweckt unser Interesse. Vor der Erstürmung durch die Polizei galt sie als eine der gefährlichsten Gegenden überhaupt. Die Bosse der Bosse waren hier zuhause. Nicht einmal dreieinhalb Jahre ist es her, dass die Polizei (begleitet von Videokameras) die Drogendealer vertrieb und offiziell die Gesetze des Staates einzogen. Nicht wenige meinen, dass sich die Zustände in der Favela damit verschlechterten. Mittlerweile seien Prügeleien und Diebstahl innerhalb der Favela keine Seltenheit mehr. Ein Zustand, der unter den Augen der Mafia undenkbar gewesen wäre.

Nur wenige vertrauen hier der Polizei. Zu groß ist die Angst vor Korruption und Parteilichkeit. 700 Polizisten sind in Rocinha im Einsatz. Seit kurzem werden sie von Schwenkkameras unterstützt, die an strategischen Punkten auf bis zu 300 Metern Entfernung gestochen scharfe Bilder aufnehmen. Nach erfolgreicher Testphase wird ihr Einsatz auf alle weiteren Favelas ausgeweitet. Der Übergang vom gesetzlosen Viertel in den Überwachungsstaat scheint vollzogen.

Mit dem Bus fahren wir bis zur Spitze des steilen Hügels, auf dem sich Rocinha befindet. Der Weg hinunter zum Fuße des Hügels führt über eine breite Straße, die gesäumt ist mit Wohnhäusern, Kiosken, Supermärkten und Geschäften. Wir passieren einen kleinen Markt, Kirchen und Kindergärten. Die ganze Zeit über haben wir eher das Gefühl, durch ein Viertel der brasilianischen Mittelklasse zu gehen, als durch einen gefährlichen Armutsbezirk, den man als Tourist lieber meiden sollte. Rechts und links der Hauptstraße beginnen die für die Favelas so typischen kleinen Gänge und Schleichwege. Das Problem der nicht vorhandenen Postadresse wird umgangen. Das Haus an der Hauptstraße teilt sich die Adresse einfach mit all den dahinter liegenden Häusern. Als Briefkästen für die sich auftürmenden Briefe dienen vor dem Haus aufgestellte Wäschekörbe oder übereinander gestapelte Schubladen.

Von der Hauptstraße biegen wir in eine der vielen schmalen Gassen ab. Für Ortsfremde ist die Favela ein einziges Labyrinth und auch wir verlieren schnell den Überblick. Zwischen den unverputzten, feuchten und dunklen Häuserwänden, die keinen Blick auf die Umgebung zulassen, versagt unsere Orientierung. Immer wieder stehen wir plötzlich vor einer Haustür oder in

einer Sackgasse. Zu viele Wege und Treppen zweigen zwischen den laienhaft gebauten Häusern ab.
Wir orientieren uns nur noch an der Richtung: Abwärts soll es gehen. Ein älterer Herr mit Brille und nacktem Oberkörper bietet uns offensichtlich Verwirrten seine Hilfe an. Er hat gerade eine Partie Schach mit dem Nachbarsjungen beendet und versucht sich nun an unserem Mix aus Spanisch und Portugiesisch.
Er verspricht, uns sicher zurück zur Straße zu führen, nicht jedoch ohne uns den Stolz des Viertels zu zeigen: eine neu errichtete Schule für die Kinder der Nachbarschaft. Auch ein Krankenhaus gäbe es, erklärt er lächelnd. Wir durchqueren ein paar Gänge, biegen einige Male ab und stehen plötzlich wieder mitten auf der lebendigen Hauptstraße Rocinhas. Feucht und dunkel ist hier nichts mehr. Die Häuser erstrahlen in farbenfrohem Glanz. Shops und Restaurants reihen sich aneinander, Klimaanlagen rattern vor den Fenstern. Die Favela wirkt hier beinahe bürgerlich.
Dieser neue Mittelstand in der Favela hat Auswirkungen. Hinter Rocinha, auf der Rückseite des Hügels, wohnen immer mehr ausländische Studenten. Sie genießen den Blick auf die Bucht vor Ipanema und die moderaten Wohnpreise in der Favela, die mittlerweile nur noch ‚Favela Gringa' genannt wird.
Samstags zieht es uns in die Favela Santa Marta, die wir schon aus Michaels Jacksons Musikvideo kennen. Wir wollen feiern. Es ist bereits nacht, als wir vor dem Hügel am Fuß der Favela stehen. Ein bisschen mulmig ist uns schon. Trotz aller Sicherheitsversprechen: Wir betreten fremdes Land und auch für Diogo ist der nächtliche Besuch Santa Martas etwas unheimlich.
Wir steigen die steile Straße hinauf, die bereits nach wenigen Metern an einem kleinen Platz endet, von dem aus nur noch schmale Gassen ins Innere der Favela führen. Auf Plastikstühlen sitzen hier mehrere Jugendliche. Die Stimmung ist ausgelassen, das Bier fließt in Strömen. Sie tragen kurze Hosen, Muskelshirts, Basecaps. Keine Gangsterattitude, keine Ganzkörpertattoos, keine bösen Blicke. Lediglich die umherstehenden Polizisten verunsichern ein bisschen mit ihrem strengen Auftreten.
Heute steigt in Santa Marta eine ‚Baile Funk' Party. Baile Funk, auch Funk Carioca genannt, hat jedoch nichts mit dem Funk zu tun, der außerhalb Brasiliens bekannt ist. Es geht um heiße Rhythmen und dreckige Texte, bei denen Alice Schwarzer wahrscheinlich das Herz stehen bliebe.
Noch haben wir Zeit bevor wir in den Club gehen und so durchstreifen wir die Gassen von Santa Marta. Die engen Treppen und Wege winden sich an den kreuz und quer umherstehenden Häusern vorbei. In der Dunkelheit der Nacht, die nur selten von einer Wegbeleuchtung durchbrochen wird,

wirkt die Favela unheimlich. Endzeitcharakter herrscht in den Gängen. Von den Wänden der Häuser blättert der Putz, feucht und schimmelig sind die Mauern. Unser Pfad windet sich mal nach links, mal nach rechts. Immer wieder beendet eine unerwartet auftauchende Häuserwand unseren Weg, so dass wir einen anderen Gang suchen müssen, um unsere Erkundungstour fortzusetzen. Ab und an treffen wir auf einen Bewohner Santa Martas, der uns, den Fremden, interessiert hinterher schaut.
Auf einem Vorplatz, eine kleine Party. Eine Band zollt ihren Tribut und interpretiert Songs von Michael Jackson. Wir huschen schnell vorbei und die steilen Treppen weiter hinauf. Auf einem Balkon wagen wir den Blick auf die uns umgebende Favela. Ein paar Jugendliche werden gerade in unmittelbarer Nähe von einer Polizeipatrouille, mit schweren Maschinengewehren ausgerüstet, angehalten. Die Jugendlichen müssen sich einer gründlichen Leibesvisitation bis unter die Basecaps gefallen lassen. Gefunden wird jedoch nichts. Die Spezialkräfte sind hier verhasst. Die selbst ernannte Friedenstruppe gilt nur als eine andere Form der Besatzungsmacht.
Wir erklimmen weitere Stufen. Vorbei an Häusern, einer Kirche, Kakerlaken, einem Schönheitssalon und einer fetten Ratte, die quietschend aus dem Dunkeln an uns vorbei läuft. Wenige Schritte weiter versperrt uns ein Straßenhund Zähne fletschend und knurrend den Weg. Wir kehren um. Zurück auf dem Platz warten wir, wie die anderen auch, auf Plastikstühlen Bier aus dem Kiosk trinkend, auf den Einlass zur Funk-Party. Um 2 Uhr morgens öffnet der Club seine Türen und ist zur gleichen Zeit direkt zum Bersten gefüllt.
Die Tanzfläche ist voller junger Menschen. Eine Altersbeschränkung gibt es offensichtlich nicht. Vor uns steht ein etwa 15-jähriger, der wie selbstverständlich jedem vorbeikommenden Mädchen auf den Hintern klatscht. Junge Männer tanzen perfekt einstudierte Choreographien und Mädchen lassen halb auf dem Boden hockend, die Hände auf den Knien abgestützt, mit laszivem nach hinten gerichtetem Blick ihre Hintern kreisen.
Den Höhepunkt bildet ein kleiner Wettstreit auf der Bühne. Dabei führen Mädchen (und ein Transvestit) die Kunst des Hinternkreisens vor der grölenden und offensichtlich erfreuten Menge auf. Den Gewinner in dieser fraglichen Disziplin bestimmt das Publikum.
Der Complexo do Alemão, Rocinha und Santa Marta: Nur drei der mehr als 500 Favelas in Rio, die Schlagzeilen machten. Die Berichte über Brutalität, Folter und Mord in den Favelas liegen noch immer wie ein dunkler Schatten auf dem sonnenverwöhnten Image Rios.
Heute, trotz des Einsatzes der Spezialtrupps, trotz der Vertreibung der Drogenkartelle: Ein Besuch in Rios Favelas löst noch immer einen erhöhten

Herzschlag aus. Zu präsent sind die Schreckensmeldungen, die bis vor wenigen Jahren regelmäßig an die Öffentlichkeit drangen. Die Angst vor einer Rückkehr der Kartelle ist groß und die wichtigste Frage lautet: Was passiert nach den Olympischen Spielen in Rio 2016? Viele Bewohner Rios fürchten einen erneuten Machtkampf zwischen der Polizei und der Drogenmafia, sobald die Weltöffentlichkeit den Blick von Rio abwendet.

São Paulo – Vom Managergequetsche in Häuserschluchten

São Paulo ist ein Moloch, ein Monster. Auf 8.000 km² verschlingt es gnadenlos alles in seinem gierigen Rachen. 20 Millionen Menschen sind in ihm verschwunden und auch wir werden hineingezogen – in die größte Stadt der südlichen Hemisphäre.
Industrie, Finanzen und Wirtschaft, damit zeichnet sich São Paulo aus und wirkt damit wie der seriöse, aber auch steife Bruder des hippen und relaxten Rio de Janeiros. Doch São Paulo ist mehr als die stadtgewordene Marktwirtschaft. Es ist Kunst, Musik, Theater und vor allem Essen. Nahezu 13.000 Restaurants und 15.000 Bars laden im Wahnsinn der Stadt zum Verweilen ein.
Weit über die Stadtgrenzen hinaus ist São Paulo bekannt für gutes Essen. Vor allem die Pizza Paulista genießt hohes Ansehen. Es heißt, die Pizzen der Stadt seien die besten der Welt – besser als in Neapel, in Chicago oder New York. Ihr Rezept ist ein wohlgehütetes Geheimnis, das die Stadt niemals verlässt und jeder Pizzabäcker hat seine eigenen Tricks und Kniffe für die ideale Pizza. Es ist so etwas wie die zweite Generation Pizza, die hier serviert wird. Eine Weiterentwicklung des Originals der italienischen Einwanderer.
Und dann liegt sie auf unseren Tellern: Goldbraun gebacken mit einem Belag, dessen bloßer Anblick uns das Wasser im Mund zusammenlaufen lässt. Wir beginnen zu essen und mit jedem Bissen verfallen wir in einen immer stärker werdenden Rausch. Was unsere Geschmacksnerven anregt ist keine bloße Pizza, es ist das Paradies aus Teig, Tomate, Käse und einer Extraportion Olivenöl, die auf jede anständige Pizza Paulista gehört. Ein Gefühl der Glückseligkeit strömt durch unsere Körper, was wir mit dümmlichem Grinsen zum Ausdruck bringen. Die Pizza Paulista ist unsere Einstiegsdroge in São Paulo.
Mit vollem Magen und noch immer benebelt vor Genuss spazieren wir durch den Stadtpark Ibirapuera. Der Park ist überfüllt mit Individuen. Einzelpersonen, gefangen in ihren Randgruppen und Teil der individuellen Masse. Unzählige Jogger traben nebeneinander her und messen sich gegenseitig an dem Preisschild ihrer Sportbekleidung. Fahrradfahrer überholen sie oder drehen ihre Runden in einem eigens für sie konstruierten Gestell,

das mehrere Hometrainer integriert. Wie Kinder in einem Karussell sitzen sie auf den Satteln. Doch statt fröhlichem Lachen hören wir nur angestrengtes Keuchen. Skater rollen über die asphaltierten Wege und Teenager mit dunkler Kleidung und schwarzen Haaren sitzen traurig im Schatten der Museumsgebäude.

Je tiefer wir in den Park geraten, desto mehr Sportler umgeben uns. Unglaublich viel Energie schwirrt um uns herum. Jedoch ist sie nicht vergleichbar mit der Leichtigkeit des Seins in Rio de Janeiro. Es ist kein bloßer Körperkult, der hier betrieben wird. Vielmehr geht es um die pure Existenz in einer schnelllebigen Stadt. Wer mit der Geschwindigkeit São Paulos mithalten will, braucht Fitness und so quälen sich jeden Tag unzählige Paulistas in den Parkanlagen der Stadt. Sie schinden ihre Körper, um sie noch effektiver zu machen. Die vielen Jogger, Fahrradfahrer und Skater beunruhigen uns. Ihre Mienen sind ernst, die Blicke starr. Runde um Runde drehen sie durch den Park. Die Grünanlage ist nichts weiter als ein straff organisiertes Trainingscamp.

Auf den Straßen São Paulos müssen sich die Körper dann bewähren. Den höchsten Schwierigkeitsgrad stellt die Avenida Paulista dar. Die Straße ist das Geschäftszentrum und Herz der Stadt. Büro- und Bankengebäude flankieren die mehrspurige Straße. Stahl, Glas und Beton sind die schmuckvollen Materialien der Finanzpaläste, die ihre riesigen Schatten hinunter auf die Straße werfen. Immer höher ragen die Wolkenkratzer gen Himmel. Phallussymbole eines Wirtschaftssystems. Immer höher – denn Größe ist bekanntlich alles.

Unten in der Häuserschlucht hetzen sich die Menschen durch die Avenida. Sie rempeln sich gegenseitig an und stoßen mit schweren Aktentaschen gegeneinander. Zeit, sich zu entschuldigen, bleibt nicht, der nächste Termin naht bereits. Das größte Hindernis im Strom der Masse sind Fußgängerampeln. Ihr rotes Signal erschreckt die Geschäftsmänner immer wieder. Ungeduldig schauen sie auf ihre goldbesetzten Armbanduhren, zählen die Sekunden, wippen aufgeregt mit den Füßen bis es endlich weitergeht. Die verflixte Ampel, so scheint es, stiehlt ihnen wertvolle Lebenszeit.

Auch unter der Avenida Paulista geht es hektisch zu. Die U-Bahn ist gerammelt voll und das zu jeder Tageszeit. Einen Sitzplatz zu ergattern ist fast unmöglich. So stehen wir eingequetscht zwischen Armani und Gucci, atmen J.P. Gaultier und spiegeln uns in Ray-Ban. Lange geht das nicht gut und so treiben wir mit den Massen zurück an die Oberfläche auf der Avenida Paulista.

Im Strom der Anzugträger bleiben wir in einer kleinen Menschengruppe hängen. In ihrer Mitte – Michael Jackson. Mit einer Hand an der Hutkrempe, mit der anderen im Schritt, auf die Zehenspitzen und fertig. Der junge Tänzer, der hier den King of Pop imitiert, schafft etwas, was ich kaum für möglich gehalten hätte: Einige der gehetzte Körper kommen für ein paar Augenblicke zum Stillstand.

Doch sie halten sich nicht lange auf. Es geht weiter die Avenida Paulista hinunter und hinein in die Bankgebäude, Büros und Agenturen. Das Herz der Stadt schlägt und es pocht jeden Tag schneller. Effektivität ist gefragt. Schnell zur Arbeit, schnell nach Hause und zwischendurch noch schnell einen Drink in der Rua Augusta.

Nur wenige Meter von der Avenida Paulista entfernt ist die Rua Augusta auch Treffpunkt und Ausgehmeile der homosexuellen Szene São Paulos. Eine blonde Schöne schreitet in engem, roten Kleid über den Bürgersteig und erst beim zweiten Blick fällt auf, dass sie ein Mann ist. Auffällig viele schwule Pärchen laufen Hand in Hand von einem Café ins nächste und langhaarige Rocker verschlingen ganze Rinder bei Rock'n'Roll Burger. Hier reihen sich unzählige Clubs und Bars aneinander, die jede Nacht ihre Türen öffnen. Wer es hingegen etwas vornehmer mag, der verlässt die Avenida Paulista Richtung Westen ins Viertel Vila Olímpia. Hier bestimmt elektronische Musik das glitzernde Nachtleben derjenigen, die es sich leisten können.

Effektivität bestimmt São Paulo. Arbeiten, feiern und wohnen ohne Zeitverlust durch lange Wege. Unter den Wohnkomplexen der Stadt sticht besonders das von Oscar Niemeyer entworfene Edificio Copan heraus. Mit 38 Stockwerken und einer Wohnfläche von mehr als 100.000 m^2 ist es das größte Wohngebäude der Welt. 5.000 Menschen wohnen hier in 1.160 Wohneinheiten unterschiedlichster Größe. Im Gebäude sollten alle sozialen Klassen vereint sein. Der Manager und die Putzfrau sollten Seite an Seite leben. So entstanden Wohnungen, deren Grundfläche von 26 bis 350 Quadratmetern reichen. Aufgrund der vielen Bewohner erhielt der geschwungene Bau sogar eine eigene Postleitzahl.

Neben dem Gebäude Copan bestimmen weitere Hochhäuser die Skyline der Stadt. Etwa das Edificio Itália, von dessen Dachterrasse im 44. Stock wir das endlos scheinende Häusermeer São Paulos überblicken. Auch vom Edificio Banespa, einem Bankgebäude, bietet sich aus 161 Metern Höhe ein fantastischer Blick.

Unten in den Straßen werfen Stahl und Beton ihre Schatten auf das alte Mauerwerk der Kathedrale an der Praça da Sé. Von hier, dem historischen Gründungsort der Stadt, durchqueren wir die dunklen Häuserschluchten des Zentrums und erreichen das Viertel Liberdade. Plötzlich sind wir nicht mehr in São Paulo, sondern in Tokyo, Seoul und Peking gleichzeitig. Klein-Japan ist eine asiatische Enklave rund um den Platz Liberdade.

Wir schlendern entlang der Geschäftstraße, schauen neugierig in kitschig gestaltete Schaufenster und kommen aus dem Staunen gar nicht mehr heraus. Hier gibt es alles, was die asiatische Seele zum Glücklichsein benötigt: Buddhastatuen, Brustbeutel mit Bärengesicht, kleine Drachen mit langen Schnurrbärten und Radiergummis: Radiergummis in der Form eines Burger-Menüs, Radiergummis in Fruchtform, Radiergummis in der Form von Koalabären, Affen, Walen und Glückskatzen, Radiergummis in der Form von Softeis und Törtchen, Radiergummis in der Form von Krankenwagen und Hubschraubern.
Nebenan im Supermarkt quellen die Regale über vor Litschis und Aloe, Salben und Tinkturen, Tiefkühlkost versehen mit asiatischen Schriftzeichen, Tees und Lampions aus Krepppapier. Statt Portugiesisch hören wir nur noch Mandarin, Japanisch und Koreanisch – oder einen Mix aus allem. Wer kann das schon so genau beurteilen?!
Ein letztes Mal treffen wir auf unseren alten Bekannten Oscar Niemeyer und wie so oft begegnen wir ihm auf einem weiten betonierten Platz, dem Memorial da América Latina. Es symbolisiert die kulturelle, soziale, politische und wirtschaftliche Zusammenführung aller lateinamerikanischen Staaten. Auf dem etwa 85 km^2 großen Komplex finden sowohl Ausstellungen als auch Konferenzen statt. In seiner Mitte reckt sich eine ausgestreckte Hand gen Himmel, auf der die Karte Lateinamerikas wie ein Stigma in roter Farbe prangt. Sie symbolisiert die Unterdrückung, den Kampf für Freiheit und das vergossene Blut für die Unabhängigkeit.
Zwischen dem Grau des Betons und dem wie immer wolkenverhangenen Himmel fühlen wir uns etwas verloren. Nach all dem Gedränge auf São Paulos Straßen ist die Weite des Memorials da América Latina etwas ungewohnt. Als es auch noch zu regnen beginnt, flüchten wir schnell zurück in das Dickicht des Großstadtdschungels und erleben ein letztes Mal den Rausch einer Pizza Paulista.

PATAGONIEN

Eine lange Reise in den Süden – Erste Schritte in Patagonien

Im argentinischen Norden warten wir auf eine Mitfahrgelegenheit nach Buenos Aires, 1.000 Kilometer von der Metropole entfernt. Wir befinden uns im Niemandsland. Eine kleine Tankstelle, drei Bretterbuden und die Straße Richtung Süden, das war's – und so bleibt es auch eine endlose lange Weile.

Nicht ein Auto nähert sich und wenn doch, dann rast es ohne abzubremsen an uns vorbei. Dazu malträtiert uns die brennende Sonne, die die Quecksilbersäule im Thermometer auf mehr als 35°C ansteigen lässt. Nur ein kleiner Busch spendet etwas Schatten, doch als die Sonne ihren höchsten Stand erreicht, ist auch dieser verschwunden. In der diabolischen Glut rinnt uns der Schweiß in Bächen die Körper hinunter und durchnässt unsere Kleidung komplett.

Nur unter einem Regenschirm wird die Hölle etwas erträglicher. Den ganzen Tag stehen wir an der Straße und warten – vergeblich. Als die Sonne langsam hinter dem Horizont versinkt, erlischt auch unsere letzte Hoffnung auf eine Mitfahrgelegenheit. Nun rotiert die Frage in unseren Köpfen, wo wir denn die Nacht verbringen werden. Die Antwort darauf heißt Manuel, von Beruf LKW-Fahrer. Als es dunkel wird, bietet er uns einen Schlafplatz auf der Ladefläche seines Anhängers an. Angesichts der Alternative – schlafen auf der Straße – kein schlechtes Angebot.

Am nächsten Morgen stehen wir schon früh an der Straße und warten erneut vergeblich. Die Stunden vergehen und wieder schrumpft der Schatten des einzigen Busches in ein Nichts zusammen. Am Nachmittag liegen unsere Nerven blank. Wir sind frustriert und verbrannt und beschließen letztendlich uns zu trennen. So stehen wir in einiger Entfernung zueinander an der Straße und hoffen auf etwas mehr Glück.

Es funktioniert. Ein LKW hält und so wird aus Zweien nur noch ein Wartender. Etwas mulmig ist uns schon bei dem Gedanken, dass wir getrennt voneinander reisen. Da wir nur ein Telefon dabei haben, können wir nicht einmal miteinander kommunizieren. Doch alles geht gut. Am Ende treffen wir uns etwa 30 Stunden später wohlbehalten in Buenos Aires wieder.

Die Metropole ist nur eine Zwischenstation. Nach ein paar Tagen Couchsurfing und dem angenehmen Gefühl, in einer Stadt angekommen zu sein, die wir bereits kennen, geht es weiter gen Süden.

Zunächst wagen wir ein weiteres Abenteuer: Zugfahren in Argentinien. Dass es sich dabei um etwas Besonderes handelt, zeigt schon der Blick auf

das kaum ausgebaute Streckennetz. Wir wollen so weit es geht mit dem Zug fahren und kaufen uns Tickets bis nach Bahia Blanca am südlichen Ende des Streckennetzes. Kurz vor 20 Uhr juckelt der Zug langsam aus dem Bahnhof in Buenos Aires heraus und beschleunigt auf gefühlte 23 km/h, um anschließend die ganze Nacht über quietschend und ächzend durch die argentinische Pampa zu ruckeln.
Zwei scheinbar Betrunkene lassen sich nur schwer davon überzeugen, dass sie auf unseren Plätzen sitzen und erst nachdem wir mit Nachdruck auf unser Recht beharren, fällt den beiden auf, dass sie sich im falschen Waggon befinden. Als der Zug die Stadt verlässt, rauscht für die nächsten 600 Kilometer das immer gleiche Bild an unserem Fenstern vorbei: geduckte Sträucher in einer kargen Landschaft. Die unveränderliche Grassteppe der Pampa zieht sich von Buenos Aires bis weit in den Süden, bevor sie irgendwann in die patagonische Weite übergeht.
Nachts wird es kalt. Durch die offenen Fenster, die sich nicht schließen lassen, pfeift der Wind unablässig und auf den schlecht gepolsterten Holzbänken schmerzen bereits nach kurzer Zeit sämtliche Knochen. Hin und her wackelt der Zug, holpert über die Schienen und versucht sein Bestes, um uns den Schlaf zu rauben. Bis in die frühen Morgenstunden gelingt es ihm ganz gut, doch dann siegt die Müdigkeit und bringt uns einen unruhigen Schlaf ohne Erholung.
Stunden später fallen die ersten Sonnenstrahlen durch die Fenster, wecken uns auf. Das erste Gefühl des Tages heißt: Schmerz. Die Nacht war unbequem und wirkt in unseren Knochen nach. Noch immer wackelt der Zug durch die argentinische Pampa. Unsere Ankunftszeit verzögert sich von 6 Uhr auf 12 Uhr Mittags, doch das, so erklären uns andere Mitreisende, ist noch im vertretbaren Rahmen.

In Bahia Blanca stehen wir nur kurze Zeit nach unserer Ankunft an der Ruta 3, der wichtigsten Fernstraße in den Süden Argentiniens. Über 3.000 Kilometer hinweg verbindet sie Buenos Aires mit der südlichsten Stadt der Welt, Ushuaia, auf Feuerland. Anders als vor ein paar Tagen haben wir diesmal Glück und warten nur ein paar Minuten, bis ein LKW hält. Juan, der Fahrer, hat das gleiche Ziel wie wir: Puerto Madryn. Wir steigen ein und fahren langsam, sehr langsam durch die noch immer endlose und unveränderte Grassteppe der Pampa. In fünf Stunden legen wir gerade mal 200 Kilometer zurück. Mehr ist nicht drin.
Unser altersschwaches Gefährt ist deutlich von einem langen Leben auf der Straße gekennzeichnet. Markant sind die vielen Steinschläge und Risse, die die komplette Frontscheibe durchziehen. Lediglich ein riesiger Jesus-Auf-

kleber hält das Glas noch zusammen. An allen Ecken und Enden scheint der LKW provisorisch geflickt und so passiert, was wir bereits seit längerem befürchten: Wir bleiben unfreiwillig am Straßenrand stehen. Eine Panne. Der Motor ist hinüber. Fluchend schnappt sich Juan seinen Werkzeugkasten und beginnt im Motorraum an Schläuchen und Verbindungen herumzuschrauben. Als das nicht den gewünschten Erfolg bringt, hämmert er nur noch auf den Motorblock ein. Wir zweifeln an dem Gelingen seiner Methode.
Erneut stehen wir mit unseren Rucksäcken an einer Straße mitten im Nichts. Es vergehen Stunden ohne dass wir ein Auto zu Gesicht bekommen. Lediglich Juans Fluchen und der böig aufbrausende Wind durchbrechen die Stille – der LKW gibt weiterhin keinen Mucks von sich. Wir warten.
Plötzlich hebt sich ein kleiner dunkler Punkt vom Horizont ab, wird größer und größer und nimmt nach einiger Zeit die Form eines Pick Ups an. Am Steuer sitzt ein älterer Mann, der uns freundlich grüßt und in den nächsten Ort bringen will. Wir nehmen das Angebot wahr, wünschen Juan alles Gute und sind wieder unterwegs. Noch zwei weitere Male tauschen wir das Auto, bis wir nach Sonnenuntergang an einer Tankstelle ankommen. Von hier gibt es erstmal kein Weiterkommen und so richten wir uns so gut es geht für die Nacht ein. Mit dem Kopf auf der Brust, an einem Tisch des Tankstellenrestaurants sitzend, wechseln wir uns mit dem Schlafen ab. Erst gegen 3 Uhr Morgens finden wir ein Auto, das uns bis wenige Kilometer vor Puerto Madryn mitnimmt.

Frontscheibe eines LKWs in Patagonien

Bei Sonnenaufgang stehen wir nur noch fünf Kilometer vor der Stadt, doch es dauert weitere zwei Stunden, bis erneut ein Wagen für uns hält. Diesmal ist es die Polizei, die uns vom Straßenrand aufsammelt. Völlig übermüdet erreichen wir Puerto Madryn. Da unser Host Francisco jedoch bereits auf dem Weg zur Arbeit ist, verbringen wir die Morgenstunden am Strand, frühstücken und schauen den Schulkindern während ihres Sportunterrichts am Wasser zu.

Die ruhige Hafenstadt Puerto Madryn ist das Tor nach Patagonien. Hier beginnt die unendliche, kalte, windige und kahle Einöde, die wir unbedingt kennenlernen wollen. Doch davon spüren wir nichts. Statt frostiger Kälte grüßen warme Sonnenstrahlen vom Himmel. Gegen Mittag füllt sich der Strand mit Badegästen. Bei weit mehr als 20°C springen sie in die kühlen Fluten des Atlantiks und lassen uns mit offenen Mündern staunend in der Ecke stehen. Das entbehrungsreiche Patagonien unserer Fantasie will so überhaupt nicht mit der angenehmen Realität zusammenpassen.

Die erste Gelegenheit, um unsere Idee Patagoniens zu überprüfen, bietet das nahe gelegene Naturreservat auf der Halbinsel Valdés. Zwischen zwei Buchten liegt das flache und trockene Land, auf dem nur ein paar anspruchslose Sträucher ihre dürren Äste gegen den unablässig wehenden Wind drücken. Hin und wieder lassen sich Nandus oder Guanakos blicken. Das war's.

Interessant ist jedoch das Leben im und am Wasser. Seelöwenkolonien dösen am Strand und lassen sich die Sonne auf das dicke Fell scheinen. Ab und an reckt einer von ihnen den speckigen Hals in die Höhe, um ein unmotiviertes Röhren von sich zu geben, bevor der schwere Kopf wieder auf den Sand zurück fällt. Ein faules, ein gemächliches Leben, das nur selten von einem missmutigen Grunzen unterbrochen wird.

Ganz anders sind dagegen die hier ebenfalls lebenden Magellan-Pinguine. Sie stehen, herausgeputzt in feiner Abendgarderobe, mit geschwellter Brust am Ufer und schauen hinaus aufs Meer. Ihr tollpatschig watschelnder Gang macht die kleinen Herren dabei noch etwas liebenswerter. Hin und her spazieren sie über den Sand und lassen es sich nicht nehmen, auch uns einen kurzen Besuch abzustatten. Eine leichte Verbeugung und schon ist die vornehme Gesellschaft wieder in eine andere Richtung unterwegs.

Während der Norden der Halbinsel Valdés für die dort lebenden Tiere reserviert ist, vergnügen sich im Süden des Reservats die Menschen. Am Strand von Puerto Pirámides ahmen sie die Seelöwen nach und liegen faul im Sand herum oder watscheln wie die Pinguine am Ufer entlang. Ein paar Mutige steigen sogar ins kalte Wasser der Bucht.

Abends kehren wir zurück nach Puerto Madryn, zurück zu Francisco, und stärken uns mit Milanesa, Nudelsalat, Wein und Bier. Francisco ist Musiker und wir verbringen schwatzend viele Stunden bis weit in die Nacht hinein und lauschen seinen Künsten auf dem Keyboard und an der Gitarre.

Feuerland, Ushuaia und das Ende der Welt (Argentinien)

Noch 1.400 km auf der südlichen Panamericana liegen vor uns. Die letzten 1.400 km. Dann endet die Straße. Unser Ziel heißt Ushuaia, die südlichste Stadt dieser Hemisphäre. Das Ende der Welt.
Aber noch scheint die patagonische Sonne. Mein Eis für Stimmungstiefs habe ich bereits hinter mir. Die Autos rasen an uns vorbei. Kein freundlicher Blick, keine nette Geste, keine aufmunternden Worte, kein Lächeln. Es ist Montag morgen. Für so etwas bleibt wohl keine Zeit.
Ich gehe wieder zurück in den kleinen Shop der Tankstelle. Ich suche Aufmunterung und finde Milchreis. In mich und meinen Milchreis versunken, starre ich auf den dreifach gerollten Stiernacken vor mir. Der massige Besitzer trägt eine plumpe Goldkette und ein noch plumperes rotes Hawaii-Hemd. Sein Gegenüber bietet ein ähnliches Bild. Immer wieder dreht sich der Stiernacken zu mir um, zeigt mir sein mit Goldzähnen bestücktes Lächeln, tuschelt mit dem zweiten Stiernacken und lacht.
Ich bin gerade nicht zu Späßchen aufgelegt. Eher angriffslustig.
Ich möchte gerade ansetzen, da ruft er mir zu: „Wohin wollt ihr?" Ich verstehe nicht ganz. „Was steht da auf dem Schild?" Auf seinem fleischigen Finger prangt ein wenig dezenter Goldring. Beide zeigen nun durch das Tankstellenfenster hinaus auf die Straße, wo mein Weggefährte heldenhaft noch immer unseren Schreibblock in die Höhe hält.
„Richtung Süden", antworte ich knapp. Die beiden jungen Männer sind mir nicht geheuer. Sehen sie doch aus wie die Karikatur zweier Drogenbosse aus den 90er Jahren. Wieder Tuscheln. „Wir können euch mitnehmen", sagt der Stiernacken schließlich. Sein fleischiger Finger zeigt erneut aus dem Fenster. Diesmal aber auf den schneeweißen und nagelneuen Mercedes, der ebenfalls wenig dezent vor der Tankstelle thront.
Bei genauerem Hinsehen muss ich lachen. Der Sportwagen besitzt nicht einmal ein Nummernschild. Noch bevor ich antworten kann, macht mir der Stiernacken ein Angebot, das ich trotz aller Bedenken nicht ausschlagen kann. „Wir fahren bis nach Comodoro." Fast 500 km in unsere Richtung. Ein Glücksgriff.
Etwas beschämt verstauen wir wenig später unsere staubigen Rucksäcke in den fabrikneuen Kofferraum. Zärtlich streicht der Stiernacken über den weißen Lack während wir etwas angespannt auf der Rückbank Platz nehmen. Seine Stimme hat nun einen wohlig-weichen Klang. Im Rückspiegel sehe ich seine Goldzähne aufblitzen.

Per Anhalter nach Feuerland

Der Bass wummert hinter unseren Köpfen, während der Neuwagen über die einsamen und nicht enden wollenden patagonischen Straßen gleitet. Irgendwann erspähen meine Augen eher zufällig den Tacho, der gediegene 180 km/h anzeigt. Dies macht mich allerdings erst stutzig, als wir an einem Schild vorbeirauschen, das eine Höchstgeschwindigkeit von 40 km/h angibt. Meine Augen weiten sich kurz. Doch ich möchte mich nicht beschweren. In Windeseile erreichen wir Comodoro.
Nach wenigen Minuten an der nächsten Tankstelle hält Julio. Julio transportiert in seinem Lastwagen 20.000 kg Rindfleisch und steuert – gemeinsam mit zwei Kollegen mit gleicher Fracht – einen Supermarkt auf Feuerland an. Gut 200 km vor Ushuaia. Noch ein Glücksgriff. Julio ist typisch argentinisch, möchte man meinen. Entspannt, gutgelaunt und redselig.
Wir rattern mit 40 km/h über die Panamericana bis die kalte Nacht herein bricht. Auf seinem tragbaren DVD-Player schauen wir ‚Waterworld', während wir auf der riesigen Gaskartusche zwischen den Vordersitzen Wasser für seinen Mate-Tee erhitzen. Über Nacht dürfen wir es uns in seinem Bett bequem machen, während er weiter durch die Dunkelheit fährt.
Am Mittag des nächsten Tages erwartet uns jedoch eine schlechte Nachricht. Das Kühlsystem ist ausgefallen. 20.000 kg argentinisches Rindfleisch sind in Gefahr. Während Julio eine Werkstatt aufsucht, stehen wir, noch vor der chilenischen Grenze, wieder an der Straße. Nach knapp zwei Stunden

halten Toni und Felix. Zwei Deutsche, die in einem umgebauten Transporter den weiten Weg von Kanada bis nach Argentinien gewagt haben. Mit ihnen passieren wir die chilenische Grenze und setzen mit der Fähre über die Magellanstraße, die Feuerland vom Festland trennt. Wir können es kaum erwarten. Als schmaler Streifen taucht am Horizont die Küste Feuerlands vor uns auf.

Unsere ersten Schritte auf der Insel, hier am südlichsten Ende der Welt, sind magisch. Die Sonne steht tief und verzaubert die riesige Tundra, die bis zum Horizont gefüllt ist mit wolligen Schafen, in ein weites großes Meer aus Goldtönen. Die Fahrt über klebe ich an der von Steinschlag gezeichneten Scheibe des Lastwagens, der uns auf der ruckeligen Schotterstraße weiter bis zur nächsten Grenze bringt und starre wie gebannt auf die geschwungenen goldenen Hügel.

Es ist Nacht, als wir die Grenze passieren und wieder in Argentinien einreisen. Die Zollbeamten bieten uns an, unser Nachtlager im unbenutzten Wartesaal aufzuschlagen. Am nächsten Morgen werde ich grinsend geweckt. Julios Besuch der Werkstatt war erfolgreich und auch er hat die Nacht hier an der Grenze verbracht. Er nimmt uns bis Rio Grande, 200 km vor Ushuaia, mit. Die letzten Kilometer legen wir mit einem Kayakfahrer aus Peru und einer argentinischen Familie zurück.

Nach drei Tagen und Nächten erreichen wir, uns nach einer Dusche sehnend und völlig übermüdet, endlich unser Ziel: Ushuaia.

Trotz der Müdigkeit, die uns noch in den Knochen sitz, verzaubert uns auch Ushuaia vom ersten Augenblick an. Vor der Kulisse der schneebedeckten Andengipfel liegt die kleine Stadt mit ihren bunten Holzhäuschen malerisch um die geschwungene Bucht des tiefblau leuchtenden Beagle-Kanals herum. Alles ist auf tiefe Winter eingestellt. Viele Stufen vor der Eingangstür und ein bis auf den Boden reichendes Dach schützen die Häuser vor den Schneemassen, die hier den langen Winter über liegen. Und dabei erinnern sie ein bisschen an kleine Zwergenhäuschen.

Gegründet wurde die Stadt als Sträflingskolonie und auch heute noch kann man das sternenförmig angelegte Gefängnis besuchen, in das man zu Beginn des 20. Jahrhunderts Gewaltverbrecher und politische Gefangene so weit weg wie nur möglich hinter Schloss und Riegel wissen wollte.

Heute lebt die Stadt hauptsächlich vom Tourismus und von Fabriken, die hier steuerfrei produzieren können. Reihenweise Lastwagen bringen Einzelteile aus Buenos Aires hierher, um später das fertige Produkt wieder 3.000 km zurück in die Hauptstadt zu befördern.

Die Touristen-Vielfalt ist enorm. Alle zieht es hierher, an das Ende der Welt.

Bereits auf dem Weg teilten wir mit einigen Reisenden die Straße, die mit großem Rucksack, kleinem Budget und ausgestrecktem Daumen ihren Traum wahrmachen. Naturliebhaber, deren Rucksack vor lauter Outdoor-Überlebenskampf-Zeug nur so überquillt sind ebenso dabei wie Familien in Wohnmobilen, Bikerkolonnen und verrückte Fahrradfahrer, die den weiten Weg über die Panamericana, die in Alaska beginnt, gemeistert haben.
Nicht unerwähnt bleiben dürfen die vielen Kreuzfahrttouristen, die den größten Teil der Gäste hier ausmachen. Mit spezieller Funktionskleidung im Wert mehrerer durchschnittlicher Monatsgehälter ausgestattet, halten sie hier ihren kurzen Landgang ab und gehen nach einem kurzen Rundgang durch die Souvenirshops in eines der vielen feinen Restaurants und Cafés, bis es wieder zurück auf die großen Schiffe geht, die Ushuaias Hafen belegen.
Doch eines haben alle Touristen gemeinsam. Niemand wollte schlecht ausgestattet sein für die eisige Kälte, die einem hier am Ende der Welt ins Gesicht geblasen wird. So füllen sich die Straßen mit in Gore-Tex gekleideten Menschen. Und nicht selten sieht man sie sich schwitzend von mehreren Kleidungsschichten befreien.
Zwar gibt es keine Stadt, die südlicher liegt als Ushuaia, dennoch befinden wir uns hier auf dem 54. Breitengrad und sind damit so weit vom Südpol entfernt, wie Kopenhagen vom Nordpol. Bei angenehmen 17 Grad und Sonnenschein kann man es sich hier gut gehen lassen. Vor wenigen Tagen noch, im Januar, schmissen sich hier die Einheimischen bei über 20 Grad in die kalte See.
Doch die knapp 60.000 Einwohner Ushuaias fallen hier im Sommer vor lauter Touristen kaum auf. Die Stadt ist nun vollkommen auf den Tourismus ausgelegt. Ein Biber begegnet mir auf der Hauptstraße und drückt mir ein Werbeprospekt über Shops und Restaurants der Stadt in die Hand. Etliche Schilder, die den Namen ‚Ushuaia' oder ‚Fin del mundo' tragen, bieten beliebte Fotomotive, genauso wie Richtungsweiser, die die Entfernungen zu allen möglichen Hauptstädten angeben.
‚Fin del mundo', das Ende der Welt. Hiermit scheinen alle zu prahlen. Das südlichste Internetcafé der Welt, die südlichste Disco der Welt. Wir hörten vom südlichsten Klo der Welt und bald sollen noch mehr Touristen angelockt werden; und zwar mit den südlichsten Skipisten der Welt. Ach ja. Den südlichsten Irish Pub der Welt gibt es hier natürlich auch (und zwar gleich mehrere davon).
Nichtsdestotrotz, Ushuaia bleibt aufregend charismatisch und gemeinsam mit unserer herzlichen Gastgeberin Belén und ihren Kindern tauchen wir einige Tage hinab in diese Welt, an deren Ende wir nun angekommen zu sein

scheinen. Wir sehen viele Kreuzfahrtschiffe kommen und gehen, bis wir uns zu einer Fahrt auf dem Beagle-Kanal entschließen.
Das Wetter hat sich gedreht. Der Wind pfeift und die Berggipfel ragen nun schneebestäubt hoch in den grauen Himmel. Der Beagle-Kanal leuchtet schwarz und eisig, während die US-amerikanische Star Princess unauffällig 13-stöckig im Hafen liegt. Die Sicht auf Ushuaia vom Wasser aus (was man neben der Star Princess noch sehen kann) fesselt. Der pfeifende Wind und der entsprechende Wellengang tragen dafür Sorge, dass die betagten Herrschaften auf unserem Schiff schon nach kurzer Zeit damit beschäftigt sind, Erbrochenes in die kalten Fluten zu kotzen.
Die Seelöwen- und Kormorankolonie, die sich auf den Felsen weit draußen im Kanal tummeln, sind nur mit einigem Kraftaufwand zu bewundern. Das Schiff schaukelt heftig und der Wind lässt die Gesichter in kürzester Zeit einfrieren. Eine Möwe über unseren Köpfen hebt ihre Flügel im Sturm. Während die Touristenherde mit angewinkelten, weit auseinander stehenden Beinen, einhändig ihre Kameras einstellt, hält sie sich mit der anderen Hand verzweifelt am Geländer des Schiffes fest. Die Fahrt auf dem Beagle-Kanal gleicht einem Rodeoritt.
Spektakulär klatscht das dunkle Wasser an die Felsen, brechen sich die Wellen. Selbiges Bild am Faro les Eclaireurs, dem südlichsten Leuchtturm der Welt. Es ist kaum noch möglich, aufrecht zu stehen, geschweige denn auf dem Schiff zu gehen. Mehrere Mutige scheitern, stürzen zu Boden.

Faro les Eclaireurs im Beagle-Kanal

Ein Rundgang auf der kleinen Isla H verschafft uns wieder festen Boden unter den Füßen. Über der kargen Vegetation erheben sich die verschneiten Gipfel. Wir sind mitten in der Tundra. Noch weiter im Süden gibt es nur noch Schnee, Eis und die antarktische Kälte.

Tierra del Fuego: Unterwegs auf Feuerland (Argentinien)

Tierra del Fuego – das Land des Feuers. Eine zerkrümelte und zerklüftete Inselgruppe an der Südspitze Südamerikas. Die südlichste Stadt der Welt, Ushuaia, haben wir hinter uns gelassen. Jetzt gilt es, das kaum bewohnte, raue Umland zu erforschen.

Die letzten Höhenzüge der Anden sorgen hier für verschiedenste Klimata. Die massiven Felswände wechseln sich mit der Halbwüste, mit kaltem Regenwald, mit subantarktischer Tundra und mit immergrünen Wäldern ab. Die schneebedeckten Berge erheben sich am Ende des Horizonts hinter unendlich erscheinenden Trockensteppen und riesigen Mooren. Diese ungeschliffene Naturschönheit, so rau und unnahbar, verzaubert uns.

Der Gletscher Martial liegt etwa 1.000 Meter hoch über Ushuaia. Ein Sessellift nimmt den Besuchern einen großen Teil des langwierigen Anstiegs ab und so schweben auch wir über Geröll, dichten Wald und Wasser in die Höhe. Oben angekommen spazieren wir durch einen bezaubernden Südbuchenwald, der Kindheitserinnerungen an Märchenstunden wieder aufleben lässt. Ein weiterer kurzer aber steiler Anstieg über rutschiges Geröll bringt uns bis zum Gletscher. Hinter uns erstreckt sich der Beagle-Kanal, die chilenische Seite Feuerlands und Ushuaia.

Unser Besuch des Nationalparks Tierra del Fuego startet am – wie sollte es anders sein – angeblich südlichsten Postamt der Welt. Durch moosbewachsene feuchte Wälder und karge Steppenlandschaften schlängeln wir uns im Nationalpark an der Küste des Beagle-Kanals und mehrerer wunderschön gelegener Seen und Lagunen entlang. Dahinter ragen die schneebedeckten Anden in den nebligen Himmel. Auf dem großen grauen Parkplatz des Parks, wo ein Kondor über unseren Köpfen seine Runden dreht, endet ein wenig unspektakulär nach fast 18.000 km die Panamericana.

Fast gänzlich umgeben von den Anden führt uns unsere Wanderung zur Laguna Esmeralda durch Sumpf, Moore und matschige Wiesen. Der Fluss, an dem aus Kanada eingeschleppte Biber ihr Unwesen treiben, aber auch beeindruckende Biberbauten konstruieren, schimmert milchig-blau. Die Wolken hängen, so wie es hier sein sollte, dick und flauschig am Himmel. Wir verlassen den Fluss und marschieren durch Wald und Sumpf. Als wir das milchige Wasser wieder entdecken, sind wir fast bis zu den Knien mit Schlamm bedeckt.

Als schmaler Bach schlängelt es sich nun fast reißend in dem von Steinen überquellenden Flussbett durch eine saftig-hellgrün schimmernde Gras- und Moorlandschaft. Im Hintergrund ragen die Berge, grün bewachsen und schneebedeckt in den wolkenverhangenen Himmel empor. Wir folgen dem Fluss, bis zu seinem Ursprung, der von Bergen umgebenen Laguna Esmeralda.
Auf dem Rückweg müssen wir Feuerland unseren Tribut zollen. Ein federleichter, gekonnter Sprung über ein schmales Sumpfloch wird mir zum Verhängnis. Das Gras dahinter tut nur so, als wüchse es auf festem Boden. Gänzlich mit Schlamm besudelt schaue ich lachend in die raue, nicht enden wollende Landschaft. Am Himmel bezaubernde, dicke Wolken, die bedrohlich in einem tiefen Grau über uns thronen. Danke, Feuerland.

Trekking deluxe – Die W-Route im Torres del Paine NP (Chile)

Nationalpark Torres del Paine, W-Route / Dauer: 5 Tage / Distanz: 91,6 km / Gehzeit: 38 h.

Tag 1: *Refugio Paine Grande – Refugio Grey / Distanz: 11 km / Gehzeit: 4 h*
Die mehr als 2.000 Meter senkrecht aus dem kargen patagonischen Boden aufragenden Türme des Torres del Paine Massivs geben nicht nur dem Gebirge seine unverwechselbare Silhouette, sondern auch dem Nationalpark Torres del Paine im chilenischen Teil Patagoniens seinen Namen. Doch sind

Raues Feuerland

es nicht nur diese gigantischen grauen Türme, die diesen Nationalpark zum unbestritten schönsten und beeindruckendsten Südamerikas machen.
Das launische patagonische Wetter ist jetzt, in den warmen Sommermonaten, noch am ehesten kalkulierbar. Aber auch horrende Preise und strömende Menschenmassen sind in dieser Jahreszeit nicht zu vermeiden. Hotels und Einrichtungen mit einem hohen Standard machen diesen Nationalpark auch für komfortsuchende und großzügig zahlende Besucher zu einem Anziehungspunkt. Mehr als 200.000 Besucher jährlich sprechen Bände. Und auch wir sind nicht alleine.
An der Administration, an die wir in überfüllten Bussen des Nationalparks gekarrt werden, stehen wir etliche Minuten Schlange, bis wir den üppigen Eintrittspreis bezahlen dürfen. Obligatorisch ist auch ein kurzer Einführungsfilm, der uns in einem extra dafür vorgesehenen Raum, dreisprachig untertitelt, präsentiert wird.
Nochmal greifen wir tief in die Tasche, um mit einem Katamaran über den See Pehoé zum Start der W-Route befördert zu werden. Der Katamaran ist zum Bersten gefüllt. Reihe um Reihe werden die bunten Trekking-Rucksäcke bis in den Himmel aufgestapelt. Verschiedenste Sprachen, grelle Funktionskleidung, unbefleckt und tadellos, die neuste Technik, extra für diesen Tag angeschafft – all dies umgibt uns wie in einem Albtraum. 40 Minuten lang.
Am nördlichen Ende des Sees Pehoé steigen wir aus. Es ist Mittag. Ein Großteil der Besucher verabschiedet sich nun in das Refugio Paine Grande, das am See thront. Für sie scheint der heutige Tag bereits beendet. Rollkoffer werden über den Schotterweg gezogen.
Vor uns und Luisa, unserer Begleitung für die nächsten Tage, liegen noch 11 km bis zum Refugio Grey. Dicker patagonischer Dunst liegt feucht in der Luft. Der Weg schlangelt sich durch eine schmale Schlucht. Und auch wir kämpfen uns durch eine undurchsichtige, karg bewachsene Berglandschaft, bis wir die kleine, nebelverhangene Laguna Los Patos erreichen. Die Vegetation wird dichter. Nach einem kurzen Waldabschnitt kündigen vereinzelt hellblau leuchtende Eisbrocken in dem vor uns liegenden See Grey das Highlight des heutigen Streckenabschnittes an.
Die eisigen Brocken werden größer und zahlreicher. Vor uns liegt nun der Gletscher Grey, der die westliche Seite des Nationalparks einnimmt. Die Größe des Gletschers ist nicht auszumachen. Wir sehen quasi nur die Spitze des Eisbergs, von Dunst umgeben, am Ende des Sees, bis weit über unsere Sichtweite hinaus wachsend. Weitere 1,5 Stunden leichten Aufs und Abs liegen noch vor uns. Gegen 17 Uhr erreichen wir das Refugio Grey. Ein Wald voller bunter, dicht aneinander stehender Zelte begrüßt uns.

Ein Fuchs schnüffelt umher und sucht an den Zelten der Besucher nach etwas Fressbarem. Die Gruppe junger Reisender mit Guide, vor der wir am Gletscher noch das Weite suchten, ruht sich in den Liegestühlen vor ihrer Unterkunft aus. Gute Duschen, warmes Wasser – auch das Campen hier hat seinen Preis. Gekocht werden soll in der eigens dafür vorgesehenen ‚Küche'. Ein bestuhlter Raum, dessen Inneres wir vor lauter Dampf kaum erkennen können. An langen Biertischen kochen die Campingkocher hier nebeneinander ihr Abendsüppchen.

Tag 2: *Ziel: Campamento Italiano / Distanz: 22,6 km / Gehzeit: 8 h*
Das Refugio Grey liegt bereits am nordwestlichen Ende der W-Route. Wir laufen jedoch eine weitere halbe Stunden Richtung Norden, um zum Aussichtspunkt Grey zu gelangen. Von hier aus eröffnet sich eine weitere Sicht auf den Gletscher Grey.
Der Nachteil einer W-Route liegt natürlich darin, dass man insgesamt drei Streckenabschnitte doppelt laufen muss. Also laufen wir nun die gestrigen 11 Kilometer bis zum Refugio Paine Grande wieder zurück. Jedoch verziehen sich die Wolken und das dunstige Wetter weicht einem blauen Himmel und Sonnenschein. So genießen wir nochmal die Aussicht auf den Lago Grey und den Gletscher.
Hinter der Laguna Los Patos zeichnen sich nun schneebedeckte Gipfel ab, deren Anblick uns gestern noch verwehrt blieb. Erneut durchlaufen wir die schmale Schlucht in ihren kargen Erdtönen, um nach fünf Stunden Gehzeit am Anlegepunkt des Katamarans am Lago Pehoé anzukommen. Noch liegen weitere 8 km vor uns.
Rechter Hand ergießt sich der kleine und leuchtend blaue See Skottsberg. Linker Hand erhebt sich in der Entfernung das über 3.000 Meter hohe Massiv des zerklüfteten Cerro Paine Grande. Wir laufen durch ein gespenstisches Meer aus verkohlten Bäumen. Ein schwarzes Loch, das vor uns klafft. Und das inmitten saftig grüner Landschaften. Ein unachtsamer Besucher hat hier 2005 einen Großbrand verursacht, der 10% des gesamten Parks vernichtete. Immer näher kommen wir dem gezackten Massiv, auf dessen linker Seite nun wie unwirklich ein fast quadratisch wirkender Felsbrocken zu sehen ist. Gegen 18 Uhr erreichen wir über eine klapprige Hängebrücke unser Ziel, das Campamento Italiano. Einige Besucher sitzen hier neben ihren Rucksäcken. Zelte sind nicht zu sehen. Die Stimmung scheint gedrückt.
Ein Nationalparkmitarbeiter kommt auf uns zu und erklärt uns kurz, dass dieser Campingplatz, einer der wenigen kostenlosen des Nationalparks, geschlossen ist. Ein Umstand, der uns jetzt zur Hauptsaison nicht einleuch-

Bergmassiv im Nationalpark Torres del Paine

ten möchte. Wir werden gebeten, das nächste Refugio in 6 km Entfernung aufzusuchen. Mehr als 22 km liegen bereits hinter uns. Jetzt noch, es dämmert bereits, weitere 6 km zu laufen, erscheint uns gänzlich unmöglich.
Wir entfernen uns einige Meter und bauen unser Zelt auf. Weitere Besucher schließen sich uns an. Als die Parkwächter das bunte Heer aus Zelten entdecken, scheint es bereits zu spät, um einzugreifen. Wir dürfen bleiben.

Tag 3: *Ziel: Refugio Los Cuernos / Distanz: 20,5 km / Gehzeit: 9 h*
Wir sind in der Mitte des ‚W'‘s angekommen. Vom Campamento Italiano wollen wir nun durch das Valle Francés bis zum Aussichtspunkt am Campamento Británico. Unsere Rucksäcke lassen wir mit einem etwas mulmigen Gefühl am Campamento Italiano zurück, welches wir nach 6 Stunden und 15 km wieder erreichen sollen.
Der Weg führt uns durch Wald und matschige Abschnitte steil nach oben. Das letzte Stück ziehen wir uns unter einigem Kraftaufwand an eigens dafür vorgesehen Tauen den matschigsten und auch steilsten Abschnitt nach oben. Diesen Weg mit den Rucksäcken zu bewältigen, erscheint uns gerade vollkommen unmöglich. Oben angekommen, eröffnet sich vor uns ein sagenhafter Blick auf das grüne Tal Francés, die uns einkreisende Berglandschaft und den See Nordenskjöld. Das Massiv des Cerro Paine Grande erhebt sich nun in seiner ganzen Pracht vor uns.

Ein anstrengendes Auf und Ab entlang eines schmalen Kamms führt uns zu einem milchigen Fluss. Dicke Eisschichten thronen meterdick auf den Gipfeln der Berge. Immer wieder hören wir tosende Lawinen und das laute Knacken des Eises. Gigantische Schneewolken, welche die Gipfel verschwinden lassen, machen uns deutlich, welche Kräfte dort oben wirken. Der Weg endet auf einer großen Lichtung vertrockneter Bäume. Die Sonne brennt. Die skurril gezackten Gipfel erheben sich nun an allen Seiten.
Die Anstrengungen des Hinwegs sind jedoch nichts im Vergleich zu dem, was uns jetzt erwartet. Eine weitere halbe Stunde ist es noch bis zum Aussichtspunkt, welche wir halb gehend, halb auf allen Vieren kletternd hinter uns bringen. Am Aussichtspunkt angekommen, erheben sich die Berge nun in ganzer Pracht rings um uns. Die sonderbar geformten Gipfel einer einmaligen Silhouette. Auf einer Seite liegt uns das breite grüne Tal zu Füßen, aus dem der milchige Fluss rauschend zu hören ist. Wir sehen die Rückseite des Torres del Paine Massivs und bekommen eine leichte Ahnung von dem, was uns am fünften Tag unserer Wanderung erwartet.
Der lange rutschige Weg zurück zum Campamento Italiano, wo wir wieder unser Gepäck aufnehmen, ist noch nicht das Ende des heutigen Tages. Weitere 6 km sind es noch bis zum Refugio Los Cuernos, unserem Ziel für den dritten Tag. Auf flacher grüner Wiesenlandschaft umrunden wir das Massiv Cuernos del Paine. Eine weitere Stunde laufen wir unter der brennenden Sonne entlang des in der grünen Landschaft erfrischend blau leuchtenden Sees Nordenskjöld, der jetzt in unmittelbarer Nähe vor uns liegt.
Im Hintergrund ragen vereiste Gipfel in den Himmel. Der stille See bietet eine willkommene Abkühlung für unsere müden Füße. Nach einer weiteren halben Stunde erreichen wir das Refugio Los Cuernos. Wir genießen die noch starke Nachmittagssonne am See. Nach dem heutigen Tag erscheint mir das Refugio unwirklich luxuriös. Inmitten dieser wilden Naturschönheiten erwartet den zahlenden Gast hier mehr als nur willkommener Komfort.
Das Refugio ist gefüllt mit gut zahlenden, alternden Gästen. Neben mir auf der Terrasse erblicke ich einen Zigarre rauchenden Mann mit ergrautem Haar. Seine hagere Frau nippt an einem Glas Rotwein. Einige Plätze weiter plauscht ein Herr gerade mit dem Guide seiner Gruppe. Auf der gekühlten Bierflasche ‚Austral' in seiner Hand prangt exakt das Bild des Bergmassivs, auf welches er gerade entspannt blickt. Sogar die Perspektive stimmt, stellt dieser freudig fest. Ich erkundige mich – naiver Weise – nach dem Preis eines Bieres, und ziehe es dann lieber vor, im Zelt eine Portion Instantnudeln zu verspeisen.

Tag 4: *Ziel: Campamento Torres / Distanz: 19,5 km / Gehzeit: 9 h*
Wir entfernen uns vom gezackten Massiv der Cuernos del Paine. Die Perspektive verändert sich, bis sie bald nicht mehr mit dem berühmtem Bierflaschenmotiv übereinstimmt. Durch eine weite flache Graslandschaft laufen wir am leicht geschwungenen Ufer des Sees Nordenskjöld entlang. Die Vegetation wechselt zwischen karger Felslandschaft, grünen Wiesen und niedrigen Sträuchern.
In der nicht enden wollenden Weite funkeln blaue Lagunen und erheben sich mächtige Gipfel. Ich hingegen habe einen Mordshunger. Unsere Rechnung ist nicht aufgegangen. Um das Gepäck so leicht wie möglich zu halten, hatten wir Folgendes geplant: Zum Frühstück in Wasser aufgelöster Haferschleim. Abends eine Packung Instantnudeln. Zwei Pakete Kekse sollten als Wegzehrung im Laufe der Tage dienen. Von denen war aber schon nach dem zweiten Tag kein Krümel mehr übrig.
Der steile Aufstieg zum Campamento Chileno raubt mir meine letzten Kraftreserven. Meine abendliche Portion Instantnudeln muss ich vorziehen, um die folgenden 5 km bis zum Campamento Torres zu überstehen.
Dem Aufstieg folgt ein Abstieg, ein Aufstieg, ein Abstieg. Wir wandern nun in die Schlucht hinunter, an der wir seit geraumer Zeit entlanglaufen. Unten am Fluss angekommen, kann es eigentlich nicht mehr weit sein. Die letzte Etappe zieht sich jedoch bis ins Unendliche. Noch eine Kurve, noch ein Aufstieg, noch ein Abstieg, noch mehr Wald – dann ist es endlich geschafft. Das Campamento Los Torres liegt versteckt zwischen Bäumen.
Eine Menge Wanderer haben sich hier, am Fuße des Torres del Paine Massivs, eingefunden. Sie haben dasselbe Ziel wie wir: Die senkrecht aus dem Erdboden gestampften Türme del Paine im Licht der aufgehenden Sonne zu bewundern. Heute gibt es auch zum Abendessen kaum noch zu ertragenden Haferschleim. Um 20 Uhr liegen wir in unseren Zelten. Der nächste Tag wird früh beginnen.

Tag 5: *Ziel: eine heiße Dusche, ein Bett und gutes Essen / Distanz: 18 km / Gehzeit: 8 h*
Wir stehen um 4:45 Uhr auf. Es ist dunkel und erschreckend kalt. Es ist so kalt, dass man plötzlich alles in Frage stellt. Was zum Teufel machen wir hier überhaupt? Und wofür eigentlich? Zum Aussichtspunkt des Torres del Paine liegt eine 45-minutige Kletterpartie vor uns. Natürlich haben wir keine Taschenlampe dabei. Im Schein des Mondes stolpern, klettern und quälen wir uns nach oben.
Die Hände sind eingefroren und haben kaum noch die Kraft, sich festzukrallen. Es ist steil, rutschig und eisig. Die kalte Luft schmerzt in den Lungen,

welche angestrengt nach Luft japsen. In einiger Entfernung sehen wir motivierte Kletterer nach oben rasen. Sind wir etwa schon zu spät?
Eine Gruppe deutscher Wanderer, die angestrengt atmend eine Pause einlegt, murmelt etwas von Frodo und dem letzten schweren Gang. Ich versuche wegzuhören und einfach immer weiter zu gehen. Schleppe mich weiter – halb tastend, halb kletternd – nach oben. Die kleinen Grüppchen teilen sich auf. In der Dunkelheit ist der richtige Weg nicht mehr zu erkennen. Noch unter schwarzem Himmel erreichen wir den Aussichtspunkt. Nicht wenige haben ihre dicken Schlafsäcke mit nach oben gebracht. Keine schlechte Idee, wie ich nun eingestehen muss.
Bibbernd vor Kälte warten wir. Die Türme liegen direkt vor uns, ragen hinter einer kleinen Lagune unwirklich steil hinauf in die dunkle Nacht. Die Dunkelheit bricht auf, irgendwo scheint die Sonne aufgegangen zu sein. Der Himmel über uns verwandelt sich in ein sanftes, schwaches Blau. Der See funkelt nun türkis. Eine gefühlte Ewigkeit vergeht. Überall ist es nun bereits taghell.
Dann schafft es die Sonne endlich über die Berge. Nun leuchten, kaum merklich, nur die äußersten Spitzen der Türme in einem hellen Rot. Immer weiter reicht die Röte, bis sie die Türme gänzlich in ein spektakuläres Rot hüllt. Die Kälte, die Anstrengung – Angesichts dieses Anblicks scheint nun alles vergessen.
Wenige Minuten zeigen die Türme, wofür sie berühmt und berüchtigt sind. Das leuchtende Feuerrot spiegelt sich golden im See wider, verliert sich bis

Aussicht auf den Gletscher Grey

in das sanfte Licht des anbrechenden Tages. Um 8 Uhr erreichen wir erneut das Campamento Torres. Zwei Stunden später gibt es Haferschleim-Frühstück am Campamento Chileno.
Am Nebentisch isst ein Paar eine Dose Thunfisch gemischt mit einer Dose Kidneybohnen und einer Tomate. Ein Festmahl in meinen Augen. Ausgehungert kann ich kaum den Blick abwenden; werde befremdlich von dem schmausenden Pärchen entdeckt. Weitere drei Stunden Fußmarsch bis zur Laguna Amarga. Im Shop am Ausgang des Parks gönne ich mir einen erbärmlichen Hot Dog und eine Cola. Es ist der beste Hot Dog, den ich je gegessen habe.
Noch eine Busfahrt und wir werden wieder von unserer chilenischen Couchsurfing-Familie in Puerto Natales empfangen. Wie immer ist das Haus gefüllt mit anderen Couchsurfern. Wie wir sind sie gerade aus dem Park zurückgekehrt oder machen sich bald auf, ihn zu besuchen. Heute zaubern wir allen und vor allem uns selbst einen wohl verdienten Gaumenschmaus: Käsespätzle und eine große Portion Mousse au Chocolate zum Nachtisch.

Crushed Ice – Der Gletscher Perito Moreno (Argentinien)

Aus den Weiten Patagoniens kommend, stehen wir plötzlich und ohne Vorwarnung mitten im größten Touristenmagneten des argentinischen Südens: El Calafate. Aus allen Himmelsrichtungen strömen die Gäste in das kleine Dorf und überlaufen es regelmäßig in großen Horden. Sie alle haben dasselbe spektakuläre Ziel: den nahegelegenen Nationalpark Los Glaciares und den Gletscher Perito Moreno.
Auf der Rückbank eines Mietwagens zweier Studenten gelangen auch wir in den Nationalpark, der den argentinischen Teil des Campo Hielo Sur schützt: das drittgrößte kontinentale Eisfeld der Welt, gleich hinter der Antarktis und Grönland. Mit einer Fläche von 16.800 km^2 ist diese Eismasse größer als Thüringen und erstreckt sich über weite Teile der patagonischen Anden. Die Hauptattraktion des Parks ist der Gletscher Perito Moreno, dessen riesige gefurchte, von Zacken und Rissen gekennzeichnete Eismasse nun vor uns liegt. Sein Ausläufer reicht bis weit in den Lago Argentino, den größten See des Landes, hinein, von dessen gegenüberliegendem Ufer sich uns ein atemberaubender Panoramablick auf den Gletscher bietet.
Etliche Laufstege und Aussichtsplattformen erlauben beeindruckende Ausblicke auf den Riesen aus Eis, dessen Abbruchkante nur wenige hundert Meter von uns entfernt über die Fluten des Sees hinausragt. Zum Greifen nah erscheint der Gigant, dessen Eismasse die Luft auf den Aussichtsplattformen merklich abkühlt. War uns wenige Minuten zuvor noch viel zu warm, so ziehen wir jetzt unsere Wollmützen bis tief ins Gesicht, um uns vor dem eiskalten Wind zu schützen.

Bis zu 70 Meter erheben sich die spitzen, bläulich schimmernden Zacken des Gletschermassivs an seiner Abbruchkante empor, bevor sie sich in der warmen Nachmittagssonne knarrend vom Rest der Eisfront lösen und krachend in die Tiefe stürzen. Ein Phänomen, das uns vor allem mit seiner Lautstärke beeindruckt. Das Knacken, Knarren und Krachen ist selbst bei vergleichsweise kleinen Abbrüchen ohrenbetäubend. Einige der Brocken, die laut donnernd auf das Wasser aufschlagen, sind dagegen so groß wie Eisenbahnwaggons oder Reisebusse.

Gelegentlich bricht sogar ein vollständiges Stück der Eiswand, fällt tosend hinab und verursacht beim Aufschlag auf die Wasseroberfläche eine Flutwelle, die sich bis weit auf den See hinaus ausbreitet. Ein Spektakel, das alle fesselt. Jedes Gespräch bricht abrupt ab. Die Blicke sind wie gebannt auf das Eis gerichtet und Sekunden später verwandelt sich die Stille in ein aufgeregtes Stimmengewirr.

Wir suchen uns eine Bank mit guter Aussicht auf den Gletscher und beobachten das Schauspiel. Mit einer Flasche gutem argentinischen Weißwein und einem halben Kilo Käse im Handgepäck, bestaunen wir die imposanten Abbrüche, die lärmend im eiskalten Wasser verschwinden, um Sekunden später als riesige Eisschollen wieder auf dem See aufzutauchen. Den ganzen Nachmittag verbringen wir so – den Eisriesen beobachtend und Wein trinkend.

Gletscher Perito Moreno im Campo Hielo Sur

Noch Stunden nachdem der Wein geleert und der Käse verputzt ist, schauen wir gespannt auf den weiß und blau schimmernden Giganten vor unserer Nase. Erst als die Sonne sich gen Horizont neigt und es plötzlich unangenehm kalt wird, kehren wir dem Gletscher den Rücken. Wir sind beinahe die letzten Besucher, die die Aussichtsplattformen verlassen. Lediglich ein älteres Paar, das sich ebenso wie wir vom Gletscher beeindruckt zeigt, genießt noch die letzten Sonnenstrahlen im Angesicht des Eises. So wie sie richten auch wir den Blick noch einmal zurück und wenig später schon sitzen wir vier zusammen in ihrem Auto auf dem Weg zurück nach El Calafate.

Einsam am Straßenrand – Per Anhalter durch Patagonien

Eiskalter Wind aus dem Süden bläst unerbittlich über das flache Land, lässt unsere Gesichter einfrieren, durchdringt unsere Kleidung. Die berühmte Ruta 40, die Landstraße, die Argentinien über 5.300 Kilometer von Norden nach Süden durchzieht, empfängt uns nicht gerade gastfreundlich.

Noch vor wenigen Augenblicken saßen wir gemütlich in einem Jeep, aßen Kekse, schlürften Mate und lauschten den Geschichten der Marihuana rauchenden Besatzung. Doch jetzt suchen wir vergeblich Schutz vor der patagonischen Kälte und dem scharfen Wind.

Meine Wollmütze sitzt tief im Gesicht, während ich mit den Augen den Horizont nach einem Auto absuche, das sich in der Ferne von der kargen Landschaft abzeichnet. Nicht weit entfernt zittern zwei Franzosen mit uns um die Wette und versuchen sich mit Liegestützen gegen die Kälte zu wehren.

Plötzlich bin ich mir nicht mehr so sicher, ob unser Plan wirklich ein so guter ist. Wir wollen über die argentinische Ruta 40 und die chilenische Carretera Austral bis an die nördliche Grenze Patagoniens reisen. 1.500 einsame, patagonische Kilometer liegen vor uns. Unser Ziel ist das kleine Dorf Chaiten, das wir in drei Tagen erreichen wollen. Natürlich wird unsere Rechnung nicht aufgehen.

Der Motorenlärm eines sich nähernden Autos schreckt mich aus meinen Gedanken. Auf der Ladefläche des Pick Ups, dort wo der eisige Wind sich mit dem kalten Fahrtwind duelliert, nehmen wir Platz. Etwa 30 Kilometer fahren wir bis nach Tres Lagos, ein winziges Dorf an der Landstraße. Die Ruta 40 ist hier nichts weiter als eine Schotterpiste in schlechtem Zustand. Schon ihr Anblick verrät die ungefähre Anzahl der Autofahrer, die ihre Wagen auf dieser Strecke malträtieren wollen – etwa Null.

Es ist Mittag und mit einem Schokoriegel aus der nahegelegenen improvisierten Tankstelle in der Hand stehen wir erneut am Straßenrand. Der Tag ist noch lang und so hoffen wir heute noch weiter zu kommen. Der frostige Wind bläst weiter ohne Unterlass und trotz Wollmütze und Handschuhen

ist es bitterkalt. Wir warten Stunden, ohne ein einziges Auto zu erblicken. Nur ein antiker LKW rumpelt mehrfach zwischen Tres Lagos und der Tankstelle hin und her.
Zitternd suchen auch wir regelmäßig die Tankstelle auf, um uns abwechselnd im kleinen Verkaufsraum etwas aufzuwärmen, bevor wir wieder in der eisigen Kälte stehen. Ein vor uns an der Straße stehendes argentinisches Pärchen macht uns und den Franzosen allerdings wenig Hoffnung. Die beiden warten bereits seit mehr als 48 Stunden hier an diesem frostigen Fleckchen Erde.
Als die Sonne sich langsam gen Horizont neigt, beschleicht auch uns das mulmige Gefühl, keine Mitfahrgelegenheit mehr zu ergattern; und als der besorgte Tankwart nach Einbruch der Dunkelheit seine Tankstelle schließt, nimmt er uns mit nach Tres Lagos. Dort angekommen, steuert er mit uns direkt auf die Polizeiwache zu. Seiner Meinung nach sollte dort ein Zimmer für uns zur Verfügung stehen oder zumindest eine Ausnüchterungszelle, in der wir die Nacht unbeschadet verbringen könnten. Leider ist der diensthabende Polizist von dieser Idee nicht überzeugt. Er mustert uns von oben bis unten und stellt unmissverständlich klar: Ohne Straftat, keine Zelle.
Doch wir geben uns nicht geschlagen und beschließen, ein wenig offensichtlich fröstelnd vor der Polizeiwache herumzulungern. Unser Plan geht auf. Ausnahmsweise dürfen wir die Nacht in der Ausnüchterungszelle verbringen.
Am nächsten Morgen stehen wir gegen sieben Uhr mit den ersten Sonnenstrahlen an der Ruta 40. Über Nacht hat der Wind nachgelassen und die Morgensonne wärmt unsere Körper. Wir schöpfen neue Hoffnung und tatsächlich hält bereits zwei Stunden später ein Pick Up, der uns weiter in den Norden bringt. Eine Baustelle kündigt jedoch bereits nach etwa 70 Kilometern das Ende unserer Fahrt an. Außer der Arbeiterkolonne gibt es weit und breit kein Anzeichen von menschlichem Leben. Ödnis umgibt uns. Braune Erde, vertrocknete Grasbüschel und der blaue Himmel sind die einzigen Elemente der uns umgebenden Landschaft. Mehr gibt es nicht zu entdecken.
Eines der vielen Baustellenfahrzeuge bringt uns das kurze Stück bis zum Ende der Straßenarbeiten. Wir entfernen uns vom Donnern, Krachen und Pfeifen, das die Arbeiten an der Ruta 40 begleitet und bald umgibt uns unwirkliche Ruhe. Mein Herzschlag ist das einzige, was ich für lange Zeit höre. Nach etwa anderthalb Stunden ist es dann erneut ein Pick Up mit dem wir über die schlechte Piste ruckeln. 100 Kilometer sind es bis nach Gregores, einer winzigen Kleinstadt, die wir gegen 15 Uhr erreichen.
An der einzigen Tankstelle des Ortes strecken wir den Daumen raus. Doch trotz beständigem Verkehr scheint unser Unternehmen aussichtslos. Tatsäch-

lich, so erfahren wir, gibt es eine Kreuzung außerhalb Gregores, die sich viel besser für unsere Weiterreise eignet. Mittlerweile ist es jedoch schon 17 Uhr und die Chance eine Mitfahrgelegenheit zu finden, verschwindend gering. Als wir endlich an der richtigen Straße stehen, weht uns erneut ein scharfer Wind um die Nase. Bis zum Sonnenuntergang fahren noch fünf Fahrzeuge an uns vorbei, dann wird es dunkel. Fröstelnd stehen wir am Straßenrand, unschlüssig, als uns eine Stimme ruft. Hinter einem hohen Maschendrahtzaun steht ein junger Mann mit einer riesigen Plastiktüte voller Äpfel, Orangen, Teebeutel und Keksen, die er uns über die Absperrung reicht.
Unser Gönner gehört zu einer Arbeiterkolonne, die mit der Asphaltierung der Ruta 40 beschäftigt ist. Zusammen mit seinen Kollegen beobachtet er uns schon eine Weile, wie wir zitternd und frierend am Straßenrand warten.
Als die Kälte unerträglich wird, stehen wir vor dem Sicherheitspersonal am Eingangstor des Firmengeländes. Der Wächter lässt sich nicht lange bitten. Er lädt uns ein, ein paar Stunden mit ihm in seiner kleinen Hütte zu verbringen und serviert uns umgehend einen heißen Mate.
Wenig später scheint sich unsere Ankunft im Lager herumgesprochen zu haben, denn auch die Küche sendet uns einen Gruß. Das Abendessen des Wächters wird heute um zwei Portionen für uns erweitert. Dankend nehmen wir die warme Mahlzeit entgegen und während der Wächter seine nächtlichen Runden dreht, dürfen wir in der Fahrerkabine eines der firmeneigenen LKW schlafen.
In den frühen Morgenstunden sitzen wir wieder verschlafen im Häuschen des Wächters. Mit heißem Tee versuchen wir die nächtliche Kälte aus unseren Körpern zu vertreiben. Als sich die ersten Sonnenstrahlen über den Horizont schieben und die Dunkelheit auflösen, stehen auch wir wieder an der Straße. Zwei Stunden später starten die Arbeiter der Asphaltierfirma in den Tag. Motoren dröhnen und jede Menge Fahrzeuge verlassen das Gelände. Einer dieser LKWs nimmt uns ein Stück weit mit. Langsam, sehr langsam, ruckelt die altersschwache Maschine über die von Schlaglöchern übersäte Straße. Nach langer Fahrzeit und wenigen zurückgelegten Kilometern steigen wir aus und befinden uns endlich an einem asphaltierten Stück der Ruta 40.
Wir warten. Aus Minuten werden Stunden ohne das geringste Anzeichen von Verkehr. Abgesehen von einem verrückten Fahrradfahrer ist kein Fahrzeug weit und breit zu sehen. Mittlerweile ist es Mittag und noch immer stehen wir an der gleichen Stelle. Ein leichter Wind weht und über einem blauen Himmel strahlt die Sonne auf uns herab.
Es ist bereits 16 Uhr, als sich am Horizont ein kleiner schwarzer Punkt vom Rest der eintönigen Landschaft abhebt. Bisher sind gerade einmal drei Fahr-

zeuge an uns vorbei gerauscht. Noch sind wir guter Dinge, doch die harten Fakten sind nicht gerade erfolgversprechend. Zu lange warten wir bereits an ein und demselben Fleck auf eine Mitfahrgelegenheit. Der schwarze Punkt am Horizont nähert sich, wächst zu einem waschechten Reisebus heran und hält in unserer unmittelbaren Nähe.

Der Busfahrer springt aus dem Inneren seines Gefährts und winkt uns eilig herbei. Hier würden wir noch Tage vergebens warten, meint er, schmeißt unsere Rucksäcke in den Laderaum und spendiert uns eine Gratisfahrt. Wir können unser Glück kaum fassen. Nach Stunden des Wartens kommen wir endlich vorwärts. Am Fenster zieht die karge patagonische Steppe an uns vorbei und so reisen wir bequem durchs Land bis wir gegen 21:30 Uhr den kleinen Ort Los Antiguos kurz vor der chilenischen Grenze erreichen. Todmüde fallen wir nach drei entbehrungsreichen Tagen in unsere Hostelbetten.

Schließlich betreten wir chilenischen Boden und erreichen kurz hinter der Grenze den kleinen Ort Chile Chico. Von hier fahren wir auf einer holprigen Straße entlang des Südufers des Sees General Carrera. Dem schroffen, kurvenreichen Küstenverlauf folgend kommen wir bis nach Puerto Guadal, wo wir auf die Carretera Austral, Chiles Verbindungsroute in den Süden, stoßen.

Kurz hinter Puerto Guadal stehen wir auf einer Kreuzung. In drei Richtungen zweigen die staubigen Schotterpisten ab und mal wieder ist kein Auto zu sehen. Lediglich ein paar LKWs donnern an uns vorbei, um wenig später mit Schutt und Steinen beladen zurück zu kehren. Jedes Mal wirbeln die tonnenschweren Fahrzeuge so viel Staub auf, dass wir in einer riesigen grauen Wolke verschwinden.

Nur langsam legt sich der Nebel aus Staub wieder zu Boden. Immer wieder, sobald ein LKW an uns vorbei fährt, umhüllt uns eine graue Wand, die unseren Blick verschleiert. Nicht weit von uns arbeitet ein Mann im Gebüsch. Mit dem Kopf einer Harke zieht er Hagebutten von den Ästen und sammelt sie in einem Korb vor seinem Bauch. Dabei wirbelt er so viel Staub auf, dass auch er regelmäßig in einer undurchdringlichen Wolke verschwindet. Sein Pullover, seine Haare und sein Gesicht, alles ist von einer dicken grauen Staubschicht bedeckt.

Wieder einmal wird unsere Geduld auf eine harte Probe gestellt. Bis zum Sonnenuntergang passiert nichts und auch danach warten wir noch eine Weile, bis Scheinwerferlicht die staubige Straße beleuchtet. In einem Kleintransporter sitzt Mario und bittet uns zu sich ins Fahrzeug. Er fährt nach Coyhaique und da der Weg dorthin noch lang ist, hätte er gerne etwas Begleitung. Für die knapp 280 Kilometer brauchen wir fünf Stunden und so

fahren wir schwatzend durch die Nacht. Gegen Mitternacht erreichen wir unseren Bestimmungsort und da es schon reichlich spät ist, bietet Mario uns einen Schlafplatz in seinem Haus an.
Nach einem gemeinsamen Frühstück machen wir uns am nächsten Morgen wieder auf den Weg und kommen im Vergleich zu den letzten Tagen schnell voran. Bereits nach wenigen Minuten Wartezeit sitzen wir auf der Rückbank eines PKWs. Grüne Wälder ziehen an uns vorbei und so manche Kuh erfreut sich an den vielen saftigen Weideflächen, die die Straße säumen. Zwei Pick Ups später stranden wir am frühen Nachmittag, 90 Kilometer nördlich von Coyhaique, in Villa Manihuales. Mit uns sind mittlerweile ein halbes Dutzend anderer Rucksackreisender unterwegs, die auf der Carretera Austral ihr großes Abenteuer suchen.
Einmal per Anhalter die Schönheit des chilenischen Südens genießen, heißt der Insidertipp in ihren Reisehandbüchern. Das Abenteuer für die jungen Reisenden scheint dabei tatsächlich der dünn gesäte Verkehr zu sein. Nervenkitzel pur, wünscht man sich hier – im öden Patagonien. Für derlei Nebensächlichkeiten haben wir jedoch keinen Sinn mehr. Es ist der fünfte Tag, den wir an der Straße verbringen und schon seit einiger Zeit würden wir unsere Tage lieber abwechslungsreicher gestalten. Die patagonische Kälte und die vielen ereignislosen Stunden an der Straße haben ihre Spuren hinterlassen. Wir sind frustriert.
Ein paar Minenarbeiter sammeln uns Stunden später am Straßenrand kurz hinter Manihuales auf und bringen uns ein paar Kilometer bis zu einer einsamen Bushaltestelle, einem Betonklotz mitten im Nirgendwo – umgeben von hohen Bäumen, ausufernden Sträuchern und rostendem Stacheldraht. Langsam verschwindet die Sonne hinter den uns umgebenden Bergkuppen. Es wird dunkel und die Kälte unerträglich. Wir wissen nicht, wo wir die Nacht verbringen können und so bleibt uns keine andere Wahl, als auszuharren. Selbst in der Dunkelheit versuchen wir eines der wenigen vorbeifahrenden Autos anzuhalten.
Plötzlich bremst ein Kleintransporter scharf ab. Mit den Rucksäcken hektisch über die Schulter geschmissen, hetzen wir hinterher. Der Transporter entpuppt sich als Krankenwagen und ist diesmal wirklich unser Retter in der Not. Die beiden Sanitäter bieten uns lachend die Trage im Behandlungsraum zum Ausruhen an. Gegen 22:30 Uhr endet unsere Fahrt im kleinen, bescheidenen Fischerdorf Puerto Cisnes.
Die wunderschöne Lage des Dorfes, das sich ans Ufer eines der unzähligen chilenischen Fjorde schmiegt, können wir jedoch nicht lange genießen. Der nächste Tag beginnt früh. Vorbei an den bunten Holzhütten mit ihren blühenden Vorgärten, machen wir uns auf den Weg zum Ortsausgang und

haben Glück. Bereits nach wenigen Augenblicken an der Straße nimmt uns eine französische Familie in ihrem Wohnmobil mit. Ihr Weg führt sie jedoch, anders als der unsere, Richtung Süden und so trennen wir uns bald wieder. Die staubige Piste führt nun durch einen dichten Wald, der uns zumindest etwas Schatten vor der heißen Mittagssonne spendet. Dass wir mehrere Stunden auf eine Mitfahrgelegenheit warten müssen, sind wir mittlerweile gewohnt. So vergeht der Tag: Über das Dorf La Junta erreichen wir am Abend Santa Lucia. In dem etwa 200-Seelen-Ort sind alle Pensionen von Wanderarbeitern ausgebucht. Vergeblich fragen wir uns von Herberge zu Herberge durch den Ort. Im letzten Haus am Dorfrand werden wir schließlich fündig. Auf einer Matratze, zwischen zugigem Fenster und Wohnzimmercouch, schlagen wir unser Nachtlager auf.
Am Morgen ist Santa Lucia in einen dichten Nebelschleier gehüllt. Schummriges Licht umgibt die einfachen Holzhütten des Ortes, die gespenstisch verlassen wirken. Nur ein paar Hühner und herrenlose Hunde streunen durch die drei Parallelstraßen des Ortes. Eine Kuh grast im Kirchhof, doch niemand ist da, um sich an ihr zu stören.
Unsere Laune ist nicht besonders gut und erfährt auch keine Verbesserung als wir erneut mehrere Stunden an der Carretera Austral stehen. Doch irgendwann haben ein paar Arbeiter Mitleid. Zu fünft quetschen wir uns auf die Rückbank eines Pick Ups und erreichen am frühen Nachmittag Chaiten und das nördliche Ende der Carretera Austral. Die ursprünglich geplanten drei Reisetage vom argentinischen El Chaltén hierher haben sich verdoppelt. Für die Strecke von 1.445 Kilometern haben wir ganze 6 Tage gebraucht. Wir sind erschöpft und froh, endlich unser Ziel erreicht und die patagonischen Schotterpisten Chiles und Argentiniens hinter uns zu wissen.

CHILE

Die Insel Chiloé – Meeresfrüchte, Algen-Aliens und Legenden

Bedrohlich tief hängen die schwarzen Wolken am Himmel über der chilenischen Insel Chiloé, als die ersten Regentropfen auf den Asphalt treffen. Erst einer, dann drei, dann zehn und plötzlich tausende. Millionen.
Die Senken der Gassen füllen sich innerhalb weniger Sekunden, Schlaglöcher verwandeln sich in kleine Seen, das Wasser überschwemmt verstopfte Abflussrohre. Straßen werden zu reißenden Flüssen und Fußgängerwege unpassierbar.
Was zunächst noch ganz lustig erscheint, wird in wenigen Augenblicken unzumutbar. Wir hetzen die Straße hinauf zu unserem Hostel und kämpfen dabei gegen die uns entgegenströmenden Fluten. In alle Richtungen spritzt das Wasser. Ich versuche eine Pfütze zu überspringen und lande dahinter knöcheltief in der nächsten. Regentropfen peitschen in mein Gesicht. Kleine wässrige Krieger, die uns ohne Unterlass attackieren.
Nur zwei Minuten dauert unsere Flucht, doch als wir das Hostel erreichen sind wir bis auf die Unterwäsche durchnässt. Noch Stunden später schickt eine unsichtbare Macht ihre Wassersamurai mit harten Schlägen gegen die Fensterscheiben unseres Zimmers.
Tatsächlich soll es Besucher der Insel Chiloé geben, die gänzlich von Regen verschont bleiben. Bei stolzen 240 Regentagen im Jahr ist das eine beachtliche Leistung. Wir haben weniger Glück. Die Stadt Ancud, unser Basislager im Norden der Insel, lässt es heftig auf uns abregnen. Die knapp 30.000 Einwohner hier leben wie der Rest der Inselbewohner vom Fischfang, der Landwirtschaft und dem Tourismus. Industrie hat sich nicht angesiedelt.
Viel hat sich hier in den letzten Jahrzehnten nicht geändert. Der zwei Kilometer breite Kanal, der Chiloé vom chilenischen Festland trennt, hat die Insel vor vielen Einflüssen bewahrt. Traditionen und Legenden haben sich über Jahrhunderte erhalten. Noch heute erzählen sich die Chiloten, die Einwohner Chiloés, die ungewöhnlichsten Geschichten und Legenden über Hexen, Kobolde und partyfreudige Geisterschiffe. Aber was soll man auch tun an einem Ort, der von unaufhörlichem Regen bestimmt wird?
Auch in Castro und Chonchi, weiter im Süden, werden wir von jeder Menge Niederschlag aufgeweicht. Die Schönheit der Insel können wir hinter dem dichten Regenschleier nur erahnen. Die meiste Zeit verbringen wir damit, uns vor dem Regen zu verstecken. So wenig Kooperationsbereitschaft seitens des Wetters nervt gewaltig.
Chiloé ist jedoch nicht nur bekannt für seinen fortdauernden Regen, sondern auch für Meeresfrüchte aller Art. Auf dem Fischmarkt in Ancud werden

dementsprechend sämtliche Leckereien, Delikatessen und Absonderlichkeiten angeboten, die der Pazifik zu bieten hat.

Mies-, Venus- und Jakobsmuscheln bestimmen die Auslage. Daneben werden Austern und Krebse verkauft. Auch Seetang hat einen festen Platz auf der regionalen Speisekarte. Er wird von den Chiloten wie Gemüse gekocht und als Beilage gegessen. Als wäre das nicht genug, werden vor der Küste seit einigen Jahren erfolgreich Lachse gezüchtet und so schwimmt der Fisch in sämtlichen Suppen, Eintöpfen und Brühen, die es auf der Insel zu finden gibt.

Letztendlich werden unsere Tage des Ausharrens und Abwartens belohnt. Der Wetterdienst meldet Sonne satt und so sitzen wir eines sehr frühen Morgens in einem klapprigen Bus und verlassen Ancud Richtung Pazifikküste. Es ist stockdunkle Nacht, bitterkalt und wir hoffen inständig, dass die Meteorologen keinen Schabernack mit uns treiben.

Eine Stunde lang rumpeln wir über erdige Pisten bis wir gegen 7:30 Uhr den kleinen Ort Chepu im Westen Chiloés erreichen. Die ersten Sonnenstrahlen schaffen es gerade über den Horizont, als wir mit steifen Gliedern aus dem Bus steigen. Die Kälte der Nacht greift noch immer mit eisigen Fingern um sich. Wir schaudern. Der Bus stößt zur Verabschiedung eine braune Abgaswolke in die Luft und ruckelt zurück Richtung Ancud.

Es dauert eine Weile, bis auch wir uns endlich in Bewegung setzen. Über endlos erscheinende Dünen machen wir uns auf den Weg zur Küste. Nicht

Strand bei Chepu auf der Insel Chiloé

weit entfernt steigt gespenstischer Nebel aus dem Boden empor und hüllt Bäume, Büsche und Gräser in einen magischen Schleier.
Bald darauf deutet das ohrenbetäubende Tosen der Brandung an, dass wir uns der Küste nähern. Mittlerweile hat es die Sonne über den Horizont geschafft und schickt ihre wärmenden Strahlen zu uns hinab. Am Strand schlagen riesige Wellen gegen das Ufer. Bis zu fünf Meter türmen sie sich auf, bevor sie krachend zusammenbrechen.
Überall liegen enorme Wasserpflanzen am Strand – lange Tentakel zu riesigen Knäueln verknotet. Ihr Anblick erinnert mich unweigerlich an Außerirdische. Nicht an die knuddeligen der Sorte Alf, sondern an die glatten, schleimigen Fiesen.
Wir folgen dem Strandverlauf immer entlang der rauschenden Brandung, treffen auf grasende Kühe und stehen plötzlich vor einem breiten Fluss. Da es kein Hinüber gibt, müssen wir hindurch und so waten wir barfuß durch das eiskalte Wasser.
Auf der anderen Seite erreichen wir bald darauf das Ende des Strandes. Riesige Felsformationen ragen in Ufernähe aus dem Wasser empor. Von der wilden Brandung geformt, markieren sie das Ende unseres Spaziergangs.
Mittlerweile ist es Mittag. Wir sitzen auf einem Felsvorsprung, die Brandung greift nach unseren herunterbaumelnden Füßen, wir atmen salzige Meeresluft und die strahlende Sonne scheint in unsere Gesichter. Plötzlich sind wir nicht mehr auf einer verregneten, kalten Insel, sondern an einem der idyllischsten Orte entlang der chilenischen Küste: Chiloé.

Pucón – Vulkanbezwingung und Arschabstieg

Fremde Kulturen, unbekannte Lebensweisen? Denkste! In Patagonien trafen wir des Öfteren immer wieder auf alpenländischen Charme. Und auch das chilenische Pucón wirkt seltsam vertraut.
Hier reihen sich Holzhäuser mit Schindeldächern und Natursteinbauten aneinander, Bayrische Wälder umgeben den Ort, der Chiemsee vor der Haustür heißt Lago Villarrica, wer Apfelkuchen essen möchte bestellt ‚Kuchen de Manzana‘ und in der Bäckerei Rostock gibt es leckeres Schwarzbrot. Selbst das Wetter ist mit milden Temperaturen um 17°C sehr deutsch.
Pucón ist die Nordspitze des von uns entdeckten deutschen Pentagons, dessen weitere Eckpunkte die Orte El Bolsón, Bariloche und San Martín de los Andes auf argentinischer Seite und das chilenische Puerto Montt beziehungsweise Puerto Varas bilden. Auf etwa 600 km^2 laden hier dichte Wälder und hohe Berge zum Wandern und Trekken – des Deutschen liebste Urlaubsbeschäftigungen – ein. Auch wir lassen uns natürlich nicht lumpen und ziehen los.

Für ein paar Tage leben wir zusammen mit dem Briten Rod mitten im Wald. Der Alt-68er, Professor für Ökotourismus, bewirtschaftet seit mehr als 20 Jahren die Wildnis um seine kleine Hütte. Zusammen fällen wir Bäume, legen Beete an, entfernen Gestrüpp und trinken jede Menge Wein.
Als alle Flaschen geleert und die meiste Arbeit erledigt ist, verabschieden wir uns von unserem Gastgeber und verschwinden hinter seinem Häuschen im Wald. Wir sind auf dem Weg zum Aussichtspunkt El Cañi. Anderthalb Stunden quälen wir uns einen steilen Hang hinauf. Der anstrengende Aufstieg wird zu einer Tortur, die uns dicke Schweißperlen auf die Stirn treibt. Nur sehr langsam kommen wir voran.
Lediglich die überall am Wegesrand wachsenden Brombeeren sorgen für etwas Motivation. Alle paar Meter überzeugt uns eine Handvoll leckerer Beeren, auch die nächsten Schritte zu gehen. So stapfen wir außer Atem immer weiter, bis sich der Weg, den wir mühevoll erklimmen, zu einem schmalen aber ebenen Pfad verengt.
Zwischen riesigen Bäumen und undurchdringlichen Farnen schlängeln wir uns nun hindurch. Andentannen wachsen in den Himmel und umgeben spiegelglatt daliegende Gebirgsseen.
Ein weiterer Anstieg bringt uns bis zum Aussichtspunkt El Cañi, auf 1.550 Metern gelegen. Von dort öffnet sich ein sagenhafter Blick auf die bewaldeten, in sattem Grün leuchtenden Bergkuppen der Umgebung. Dazwischen funkeln dunkle Gewässer und am Horizont erheben sich mit dem Lanín, dem Villarrica und dem Quetrupillán gleich drei Vulkane des Feuergürtels, der den Pazifischen Ozean umringt.
Diesen Feuergürtel wollen wir uns genauer anschauen und besteigen den Vulkan Villarrica in der Nähe Pucóns. Nachdem unser erster Versuch noch von dicken Wolken sabotiert wird, die einen sicheren Aufstieg unmöglich machen, gelingt der zweite Anlauf problemlos.
Früh morgens, noch vor Sonnenaufgang, stehen wir am Fuß des Vulkans. Zwar liegen noch immer ein paar Wolken um den Krater, doch der scharfe Wind vertreibt sie bereits mit aller Kraft. Über Geröllfelder aus Lavagestein steigen wir Richtung Krater. Die ersten Sonnenstrahlen des Tages tauchen die Umgebung in ein magisches Licht. Mit langsamen Schritten bewältigen wir Meter um Meter und schon bald genießen wir eine herausragende Aussicht über die Seen und Berge ringsherum.
Etwa zwei Stunden staksen wir über das poröse Lavagestein. Am Rand des Kraters wabert schon seit einiger Zeit eine dichte Rauchwolke, die dem brodelnden Lavasee in seinem Inneren entsteigt. Aufgeregt erklimmen wir den Vulkan und obwohl der Gipfel noch weit entfernt liegt, können wir den Blick nicht von ihm abwenden. Wir wollen endlich bis ganz hinauf.

Doch zunächst bekleiden wir uns mit mehreren nützlichen Dingen und stehen wenig später mit Steigeisen, Pickel, Helm, Handschuhen und Sonnenbrille ausgestattet vor dem Gipfelgletscher. Die zweite Etappe des Aufstiegs beginnt.
Im Gänsemarsch watscheln wir mit unseren mit Zacken besetzten Schuhen über das Eis, hacken kleine Löcher in den Untergrund und versuchen den Instruktionen des Guides zu folgen. Hauptsächlich warnt er uns davor, nicht zu sterben. Ein falscher Schritt abseits des schmalen Eispfades, so versichert er uns glaubhaft, wäre das Ende unseres Aufstiegs. An der glatten Gletscherwand gibt es keinen Halt, der unseren Absturz bremsen könnte.
Losgelöste Gesteinsbrocken veranschaulichen die Warnung deutlich. Auf dem Eis rollen sie immer schneller, überschlagen sich auf ihrem Weg nach unten und reißen den einen oder anderen Brocken mit sich. Immer wieder schallt ein lautes „ROCA" – „FELSBROCKEN" über den Gletscher, das vor herabstürzenden Steinen warnt. In solchen Fällen bleibt uns nichts anderes übrig als zu warten, Ausschau zu halten und zu hoffen, dass wir uns nicht gerade in der Bahn der fallenden Steine aufhalten. Ein ungeschicktes Ausweichmanöver, ein falscher Schritt ... die Folgen wären fatal.
Nicht nur deshalb ist der Aufstieg über das massive Eis beschwerlich. Trotz des gezackten Schuhwerks rutschen wir immer wieder aus. Der Pickel dient uns zur Stabilisierung, die wir dringend benötigen. Kurz vor dem Krater verlangt uns der Villarrica noch einmal alles ab. Es geht steil hinauf. Über uns reckt sich die eiskalte Wand in die Höhe und unter uns befinden sich mehr als 2.000 Meter freier Fall.
Schwer atmend setzen wir einen Fuß vor den anderen und erreichen nach einem vierstündigen Aufstieg den Gipfel auf knapp 3.000 Metern. Die dichte Rauchwolke, die wir während des Aufstiegs beobachteten, verzieht sich langsam und wir genießen einen fantastischen Blick über das weite Land.
Der Kraterschlund besitzt gigantische Ausmaße. Seine Wände, rot, braun und grau gefärbt, fallen steil und so tief ab, dass wir den Grund nicht einmal erahnen können. Rauch steigt aus dem Vulkan, doch von der Lava bekommen wir nichts zu sehen.
Als eine Stunde später der Abstieg beginnt, hält unser Wanderrucksack eine Überraschung für uns bereit. In seinem Inneren finden wir ein dickes, mit Stricken versehenes Stück Stoff. In unseren Händen halten wir ein Arschleder. Wie in alter bergmännischer Tradition schnallen wir den Fetzen auf unsere Hinterteile und nehmen derart ausgerüstet auf dem kalten Untergrund Platz. Es geht abwärts.
Wir sausen den Gletscher in mehreren Abschnitten hinunter. Von der Mittagssonne angeschmolzen entpuppt sich die Eismasse als gigantische

Wasserrutsche. Der Eispickel, der uns jetzt als Bremse dienen soll, hat nur Symbolcharakter. Wir rasen auf einem Wasserfilm den Gletscher hinunter und sind in weniger als 20 Minuten wieder am Fuß der Eismasse.
Das Adrenalin zirkuliert noch immer in unseren Körpern und so liegt auch das Geröllfeld in Windeseile hinter uns. Dem vierstündigen Aufstieg steht ein einstündiger Abstieg entgegen. Arschleder sei Dank.
Zurück in Pucón, 2.600 Meter unterhalb des Kraterschlunds, feiern wir uns und unsere Leistung, bevor wir die Strapazen des Tages in den heißen Quellen der Umgebung auskurieren.

Santiago de Chile – Tristesse, Kalorien und fette Straßenhunde

Es ist, als gäbe eine Band voller Verrückter ein wildes Crossover-Konzert. Von einer Bühnenhierarchie fehlt jede Spur. Da sind zunächst die Trommler, die sich – ihre Instrumente auf dem Rücken tragend – in Windeseile um die eigene Achse drehen. Immer schneller wirbeln sie durch die Gegend und geben rumpsend den Rhythmus vor. Ein Tenor, in eine schmutzige Jacke gehüllt und auf seinen Blindenstock gestützt, intoniert mit voller Stimme den Chorus und zieht sofort das Publikum auf seine Seite.
Nur wenige Schritte von ihm entfernt singt eine zierliche, junge Frau im eleganten Abendkleid die Ballade ihres Lebens. Den Rap übernimmt eine Alte, die mit einem großen aufgeschlagenen Buch durch die Reihen der Zuhörer zieht und lauthals, mit krächzender Stimme vor sich hin predigt.
Als Bühnenfotograf fungiert ein polnischer Tourist, der mit seiner Polaroid-Kamera über den Platz flitzt und seine Dienste gegen ein kleines Trinkgeld anbietet.
Auf der zentral gelegenen Plaza de Armas dröhnt es in voller Lautstärke. Sie ist Santiagos großer Stolz und Treffpunkt für alle möglichen und unmöglichen Kreaturen der Stadt. Im Schatten riesiger Palmen laden unzählige Bänke zum Nichtstun ein. Das Reiterdenkmal Valdivias, erster Gouverneur Chiles, grüßt von einer Ecke des Platzes, während Straßenkünstler ihre Gemälde verkaufen und Karikaturisten übergroße Nasen, eckige Kinns und urwaldähnliche Augenbrauen zeichnen.
Fotografen werben mit Stoffponys um die Aufmerksamkeit der Kleinsten, die dann wiederum um die Aufmerksamkeit ihrer Eltern werben. Das gelingt am besten durch einen simulierten, sirenenartigen, nicht enden wollenden Weinkrampf.
An der Ostseite des Platzes befindet sich ein großer Pavillon, der unter seinem hölzernen Dach mehrere Tische und Stühle beherbergt. Von morgens bis abends sitzen sich hier Jung und Alt beim Schachspiel gegenüber. Konzentriert starren die Kontrahenten auf die 64 Felder des Spielbretts und

mit langsamen Bewegungen zerstören sie den Plan ihres Gegenspielers. Den Trubel um sie herum bemerken sie kaum.
Die Plaza de Armas ist der reinste Hexenkessel. Irgendetwas braut sich hier immer zusammen. Daneben, nur wenige Straßen vom belebten Platz entfernt, ragt ein grün bewachsener Hügel aus dem Häusermeer der Stadt empor. Der Cerro Santa Lucia. Als Naherholungsgebiet gestaltet, ist er ein beliebtes Ausflugsziel vieler Bewohner Santiagos und das komplette Gegenstück zur Plaza de Armas.
Kleine Plätze und Brunnen schmücken den Hügel. Eine Kapelle und eine alte Festungsanlage zieren dessen Kuppe. Auf den Bänken sitzen Liebespaare, Arm in Arm, Eis schleckend. Um sie herum schlendern Touristen, Einheimische und Straßenhunde. Friedlich und harmonisch. Ruhe umgibt uns.
Von ganz oben wandert der Blick über die Metropole. Besonders schön ist sie nicht, die chilenische Hauptstadt. Vielleicht könnte der Anblick der Anden, deren Massiv direkt an die Stadt grenzt, über die Flut aus grauen Funktionalbauten hinweg trösten, doch die Smogwolke, die beinahe täglich über Santiago hängt, verhindert die Sicht auf das Gebirge.
Auch vom Cerro San Cristobal ist von der Stadt nicht viel zu sehen. Der höchstgelegene Aussichtspunkt Santiagos bietet eine Sicht bis hinunter auf die grau-braune Wolke über den Hochhausbauten. Schwer liegt der Smog über der Stadt und nur wenige Lichter flackern bis hierher hinauf.
Nur ein paar Meter abseits der wichtigsten Verkehrsstraße Santiagos, der Avenida O'Higgins, erstreckt sich über lediglich eine Hand voll Straßen ein kleines Viertel, das so gar nicht in eine südamerikanische Großstadt hinein zu passen scheint. ‚Paris Londres' heißt der Bezirk, der tatsächlich eher an ein Europa um die Jahrhundertwende als an die ‚Neue Welt' erinnert.
Schmale Gassen führen hier an den burg- und schlossähnlichen Gebäuden vorbei. Geschwungene Häuserwände, Säulen, Erker, Balkone und Kopfsteinpflaster zieren das Viertel. Zwischen den eleganten Gebäuden richtet eine Fotografin ihr schweres Gerät auf ein Paar in Abendgarderobe. Herausgeputzt im Ballkleid und feinem Anzug mit roter Fliege posieren die beiden geduldig vor der herrschaftlichen Kulisse.
Trotz der Nähe zur verkehrsreichen Hauptstraße ist es hier unglaublich still. Vielleicht sogar ruhiger als im Naherholungsgebiet auf dem Hügel Santa Lucia. Selbst die Mädchen und Jungen, die kurz nach dem Spielabpfiff mit einer Fahne Colo Colos, des größten Fußballclubs Chiles, durch die Straßen ziehen, verhalten sich so geräuschlos, wie es ihre Pubertät zulässt. Auch wir sprechen, von der Atmosphäre angesteckt, nur im Flüsterton.

Mit einem merkwürdigen Gefühl schlendern wir an einem Montagmorgen durch die Straßen Santiagos. Wir kennen bereits einige südamerikanische Hauptstädte, aber diese Stadt passt nicht zu unseren bisherigen Erfahrungen.

Santiago ist anders: Es gibt keine Hektik, keinen Stress, keine Unruhe. Die Straßen sind breit genug, so dass der Verkehr auch in der Rush Hour fließen kann. Auf den Bürgersteigen gibt es kein erdrückendes Gedränge und überhaupt passiert recht wenig. Dementsprechend heißt es, Santiago sei die am wenigsten einschüchternde Hauptstadt in Südamerika. Mit anderen Worten: Es ist sterbenslangweilig.

Dabei spiegelt Santiago auch ein ganzes Land wider. Das Bild des lebensfrohen, leicht chaotischen, immer freundlichen Latinos trifft auf Chile nicht zu. Stattdessen versinkt das Land in seiner eigenen Traurigkeit.

Die Gründe dafür liegen auf der Hand. Zunächst ist da Chiles geografische Lage mitten im Pazifischen Feuergürtel. Erdbeben und Vulkanausbrüche sind keine Seltenheit und forderten schon viele Opfer. „Der Vulkan zerstört unsere Dörfer und in Argentinien befruchtet die herübergewehte Vulkanasche die Böden", klagen die Chilenen neidisch.

Eingeklemmt zwischen Pazifikküste und Anden kommt es in Chile auch überdurchschnittlich oft zu Niederschlägen. Dunkle Wolken ziehen vom Ozean bis zu den schneebedeckten Bergen, wo sie kraftvoll abregnen und Chile in ein traurig-tristes Grau hüllen. In Argentinien scheint danach die Sonne.

Doch auch gesellschaftlich finden wir viele Ursachen für die tiefgreifende Traurigkeit: Die Bildung ist teuer, schlecht und beruht noch immer auf Gesetzen aus der Zeit der Militärdiktatur Pinochets. Und weil sich die Eltern für das Studium ihrer Kinder hoch verschulden, ist der Leistungsdruck besonders hoch. Erfolg wird zwingend vorausgesetzt. Die häufigste unnatürliche Todesursache in Chile ist Selbstmord. Doch diese Tatsache wird hingenommen.

Chile ist der wirtschaftliche Führer Südamerikas und das ist der Preis, der dafür zu bezahlen sei, wird logisch und beinahe teilnahmslos geschlussfolgert. Für viele ist ein Studium unbezahlbar und wer nicht sein Leben lang Kredite zurückzahlen möchte, wird LKW-Fahrer. LKW-Fahrer verdienen hier nämlich mehr Geld als die meisten Akademiker.

Nicht selten sitzen wir während unserer Reise durch Chile in dem LKW eines Studienabbrechers.

Chile ist konservativ und seriös. Wir hören die Geschichte eines Geschäftsmannes, der in Argentiniens heißem Norden Verträge abschließen wollte. Er trug Hemd und Krawatte, die Argentinier erschienen eine halbe Stunde

zu spät in Jeans und T-Shirt. Das Geschäft kam nicht zustande – dem Chilenen erschien das argentinische Auftreten nicht ernst genug.
Die politische Rechte hat eine lange Tradition im Land. Wer Geld hat, besitzt Macht. Es gibt nicht besonders viele reiche Chilenen, dafür steuern diese aber mit ihren Wirtschaftsunternehmen, Mediengesellschaften und Kapitalerträgen das gesamte Land.
Dies belegt auch der Gini Koeffizient, der die Verteilung des Einkommens in einem Staat statistisch darstellt. Liegt der Koeffizient bei 0,0 heißt das absolute Gleichverteilung. 1,0 hingegen bedeutet, dass eine einzige Person über alle finanziellen Mittel im Land verfügt und der Rest gar nichts hat.
Chiles Gini Koeffizient liegt bei 0,52 und ist damit einer der höchsten Werte weltweit. In kaum einem anderen Land ist also die Einkommensverteilung so ungerecht wie in Chile. In Deutschland liegt der Koeffizient nur bei 0,28.
Auch hören wir immer wieder vom Klassizismus. Eigentlich spricht jeder Chilene, den wir kennenlernen, in den ersten Minuten dieses Thema an. Der Wohnort, der Nachname, das Auto, der Job, der Urlaubsort und nicht zuletzt der gesprochene Dialekt – das alles entscheidet über die soziale Stellung und das Ansehen in Chile. Materialismus bedeutet hier viel. Arbeiten und den gesellschaftlichen Status zu wahren, scheint der Lebensinhalt vieler Chilenen zu sein.
Das Einkaufszentrum ‚Costanera Center', mit 70 Stockwerken und 300 Metern das höchste Gebäude Südamerikas, lädt zum Shoppen ein. Palmen wachsen im Inneren des Gebäudes und Wasser fällt über mehrere Etagen in verschiedenen in Licht getauchten Mustern zu Boden. Das Klacken von Absätzen ist ein ständiger Begleiter und an jeder Ecke zeigen riesige Werbetafeln, wieviel Spaß Konsum doch macht.
So richtig glücklich wirkt jedoch niemand. Viel mehr hinterlässt die chilenische Traurigkeit unverkennbare Spuren an den Körpern der Menschen, die besonders in Santiago sichtbar sind.
Nirgendwo in Chile gibt es so viele Korpulente, Dicke und stark Übergewichtige wie in der Hauptstadt. Die Melancholie des Lebens bekämpfen vor allem Frauen mit Glückshormonen, die sie in kleinen, fettigen Portionen zu sich nehmen.
Die beliebteste Zwischenmahlzeit ist der sogenannte Completo: ein Hot Dog mit zwei zentimeterdicken Schichten aus Avocadocreme und Mayonnaise. Wenn der kleine Hunger kommt, dann türmen sich auf den Mittagstischen Fleisch, Pommes, karamellisierte Zwiebeln, Bratwurst und Spiegeleier zu einer einzigen Mahlzeit, genannt Chorillana, aufeinander.
Diese kalorienreichen Snacks würden wahrscheinlich die Energiezufuhr eines kanadischen Holzfällers decken. Leider gibt es rund um Santiago keine

Wälder und so wuchten sich die Mengen überflüssiger Energien in zu engen Hosen durch die Straßen der Stadt.
Im Bewusstsein der falschen Ernährung greifen immer mehr junge Frauen zu fettreduzierten und zuckerfreien Produkten. So ist es keine Seltenheit, dass sich zwei Mädchen an einem Abend eine 3,3-Liter-Flasche Coca Cola Light teilen – dazu gibt's natürlich einen Completo.
Dabei ist Santiago durchaus auch berühmt für frische und gesunde Nahrungsmittel. Auf dem Fischmarkt im ‚Mercado Central' bieten dutzende Verkäufer alles an, was sie aus dem Ozean ziehen können: Tintenfische, Garnelen, Krabben, Muscheln und natürlich jede Menge Fisch. Mit scharfkantigen Zähnen ausgestattet liegen die Räuber des Meeres übereinandergestapelt in den Kühlboxen. Einige Brocken sind so groß, dass sie nur mit großer Mühe in den vorgesehenen Behältern Platz finden.
In den schmalen Gängen der Markthalle herrschen tumultartige Zustände. Verkäufer rufen lautstark ihre Angebote in den Raum, schwer beladene Fischkisten werden hin und her geschoben, Menschen quetschen sich fluchend von einem Stand zum nächsten. Es wird um jeden Peso gefeilscht und am Ende wechselt eine beachtliche Menge Meeresgetier den Besitzer.
Auf dem Markt ‚La Vega', nur wenige Straßen von der Plaza de Armas entfernt, präsentiert sich uns ein ähnliches Bild. Statt glitschigen Fischen werden hier jedoch Obst und Gemüse verkauft. Vom Apfel bis zur Zucchini findet sich in den Auslagen der Händler fast alles, was das Herz begehrt.
Wir kaufen pfundweise Erdbeeren und Weintrauben und erklären der chilenischen Tristesse den Krieg. Vitamine gegen Fett, Kalzium gegen Zucker. Doch am Ende des Tages, nachdem wir unser Fruchtarsenal bereits vernichtet haben, kommen auch wir nicht mehr am Completo vorbei. Fett ist ja bekanntlich Geschmacksträger und der chilenische Hot Dog schmeckt einfach bombe.
In Bellavista, dem Universitäts- und Ausgehviertel Santiagos, treffen wir alle paar Meter auf einen der unzähligen Hot Dog-Stände. An jeder Ecke gibt es die Wurst im Brot zu kaufen. Zu abendlicher Stunde treffen sich dann die Feierfreudigen in den umliegenden Bars und Restaurants. Ganz gesittet, ganz chilenisch. Chaotische Verhältnisse kennt hier niemand. Ein gemütliches und vor allem anständiges Partyviertel.
Die Spezialität auf den Getränkekarten ist der Terremoto – das Erdbeben. Die Zutaten des Cocktails, als halber Liter serviert, sind abenteuerlich. Billiger Weißwein gemischt mit Fernet Branca. Damit man das Teufelszeug runterkriegt wird Ananaseis einfach von oben in die Brühe gekippt. Der Name ‚Terremoto' ist übrigens Programm. Nach dem Genuss steht die Welt Kopf. Zu guter Letzt kommen wir noch auf die Straßenhunde in Santiago

de Chile zu sprechen. Nicht nur, dass diese besonders zahlreich vorhanden sind. Nein, sie sind auch noch besonders fett. Die Chilenen haben nämlich ein bemerkenswertes Verhältnis zu ihren vierbeinigen Freunden. Die dicken Kläffer werden aufopferungsvoll und fürsorglich gehegt, gepflegt und vor allem gefüttert.
Damit sie nicht frieren, werden ihnen im Winter sogar kleine Hundejäckchen übergestülpt. Haben wir andere Straßenhunde in Südamerika als eher schreckhaft empfunden, trifft das auf die chilenischen Hunde überhaupt nicht zu.
Mitten in der Rush Hour liegen diese sogar dick und fett in der ungünstigsten, weil meistbenutzen Stelle auf dem Gehweg. Und niemand stört sich daran. Völlig selbstverständlich machen Hunderte von Chilenen einen notwendigen großen Bogen um die korpulenten Vierbeiner.
So manch einem Obdachlosen wünscht man ein Hundeleben wie auf chilenischen Straßen.

Valparaíso – Chiles Abbruch-Boheme mit Meerblick

Immer dieses ganze Hipster-Gerede. Für mich gibt und gab es nur einen einzigen wahren Hipster. Christian Buddenbrook.
Ohne Pflichtgefühl, auf die gesellschaftlichen Konventionen pfeifend, ist er nicht nur das schwarze Schaf einer Lübecker Handelsfamilie, sondern auch Lebemann und verrückter Hypochonder.
Nach seiner Lehre in London lässt ihn Thomas Mann für einige Jahre in Valparaíso leben. Hager, geschunden, bleich und mager kehrt er zurück. Sein verschwenderischer Lebensstil in der chilenischen Hafenstadt hat ihn gezeichnet. Doch seinem körperlichen Verfall zum Trotz ist er vor allem eines: begeistert. Christian kann nicht aufhören, von Valparaíso zu schwärmen. Doch was genau der Bohemien dort getrieben hat, wird der Leser nie erfahren. Darum mussten wir selbst hinfahren.
Im 19. Jahrhundert war Valparaíso ein Welthafen. Der Panama-Kanal existierte noch nicht und die Stadt schwappte vor englischen und hanseatischen Kaufleuten nur so über. Die Boheme jener Zeit baute sich auf den über 40 Hügeln, die die Pazifik-Bucht entlang schwingen, Paläste, dicke Häuser und schmucke Büros und tranken sich wohl jeden Tag die Hucke voll.

Heute ist Valpo nur noch eine in die Jahre gekommene Hafenstadt. Und wie jede andere Hafenstadt auch, ist Valparaíso nun alt, gammelig und stinkig. Doch Valparaíso ist mehr. Valparaíso ist alt, gammelig, stinkig und verdammt cool.

In den bunten Gassen Valparaísos

Die bonbonfarbenen Wellblechhäuser, mit altem Schiffslack aufgehübscht, thronen windschief auf den Hügeln entlang der Bucht. Graffiti-Künstler und unzufriedene Studenten geben der Stadt ihr Gesicht. Jede Wand ist bemalt, ist besprüht, ist beschrieben. Steile Treppen ragen in Kurven die sonst nicht zu erklimmenden Hügeln hinauf und hinunter. Auf jeder Stufe eine Zeile eines Gedichtes, ein Bild, ein Spruch. Jede Treppe ein Gesamtkunstwerk. Die ganze Stadt scheint ein riesiger Spielplatz für Künstler, eine gigantische Leinwand zu sein. ‚Tobt euch aus', scheint es aus allen Ecken den Kreativen entgegen zu rufen.
Es stinkt nach Pisse. Es ist schmutzig, der Beton ist rissig. Riesige Löcher klaffen im Boden, Wasser sammelt sich. Von den Wellblechhäusern blättern die letzten vier Lackschichten gleichzeitig ab. Überall hängen Wäscheleinen. Stromverbindungen zerschneiden den Himmel. Straßenhunde liegen auf den Stufen der Stadt. Katzen beobachten mit gleichgültiger Miene vorübergehende Menschen vom Fenstersims aus. Die Häuser auf den Hügeln gleichen aufeinandergestapelten bunten Schuhkartons und fallen jeden Moment in sich zusammen. So scheint es. Wie ein Kartenhaus. Die Fenster zeigen auf den Pazifik, auf die Bucht, auf den Hafen, auf die Schiffe.
Zwischen all dem Dreck in den schmalen dunklen Gassen lässt ein Jugendlicher die Sprühdose fallen. Ein Hund bellt neben dem gelben Wellblechhaus. Ein Palast thront dazwischen. Die Belle Époque ist noch immer da. Sie ist nur ein bisschen stinkig geworden.
Die Straßen führen in Schlangenlinien durch die Stadt, die Hügel `rauf und `runter. Hier eine sanfte Kurve, dort ein steile Steigung. Die Stadt scheint von Natur aus ein Meuterer zu sein. Die Schachbrettmuster, die so viele koloniale Städte Südamerikas prägen, hatten keine Chance in Valparaíso.
Die über 100 Jahre alten Schrägaufzüge sind die schnellste Verbindung zwischen Unter- und Oberstadt. Stahlseile zerren am hölzernen Fahrstuhlwagen. Langsam geht es nach oben. Man ruckelt Meter für Meter, möchte der altertümlichen Konstruktion kaum trauen. Es ist laut. Aus den verkratzten und vergilbten Fenstern hinaus kann man die Bucht nur verschwommen erraten. Man möchte sie sich vorstellen. Die jungen Bohemiens, die hier im 19. Jahrhundert Geschäfte machten und ihren Erfolg betranken. Hübsche Frauen durften da natürlich nicht fehlen. Hübsche Frauen in umständlichen Kleidern mit unzähligen Unterröcken und einem schier gigantischen Rockdurchmesser. Wie sie in den Aufzügen und Standseilbahnen dieser Stadt elegant nach oben befördert wurden. Mit dem Schaffner, der erhobenen Hauptes langsam den Schalter für den Fahrstuhl umlegt und dabei aussieht wie ein alter Seefahrer, der schon alle sieben Weltmeere bereist hat.

Beim Aussteigen klart das Bild auf. Das verschwommene Bild aus den vergilbten Fenstern weicht einem bunten und chaotischen Panorama. Die große Bucht, in der der dunkle Pazifik ruht, ist umgeben von einem farbenfrohen Durcheinander. Ein Bild, das man gar nicht auf die Schnelle erfassen kann. Unzählige Hafenspelunken, urige Bars und Restaurants werden von den Studenten und Künstlern der Stadt bevölkert. Maler, Dichter, Musiker und Intellektuelle. Alle zieht es hier her – in Chiles kulturelle Hauptstadt. Hier finden sie, was man im langweiligen Santiago de Chile vermisst. Eine lebendige Kunst- und Kulturszene.

Apropos Langeweile. Da war noch was.

Ungefähr 10 km von Valparaíso entfernt liegt die Schwesterstadt Viña del Mar. Viña del Mar hat einen endlos breiten und endlos schönen Sandstrand und versucht sich unentwegt daran, zu einem chilenischen Monte Carlo aufzusteigen. Die mondäne Hafenstadt beherbergt den einen oder anderen Prominenten, ist sauber, schick und schnöselig. Mit zahlreichen Spielcasinos, stattfindenden Filmfestivals und internationalen Sportturnieren wird hier gerne rumgeprotzt. Die chilenische Schickeria, die hier ihren Urlaub verbringt, fotografiert sich pausenlos vor dem Wahrzeichen der Stadt – einer aus Blumen gebauten Uhr.

Während in Valparaíso noch gegen den geplanten Bau des ersten Shopping-Centers der Stadt heftig demonstriert wird, reihen sich die großen gläsernen Einkaufspaläste in Viña del Mar aneinander.

Ständig joggen hier alle, werfen mit Brocken von Englisch um sich, fühlen sich toll dabei und lassen sich im Anschluss das Gesicht liften.

Unsere Couch in Viña del Mar ist ein schwules, sehr gut betuchtes Pärchen im Reichenviertel Reñaca. Ihre pompöse Wohnung liegt direkt am Meer und ist in stufenform angelegt, so dass jedes Zimmer (auch unser Schlafzimmer), mit einem gigantischen Panoramafenster ausgestattet, den Blick auf den Pazifik und bei Nacht auf die Lichter von Valparaíso freigibt.

Trotz all des ungewohnten Luxus', der uns in Viña del Mar geboten wird, bevorzugen wir das ungeordnete Lichtermeer Valparaísos. Wir sitzen in einer der vielen schummrigen Hafenspelunken. Bei einem kühlen Bier betrachten wir die Verrückten, die fragwürdigen Erscheinungen, die Sammler und Jäger, die einst auch Christian Buddenbrook in ihren Bann zogen.

Wir wissen nun, warum Thomas Mann seinen Leser nie wissen lässt, was genau Christian Buddenbrook in Valparaíso gemacht hat – damit man selbst hinfahren muss.

Die Atacama-Wüste – Ein Paradies für Staubliebhaber

Es ist nicht gerade Liebe auf den ersten Blick. Wie eine Zeitraffer in nicht enden wollender Echtzeit entsteht die Atacama-Wüste, die trockenste Wüste der Welt, langsam und endlos vor unseren Augen.

Die Verwandlung beginnt bereits in Santiago de Chile, über 1.600 km vor unserem Ziel. Die Veränderungen sind kaum wahrnehmbar. Sie ziehen sich in die endlose, nicht vorübergehende Länge. Erst nach Tagen des apathischen Starrens besinnt man sich, möchte reflektieren. Man zerfällt in einen Stumpfsinn, ein gedankenloses Glotzen aus dem Autofenster, einen Anblick ohne jegliche Veränderung.

Doch langsam, sehr sehr langsam, werden die Bäume immer gedrungener, immer kleiner, immer staubiger, bis nur noch kleine Büsche übrig sind. Doch auch die Büsche werden verschwinden. Es müssen nur noch weitere hunderte Kilometer Richtung Norden vergehen.

Wir entgehen der Monotonie und halten ihr Alkohol entgegen. Die erste Oase auf unserem langen Weg ist das Valle del Elqui. In diesem Tal, umgeben von Weinbergen, sollen verstärkt geomagnetische Strahlen vorherrschen. Hippies zelten oben auf den Hügeln und kiffen. Wir interessieren uns eher für die Pisco-Destillerien unten im Tal.

Nach einigen Cocktails geht unsere Reise gen Norden weiter. Aus den Büschen werden Sträucher, wird Gestrüpp. Doch auch für die dürren Äste, die nun mehr aus dem Boden ragen, fehlt bald die nötige Feuchtigkeit. Zunehmend trostloser wird die Landschaft. Große Felsbrocken werden zu kleineren, werden zu immer feinerem Schotter. Goldbrauner Schotter so weit wir blicken können. Die unendliche Trostlosigkeit, die Weite verliert sehr schnell ihren Reiz. Waren wir am Anfang noch gefesselt von dem großen Nichts, fühlen wir uns sehr bald wie die LKW-Fahrer, die uns ihr Leid klagen. Sie hätten wieder den Kürzeren gezogen, sagen viele und lachen. Diese Strecke hier fährt niemand freiwillig. 1.000 km Trostlosigkeit. 1.000 km Einöde.

Nun tauchen rechts und links der Fahrbahn riesige Kupferminen auf. Der Norden Chiles ist reich an Bodenschätzen. Der Raubbau im großen Stil hat Chile reich gemacht. Im Salpeterkrieg im 19. Jahrhundert verliert Bolivien genau diesen Teil seines Territoriums inklusive des Zugangs zum Meer an Chile und gilt nun als das ärmste Land Südamerikas.

Wir fahren immer weiter Richtung Norden. Künstlich aufgetürmte Sandberge und braune Andengipfel sind kaum noch zu unterscheiden.

Wir erreichen Antofagasta. Eine hässliche, 300.000 Einwohner Nitratboom-Stadt mit Pazifikhafen. Der ehemalige Salpeterhafen wird nun für den Export von Kupfer und Nitrat genutzt. Bergbau und Stahlproduktion stehen im Mittelpunkt. Hier ist alles zu völlig überhöhten Preisen zu bekommen.

Man kann es sich nämlich leisten. Trotz des Reichtums (den man der Stadt allerdings nicht ansieht) und der teuren Hochhausappartements – wohnen möchte hier eigentlich niemand, so erzählt man uns. Jeder einzelne, der hier lebt, sei nur hier, weil das Geld hier zuhause ist.
Ab Antofagasta geht es landeinwärts. Nun mit erhobenen Daumen an der Straße zu stehen ist kein Vergnügen. Sonne und Staub umgeben uns, legen sich auf unsere Gesichter. Doch die hier vorbeifahrenden Minenarbeiter sind zu einem Plausch aufgelegt und eigentlich ständig auf der Suche nach einer Begleitung fürs Mittagessen. Unsere letzte Station auf unserem Weg nach San Pedro heißt Calama – mit 0 mm Niederschlag pro Jahr der trockenste Ort in der Atacama-Wüste.
Calama ist vollends auf Minenarbeiter und deren männliche Bedürfnisse eingestellt; lebt sie doch ausschließlich von der nahgelegenen Chuquicamata-Mine, der größten Kupfermine der Welt, die beständig riesige Rauchschwaden in den Wüstenhimmel pustet.
Unser Ziel heißt San Pedro de Atacama. Die kleine Wüsten-Oase, gespeist von dem aus den Anden kommenden kleinen Fluss San Pedro, ist Ausgangspunkt für unsere Erkundung der Atacama-Wüste.
Das auf knapp 2.500 Höhenmetern gelegene Dorf ist ausschließlich aus niedrigen Lehmziegelhäusern gebaut. Eng aneinandergedrängt bilden sie ein paar schmale Gassen mitten in der Wüste. Der letzte Regen hat seine Spuren an den weiß getünchten Häuserfassaden hinterlassen. Breite Wasserspuren sind an den Häuserfronten zu erkennen, Löcher und Risse geben die Sicht auf das Innere der Adobekonstruktionen frei.
Bei einem heftigen Regen, so möchte man meinen, fällt das ganze Dorf, gebaut aus Stroh und Lehm, in sich zusammen.
Auf den ersten Blick fühlt man sich an einem unwirklichen Ort. Staub liegt in der Luft, legt sich auf die Lungen, benetzt den Mund. Die 2.000 Einwohner des Dorfes leben nun fast vollends vom Tourismus. Internetcafés, Touranbieter, Hostels, Bars und Restaurants haben sich in die Lehmhäuser rund um den Hauptplatz eingefunden. Jede Nacht spielt irgendwo eine Liveband, gibt es eine Bier-Happy-Hour oder drei Pisco Sour zum Preis von zweien.
Wir machen uns per Fahrrad auf in das etwa 20 km entfernt gelegen Valle de la Luna – das Mondtal. Die trockene Luft und die Hitze machen uns zu schaffen. Staub wirbelt durch die klare Luft. Unsere Haut ist ausgetrocknet, unsere Lippen rissig.
Das vegetationslose Wüstental gleicht einem welligen Meer aus Brauntönen. Berge, Schluchten, skurrile Gesteinsformationen, Sanddünen und salzverkrustete Ebenen, die aussehen, wie eine frisch verschneite Landschaft wechseln sich in dieser trostlos imposanten und lebensfeindlichen Landschaft ab.

San Pedro de Atacama

Im Hintergrund ragt der schneebedeckte Vulkan Licancabur fast 6.000 Meter hoch in den klaren Himmel, als wir von einer Sanddüne aus den Sonnenuntergang beobachten. Das Spektakel zieht viele Touristen an. Der Trick besteht jedoch darin, nicht der Sonne beim Untergehen zuzugucken (denn diese verschwindet unspektakulär hinter einem Felsen), sondern in die entgegengesetzte Richtung zu blicken. Die extrem trockene Luft lässt ein Farbspektakel entstehen, das seines Gleichen sucht.
In einer beachtlichen Vielzahl an Rottönen leuchten die verschiedenen Gesteinsschichten der Berge und skurrilen Felsformationen. Die verschneiten Andengipfel, allen voran der Licancabur, scheinen in einem unwirklich fluoreszierenden Lavastrom zu schwimmen. Man möchte den Kamm der Sanddüne entlanglaufen und die ganzen Deppen wachrütteln, die Arm in Arm auf einen romantischen Sonnenuntergang vorbereitet, in die falsche Richtung blicken.

Am nächsten Tag geschieht das Unglaubliche. In der trockensten Wüste der Welt fängt es an zu regnen. Noch viel unglaublicher ist jedoch, dass es die nächsten zwei Tage nicht mehr aufhören wird.
Die Atacama-Wüste liegt im Regenschatten der Anden, der jeglichen Niederschlag vom Osten her abblockt. Aber auch vom Westen her ist so gut wie nie Regen in Sicht. Obwohl die Atacama-Wüste direkt an der Küste liegt, sorgt der kalte Humboldtstrom statt für Regen nur für Nebel.

Im Durchschnitt gibt es also nur vier Regentage pro Jahr in der Atacama-Wüste. Heftige Regenfälle kommen lediglich alle sechs bis zehn Jahre vor. Alle sechs bis zehn Jahre scheint genau jetzt statt zu finden. Zwei Tage lang verbarrikadieren wir uns bei unseren Gastgebern Azul und Daniel. Bald schon ist das ganze Dorf lahmgelegt. Zunächst fällt überall der Strom aus. Der bewölkte Himmel lässt keine Stromgewinnung über die Solarzellen zu. Die Straßen sind überschwemmt. Im ausgetrockneten Boden der Wüste kann das Wasser nicht versickern, sondern sammelt sich in gigantischen Pfützen oder bildet schier unüberwindbare Schlammgebiete mitten im Zentrum des Ortes.
Zu meiner Überraschung halten die Lehmbauten im Dorf den Wassermengen Stand.
Doch der unerwartete Regen hat für uns auch seine guten Seiten. Unser Ausflug zu dem Geothermalgebiet und Geysirfeld ‚El Tatio' wird umso spektakulärer. Unser Weg führt uns in den Altiplano auf über 4.000 Höhenmeter. Die karge Landschaft, die wir bereits aus Bolivien kennen, ist nun über und über mit Schnee bedeckt.
Die braunfarbene Wüste schimmert nur noch vereinzelt unter der Schneedecke hervor, die zusammen mit dem klaren blauen Himmel und den weißen Wolken ein zauberhaftes Landschaftsbild abzeichnet. Das größte Geysirfeld auf der Südhalbkugel besteht aus über 30 aktiven Geysiren, die stinkend vor sich hin blubbern und Rauchfontänen in den Himmel schießen. Vikuñas grasen in unmittelbarer Nähe während wir in einem Schwimmbecken gefüllt mit Thermalwasser unsere kalten Körper aufwärmen.

Zurück in San Pedro besuchen wir die Laguna Cejas. Der Salzsee zieht Touristen magisch an, verspricht das Wasser doch wohltuende Wirkung für Haut und Gelenke. Doch statt eines Sees finden wir lediglich eine knöcheltiefen Salzwasserpfütze vor. Zusammen mit dutzenden anderer ‚Badegäste' waten wir ein bisschen durch das kühle Nass. Doch können wir uns nicht so recht mit den Gegebenheiten anfreunden und verlassen bald darauf diese zweifellos überschätzte Touristenattraktion.
Derart desillusioniert stürzen wir uns in das Valle de la muerte, das Todestal. Trotz der angsteinflößenden Bezeichnung, ist auf der von rot schimmernden, scharfkantigen Felswänden eng umschlossenen Straße noch niemand zu Tode gekommen. Eine Fahrt per Auto, oder auch etwas anspruchsvoller per Rad, lässt uns noch einmal die Unwegsamkeit dieser schroffen Landschaft spüren.

Wir setzen unsere Reise in den hohen Norden Chiles fort. Doch der Wüste entkommen wie nicht ...

ECUADOR

Cuenca – Der Panama-Hut und andere Geschichten aus Ecuador

Kurz vor Sonnenaufgang passieren wir die Grenze zu Ecuador. Im ersten 24h Shop harren wir die Stunden bis zum Tagesanbruch aus. Ab jetzt ist die Landeswährung der US-Dollar und nach langer Durststrecke sehen wir nach dem nicht enden wollenden Wüstenstreifen in Nordchile und entlang Perus gesamter Küste endlich wieder leuchtendes Grün.

Im Nieselregen halten wir erneut den Daumen raus. Nach nur wenigen Minuten hält ein Kombi. Plauschend fahren wir durch die regnerische Morgendämmerung. Als immer mehr Leute einsteigen und irgendwann Menschen auf den kleinen Bänken im Kofferraum Platz nehmen, dämmert uns, dass wir wohl unfreiwillig in einem Sammeltaxi gelandet sind.

Knappe 200 km vor Cuenca, unserer ersten Station in Ecuador, passieren wir Saraguro, einen kleinen Ort im südlichen Hochland des kleinen Andenstaates.

Während wir wie zwei Fremdkörper am nicht vorhandenen Seitenstreifen Ausschau nach einer Mitfahrgelegenheit halten, werden wir von der traditionell gekleideten, indigenen Bevölkerung neugierig beäugt, schüchtern angelächelt oder stoisch ignoriert. Die Männer der hier lebenden indigenen Gruppe Saraguro haben ihr langes schwarzes Haar zu einem Zopf geflochten, tragen einen langen schwarzen Poncho und schwarze knielange Hosen. Die Frauen hingegen tragen einen weiten schwarzen Rock und einen weißen Hut mit breiter Krempe. Fast schon bizarr erscheint mir der Gedanke, dass auch diese so stolz wirkende Andenbevölkerung seit einigen Jahren mit dem US-Dollar hantiert.

Obwohl kaum Verkehr herrscht, werden wir nach kurzer Zeit von einem kleinen LKW mitgenommen. Da im Fahrerhaus kein Platz ist, müssen wir mit der geschlossenen und dunklen Ladefläche Vorlieb nehmen. Eine gefühlte Ewigkeit werden wir und unser Gepäck durch den leeren Laderaum geschleudert. Nur langsam und ruckelig geht es über die kurvige Straße voran.

Nach geraumer Zeit werden wir stutzig, müssten wir doch schon längst angekommen sein. Aus dem kleinen Spalt über der Tür versuchen wir, kaum im Stande zu stehen, unseren aktuellen Standpunkt ausfindig zu machen. Kurz bevor wir fest davon überzeugt sind, dass die beiden jungen Männer im Fahrerhaus gerade gemeinsam mit uns das Weite suchen, wird die Ladefläche des Lastwagens gutgelaunt geöffnet. Wir sind da.

Schon nach einem kurzen Streifzug durch Cuenca erscheint mir dieser Ort der perfekte Einstieg für die Erkundung eines neuen Landes zu sein.

Obwohl Cuenca die drittgrößte Stadt des Landes ist, ist hier von Hektik weit und breit keine Spur. Die zum Großteil indigene Bevölkerung lässt es lieber ruhig angehen. Die schmalen, kopfsteingepflasterten Straßen sind gesäumt von bunten kolonialen Gebäuden, die mich vor allem in ihrer Schlichtheit entzücken. Cuenca ist sympathisch prunklos. Die herrlichen Plätze mit den großen schattenspendenden Bäumen und den vielen Bänken überreden nicht nur die Einheimischen zu einem kleinen Plausch, einer längeren Pause oder einem Schweifenlassen von Blicken und Gedanken.
Man bummelt über den Kunsthandwerksmarkt, kauft an einem der vielen Straßenstände eine kleine Zwischenmahlzeit, nimmt auf dem Blumenmarkt den Duft frischer Blüten in sich auf oder spaziert mit großen Augen an den Ständen mit schier gigantischen Bergen aus Süßigkeiten, Keksen und Schokolade vorbei.
Als eine Gruppe junger Mädchen in Schuluniform kichernd über den Kirchenplatz rennt, kauft eine alte Frau, ihre langen grauen Haare zu einem Zopf geflochten und in einem weiten Rock gekleidet, gerade eine Marien-Statue am Stand vor der Kirche, während nebenan der Fluss Tomebamba gemächlich durch das grüne Tal der Stadt fließt.
Auf unseren zahlreichen Streifzügen durch die Stadt kommen wir nicht umhin, die vielen Hutmacher-Läden zu bemerken. Der berühmte Panama-Hut kommt nämlich gar nicht aus Panama, sondern aus Ecuador. Seit 1630 wird der bekannte Strohhut in Ecuador hergestellt und Cuenca zählt zu einem der drei Manufaktur-Zentren für die Kunst der Panama-Hut-Macherei.
Der Hut aus feinem Toquilla-Stroh enthält durch viel Feuchtigkeit, Wärme und Druck in speziellen Pressmaschinen seine berühmte Form. Dabei ist der Panama-Hut so fein geflochten, dass er ohne Probleme zusammengerollt in einer Kiste transportiert werden kann, ohne dabei seine Form zu verlieren.
Über die Entstehung des Namens kursieren viele Geschichten. Einige sagen Theodore Roosevelt habe 1906 einen dieser Strohhüte beim Besuch der Bauarbeiten am Panamakanal getragen. Das Foto machte die Kopfbedeckung weltbekannt. Seitdem heißt der ecuadorianische Hut, bis dahin als Jipi-Japa bekannt, Panama-Hut.
Der nur 30 km von Cuenca liegende Nationalpark Cajas ist berühmt für seine kühle moorähnliche Landschaft, die, übersät mit vielen kleinen Seen, zum Wandern einladen soll. Da sich Besucher im dichten Nachmittags-Nebel des Parks oft verlaufen, wird uns am Parkeingang geraten, das Schutzgebiet bis spätestens 16 Uhr zu verlassen.
Dass dieser Hinweis nicht nötig gewesen wäre, erfahren wir jedoch bereits nach unseren ersten Schritten innerhalb des Nationalparks. Dichter, feuchter Dunst liegt in der Luft, trübt die Aussicht. Nasse Kälte kriecht unter unsere

Kleidung. Wir waten durch zähen Schlamm und versuchen, das Beste aus unserem kleinen Ausflug in die Natur zu machen. Schnell entschließen wir uns jedoch, dass ein weiterer Besuch der Süßigkeitenstände in Cuenca uns doch mehr zusagt und fliehen vor der Unberechenbarkeit der Natur zurück in die süße Gemütlichkeit Cuencas.

Die gemeine Affenbande und der verschollene Tukan

Sie klatschen aufgeregt in die Hände, springen vor Freude auf und ab, bringen krächzendes Lachen hervor, Schreie. Mit ausgestrecktem Finger zeigen sie immer wieder auf ihr Opfer, machen sich lustig. Eine Hand schlägt in sein Gesicht, eine andere kneift kräftig in den Körper. Die kläglichen Verteidigungsversuche des Gequälten stacheln sie nur noch weiter an.

Die erbärmliche Kreatur in ihrer Mitte, ein Straßenhund, fletscht die Zähne, weiß bei der numerischen Überzahl seiner Peiniger jedoch nicht, mit wem er es zuerst aufnehmen soll. Jagd er dem einen hinterher, wird er von den restlichen Peinigern verfolgt und hinterrücks am Schwanz gezogen.

Der mittlerweile furiose Hund hat keine Chance. Seine Gegenüber, die ihm scheinbar nur zum Spaß zu Leibe rücken, verschwinden in Windeseile in den hohen Bäumen, sobald sich der wütende Vierbeiner auf sie stürzt. Von dort oben kreischt die Bande Kapuzineraffen vergnügt vor sich hin, bevor sie wieder hinabsteigt, um dem Kläffer erneut nachzustellen.

Wenn man in den Dschungel kommt, bleibt die altbekannte Welt zurück. Plötzlich ist nichts mehr so, wie erwartet. Das lernt auch der Hund, der seine Verteidigung nun aufgibt und das Weite sucht. Wir befinden uns in Puerto Misahualli, einem Dorf im ecuadorianischen Amazonasgebiet. Eine Handvoll Straßen kreuzen sich hier am gleichnamigen Fluss Misahualli.

Es ist heiß, feucht und mit Ausnahme der Affenbande auf der Plaza herrscht eine entspannte Atmosphäre. Ein kühles Bier unter dem knarrenden Ventilator einer schäbigen Kneipe gehört ebenso zum Ambiente, wie die beiden Jungs, die eine Anakonda über ihren Schultern tragen. Ein Foto – ein Dollar. Am Ufer des Flusses treffen wir auf die Dorfbewohner und ein paar wenige, überwiegend einheimische Touristen. Sie baden im überraschend kalten Wasser des Misahualli oder bereiten ihre Boote für den nächtlichen Fang vor.

Wir verabreden uns mit Jonas. Seit über 60 Jahren lebt er hier im Dschungel. Sein Werdegang ist bunt, war er doch in fast allen Bereichen tätig, in denen das kleine Dorf Arbeit anbietet: Er fischte im Fluss, war Tischler, stellte Kunsthandwerk her. Seit einigen Jahren ist er Fremdenführer. Seine freundlichen Augen strahlen uns entgegen, als wir per Handschlag beschließen, die nächsten Tage zusammen im Dschungel zu verbringen.

Es regnet in Strömen, als wir Jonas' wackeliges Boot betreten und uns in die Wildnis aufmachen. Mit einer Hand am Seilzugmotor führt er das Boot etwa zweieinhalb Stunden durch den Niederschlag. Der alte Mann und der Fluss.

Zwischen der dichten Vegetation des Regenwaldes blitzen in Ufernähe immer wieder Palmblattdächer und Holzkonstruktionen hervor. Eine Öko-Lodge folgt auf die nächste. Es reihen sich so viele Refugios am Fluss, dass wir uns fragen, wo denn noch Platz für wilde Tiere sein soll. Tatsächlich ist das Gebiet rund im Misahualli ungeschützter Dschungel. Hier leben indigene Bauern, Goldwäscher ziehen am Fluss entlang, Jäger durchstreifen die Wälder, Touristen sehnen sich nach Abenteuern in der Wildnis.

Der Wald ist voller Zweibeiner, die großen Tiere haben schon lange das Weite gesucht und bis auf ein paar Vögel und Insekten gibt es kaum noch etwas zu entdecken.

Unser einfaches Camp am Flussufer wirkt etwas heruntergekommen. Die Tür zur Küche müssen wir aufgrund fehlender Schlüssel aufbrechen. Außerdem hat unser Zelt ein riesiges Loch im Boden, welches wir versuchen mit Plastiktüten zu stopfen. Immerhin regnet es nicht mehr und so machen wir uns auf zu einer ersten Erkundungstour in den ecuadorianischen Dschungel.

Wir tauchen hinein in das dichte, undurchdringliche Grün des Regenwaldes. Baumriesen umgeben uns, Gräser, Farne und Büsche wuchern über dem schlammigen Erdboden. So laufen wir eine Weile durch den Dschun-

Verirrt im ecuadorianischen Amazonasgebiet

gel, bis Jonas plötzlich die Hand nach oben reißt und hoch konzentriert in den Wald starrt. Augenblicklich stockt uns der Atem, doch noch bevor wir etwas erspähen können, entspannt sich Jonas wieder. „Tukan“ ist das einzige, was er uns geheimnisvoll zuflüstert und schon läuft er weiter durch das Unterholz.

Keine zehn Minuten später ereignet sich die gleiche Szene. Jonas reißt den Arm hoch, zeigt mit dem Finger in die Baumkronen, blickt konzentriert in die Wipfel der Bäume. Wir tun es ihm gleich. Ohne genau zu wissen, wohin wir schauen sollen oder was wir zu entdecken hoffen, starren wir in die Bäume. Verwirrt geht mein Blick in Richtung Jonas. „Tukan“, bringt dieser erneut hervor und zeigt auf eines seiner Ohren, um uns zu verstehen zu geben, dass wir hinhören sollen. Doch außer dem Rauschen der Blätter hören wir nichts.

Wir folgen den vermeintlichen Lauten, die nur Jonas hört und noch ein weiteres Mal verfällt unser Guide in eine spontane Schockstarre, die er mit einem geflüsterten „Tu-kan“ untermalt.

Unsere Mission ist nun eindeutig. Dieser verflixte Vogel muss doch irgendwo zu finden sein. Nach drei Stunden Dschungelgehopse kehren wir jedoch ohne Erfolg zu unserem Lager zurück.

Jonas, der diese Niederlage nicht einfach so hinnehmen kann, sprüht voller Tatendrang. Am nächsten Tag machen wir uns erneut auf in den Dschungel und schon nach wenigen Schritten durch das Dickicht, reißt Jonas wieder seinen Arm in die Luft und verfällt in seine gewohnte Schockstarre. Doch uns beeindruckt das nicht mehr. Wir ignorieren den alten Mann.

Dennoch bekennt Jonas vehement, einen Tukan in unmittelbarer Nähe zu hören. Es scheint, als spiele der listige Vogel unserem Guide einen Streich. Wir sind angeblich immer einen Schritt zu spät. Bald dringen tatsächlich Vogellaute an mein Ohr. Bei dem ‚Kikiriki‘ handelt es sich jedoch definitiv nicht um einen Tukan. Kurz darauf durchschneidet Motorsägenlärm die Luft und plötzlich stehen wir auf einem breiten, ausgetretenen Pfad.

Derart nahe an menschlichen Siedlungen wundert es nicht, dass wir kein wildes Tier erblicken. Keinen Tukan, nicht mal den kleinsten Piepmatz bekommen wir so zu Gesicht. Wir folgen dem ausgelatschten Weg. Ein paar Bauern begegnen uns, grüßen freundlich.

Entmutigt trotten wir Jonas hinterher, der uns nach einer Weile auf dieser Dschungelautobahn zurück in den Wald führt. Da wir bereits seit einiger Zeit unterwegs sind, lädt uns unser Guide zum Essen sein. Er reicht uns einen Stock auf dem unzählige Ameisen herumwuseln und nickt auffordernd. Zögerlich betrachte ich die kleinen Krabbler, schließe die Augen und stecke mir den Stock in die Mund.

Die Ameisen haben keine Chance. Auf meiner Zunge kleben sie, dem Tode geweiht, fest. Langsam zerdrücke ich meine Beute am Gaumen und bin vom Zitronengeschmack überrascht. Anschließend schlagen wir unsere eigenen Palmherzen, die Sättigungsbeilage zum zitrushaltigen Proteincocktail.
Derart gestärkt machen wir uns wieder auf, weiter hinein in den Dschungel. Wir suchen große Bäume, finden stattdessen aber nur einen Fluss. An beiden Seiten des Wasserlaufs ist das Ufer dicht bewachsen und so waten wir notgedrungen durch das kühle Nass auf der Suche nach einem Pfad.
Eine halbe Stunde sind wir bereits unterwegs, als in uns der Verdacht aufkommt, dass wir uns völlig verlaufen haben. Jonas wirkt angespannt, prüft immer wieder die Böschung nach einem Ausweg – ohne Erfolg. Der Fluss wird immer tiefer. Reicht uns das Wasser zunächst nur bis zu den Waden, so schwappt uns der Fluss bald um die Knie und es dauert nicht lange, da ragen nur noch unsere Oberkörper aus den Fluten.
Wir rutschen über glatte Steine im Flussbett, stolpern über tief hängende Äste und Wurzeln, versinken im weichen Schlamm. Nur mit Glück halte ich mich aufrecht und über dem Wasserspiegel. Zwei weitere Stunden vergehen, bis Jonas endlich einen Ausstieg aus dem Fluss findet und wir zum Camp zurückkehren.
Die „großen Urwaldriesen“, zu denen uns Jonas führen wollte, haben wir trotz vollen Körpereinsatzes und völlig durchnässter Kleidung nicht gefunden. „Das sei wohl ein anderer Weg gewesen“, murmelt Jonas kleinlaut.
Ausgeruht und mit trockener Kleidung verlassen wir am nächsten Tag das Zeltlager. Jonas, der mit der Erkundung des Waldes so seine Probleme zu haben scheint, wechselt nun den Schwerpunkt. Anstatt Tukane suchen wir nun Menschen.
In unserem Motorboot geht es den Fluss hinauf. Wir besuchen eine Dschungelschule. Alle Kinder der Nachbarschaft finden sich hier ein. Im Alter zwischen zwei und zwölf Jahren werden sie zeitgleich im selben Klassenraum unterrichtet. Einige haben einen Schulweg von bis zu 40 Kilometern. Straßen gibt es natürlich keine. Sie alle kommen zu Fuß oder mit dem Boot.
Als wir die Schule erreichen, ist gerade ‚Große Pause‘ oder Sportunterricht. Wir sind uns nicht ganz sicher. Auf dem ungemähten Fußballfeld vor dem Schulgebäude bolzen die Kleinen hin und her. Währenddessen berichtet uns ihr Lehrer über die Schwierigkeiten und Umstände des Unterrichtens im Dschungel, von der unzureichenden Unterstützung durch den Staat und andere Unwägbarkeiten. Er zeigt uns ein völlig abgebranntes Gebäude. Bis vor kurzem stand hier der Essensraum für die Kinder. Eines Nachts stand er in Flammen – Brandstiftung. Vorausgegangen waren Streitigkeiten mit einer anderen Dschungelgemeinde.

Vom Fluss lassen wir uns zurück zum Camp treiben. Auf großen Gummireifen liegen wir im Wasser. Mit gemütlichem Tubing endet unser Dschungelabenteuer. Den viel zitierten Tukan haben wir letztendlich nicht gefunden.
Um Tiere zu sehen, muss man auch in Ecuador die geschützten Nationalparks besuchen, so wie wir es in Bolivien getan haben. Doch wie lange sich Ecuador den Luxus intakter Naturreservate erlaubt, ist fraglich. Im August 2013 verabschiedete die Regierung ein Gesetz zur Ölförderung im bekannten Yasuni Nationalpark, einem der wichtigsten Schutzgebiete im ecuadorianischen Amazonasgebiet.

Quilotoa-Loop Teil 1 – Sonntagsmarkt und Besuch am Bullenring

Es ist bitter kalt, als wir uns gegen fünf Uhr aus unseren Schlafsäcken schälen. Noch bevor die Sonne ihre ersten Strahlen auf die Erde schickt, verlassen wir unser Refugio. Das Dunkel der Nacht wird lediglich von ein paar schwach leuchtenden Straßenlaternen durchbrochen. Irgendwo kräht ein Hahn. Die morgendliche Kälte zieht durch unsere Kleidung, lässt uns bibbern.
Wir sind im geografischen Herzen Ecuadors, im Hochland. Umgeben von Bergdörfern, weiten Wiesen und verlassenen Feldwegen. Dort, wo sich das Land am authentischsten präsentiert, liegt eine der beeindruckendsten Sehenswürdigkeiten des Andenstaates.
Der Quilotoa-Loop, eine Schleife um den Kratersee Quilotoa, verbindet andine Welten, traditionelle Lebensweisen und spektakuläre Landschaften miteinander. Unbefestigte Straßen führen zu kleinen Dörfern und Gemeinden, Wanderwege laden zu Spaziergängen in den Bergen ein und über allem schwebt die angenehme Atmosphäre der Abgeschiedenheit – ausgeklinkt aus einer fernen, rasanten Welt. Handysignal – Fehlanzeige.
Obwohl als absolutes Highlight bekannt, verschlägt es nur wenige Touristen in die Gegend. Das liegt vor allem an den unzureichenden Transportmöglichkeiten – öffentlichen Verkehr gibt es in dieser schwach besiedelten Gegend so gut wie gar nicht. So sind auch wir an diesem frühen, eisigen Morgen die einzigen Gestalten, die sich durch die Straßen Pujilís schlagen. Doch wir bleiben nicht lange allein.
Wer den Ort zwischen Montag und Samstag besucht, wird sich weder lange aufhalten, noch nachhaltig daran erinnern. Ganz anders der Sonntagsgast. Ihm erscheint Pujilí wie ein bunter Ameisenhaufen.
Auf dem großen Platz hinter dem Busterminal wimmelt es nur so von geschäftigen Menschen, denn am Sonntag ist Markttag. Die Stadt beginnt zu leben. Aus den zahlreichen umliegenden Bergdörfern ziehen die Bauern bis ins Zentrum Pujilís. Sie bringen Obst und Gemüse, Backwaren, traditionelles Kunsthandwerk, Wolle und Leinen zum Verkauf mit sich.

Auf langen Tischen stapelt sich alles, was in der fruchtbaren, andinen Erde zu wachsen vermag. Salat- und Kohlköpfe, Kartoffeln, Tomaten, Karotten, Gurken, Yuka, Zwiebeln, Bohnen, Erdbeeren, Brombeeren, Birnen und Äpfel. Von der Pazifikküste kommen Papayas, Bananen, Ananas, Mandarinen, Limetten und Melonen.

Unter riesigen Dächern, die die Verkäufer und ihre Stände vor den Unwägbarkeiten des Wetters schützen, türmen sich Lebensmittelberge aller erster Güte. Dazu gesellen sich Säcke voller Reis, Pasta, Getreide und Maiskörner. Mehl und Zucker formen pudrige Gebirge auf langgestreckten Theken.

Dahinter brennen offene Feuer. Die Marktküchen rauchen gemütlich vor sich hin. In gigantischen Töpfen blubbern Suppen und Soßen, Reis wird kiloweise zubereitet und Fleisch schmort in überdimensionalen Pfannen. Ringsherum sitzen die Hungrigen wie im Speisesaal an mehreren Tischen. Das Essen ist gut und das Gedränge dementsprechend groß. Zum Nachtisch gibt's hausgemachten Wackelpudding oder sahniges Speiseeis.

Ein wenig abseits des Lebensmittelmarktes bestimmt die Nachfrage das Angebot und so gibt es all das zu kaufen, was in den umliegenden Dörfern nicht zu erwerben ist. Neben Gürteln, Hosenträgern und Schuhen gibt es Verlängerungskabel, Macheten und Schleifsteine. Doch die meiste Aufmerksamkeit bekommen die vielen CD- und DVD-Stände.

In voller Lautstärke beschallen sie die Straßen Pujilís wahlweise mit den Raubkopien andiner Folklore oder aggressivem 90er-Techno. Auf den Bild-

Dorffest im andinen Hochland Ecuadors

schirmen der DVD-Stände flimmern ecuadorianische Telenovelas, Hollywood-Blockbuster der letzten Jahre oder Dokumentationen über die eigene Heimat. Große und kleine Gruppen stehen stundenlang vor den Fernsehgeräten und lassen sich vom aufgezeichneten Programm unterhalten.

Wir schlendern durch die Reihen der Verkaufsstände, beobachten das Handeln und Feilschen, sehen, wie Waren ihre Besitzer wechseln und die Auslagen langsam ihre überbordende Last loswerden. Der Markt ist jedoch nicht nur ein kommerzieller Schauplatz.

Man trifft sich, schwatzt, lacht, tauscht Neuigkeiten aus. Mütter ziehen ihre quengelnden Kinder hinter sich her, Männer trinken ihr Sonntagvormittag-Bier auf dem Bordstein, Hunde streunen um die Marktküchen auf der Suche nach etwas Fressbarem. Dazwischen preisen die Bauern ihre noch verbliebenen Waren an. Die Luft ist durchsetzt von der Musik der CD-Verkäufer.

Nach ein paar Stunden auf dem Markt verlassen wir Pujilí Richtung Quilotoa. Wir besteigen den einzigen Bus des Tages und benötigen für die knapp 60 km lange, holprige Strecke über zwei Stunden. In Quilotoa begrüßen uns tief hängende Wolken. Dichter Nebel zieht auf. Dicke Regentropfen fallen auf die Erde. Hier lernen wir die Schwierigkeiten des Quilotoa-Loops kennen.

Es gibt absolut keinen Verkehr, keine Busse, keine Autos, nicht einmal ein Fahrrad ist zu sehen. Aufgrund fehlender Alternativen sehen wir uns genötigt zu laufen. Unser Ziel ist das acht Kilometer entfernte Chugchilán. Doch wir haben unerhörtes Glück. Schon nach wenigen Augenblicken hält ein Wagen. Die beiden Freunde, ein Ecuadorianer und eine US-Amerikanerin, nehmen uns auf der Rückbank mit.

Dort sitzt bereits Natalie aus Norwegen und zusammen machen wir uns auf den Weg nach Guayama San Pedro. Durch Zufall, so erzählt Natalie, habe sie von einem in den Anden durchaus noch üblichen Bullenkampf in diesem kleinen Ort erfahren. Und wir beschließen spontan, die Drei zu begleiten.

In Guayama San Pedro angekommen, empfängt uns die kleine Gemeinde mit Blasmusik, das Bier fließt in Strömen und auch uns wird sofort ein Becher des kühlen Gerstensaftes in die Hand gedrückt.

Zu den Klängen des zehnköpfigen Orchesters wippen die Dorfbewohner leicht hin und her. Die Zurückhaltung des Hochlandes drückt sich auch im Tanzstil aus. Viel Bewegung gibt es nicht. Fußtipp links, Fußtipp recht. Aus der Entfernung sieht es aus, als würden die Tanzenden lediglich in einer Gruppe zusammenstehen.

Die Stimmung scheint dennoch ausgelassen zu sein – zumindest sind alle (männlichen) Anwesenden stark betrunken. Nach ein paar lallenden Gesprächsversuchen, lassen wir die feiernde Gruppe hinter uns und machen uns auf die Suche nach dem Bullenring.

Dort angekommen, herrscht zunächst gähnende Leere. Der Ring ist verlassen und wir sind uns nicht mehr so sicher, ob unsere Informationsquelle bezüglich des Bullenkampfes wirklich verlässlich ist. Doch bald darauf hören wir aus der Ferne die sich nähernde Blasmusik.
Das Feiervolk tänzelt in einem Umzug durch den Ort und in Richtung des Bullenrings. Vorne weg wird irgendein Heiliger durch die Gegend getragen. Vor allem Frauen und Kinder in traditioneller Kleidung folgen der Kapelle. Die Männer hingegen, vom Biergenuss in ihrer Wahrnehmung etwas eingeschränkt, sehen sich kaum noch in der Lage, mehr als drei Schritte erfolgreich in die gleiche Richtung zu setzen.
Im Bullenring angekommen, dreht die festliche Versammlung noch ein paar Runden und verteilt zur Freude der Jüngsten jede Menge Süßigkeiten.
Dann treten die Bullen auf den Plan. Aus einem Lastwagen wird das erste Tier in den Ring getrieben. Da steht es nun und weiß nicht so recht, was es tun soll. Die Masse grölt und der Bulle senkt den Kopf, präsentiert sein linkes, nach unten verwachsenes Horn. Sichtlich irritiert trabt er durch die Anlage bis die ersten Besoffenen ausreichend Mut gesammelt haben, um ebenfalls in den Ring zu treten.
Mit wilden Schreien und rudernden Armen versuchen sie die Aufmerksamkeit des Tieres auf sich zu lenken. So richtig wohl ist ihnen jedoch nicht dabei, denn sobald der Bulle in ihre Richtung blickt, springen die Männer schon wieder zurück über den sicheren Zaun.
Vergnügt lachend klatschen sie sich nach ihren heldenhaften Auftritten ab und freuen sich über ihre Kühnheit. Die Kleinsten des Dorfes schauen dem Treiben mit großen Augen zu. Auf der Umzäunung sitzend, betrachten sie staunend die Ereignisse. Was wir als albernes Machogehabe verstehen, löst bei ihnen Bewunderungsrufe aus. Gespannt fiebern sie mit den Besoffenen mit.
Unter den Blicken der Kinder geht es eine Weile weiter. Die Wagemutigen schreien und laufen davon, wedeln mit den Armen und verstecken sich, bewerfen das arme Tier aus ausreichender Entfernung mit Orangen.
Einer der Saufbolde leidet unter so viel Realitätsverlust, dass er sich dem aufgebrachten Tier in den Weg stellt. Tatsächlich schafft er es drei Mal sich knapp am Tier vorbei zu winden, bevor er vom Koloss überrannt wird. Ein entsetzter Aufschrei geht durch die Zuschauer. Doch der Betrunkene steht einen Augenblick später wieder auf seinen Beinen – und torkelt ahnungslos erneut auf den Bullen in der Mitte der Arena zu.
Das Tier lässt sich nicht lange bitten und stürmt seinem Gegenüber entgegen. Der Mann hat keine Chance, noch bevor die anderen Dorfbewohner den Betrunkenen vor sich selbst schützen können, prescht der Bulle über ihn hinweg.

Als der Betrunkene in einiger Entfernung des Bullen humpelnd, von zwei Männern gestützt, den Ring verlässt, wird er von vielen für den glücklichen Ausgang seines Abenteuers bejubelt. Allein seine Frau schimpft ununterbrochen wie eine Furie auf ihn ein. Sie würde ihn verlassen, schreit sie, lieber sei sie geschieden, als eine Witwe. Schallend geht die Ohrfeige auf den Betrunkenen nieder. Für ihn ist es Zeit nach Hause zu gehen – und auch wir haben genug von diesem fragwürdigen Spektakel.
Weitere Stationen auf dem Quilotoa-Loop warten auf uns.

Quilotoa-Loop Teil 2 – Dunkles Wasser und tierische Beschwerden

Mittlerweile sind wir in Chugchilán angekommen. Das kleine andine Dorf liegt zentral auf dem Quilotoa-Loop und begrüßt uns mit einem gekochten Schweinekopf auf der Theke eines kleinen Straßenstandes. Auf Höhen zwischen 2.600 Metern und 3.800 Metern befinden sich rund um Chugchilán mehrere ausgezeichnete Wanderrouten.
Wir entscheiden uns für die Wanderung zum Kratersee Quilotoa. Um acht Uhr morgens verlassen wir Chugchilán. Wir wollen und müssen den Kratersee bis 14 Uhr erreichen, um den einzigen Bus des Tages zurück nach Chugchilán nicht zu verpassen. Öffentlicher Verkehr ist hier im dünn besiedelten Hochland Ecuadors rar gesät.
Rund um den kleinen Ort leuchten grüne Wiesen auf den Hängen der Berge. Gleich hinter den wenigen zusammengewürfelten Häusern Chugchiláns befinden wir uns mitten in der andinen Schönheit. Das frühe Morgenlicht taucht die Landschaft in beeindruckende Farben und so schlendern wir vorbei an Wiesen und Feldern und genießen die Aussicht auf die umliegende grüne Berglandschaft.
Die Luft riecht nach frischem Gras und Blüten, Schmetterlinge tanzen durch die Luft, Vögel zwitschern in den Bäumen. Unser Weg führt uns zu einsamen Bauernhäusern in traumhafter Kulisse und anschließend immer weiter bergab. Die Schlucht, die der Fluss Toachi ins Gebirge grub, müssen wir durchqueren. Immer tiefer steigen wir hinab. Der schmale Pfad windet sich an Felsvorsprüngen vorbei, verwandelt sich in matschigen Morast und lässt uns über lockere Steine stolpern.
Dann sind wir endlich unten. Die Sonne, die uns bereits in diesen frühen Morgenstunden den Nacken verbrennt, schafft es noch nicht ganz bis hinab in die Schlucht und so machen wir eine kurze Pause im kühlen Schatten der Hänge.
Der Aufstieg hat es in sich. Schnaufend und prustend erklimmen wir die andere Seite. Farne und Büsche wachsen bis weit in den Weg hinein und verweigern uns ein ums andere Mal den Durchgang.

Weiter oben bleibt die Vegetation aus. Stattdessen ist der Pfad so schmal, dass zwischen uns und dem Abgrund nur wenige Zentimeter verbleiben. Einheimische auf Eseln kreuzen unseren Weg. An der schmalsten Stelle des Pfades, an der wir vorsichtig einen Fuß vor den anderen setzen, reiten sie vollkommen entspannt vorbei. Mit der Hand am Hut werden wir in guter alter Cowboymanier gegrüßt.

Je höher wir steigen, desto atemberaubender wird die Aussicht. Bald sind wir weit genug die enge Schlucht hinaufgestiegen, um den Blick schweifen zu lassen. Grüne Hügel, braune Felder und grauer Fels umgeben uns in scheinbar geordneten geometrischen Formen. Auf der anderen Seite der Schlucht erkennen wir, in noch gar nicht so großer Entfernung, Chugchilán.

Die Sonne brennt. Wir befreien uns von den vielen Kleidungsschichten, die uns in der morgendlichen Kühle noch wärmten. Der Aufstieg tut sein Übriges. Vollkommen verschwitzt erreichen wir das obere Ende der Schlucht.

Von dort führt uns eine Straße bis nach Guayama San Pedro. Der winzige Ort ist wie ausgestorben. War beim gestrigen Bullenfest noch das gesamte Dorf auf den Beinen, so begegnen wir jetzt keiner Menschenseele. Die Arena, tags zuvor Schauplatz betrunkener Selbstüberschätzung, liegt friedlich inmitten des Ortes.

Hinter Guayama San Pedro erhebt sich der Krater des Vulkans, in dessen Innerem sich der See Quilotoa befindet. Wir wähnen uns fast am Ziel, als plötzlich ein Kalb vor uns auftaucht. Das halbstarke Rind, so verrät der durchgerissene Strick, der an seinem Hals baumelt, genießt seine unerwartete Freiheit.

Es läuft die Wiesen hoch und runter, ohne genau zu wissen wohin mit den neugewonnenen Möglichkeiten. Dann scheinen wir sein Interesse geweckt zu haben. Neugierig kommt es schnuppernd in unsere Richtung und holt sich die gewünschten Streicheleinheiten ab.

Der Aufstieg zum Krater zieht sich in die Länge. Zwar ist der Weg nicht besonders anspruchsvoll, jedoch nimmt er wegen der vielen weiten Kurven jede Menge Zeit in Anspruch. Nach insgesamt vier Stunden erreichen wir den Rand des Kraters.

Wir haben es geschafft. Unter uns liegt nun, majestätisch und Ehrfurcht gebietend, der riesige Kratersee. Mit einem Durchmesser von drei Kilometern erstreckt sich das dunkelblau schimmernde Wasser in der grünen Weite der hügeligen Landschaft.

Wir bleiben und betrachten die leichten, im Sonnenlicht schimmernden Wellen. Wie ein dunkles Auge liegt der See tief in der bergigen Umgebung. Nach all den Strapazen verschafft uns der kräftige Wind hier oben auf knapp 4.000 Metern Höhe die nötige Abkühlung.

Um den Bus zurück nach Chugchilán zu nehmen, müssen wir uns jedoch auf den Weg zum gegenüberliegenden Ufer machen. In der Theorie ein einfaches Unterfangen, gibt es doch unzählige Wege und Trampelpfade, die die Kraterwände entlangführen.

Auf und ab führen uns die kleinen Schleichwege entlang der Kraterwand. Niedriges Gestrüpp säumt seine Grenzen. Gelegentlich bricht der Weg einfach ab und wir müssen unter Zuhilfenahme unserer Hände klettern, um überhaupt weiter voran zu kommen. Mit jedem Schritt ändert sich der Blickwinkel auf das glitzernde Wasser.

In Grün- und Blautönen liegt das Wasser im Kraterbecken, doch bleibt uns nur wenig Zeit, die Aussicht zu genießen. Irgendwo zwischen den vielen Pfaden müssen wir falsch abgebogen sein, denn wir haben uns kräftig verlaufen. Statt der angeblich 30-minütigen Umwanderung des Kraters, benötigen wir etwa zwei Stunden.

Pünktlich zur Abfahrtszeit erreichen wir den winzigen Ort Quilotoa, oberhalb des Kraters gelegen, und sehen den Bus gerade noch in der Ferne davon fahren. Wie am Vortag stehen wir in Quilotoa und warten auf eine Mitfahrgelegenheit.

Das Glück ist uns erneut ein treuer Begleiter. Auf der verkehrsarmen Schotterstraße nach Chugchilán kommt uns ein klappriges, quietschendes Auto entgegen. Der Fahrer, ein wortkarger Typ, winkt uns zu sich und gemeinsam schleichen wir in etwas mehr als Schrittgeschwindigkeit durch die Landschaft.

Bald verstehen wir warum. Keine 10 Minuten später stoppt das Auto, der Fahrer springt heraus und mit einem Schraubenzieher bewaffnet wirft er sich unter den Motorblock. Wenig später hantiert er mit einem Stück Draht, das bisher das Autoradio in seiner Verankerung hielt, und kurz darauf geht es tatsächlich weiter.

Auf der acht Kilometer langen Strecke bis Chugchilán erleben wir fünf solcher Pannen. Doch über eine Stunde später erreichen wir dennoch unser Ziel.

Dass die Transportmöglichkeiten hier auf dem Quilotoa-Loop abenteuerlich sind, stellen wir auch am nächsten Morgen fest. In einem Milchtransporter verlassen wir Chugchilán auf unserem Weg nach Saquisilí. Auf der Ladefläche des Transporters befinden sich, sicher festgezurrt, vier blaue Maischefässer, dazwischen dicht gedrängt die Passagiere.

Alle paar hundert Meter halt der Transporter auf seinem Weg und sammelt die Milch der Klein- und Kleinstbauern aus der Region ein. Je nach Produktionsleistung gibt jeder Landwirt zwischen einem halben Liter und mehreren 5-Liter-Kanistern Milch ab. Auch wenn es eine Weile dauert: Am Ende sind die Fässer bis zum Rand gefüllt.

In Saquisilí ist donnerstags Markttag. Neben Obst, Gemüse und Holzarbeiten aus der Region werden auch Stoffe angeboten und direkt vor Ort verarbeitet. Gleich mehrere Schneider sitzen auf dem Markt vor ihren mobilen Nähmaschinen und verwandeln farbige Stoffe in Ponchos und Überdecken. Die Hauptattraktion ist jedoch der Tiermarkt. Wöchentlich werden hier Nutztiere angeboten und wechseln nach erfolgreichem Handeln den Besitzer. Rinder, Schweine, Schafe, Lamas und Meerschweinchen, aber auch Hunde und Katzen stehen zum Verkauf.

Der Tiermarkt, ein riesiger, staubiger Platz, ist in mehrere Parzellen unterteilt. Jede Rasse hat ihren eigenen Bereich und während Kühe und Lamas entspannt in ihren Ecken stehen, machen die Schweine, Schafe und Ziegen ihrem Unmut Luft. Sie blöken und quieken erbärmlich und so herzzerreißend laut sie nur können. Ihr Schicksal ändern sie jedoch nicht.

Die Tiere sind nichts anderes als Ware. Ihre neuen Besitzer machen kurzen Prozess. Wer nicht hören will, muss fühlen, und so werden Schafe, Schweine und Ziegen an den Hinterbeinen über den staubigen Boden gezogen. Die Kleinsten – Ferkel, Katzen und Federvieh – werden kopfüber in große Säcke gestopft, geschultert und abtransportiert. Auf den Ladeflächen der Pick Ups rumpelt das Nutzvieh, an Fußgelenken gefesselt, in die neue Heimat.

Auf dem Tiermarkt in Saquisilí endet unser Abenteuer auf dem Quilotoa-Loop. Die andinen Landschaften, mit all ihrer Pracht und ihren Unwägbarkeiten, haben uns nachhaltig beeindruckt. Das Leben in den abgeschiedenen Bergdörfern ist beschwerlich, zugleich aber auch voller Kultur und von Jahrhunderte alten Traditionen durchzogen.

Wer einen tieferen Einblick in die faszinierende Welt des ecuadorianischen Hochlandes gewinnen möchte, dem seien die Schwierigkeiten, aber vor allem die Schönheiten auf dem Quilotoa-Loop ans Herz gelegt.

Null°-Null'-Null" Quito: Die Mitte der Welt

Dort unten breitet sie sich aus, die Stadt, das Häusermeer, der Ameisenhaufen. Quito lässt sich mit vielen Begriffen beschreiben. Ecuadors Hauptstadt liegt langgezogen in einem schmalen Tal auf 2.850 Metern über dem Meeresspiegel, direkt am Fuße des erloschenen Vulkans Rucu Pichincha.

Von dessen Flanke, mehr als 1.000 Meter über den Dächern der Stadt, eröffnet sich eine spektakuläre Aussicht. Majestätisch anmutende Berge umgeben die Stadt. Durch die dicken Wolken fallen Sonnenstrahlen. Ein Spiel aus Licht und Schatten, das Quito in eine besondere Stimmung taucht. Der Blick geht in die Weite.

Unten im Zentrum der Altstadt herrscht ein anderes Bild. Durch die engen, kolonialen Gassen quetschen sich laut hupende Autos, altersschwache Busse

stoßen dunkle Abgaswolken aus, Straßenverkäufer preisen lautstark ihre Waren ein, Polizisten lassen ihre Pfeifen trillern. Gemütlich schlendern Passanten an kolonialen Häuserfassaden vorbei oder eilen hastig von einem Termin zum nächsten.
Auf der Plaza Grande, dem Hauptplatz in Quitos Altstadt, herrscht eine quirlige Atmosphäre. Die Bürger der Stadt treffen sich hier zum Plausch. Es werden Versammlungen abgehalten und politische Reden geschwungen. Clowns reißen lustige Sprüche, und Pantomimen sind wie so oft im unsichtbaren Käfig gefangen – Berufsrisiko.
In der Vormittagssonne sind die Bänke mit älteren Herren besetzt. Sie lesen Zeitung, schwatzen oder dösen einfach vor sich hin. Schuhputzer bieten ihre Dienste an und Fotografen suchen nach Kundschaft.
Die Plaza Grande wird von der Kathedrale und dem Regierungssitz des Präsidenten begrenzt. Beides Prachtbauten, mit denen die Spanier ihre Machtstellung untermauerten. Quitos Zentrum quillt über vorm barocken Schick des 17. Jahrhunderts und gehört seit fast 40 Jahren zum Weltkulturerbe der UNESCO.
Wesentlicher Bestandteil dieses Erbes ist Quitos religiöse Kunstschule. Sie verbindet katholische Motive mit indigenen Einflüssen. So verspeist Christus auf einem Gemälde in der Kathedrale Meerschweinchen, Chicha und Tamales – alles traditionelle ecuadorianische Gerichte.
Die Altstadt ist vollgestopft mit Kirchen, Palästen und Plätzen. Kolonialmuseen präsentieren die Herrlichkeit, mit der die Spanier die Neue Welt eroberten. Besonders eindrucksvoll ist die Kirche San Francisco auf dem gleichnamigen weiten Platz. Sie ist Quitos ältestes Gotteshaus und größtes koloniales Gebäude. Im Inneren zeigt sich die prunkvolle Kunst der Bauherren. Verschwenderische Goldverzierungen, wohin man schaut.
Als wir die Kirche betreten, endet gerade die Messe. Vor dem imposant geschnitzten Altar steht der Priester und segnet mit heiligem Wasser alles, was ihm unter die Nase gehalten wird. Vor ihm drängen sich die Gläubigen und strecken dem alten Mann alles Mögliche und Unmögliche entgegen: Eheringe, Autoschlüssel und Spielkarten.
Zurück auf dem Platz schlendern wir weiter durch die kolonialen Gassen, vorbei an bunten Fassaden und kleinen Balkonen. Inmitten all der kolonialen Pracht und des Prunks, den Quito umgibt, verkaufen zwielichtige Gestalten Welpen auf dem Bürgersteig. Mit Schleife im Haar sind die Kleinen heute besonders süß herausgeputzt und warten auf potenzielle Käufer.
Bald stehen wir vor der neugotischen Basílica del Voto Nacional. Beeindruckend stechen die beiden Türme hoch über uns in den Himmel. Wir wagen den Aufstieg – doch kommen wir nicht weit.

Über knarrende, schmale Holzplanken und eine noch schmalere Leiter steigen wir bis auf das Dach. Um weiter auf die Turmspitzen zu gelangen, müssen wir jedoch eine enge, steile und vor allem freistehende Treppe bewältigen. Bereits beim Anblick der Stufen wird mir schwindelig. Weit über das Geländer ragen sie hinaus. Ein Abgrund, tief wie der Höllenschlund, tut sich zu beiden Seiten auf. Keine Sicherung, keine Haken und Ösen – allein die Treppe im Nichts. Das ist zu viel für unsere Nerven.
Keine zwei Schritte kann ich auf die Treppe setzen, ohne dass sich mir Kopf und Magen drehen. So wie ich scheinen auch andere zu denken. Panisches Kreischen begleitet diejenigen, die es wagen, bis ganz nach oben zu steigen.
Zurück auf sicherem Boden, verlassen wir das Zentrum und sind plötzlich nicht mehr im kolonialen Schick einer herausgeputzten UNESCO-Kulisse. Es ist laut, voll, chaotisch und etwas heruntergekommen – eine ganz normale Stadt in Südamerika. Wir quetschen uns in einen der Busse und fahren zum El Panecillo, Quitos innerstädtischem Aussichtspunkt. Auf dem Hügel prangt eine riesige Statue der heiligen Maria. Mit festem Blick schaut sie auf das historische Zentrum und beobachtet das Treiben. Sie ist die Beschützerin der Stadt. Viele Bewohner Quitos erklären sie scherzhaft zur einzigen Jungfrau Ecuadors.
Die Wiese im Rücken der Statue ist dagegen wenig jungfräulich. Ganze Familien kommen hierher, um zu grillen oder in den günstigen Winden Drachen steigen zu lassen. Es wird gejauchzt und gelacht, Hunde springen umher, Kinder laufen um die Wette. Imbissbuden verkaufen Getränke und Snacks und natürlich gibt es jede Menge christlicher Souvenirs.
Erneut machen wir Bekanntschaft mit Quitos Transportwesen. Auf festgeschriebenen Routen bewegen sich Metrobusse von Nord nach Süd durch die Stadt. Sie sind das wichtigste Verkehrsmittel und befördern täglich weit mehr als 200.000 Menschen. Inklusive Gedrängel, Wettrennen um Sitzplätze und Taschendieben. Doch ist man erst einmal drin, sieht man Quito von einer ganz anderen Seite.
Aus dem restaurierten Glanz der Altstadt fährt der Bus hinein in das wahre Quito, vorbei an Hochhäusern und Bürogebäuden, vorbei an der Universität, vorbei am alten Flughafen, zwischen Wohnhäusern gelegen und weiter durch weniger ansehnliche Viertel. Straßenmärkte säumen den Weg.
Anzugträger steigen ein und wieder aus. Dicke Frauen mit dicken Kindern schlecken an Speiseeis und Lutschern. Halbstarke balancieren Basecaps auf der Frisur. Rucksäcke werden auf Bäuchen getragen und Handtaschen unter Arme geklemmt. Die elektronische Ansage kündigt die folgende Haltestelle an – wir müssen raus.

Zu später Stunde besuchen wir Quitos Neustadt und die Ausgehmeile Mariscal Sucre, besser bekannt als ‚Gringolandia'. Auf den Straßen hören wir mehr Englisch als Spanisch, sehen mehr blonde als dunkelhaarige Menschen. Bars, Restaurants und Budgetunterkünfte reihen sich hier aneinander. Über mehrere Straßenzüge hinweg widmen sich die Besucher hier genau drei Dingen: essen, trinken und schlafen.

Mit unserer Gastgeberin Margarita besuchen wir spontan eine Couchsurfing-Kostümparty in einer der unzähligen Bars. Die Stimmung ist gut, das Bier kalt und die Musik laut. Alle haben ihren Spaß, einschließlich der DJane, deren Vertrag offenbar jede Menge Freigetränke enthält.

In kürzester Zeit ist die Gute so betrunken, dass sie mit den ganzen Knöpfen an ihrem Rechner so ihre Schwierigkeiten hat und beschließt lieber selbst Geschichten zu erzählen, als Musik zu spielen. Das Publikum ist da geteilter Auffassung. Doch von ein paar konservativen Spießern, die von einem DJ Musik erwarten, lässt sich die charmante Dame nicht abbringen und brabbelt weiter viel wirres Zeug ins Mikrofon.

Nur ein paar Kilometer nördlich von Quito präsentiert sich stolz die Mitte der Welt. Dort wo 1736 die ersten Europäer die genaue Position des Äquators bestimmten, steht heute, umgeben von spektakulären Berglandschaften, das nicht gerade dezente Monument ‚Mitad del Mundo'.

Auf einem Monolithen, so dick, dass er der Chinesischen Mauer Konkurrenz machen könnte, thront eine riesige Weltkugel. Eine gelbe Linie deutet den Äquatorverlauf an und trennt so symbolisch den Norden vom Süden. Natürlich verleitet das zu jeder Menge Spaß. Wie oft springt man schon von einer Halbkugel auf die andere? Und nach mehr als 18 Monaten betreten auch wir hier wieder die nördliche Hemisphäre.

Als sei das Monument nicht schon imposant genug, wird es von einer eigenen kleinen Touristenstadt im kolonialen Stil umgeben. Ein ecuadorianisches Disneyland mit gepflegtem Rasen und Blumenbeeten – nur ohne Mickey Mouse. Shops und Restaurants bieten mittelmäßige Produkte zu unverschämten Preisen an und wer möchte, kann sich ein Äquatorzertifikat in den Reisepass stempeln lassen.

Ecuador, das einzige Gebiet der Erde, in dem der Äquator nicht durch Wasser oder sich ständig verändernden Regenwald verläuft, feiert sich mit diesem Monument selbst. Nur hier konnte in der Vergangenheit die genaue Position des Äquators bestimmt werden.

Doch macht die Satellitentechnik Ecuador und dem ganzen Trara um die Mitte der Welt einen dicken Strich durch die Rechnung. Moderne GPS-Ge-

Am Äquator – die Mitte der Welt

räte haben doch tatsächlich herausgefunden, dass der Äquator nicht auf der umjubelten gelben Markierung verläuft, sondern knapp 300 Meter weiter nördlich.
Hinter den Toren des eigens dafür aus dem Boden gestampften ‚Äquator-Land' befindet sich statt eines pompösen Denkmals nur das kleine Museum Inti Ñan.
Doch ist das Freiluftmuseum ungleich unterhaltsamer als das steif daherkommende Monument ‚Mitad del Mundo'. In mehreren Experimenten lassen sich hier der Äquator und die ihn umgebenden Kräfte spielend erkunden. Physik für Kinderhände.
Wir beschäftigen uns mit den Strudelrichtungen von Wasserabflüssen und stellen ein rohes Ei auf einen Nagel – dies ist wohl nur auf dem Äquator möglich. Der Wissenschaftsgeist hat uns gepackt und amüsiert sich köstlich mit dem in uns lebenden Spieltrieb.
Nach 18 Monaten betreten wir in Quito nicht nur das erste mal wieder die Nordhalbkugel, sondern verlassen nach eineinhalb Jahren auch den festen Boden unter unseren Füßen und steigen in ein Flugzeug.
Nächster Halt: Die Galapagosinseln.

Die Galapagosinseln – Isla Santa Cruz und die Riesenschildkröten

Galapagos ist ein Hochsicherheitstrakt. Im Flughafen von Quito überprüft eine eigens dafür geschulte Truppe all diejenige, die sich auf die Reise zu den fernen Inseln machen. Mit moderner Technik durchleuchten sie das Gepäck. Jeder Reißverschluss meines Rucksacks wird geöffnet, jede Tasche durchsucht. Nichts Organisches darf auf die Insel. Meine Tüte Sonnenblumenkerne, die ich eigentlich auf dem Flug essen wollte, steht plötzlich unter Terrorverdacht und bleibt auf dem Festland.
Im Flugzeug ein ähnliches Bild. Kurz vor der Ankunft auf Baltra, einem von zwei Flughäfen auf den Galapagosinseln, wird das Handgepäck desinfiziert. Der Kampf gegen eingeschleppte Schädlinge beginnt schon in der Luft.
Das empfindliche Ökosystem genießt hier die höchste Sicherheitsstufe. Nur fünf der mehr als 130 Inseln, Eilande und Felsenkuppen, die aus dem Pazifik ragen, sind bewohnt. 1.000 Kilometer vom Festland entfernt herrscht auf den Galapagosinseln unberührte, ursprüngliche Natur. Die isolierte Lage sorgt für eine Vielzahl endemischer Arten. Der Darwin-Fink und die Riesenschildkröten gehören zu den bekanntesten.
Die Inseln bieten über 7.000 verschiedenen Tier- und Pflanzenarten einen Lebensraum. Zum Schutz dieser Artenvielfalt wurde 1959 der Nationalpark Galapagos gegründet, der 97 Prozent der Landmasse und gar 99 Prozent der küstennahen Gewässer schützt.

Schon wenige Minuten nach unserer Ankunft machen wir die Bekanntschaft mit einem Pelikan. Auf der kurzen Überfahrt von Baltra nach Santa Cruz rauscht er nur wenige Zentimeter an unseren Köpfen vorbei. Im Sturzflug taucht er ins Wasser und keschert mit seinem Schnabel direkt vor unseren Augen einen Fisch.

Santa Cruz ist das Herz der Galapagosinseln. Auf ihr leben mehr als die Hälfte der 25.000 Bewohner des Archipels. Die übrigen Einheimischen verteilen sich auf den Inseln San Cristóbal, Isabela und Floreana, den einzigen bewohnten Galapagosinseln.
Trotz der verhältnismäßig vielen Bewohner besteht Puerto Ayora, der größte Ort auf Santa Cruz, lediglich aus ein paar Straßen. Dennoch ist es die touristische Hauptstadt der Galapagosinseln. Von hier starten mehrtägige Kreuzfahrten zur Erkundung der einzigartigen Flora und Fauna. Doch kann man die Galapagosinseln auch auf eigene Faust erkunden.
Entlang der Uferpromenade in Puerto Ayora befinden sich Touranbieter, Unterkünfte, Restaurants und Bars, Souvenir- und Schmuckgeschäfte. Zwischen den wenigen Insulanern spazieren zahlreiche Touristen durch die Gassen.
Ältere Paare, kinderlos und reich, so erscheinen uns die typischen Galapagosurlauber. Sie tragen Poloshirt und Sonnenbrille, der Pullover mit V-Ausschnitt liegt lässig um die Schultern. Unterwegs auf Darwins Spuren genießen sie den angenehmen Service einer schwimmenden Vollpension.
Ein paar Schnösel sitzen in den Restaurants, Bars und Cafés. Elegant prosten sie sich mit einem Glas Rotwein zu und freuen sich, etwas Exquisites zu erleben. Den Beleg dafür halten sie in ihren Händen: Der Eintrittspass in den Nationalpark Galapagos – unumgänglich und mit einem willkürlichen Preis von 100 Dollar versehen. Niemand, der die Galapagosinseln besucht, kommt daran vorbei.
Wir quartieren uns in einem einfachen Hostel in der Nähe der Promenade ein. Für fünf Dollar dürfen wir unser Zelt aufstellen. Ein Schnäppchen, denn hier auf Galapagos sind die Preise normalerweise zwei bis drei Mal höher als auf dem Festland.
Am Hafen glitzert das türkisfarbene Wasser des Pazifiks in der Nachmittagssonne. Schmale Holzstege führen an Mangrovenbäumen vorbei, auf denen Pelikane ihr nasses Gefieder trocknen lassen.
Wir schlendern am Ufer entlang und treffen auf den Fischmarkt. Zwei gekachelte Tische stehen L-förmig zusammen. Ein paar Männer und Frauen zerlegen den frischen Fang, nehmen Fische aus – Alltag. Dennoch bleiben wir verblüfft stehen, trauen unseren Augen nicht.

Tierische Bekanntschaften auf den Galapagosinseln

Zwischen den Fischern sitzen mehrere Seelöwen, recken ihre Köpfe in die Höhe, watscheln unbeholfen hin und her. Ohne Scheu trauen sich die Tiere ganz nah an die Tische heran, beschnuppern die Auslage, fordern eine kleine Mahlzeit. Ab und an wirft einer der Männer einen Fischkopf in ihre Mitte.
Auf dem Boden vor den Männern liegt der Fang des Tages. Ein Fisch, so groß wie ein kleiner Wal. Ein Seelöwenjunges robbt aufgeregt um das tote Tier herum und auch ein paar Pelikane flattern hungrig herbei.
Doch wissen weder der Meeressäuger noch die Vögel, wie sie dem Fisch zu Leibe rücken sollen. Der Koloss ist gewaltig und alle Versuche ein Stück aus ihm herauszubeißen enden erfolglos.
Die Zutraulichkeit der Seelöwen zieht jede Menge Schaulustige an. Mit ihren langen Schnurrbärten beschnuppern die Tiere neugierig die fotografierende Menge. Der vorgeschriebene Mindestabstand von 2 Metern, den man als Besucher zu den Tieren auf Galapagos einhalten muss, scheint den Seelöwen völlig egal zu sein.
Als die Seelöwen wieder zurück zur Fischtheke schlittern, sind mittlerweile auch einige Blaufußtölpel eingetroffen. Auch sie wollen etwas vom Festschmaus abbekommen.
Wir folgen der Uferpromenade bis zu den Anlegestellen der Fischerboote. Auf dem Pier begegnen wir mehreren Wasserleguanen. Alle Viere von sich gestreckt, liegen die endemischen Tiere in der Sonne und wärmen ihre schwarze, ledrige Haut nach einem Tauchgang im kalten Pazifik.

Ihre Vorfahren, so wird vermutet, trieben als unfreiwillige Abenteurer auf schwimmenden Hölzern hierher. Meeresströmungen zogen sie hinaus auf die offene See und spülten sie auf den Inseln weit entfernt vom Kontinent wieder an.
Die lange, entbehrungsreiche Odyssee überstanden nur die wenigsten. Ein Grund dafür, warum es weder Frösche noch Kröten auf den Galapagosinseln gibt. Ihre Abhängigkeit von Süßwasser, wäre ihnen bereits nach kurzer Zeit auf dem Ozean zum Verhängnis geworden.
Einzig Reptilien, Echsen und Schildkröten gelang die lange Reise auf diese Weise. Mitten im Ozean entdeckten sie so einen neuen Lebensraum und standen Pate für Darwins revolutionäre Evolutionstheorie.
Auf dem von Sonnenstrahlen aufgeheizten Untergrund am Hafen von Puerto Ayora bewegen sich die Nachfahren der Echsen nur langsam. Sie suchen die besten, die sonnigsten Plätze, klettern über ihre Artgenossen hinweg oder bleiben gar aufeinander liegen. In ganzen Kolonien hängen sie an den Kaimauern.
Die kleinen Monster mit ihren stacheligen Rücken und schuppig gepanzerten Köpfen empfinden genauso wenig Scheu wie die Seelöwen auf dem Fischmarkt. Die vielen Beine, die um sie herum irren, scheinen sie kaum wahr zu nehmen.
Es herrscht eine besondere, eine friedliche Stimmung auf der Insel. Die Zutraulichkeit der Tiere ist faszinierend. Wir sind nie allein. Nur wenige Augenblicke baumeln wir mit unseren Füßen über dem Wasser des Hafenbeckens, als ein Seelöwe den Kopf aus dem Wasser streckt und uns neugierig betrachtet. Darwin-Finken hüpfen um uns herum, bis sie auf unseren Köpfen landen. Galapagos heißt uns Willkommen.
Wir laufen weiter über die Promenade. Kleine Fischerboote schaukeln über der türkisfarbenen See auf und ab. Dahinter liegen Kreuzfahrtschiffe vor Anker. Doch auch ohne eine teure Reise mit einem Kreuzfahrtschiff zu buchen, kann man die Schönheit und Einzigartigkeit der Galapagosinseln erleben.
Etwas außerhalb Puerto Ayoras liegt die berühmte Charles Darwin Forschungsstation. Benannt nach dem Begründer der Evolutionstheorie, kümmert sie sich vor allem um den Erhalt der Galapagos-Riesenschildkröten.
Die gepanzerten Tiere, ebenfalls endemisch, bringen um die 300 Kilogramm auf die Waage. Neben der Aufzuchtstation, in der die Schildkröten die ersten fünf Jahre ihres Lebens verbringen, gibt es einige tatsächliche Giganten zu bestaunen. In weitläufigen Gehegen liegen die Schildkröten faul herum. Ab und an reckt sich ein Kopf, dem Außerirdischen E.T. gleich, in die Höhe, um umgehend wieder zurück auf den Boden zu sinken. Das alles natürlich ohne jede Eile.

Besonders motivierte Exemplare setzen sich mit ein paar Schritten im Zeitlupentempo in Bewegung. Ihre Glieder sehen aus wie Elefantenfüße, so dick und klobig sind sie. Langsam geht eines der Beine in die Höhe, verharrt einen Augenblick über dem Boden und senkt sich wenige Zentimeter weiter wieder. Die Schildkröte braucht für zehn Schritte etwa drei Minuten. Trotzdem kann man bei diesem faszinierenden Schauspiel kaum weggucken.
Krachend zieht sie ihren Panzer über den unebenen Untergrund. Ein lautes Knacken, als ob Stein auf Stein zerspringt, dröhnt durch die Luft, doch lässt sich die Schildkröte nichts anmerken. Sie würde eher den Fels zerstören, als dass ihr Panzer nachgibt.
Ein ganz besonderes Exemplar erlangte im Juni 2012 traurige Berühmtheit. Lonesome George: Das Wahrzeichen der Galapagosinseln stirbt im besten Schildkrötenalter von 100 Jahren. Er stammte von der Insel Pinta, nördlich von Santa Cruz und war der letzte bekannte Vertreter der dort beheimateten Riesenschildkröten – der Letzte seiner Art.
Obwohl mit George bereits die fünfte von insgesamt 15 Unterarten der Galapagos-Riesenschildkröten verschwunden ist, zeichnet sich die Darwin Station vor allem durch Zuchterfolge und Auswilderungen aus. Mehr als 2.500 Tiere wurden in über 50 Jahren ausgesetzt.
Im Landesinneren lassen sich die Riesenschildkröten in freier Wildbahn beobachten. Giganten auf Futtersuche. Mit dem Pick Up fahren wir hinauf ins Hochland Santa Cruz'. Gerade biegen wir von der asphaltierten Hauptstraße ab, als plötzlich eine Schildkröte den Weg versperrt. Mitten auf dem Weg liegt das Tier, so groß wie ein Fels und ebenso schwer.
Da wir weder drum herum fahren können, noch die Schildkröte sich motivieren lässt aufzustehen, müssen alle anpacken. Fahrer, Nationalparkmitarbeiter und auch ich – zusammen hieven wir das Tier ächzend an den Straßenrand. Das entspricht nicht ganz der Norm – das Anfassen der Tiere ist das erste Verbot einer langen Liste auf den Galapagosinseln – allerdings haben wir kaum eine andere Wahl.
Auf einer weiten Wiese ragen einige dunkle Buckel aus dem hohen Gras hervor. Mit gemächlicher Ruhe bewegen sich die Schildkröten auf der Suche nach den besten Futterplätzen. Gräser, Kräuter und Beeren, selbst vor Kakteen machen die Tiere nicht halt. Fressen ist ihre Lebensaufgabe – kein Wunder bei so einem Körperumfang. Doch sind sie sehr langsam unterwegs. Selbst in Gefahrensituationen ziehen sich die Tiere nur sehr gemächlich zurück in ihren Panzer.
Wir spazieren über das Gelände. Um uns herum sind dutzende Riesenschildkröten mit der Nahrungsaufnahme beschäftigt. Jungspunde, um die 70 Jahre, recken ihre Köpfe, um die saftigen Blätter eines Busches abzurup-

fen. Ein anderes Tier, mehr als doppelt so alt, begnügt sich mit ein paar Gräsern direkt vor seiner Nase. Ab und an krachen Panzer lautstark gegen Steine.
Warum die Tiere auf den Galapagosinseln diese enorme Größe erreichen konnten, ist schnell erklärt. Als ihre Vorfahren, kontinentale Landschildkröten, auf Treibgut die Inseln erreichten, wähnten sie sich wahrscheinlich im Paradies. Grüne Wiesen und leckere Gräser empfingen die Tiere. Dazu fanden sie unzählige Büsche und Sträucher voller Beeren und Früchte. Ein Nahrungsangebot, das die Schildkröten mit niemandem teilen mussten. Hier im Paradies gab es nicht einmal natürliche Feinde.
Anschließend besuchen wir ein paar erkaltete Lavaröhren. Die Galapagosinseln, aus vulkanischer Aktivität entstanden, sind durchzogen von unterirdischen Höhlensystemen aus ehemaligen Lavaströmen. Spektakulär sind die beiden als ‚Los Gemelos', die Zwillinge, bekannten Erdeinbrüche. Eruption und vulkanische Aktivität brachten hier riesige Lavaröhren und Magmakammern zum Einsturz. Heute klaffen zwei enorme Löcher kratergleich im Boden. Darwin-Finken flattern durch die Luft und ein endemischer Wald wuchert an den Hängen.
Zurück in Puerto Ayora machen wir uns auf den Weg nach Südwesten, zum Strand Tortuga Bay. Der Weg dorthin führt durch trockene Vegetation. Sträucher und Kakteen umgeben uns. Finken und andere Singvögel fliegen über unsere Köpfe hinweg. Im Geäst, nur wenige Zentimeter entfernt, zwitschern sie ihre Lieder. Die ständige Gegenwart der Tiere, absolut ohne Scheu, ist magisch.
Am weitläufigen Strand vergraben wir unsere Füße im endlosen feinen, weißen Sand, während kräftige Wellen ans Ufer branden. Das Wasser schimmert in einem hellen Blau. Surfer eilen mit ihren Brettern herbei, um die besten Wellen abzureiten. Wir fühlen uns wie in der Karibik.
Es riecht nach Salzwasser und angenehm kühler Wind weht uns ins Gesicht. In der Nähe einiger windschiefer Mangroven liegen fette Wasserleguane im Sand. Flach auf dem Boden und alle Glieder von sich gestreckt, tanken sie Sonne. Die kleinen Drachen halten nicht viel von unserem Besuch und rotzen Leguansekret aus ihren Nasenlöchern. Offensichtlich eine Drohgebärde.
Nur wenige Schritte hinter der Tortuga Bay, in der Wasserschildkröten jährlich ihre Eier im Sand vergraben, befindet sich ein weiterer, ungleich kleinerer Strand. In der geschützten Bucht brandet die See nur ganz leicht ans Ufer. Im flachen, warmen, türkis glitzernden Wasser tummeln sich ein paar Schnorchler und hier und da liegt ein Sonnenanbeter im Sand.
Ganz anders als der Strand präsentiert sich die Felsformation ‚Las Grietas' am gegenüberliegenden Ufer Puerto Ayoras. Steil abfallende Felswände bilden

eine enge, schattige Schlucht. Das eiskalte, aber kristallklare Süßwasser, vom Vulkangestein gefiltert, bietet perfekte Möglichkeiten zum Schnorcheln. Auf den umliegenden Felsvorsprüngen herrscht ein reges Stimmengewirr. ‚Las Grietas' ist vor allem unter den Jugendlichen der Insel beliebt, die sich lauthals schreiend ins Wasser stürzen.
Uns ist das kühle Nass dagegen eindeutig zu kalt. Wir schnorcheln einmal durch die Schlucht und kehren nach Puerto Ayora zurück.
Im Licht der untergehenden Sonne verlassen einige Kreuzfahrer auf kleinen Schlauchbooten den Hafen. Heute Nacht machen sie sich auf in die weite Welt der Galapagosinseln, vielleicht sogar bis zur Insel Wolf, der nördlichsten aller Eilande und eine dreitägige Schiffsreise von Santa Cruz entfernt.
Wir bleiben dagegen am Hafen zurück. Auch ohne schaukelnde Wellen dreht sich uns der Kopf von den bisherigen Eindrücken. Galapagos ist wie ein wildlebender Streichelzoo und langsam begreifen wir, was es heißt, hier zu sein.

Die Galapagosinseln – Tauchen an den Gordon Rocks

Eigentlich hätte es nicht sein sollen, vielleicht sogar nicht sein dürfen. Die starken Strömungen am berühmten Tauchspot ‚Gordon Rocks' seien zu gefährlich, wir besäßen viel zu wenig Erfahrung, hieß es. Wir hatten die Sache schon aufgegeben, als wir Alvaro begegnen. Wir sprechen mit dem Tauchlehrer und erzählen von unserer nicht vorhandenen Taucherfahrung. Alvaro hört zu und lächelt.
Der Tauchlehrer hat gerade in seiner Tauchschule drei Tauchmaster in Ausbildung. Bei der morgigen Tauchtour zu den Gordon Rocks könne er uns jeweils einen Tauchmaster zu Seite stellen. Unsere fehlende Erfahrung ist also kein Problem mehr. Und auch wir als Tauchanfänger dürfen in den Genuss dieses spektakulären Tauchspots kommen.
Vom Kanal zwischen Santa Cruz und Baltra ausgehend fahren wir am nächsten Morgen etwas mehr als eine halbe Stunde hinaus aufs Meer. Dann schaukelt unser Boot vor den drei Felsen, den ‚Gordon Rocks'. Aufgrund der vielen unterschiedlichen Strömungen trägt er auch den Beinamen ‚die Waschmaschine'. Unsere Anspannung wächst.
Mit zwei weiteren Tauchern springen wir ins Wasser und nach kurzem Check geht es abwärts. Luftblasen steigen um mich herum auf, als wir nach unten sinken.
Ich versuche langsam und regelmäßig zu atmen, doch noch bevor ich mich an die Umgebung gewöhne, tippt mich Jorge, einer der Guides, an und deutet in die Tiefe. Dort, etwa 10 Meter unter uns, zieht ein ausgewachsener Hammerhai seine Kreise.

Wir sinken bis auf 30 Meter unter den Meeresspiegel hinab und wieder ist es Jorge der meine Aufmerksamkeit in eine bestimmte Richtung lenkt. Zunächst erkenne ich nichts, doch dann zeichnet sich ein dunkler Umriss im weiten Blau des Ozeans ab.

Das Geschöpf kommt näher, wird größer und größer. Als ich es endlich erkenne, wage ich nicht, meinen Augen zu trauen. Ein gigantischer Mantarochen fliegt auf uns zu. Mit lautlosen Flügelschlägen schwebt er majestätisch an uns vorbei, macht in der Entfernung kehrt und kreuzt ein weiteres Mal – fliegend – unseren Weg.

Anmutig gleitet das sechs Meter lange Tier neben uns her.

Ich bin sprachlos und möchte gleichzeitig schreien vor Glück. Nur mit Mühe widerstehe ich dem Drang, mich den anderen mitzuteilen. Schon als kleines Kind hatte ich von dieser Begegnung geträumt. Damals war ich in Gedanken unterwegs mit Jacques Cousteau. Heute tauche ich tatsächlich an den Galapagosinseln.

Gigantische Fischschwärme umgeben uns. Wir tauchen inmitten hunderter Tiere, die an anderen Orten der Welt zweifelsohne die Hauptattraktionen eines jeden Tauchgangs wären. Doch nicht so auf Galapagos. Sie sind namenlos, ohne Bedeutung. Wir sind auf der Suche nach größeren Tieren.

Plötzlich sind sie da. Wie aus dem Nichts taucht eine Schule Hammerhaie auf. Keine drei Meter vor mir schwimmen sie ohne Eile an uns vorbei. Ich bin so fasziniert, dass ich mich nicht einmal erschrecken kann. Mit großen Augen schaue ich den Tieren hinterher – und mit ebenso großen Augen betrachte ich mein BCD. Die Luft in meinem Tank ist fast verbraucht, ich muss zurück an die Oberfläche.

Zurück an Bord gibt es Schokolade, Obst und Erfrischungsgetränke. Unser Kapitän führt uns etwas aus der wellenreichen See um die Felsen der ‚Gordon Rocks' heraus und so dümpeln wir in einiger Entfernung vor uns hin. Sogar unsere vier Guides, einschließlich Alvaro, sind begeistert von unserem Tauchgang. Aufgeregt schwatzen alle durcheinander, um aus ihrer Sicht das gerade Erlebte darzustellen.

Doch plötzlich schlägt die Stimmung um. Unser Kapitän gerät in Panik, rudert wild mit den Armen, hantiert am Anlasser für den Motor herum und gibt Vollgas. Vor uns treibt plötzlich das gekenterte Boot einer anderen Tauchschule.

Noch liegt das Schiff auf der Seite, doch dringt immer mehr Wasser in den Rumpf und droht das Boot zu versenken. Drei Touristen in Taucheranzügen sitzen auf dem nach oben ragenden Bug – fassungslos. Der Kapitän und sein Steuermann versuchen zu retten, was nicht mehr zu retten ist. Zu viel Wasser schwappt bereits im Bauch des Schiffes.

Wir ziehen die Touristen zu uns ins Boot. Im Schockzustand wissen sich die drei nicht anders zu helfen, als panisch lachend auf das sinkende Schiff zu starren. Ihre Habseligkeiten machen gerade mit dem Pazifik Bekanntschaft. Derweil versuchen die Seemänner das gekenterte Boot vor dem Untergang zu bewahren. Doch ist unser Boot zu klein und der Motor zu schwach, als dass es den sinkenden Kahn allein retten könnte. Erst mit Hilfe der Schiffe anderer Tauchschulen, die herbeigerufen werden, gelingt es, das verunglückte Boot zu sichern.

Doch noch immer sind fünf Taucher des gekenterten Bootes unten im Wasser. Sie ahnen nichts von der Tragik über ihnen. Ein drittes herbeigeeiltes Boot sammelt die fünf Taucher auf und gemeinsam beraten die vier Kapitäne das weitere Vorgehen.

Über die Boote hinweg werden Fragen gestellt. „Wo ist mein Rucksack?" kreischt einer der fünf Taucher. Sein Kumpel, der mit uns im Boot sitzt, zieht lediglich mit der flachen Hand einen Strich unter sein Kinn – „It's gone". Jegliche Farbe verschwindet aus dem sowieso schon bleichen Gesicht des Tauchers und seine Lippen formulieren ein stummes, aber überdeutliches „Fuck".

Wir übergeben unsere drei geretteten Taucher den anderen Booten und fahren zurück zu den ‚Gordon Rocks'. Etwas mulmig ist uns allen zumute, doch wir haben noch einen Tauchgang vor uns.

Wir tauchen ab und mitten hinein in hunderte, wenn nicht sogar tausende Fische. Riesige Schwärme umgeben uns in allen Richtungen. Unter Wasser weiß ich kaum, wohin ich den Kopf zuerst drehen soll, denn es gibt nicht nur links und rechts, vorne und hinten, sondern auch noch oben und unten. Überall wimmelt es von Fischen. Minutenlang beobachte ich die lebendige Unterwasserwelt, die mich umgibt.

Dann taucht aus der Ferne erneut ein Mantarochen auf. Der Planktonfresser ist riesiger als der erste. Von schräg unter uns steuert er auf uns zu, schwebt zu uns hinauf und zieht elegant an uns vorbei. Seine Spannweite beträgt mindestens acht Meter.

Plötzlich, blitzschnell und unerwartet, kreuzen zwei Schwarzspitzen-Riffhaie meinen Weg. In kürzester Distanz schwimmen die beiden Tiere an mir vorbei. Mit etwa zwei Metern Körperlänge beeindrucken mich die Raubfische und ich bin froh, keinem größeren Vertreter begegnet zu sein. Mit schnellen, kraftvollen Bewegungen verschwinden sie hinaus in den Ozean. Elegante, pfeilschnelle Jäger.

Danach tauchen wir wieder ein in die riesigen Fischschwärme. Allein die Vielzahl der Tiere ist atemberaubend. In allen Richtungen schwimmen sie hin und her. Von unten nach oben, von links nach rechts, von oben nach

unten und von rechts nach links. Doch plötzlich gerät zielsichere Bewegung in die vielen Schwärme. Und alle Fische flitzen in eine einzige Richtung davon – verfolgt von einem Seelöwen.
Wieder an Bord kann sich erneut niemand zurückhalten. Alle reden durcheinander, aufgeregt, noch immer voller Adrenalin. Tauchen an den ‚Gordon Rocks' ist atemberaubend spektakulär und Jorge bringt es auf den Punkt: „GORDON ROCKS!"

Galapagosinseln – San Cristóbal und die Herrschaft der Seelöwen

Wir verlassen Santa Cruz mit dem Speedboot in Richtung San Cristóbal, der östlichsten aller Galapagosinseln. Die See ist ruhig, doch wir rasen mit unglaublicher Geschwindigkeit über das Wasser. Immer wieder schlägt der Rumpf hart auf dem Pazifik auf. Ohne Federung wandert jeder Schlag direkt in die Rücken der Passagiere.
Regen und der kalte Fahrtwind sorgen für manches Unbehagen und das eine oder andere Gesicht verfärbt sich während der zweistündigen Fahrt grün. Der riesige Albatros, der in einiger Entfernung an uns vorbei fliegt, sorgt nur kurzzeitig für Aufheiterung an Bord. So sind wir froh, in Puerto Baquerizo Moreno, dem Hafen San Cristóbals, endlich wieder festen Boden unter den Füßen zu haben.
Der kleine Ort ist die Hauptstadt der Provinz Galapagos und ungleich kleiner als Puerto Ayora auf Santa Cruz. Es gibt weniger Hotels, weniger Restaurants, weniger Bars, weniger Souvenirläden, weniger Straßen, weniger Touristen. Dafür mehr Ruhe, mehr Gelassenheit und – mehr Seelöwen.
Auf der Uferpromenade dösen dutzende Tiere. Sie liegen mitten auf den Wegen, versperren Bootsstege und Anlegestellen und benehmen sich so, wie wir es bisher nur von Straßenhunden auf dem Kontinent gewohnt sind. Selbst die vielen Holzbänke werden von den Dicken besetzt.
Sich in der Mittagssonne aalend sind die Seelöwen völlig desinteressiert an den Menschen. Mit geschlossenen Augen faulenzen sie auf der Promenade und bewegen nur dann irritiert den Kopf, wenn sie von allzu neugierigen Touristen aus ihren Tagträumen über frischen Fisch gerissen werden. Dann werden sie allerdings ein bisschen stinkig und fauchen dem Störenfried mit schlechtem Atem ins Gesicht.
Die meisten Tiere sind jedoch friedliebend und erlauben es sogar, dass sich Zweibeiner zu ihnen auf die Bänke setzen. Doch halten wir es dort nicht lange aus. Die Tiere stinken tatsächlich nach nicht mehr ganz so frischem Fisch.
Überall in Wassernähe tummeln sich die Seelöwen. Nicht nur am Hafen, sondern auch an den kleinen Stränden in Puerto Baquerizo Moreno. Die

Strände Oro, Mann und Marinero sind voller Seelöwen. Mit ihren Jungen liegen die Tiere im Sand und lassen sich von den kleinen Quälgeistern plagen.
Ständig verlangt der Nachwuchs nach Aufmerksamkeit und hat die meiste Zeit über Hunger. Doch Mama Seelöwe weigert sich, ihre bequeme Bauchposition zu verlassen und so jammern und weinen die Kleinen lautstark, bis sich das Muttertier doch erbarmt und sich auf die Seite rollt. Genüsslich schmatzend stillen die Kleinen dann ihren Bärenhunger.
Andere Tiere posieren vor der Hafenkulisse im Sand. Ihnen ist ein gewisses Showtalent nicht abzusprechen und scheinbar erfreuen sie sich der Aufmerksamkeit, die sie unter den Strandbesuchern hervorrufen. Die Auslöser der Kameras klicken, und die Tiere drehen sich, etwas unbeholfen aber bestimmt, von einer Linse in die nächste.
Selbst unterhalb des Aussichtspunktes ‚Las Tijeritas', an den Klippen über der Stadt, spielen die Seelöwen im Wasser. Hier sind sie in ihrem Element und wesentlich aktiver als am Ufer. In der kleinen Bucht schwimmen ein paar Schnorchler und die neugierigen Tiere ziehen immer engere Kreise um die Neuankömmlinge.
Etwas außerhalb Puerto Baquerizo Morenos befindet sich der Strand ‚La Loberia' – die Seelöwenkolonie. Wie der Name es vermuten lässt, fläzen sich auch hier jede Menge Seelöwen am Strand und im ufernahen Wasser.
Im warmen Sand kuscheln sich zwei Freunde eng aneinander. Ein Seelöwenbaby und eine Meeresschildkröte dösen zusammen vor sich hin. Der Kopf des Säugers ruht auf dem Panzer des Reptils. Ab und an blinzelt die Schildkröte und der Seelöwe wackelt mit seinen Barthaaren – dann schlafen die beiden wieder ein.
Es fängt an zu regnen. Der berühmte Galapagos-Graupelregen. Es nieselt so schwach, dass der Regen das Gesicht nur leicht benetzt. Es fühlt sich an, als stünde man in der Gischt einer leichten Meeresbrise. Dann hört es auch schon wieder auf zu regnen. Doch nur, um noch weitere zehn Mal am Tag zu beginnen. Zu dieser Jahreszeit ist das Wetter beständig unbeständig.
Wir lassen uns in der Nähe des ungleichen Paares im Sand nieder. Ein Seelöwenjunges springt durch das flache Wasser ans Ufer. Als es uns erspäht, watschelt es schnurstracks auf uns zu, umrundet uns neugierig schnuppernd. Plötzlich wird es von einem der vielen Darwin-Finken, die hier auf und ab fliegen, abgelenkt. Mit einem unbeholfenen Sprung sturzt sich das Junge auf den kleinen Spielgefährten und landet mit der Nase im Sand. Der Fink flattert davon.
Nach diesem kurzen Abenteuer besinnt sich der Seelöwe unserer Gegenwart und kehrt zu uns zurück. Wieder beginnt er zu schnuppern. Die zwei Meter

Sicherheitsabstand, die wir laut Reglement der Parkverwaltung zu wilden Tiere einhalten müssen, hat er längst durchbrochen. Immer weiter robbt er auf uns zu, bis seine Barthaare unsere Gesichter kitzeln.

Entzückt von so viel scheuloser Neugier bleiben wir noch eine Weile sitzen und betrachten den kleinen Tunichtgut. Auf der Suche nach einem Spielgefährten trifft er bald auf den an die Schildkröte gekuschelten Seelöwen. Der Kleine nervt ein bisschen herum und versucht letzten Endes mit einem kräftigen Biss in die Schwanzflosse zu überzeugen. Doch hat er damit bei der Schlafmütze keinen Erfolg. Enttäuscht wackelt er zurück ins Wasser.

Rund um die Insel San Cristóbal liegen einige spektakuläre Schnorchelgebiete. Zu ihnen gehört die Felsformation ‚Leon Dormido' – Der schlafende Löwe ähnelt je nach Blickwinkel tatsächlich einer Raubkatze oder aber auch einem Stiefel, weshalb der Felsen auch ‚Kickers Rock' genannt wird.

Mit einer Gruppe US-amerikanischer Biologiestudenten besteigen wir ein Boot und fahren hinaus zu den ‚Islas Lobos' – den Inseln der Seelöwen. Das Wasser ist mit 16°C schweinekalt und bereits nach wenigen Minuten stellen wir ernüchtert fest, dass unsere Wetsuits nicht annähernd den Gegebenheiten standhalten. Doch ist die Kälte ein Preis, den wir angesichts der atemberaubenden Unterwasserwelt gerne zu zahlen bereit sind.

In Ufernähe beobachten wir zahlreiche Fische in schillernden Farben. Sie schwimmen um das Korallenriff, verstecken sich in Ritzen und Ecken. Riesige Seesterne und Seegurken liegen auf dem Meeresgrund.

Tierwelt auf den Galapagosinseln

Ein Oktopus bewegt sich; die Muskeln seiner acht Arme schlängeln sich durch das Riff. Ich folge dem dunkelroten, weichen Körper. Gemeinsam ziehen wir vorbei an blass schimmernden Korallen und kleinen und großen Fischen. Plötzlich verschwindet er blitzschnell in einem Winkel des Riffs.
Zwei Seelöwen schießen in wenigen Metern Entfernung an mir vorbei. Ein Jungtier mit seiner Mutter. Beide spielen durch das Wasser, tauchen ab, ziehen Kreise, jagen zum Spaß hintereinander her. Dann sind sie auch schon wieder in der blauen Weite verschwunden.
Von den ‚Islas Lobos' geht es weiter zum ‚Leon Dormido' auf hoher See. Nachdem wir uns mit heißem Tee etwas aufwärmen konnten, springen wir erneut in die kalten Fluten. Wir schnorcheln durch einen nur wenige Meter breiten Kanal zwischen den Felsen. In einigen Metern Tiefe, knapp über dem Meeresgrund, ziehen Haie ihre Bahnen. Es sind Weißspitzen-Riffhaie und ihre Vetter, die Schwarzspitzen-Riffhaie, die dort unten im Kanal jagen.
An den steil abfallenden Felswänden hängen Seesterne, die aussehen wie Patrick Star. Plötzlich erhalten wir aufgeregt Signale unseres Guides. Ein Adlerrochen zieht zu uns hinauf. Seine weiß gepunktete Rückenzeichnung hebt sich leuchtend vom tiefen Blau des Meeres ab. Mit schwingenden Bewegungen schwebt er erhaben an uns vorbei und verschwindet außerhalb unserer Sichtweite.
Wir schnorcheln den Kanal auf und ab, bis erneut Unruhe aufkommt. Zwei Meeresschildkröten tauchen kurz unter der Wasseroberfläche auf und treiben langsam mitten in unsere Gruppe hinein. Sie sind so nah, dass wir sie ohne Anstrengung berühren könnten. Während wir vor Freude kaum noch an uns halten können, schwimmen die gepanzerten Tiere ohne Aufregung an uns vorbei. Furchtlos und unbeteiligt.
Zurück in Puerto Baquerizo Moreno sitzen wir zusammen mit ein paar Seelöwen am Strand. Eigentlich wollten wir alleine sein, doch das ist hier, im Seelöwenparadies, nicht möglich. Das Jungtier, das uns interessiert beäugt, krächzt ab und an Aufmerksamkeit heischend in unsere Richtung. Dann sucht es aber die liebevolle Umarmung seiner Mama. Zufrieden grunzend geht sein Tag zu ende.

KOLUMBIEN

Cali – Salsa-Fieber in Kolumbiens rauer Arbeiterstadt

Unter all den Städten Kolumbiens ist Cali eine der Eigenwilligsten. Sie präsentiert sich dem Reisenden nicht gerade auf dem Silbertablett. Die Arbeiterstadt im Süden Kolumbiens wirkt zunächst rau und unnahbar. Landwirtschaft und Industrie prägen die Region.

Zwei Millionen Menschen schlagen sich täglich durch ihre Straßen, laufen von einem Termin zum nächsten. In den Häuserschluchten hetzen sie von ihrem Zuhause zur Arbeit und zurück. Dazwischen stehen wir. Es ist heiß. Auch in den Stunden der Dämmerung ist die Hitze noch enorm. Unsere Rucksäcke wiegen schwer auf den Schultern.

Verschwitzt kämpfen wir uns durch die Straßen der Stadt. Vorbei an leicht bekleideten Menschen, auf deren Gesichtern ein dünner Schweißfilm glänzt. Aus großen Boxen wummert uns an jeder Ecke ein neuer Salsabeat entgegen. Musik, die in dieser hitzigen Atmosphäre geboren zu sein scheint.

Im Mio, Calis Transportsystem, drängen sich die Menschen eng aneinander und unser Einsteigen in den Bus wird nicht von allen Mitfahrenden wohlwollend aufgenommen. Zu groß ist unser Gepäck und zu klein das Platzangebot. Etwa zwei Stunden fahren wir durch die Stadt. Bankgebäude ziehen an uns vorbei, Einkaufszentren, Straßenmärkte, Wohnviertel. Erst nach Einbruch der Dunkelheit steigen wir aus. Wir befinden uns mittlerweile weit außerhalb des Stadtzentrums.

Zusammen mit Juan Carlos, unserem Gastgeber in Cali, laufen wir durch die Straßen seiner Nachbarschaft. Wir sind in einem sogenannten Barrio Popular gelandet – einem populären Viertel. Enge Gassen, unverputzte Häuser und scheinbarer Wildbau prägen das Bild. Alle Gebäude wirken eher willkürlich zusammengewürfelt als geplant. Manchen Häusern fehlen ganze Wände, Fensterscheiben gibt es kaum, Eisenstangen ragen aus dem Beton.

Ein paar Jugendliche kommen uns entgegen. Sie tragen Shorts und Muskelshirts. Mit lässig wiegendem Schritt ziehen sie an uns vorbei, nicht jedoch ohne von Juan Carlos per Handschlag gegrüßt zu werden. Genauso wie die Frau am Imbissstand, die Kinder auf dem Bordstein, der Motorradtaxifahrer – Juan Carlos kennt sie alle, grüßt jeden, hält hier und da einen kleinen Plausch. Wir sind in seinem Block.

Kolumbiens Sozial- und Gesellschaftsordnung ist seit 1994 in sechs Klassen gegliedert. Sie reichen von Klasse 1, der ärmsten Gesellschaftsschicht bis hinauf zur Klasse 6, der reichen Oberschicht. Knapp 90 Prozent der Kolumbianer leben in den ersten drei sozialökonomischen Klassen. Diese Einteilung bringt mancherlei Vorteile. So betragen die Kosten für Elektrizi-

tät, Internet, Wasser und Bildung in den unteren Klassen nur einen Bruchteil dessen, was die Oberschicht zahlen muss. Andererseits entstehen schnell soziale Vorurteile: Sag' mir, wo du wohnst und ich sage dir, wer du bist.
Juan Carlos' Nachbarschaft ist als Klasse 2 kategorisiert. Die nächsten Tage wohnen wir also in einer der unteren, wenn auch nicht der untersten Gesellschaftsschicht Kolumbiens. Zusammen mit seinen Eltern, zwei Geschwistern, Großeltern und einer Tante lebt er auf zwei Stockwerken. Dazu gesellen sich ein Hund, drei Katzen und wir. Unser Empfang ist herzlich, wenn auch etwas übermütig. Irgendwie scheinen alle betrunken zu sein und auch wir bekommen unser erstes Bier bereits auf der Türschwelle angeboten. Es ist Freitagabend. Das Wochenende hat begonnen.
Unsere Couch ist ein Bett im Zelt auf der Terrasse im ersten Stock. Gemütlich und geräumig. Daneben klafft ein riesiges Loch hinunter in den Innenhof. Ein paar Blumenkästen dienen als Absicherung. Unter einem Wellblechdach befindet sich die Küche. Ein Campingtisch und drei Maischefässer sind improvisierte Ablageflächen. Die Wände im Wohnzimmer sind unverputzt, die Fenster ohne Glas und die nach unten führende Betontreppe ohne Geländer. Zimmertüren gibt es nicht. Stattdessen verdecken Vorhänge die Eingänge.
Doch viel Zeit bleibt nicht, um uns umzusehen. Wir gehen aus. Im Zentrum in der Avenida 6 reihen sich Restaurants, Bars und Clubs eng aneinander. Hier treffen wir uns mit weiteren Couchsurfern, Gringos und Einheimischen und entern eines der vielen Tanzlokale. Nicht ohne jedoch vorher vom Sicherheitspersonal nach Waffen abgesucht zu werden.
Kolumbien lebt für Salsa und nicht wenige sehen in der Musik die Seele Lateinamerikas. Egal, ob aus Freude oder aus Schmerz, überall im Land tanzen die Menschen und Cali, die raue Arbeiterstadt, ist das Zentrum der Musik und des Tanzes. Die Schritte sind ausgefallener, der Tanzstil schneller, intensiver und wesentlich körperbetonter als anderswo. Eine Herausforderung – zumindest für meine steifen Hüften.
Die Stimmung ist ausgelassen, der Aguardiente, Kolumbiens Nationalgetränk, fließt in Strömen und jede Menge Salsa dröhnt aus den Boxen. Wir tanzen bis nach ein paar Stunden Unruhe in unsere Gruppe kommt. Innerhalb weniger Augenblicke beschließt Juan Carlos den Aufbruch und verspricht uns einen, wie er sagt, „richtigen" Salsaclub.
Eine halbe Stunde später muss ich meine Augen an grelles Licht gewöhnen. Sind die Tanzflächen der Welt meist spärlich beleuchtet, so strahlt das Parkett in dem Salsaclub, den wir gerade betreten, als wäre es helllichter Tag. Juan Carlos scheint zufrieden und verschwindet zwischen den unzähligen tanzenden Paaren.

Salsa muss gesehen werden und braucht jede Menge Licht. Wie sollten sonst auch all die herumwirbelnden Körper zu bewundern sein. Nur mühsam begreife ich, dass wir nicht nur zum Beobachten hier sind. Etwas mulmig bewege ich mich auf die Tanzfläche zu. Mir wird schlagartig bewusst, dass meine bisher erworbenen Salsafähigkeiten hier nicht ausreichen werden. Salsa tanzen in Cali – vielleicht mein bisher größtes Abenteuer.

Bis zum Morgengrauen erleben wir das Tanzspektakel, dessen Hauptdarsteller die hart arbeitende Bevölkerung Calis selbst ist. Doch damit nicht genug. Nur wenige Stunden später – die meisten davon verbringen wir schlafend – stehen wir mit Juan Carlos' Mutter in einer schier endlosen Schlange. Es ist das Finale des ‚Festival Mundial de Salsa de Cali', der jährlich stattfindenden Salsa-Weltmeisterschaften.

An sieben Tagen streiten mehr als 4.000 Tänzer und Musiker um die zu vergebenden Titel. Die besten der Welt, heißt es, seien in der ‚Hauptstadt der Salsa' dabei. Tatsächlich sind am Finaltag nur noch eine Salsaschule aus Ecuador und zwei aus dem kolumbianischen Medellín vertreten. Die restlichen Finalteilnehmer stammen allesamt aus Cali.

Doch das ist umso besser für die Stimmung im Stadion. Wie beim Fußball hat jede Salsaschule ihre Fanlager mitgebracht. Mit bunten Fahnen winken sie von den Rängen und feuern lautstark ihre Schule an. Auch wir sind mit Emotionen dabei, denn Juan Carlos' jüngerer Bruder Jaime tanzt im Finale. In fünf Kategorien mit jeweils sieben Teilnehmern wird getanzt. Sowohl als Paar, als auch in der Gruppe. Meine liebste Kategorie ist der ‚Baile Caleño' – der ‚Tanzstil Cali'. In atemberaubender Geschwindigkeit fliegen die Tänzer über die Bühne. Ihre Füße bewegen sich so schnell, dass das Publikum in schreiendes Gejohle ausbricht. Begeisterungsstürme brechen über die Tänzer herein, vor denen diese sich artig verbeugen.

Doch auch die Gruppenvorführungen sind schwindelerregend und suchen ihresgleichen. Da werden Frauen in glitzernden Kostümen meterweit in die Luft geschleudert und menschliche Pyramiden gebaut. Was dort auf der Bühne geschieht ist kein Tanz mehr, es ist eine Performance. Mehr als sieben Stunden harren wir aus. Auch plötzlich einbrechender Regen kann uns nicht von unseren Plätzen vertreiben. Am Ende werden wir belohnt. Jaimes Salsaschule aus dem Barrio Popular, in dem wir leben, siegt in drei der fünf Kategorien und darf sich zumindest bis zum nächsten Jahr mit den Titeln des Weltmeisters schmücken.

Die Salsa-Weltmeisterschaften in Cali sind eine der größten Veranstaltungen in Kolumbien. Landesweit werden die Tänze übertragen und unzählige Begeisterte fiebern vor den Fernsehgeräten im ganzen Land mit. Als wir zurück nach hause kommen, sitzen Juan Carlos und der Rest seiner Familie, die uns nicht zum Finale begleitet haben, vor dem Fernseher. Es läuft die Nachberichterstattung. Noch immer werden Zeitlupenaufnahmen der Tänze gezeigt, noch immer spricht der Moderator mit Begeisterung über das Finale.

Auch bei uns im Wohnzimmer herrscht eine aufgeregte Diskussion über die vorgeführten Tänze. Die Stammtischgespräche über Abseits und nicht gegebene Tore im Fußball könnten kaum heftiger ausfallen.

Nach so viel Salsa wollen wir am nächsten Tag etwas mehr von der Stadt kennenlernen und machen uns erneut auf ins Zentrum Calis. Wir schlendern vorbei an mehreren kolonialen Kirchen, über die zentrale Plaza de Caycedo bis zum Teatro Municipal, dem Stadttheater. Dann folgen wir dem Flusslauf des Río Cali, der die Stadt in der Mitte teilt. An seinen Ufern laden Bänke zum Verweilen ein. Auf dem Boulevard sind ein paar Skater unterwegs.

Inmitten eines langgezogenen Parks steht Calis bekannteste Symbolfigur: der Kater vom Fluss. Der kleine Faulpelz sitzt dort gemütlich in der Sonne. Zufrieden lächelt die Skulptur des kolumbianischen Künstlers Hernando Tejada vor sich hin und das nicht ohne Grund. Der pelzige Junggeselle ist heiß begehrt. Im Park stellen ihm nicht weniger als 15 Katzen nach.

Jede von einem nationalen Künstler gestaltet, stellt einen anderen kolumbianischen Frauentypen dar. Da ist zum Beispiel die Intellektuelle, die Diva, die Leidenschaftliche oder die Kokette. Die Miezen wollen den Kater verführen, doch egal wie sie es versuchen, der Bursche bleibt standhaft.

Vom Fluss steigen wir hinauf ins historische Viertel San Antonio. Hier ist vom geschäftigen Cali kaum noch etwas zu spüren. Kopfsteinpflaster ziert die Straßen. Niedrige, schattige Kolonialbauten säumen die Gassen. Oben auf dem Hügel, vor der Kirche San Antonio, treffen sich Einheimische und Touristen. Sie sonnen sich im Gras und genießen die Aussicht auf die Stadt. Am Abend wird Bier herumgereicht, hier und da riecht es nach Marihuana. Kolumbiens bekanntestes Exportgut, das Kokain, ist hier nicht zu finden. Doch hängt Calis Geschichte eng mit dem Handel des Rauschgifts zusammen. Bis in die 90er Jahre hinein war das Cali-Kartell einer der bedeutendsten Drogenlieferanten. Es kontrollierte bis zu 80 Prozent der Kokainexporte in die USA. Neben dem Drogenhandel gehörten auch Geldwäsche, Bestechung und Gewalt zum täglichen Leben, bevor das Kartell Mitte der 90er Jahre zerschlagen werden konnte.

Heute regeln kleinere, nicht miteinander vernetzte Gruppen den Drogenhandel in und um Cali. Vielleicht einer der Gründe, warum die Stadt keinen besonders sicheren Ruf genießt.

Doch wozu auch? Die Stadt genügt sich selbst, ist lebendig, geschäftig – auch wenn sie an ein paar Stellen etwas abgewetzt und schmutzig erscheint.

Wir treffen ausgesprochen viele Ausländer, die hier in Cali leben. Es sollte nur ein kleiner Besuch werden, doch wurde es die große Leidenschaft, für eine raue Stadt, die berüchtigt ist für ihre wilden Partynächte. Cali sei keine Stadt für einen kurzen Bummel, sagen sie uns. Dem kleinen Besucher öffnet sie sich nicht gerne. Cali sei eine Stadt zum Leben. Denn dann liebe sie einen.

Kolumbianischer Kaffee – Unterwegs in der Zona Cafetera

Jedes Mal wenn jemand versucht, einen typischen Kolumbianer mit Worten zu zeichnen, sieht er aus wie Juan Valdez. Juan ist zu einem stereotypen Kolumbianer geworden. Und jeder würde ihn auch sofort als solchen erkennen.

Das Gesicht von Juan ist glattrasiert und so rund, wie wahrscheinlich sein Bauch. Doch das Unverwechselbare an ihm ist sein Schnurrbart. Viel schwärzer und aussagekräftiger könnte ein Schnubbi im Gesicht einen Mannes nicht arrangiert sein. Er ist dort platziert wie ein wertvolles Schmuckstück. Der Schnubbi ist gehegt und gepflegt, trotzdem ist er buschig und borstig, wie es sich für einen vernünftigen Schnubbi gehört. Die Kanten des makellosen Halbmondes haben eine perfekte Rundung, die sich weich nach Außen hin wölbt.

Ein flacher Strohhut mit breiter Krempe ziert seinen Kopf und verdeckt sein schwarzes Haar. Der Esel an seiner Seite und die Gipfel der Anden im Hintergrund vervollständigen das Bild. Neben dem des kolumbianischen Kokain-Barons Pablo Escobar ist es wohl eines der berühmtesten Gesichter Kolumbiens.

Das Symbol des Kaffee-Bauern Juan Valdez samt seines Esels steht für ausgezeichneten kolumbianischen Hochlandkaffee.

Wir befinden uns im Herzen Kolumbiens, im sogenannten Kaffee-Dreieck. Hier, in den Ausläufern der kolumbianischen Anden auf einer Höhe von bis zu 2.000 Metern, gedeiht die hocharomatische und milde Arabica-Kaffeebohne besonders gut. Das konstante feuchtwarme Klima an den Berghängen verspricht einen qualitativ hochwertigen Hochlandkaffee. Das runde Aroma und der ausgewogene Säuregehalt des Kaffees werden schon bei geringem Koffeingehalt erreicht.

Und obwohl wir auf der Suche nach Juan oder einem seiner Brüder oder Cousins waren, haben wir hier noch niemanden gesehen, der dem Traumbild eines Kolumbianers vollends entspricht. Der Esel Juans ist uns jedoch schon öfter begegnet.

In Kolumbien werden jährlich über 500.000 Tonnen Kaffee produziert. Somit ist Kolumbien der viertgrößte Kaffeeproduzent weltweit (nach Brasi-

Traditioneller Transport der Kaffeebohnen

lien, Vietnam und Indonesien) und der größte Erzeuger der hoch geschätzten Arabica-Bohne.

Inmitten der ‚Zona Cafetera' befinden sich die Städte Armenia, Manizales und Pereira. Graue Betonstädte, die sich wohl selbst versuchen an Hässlichkeit zu übertrumpfen. Allesamt wurden schon von Erdbeben gänzlich zerstört und zweckorientiert wieder aufgebaut. Sehenswürdigkeiten sucht man hier also mit der Lupe.

Doch das Grau der Städte möchte einem bei dieser Aussicht kaum auffallen. Das satte Grün der Plantagen leuchtet in sämtlichen Nuancen und dominiert so die Landschaft mit seinen intensiven Farbtönen. Die hügelige Weite ist über und über mit den niedrigen Kaffeepflanzen bedeckt. In den weiten Wellen erkennt man auch die vielen Bananenstauden, die wie eine schützende Hand über den Kaffeepflanzen wachen und die empfindlichen Kaffeesträucher vor der Hitze schützen sollen.

Auf den Hügeln versprühen die alten Kaffeefincas, meist traditionell zweistöckig und in Weiß und Rot gehalten, mit ihren breiten überdachten Terrassen den gelassen-romantischen Charme vergangener Tage.

Von Armenia aus besuchen wir die Kaffeefinca ‚Recuca'. Zu unserer Freude gibt es hier zu Beginn nicht nur die obligatorische gute Tasse Kaffee, sondern einen großen Schrank, aus dem wir aus den typischen Kaffeepflücker-Trachten vergangener Zeiten auswählen dürfen.

So eingestimmt begeben wir uns auf den Rundgang über die Kaffeefarm und lassen uns den Prozess der Kaffeeherstellung erklären.
Vom manuellen Pflücken der Kaffeekirsche, bis hin zum Schälen, Säubern und Trocknen der Kaffeebohne werden hier auch die verschiedensten Qualitätskontrollen durchgeführt. Eines jedoch bleibt unverändert: Die Kaffeebohnen, die der Kontrolle nicht Stand halten, kommen in den nationalen Verkauf. Dazu zählen nicht nur die nicht vollständig entwickelten, qualitativ minderwertigen Kaffeebohnen, sondern zu meiner Überraschung auch solche, die Zeichen von Insektenbefall aufweisen.
Fakt ist, dass 95% des kolumbianischen Kaffees, der die Qualitätskontrolle besteht, exportiert wird.
Der kleine schwarze Tinto, den man hier an jeder Ecke bekommt und den sich die Kolumbianer am liebsten zu jeder Tages- und Nachtzeit gönnen, ist also eigentlich nur ein Abfallprodukt der Kaffeeproduktion für das Ausland.
Nach dem Rösten und Mahlen der Kaffeebohne wird es dann aber richtig kompliziert. Die Zubereitung eines guten Kaffees ist eine Kunst und wir stellen fest, dass wir bisher alles falsch gemacht haben, was man nur falsch machen kann. Kaffeemaschinen und abgepacktes Kaffeepulver sind schon mal die ersten Vergehen, derer wir uns schuldig sprechen müssen. Wir gehören also eindeutig eher in die Kategorie des anspruchslosen Coffee-to-go-Trinkers.
Doch in der ‚Zona Cafetera' gibt es weit mehr als nur Kaffee zu entdecken. Das Dorf Salento gehört dazu. Salento, da horchen die Touristen freudig auf. Wir wissen nicht warum, aber das kleine Örtchen im berühmten Kaffeedreieck Kolumbiens ist irgendwie zu einer der drei Hauptattraktionen des Landes avanciert.
Sogar asiatische Touristen, die in 5 Tagen das gesamte gigantische Land von Norden nach Süden bereisen, nehmen sich ihre knapp bemessene Zeit, um diesem 7.000-Seelen-Ort einen Besuch abzustatten.
Nicht, dass man uns falsch versteht. Salento ist hübsch. Wir verstehen den Rummel nur nicht ganz. Natürlich: Salentos Hauptstraße ist mit wunderschön anzusehenden bunten Kolonialhäuschen gesäumt. Touristen jeglicher Couleur wuseln durch diese eine Straße. Bars, Cafés, Restaurants und Kunsthandwerksläden gehen hier nahtlos in zugegebenermaßen schnuckeligen Häuschen ineinander über. Die Atmosphäre ist entspannt. Man kann essen, trinken, bummeln. Aber auch wenn man viel isst, viel trinkt und viel bummelt vergeht nicht mehr als eine Stunde.
In das nahegelegene ‚Valle de Cocora' bringen einen touristenwirksam die aus dem zweiten Weltkrieg stammenden und im Kaffee-Dreieck allseits

beliebten Willy-Jeeps. Natürlich nett angemalt. Soll ja nicht ganz so nach Krieg aussehen.

Hier kann man den schönen Nationalbaum Kolumbiens bewundern. Die Wachspalme, die hier in der hügeligen Landschaft bis zu 60 Meter hoch dünn und unwirklich in den Himmel ragt, ist das Aushängeschild des Tals. Läuft man den Weg weiter hoch und runter, am Fluss vorbei, ein paar Mal nach links und rechts abgebogen, kommt man zu einem Kolibri-Reservat. Wer keine Lust auf Kolibris hat, kann sich auch von einem Pferd ein bisschen hin und her tragen lassen.

Wir verlassen Salento und Armenia und machen uns auf in die Studentenstadt der Kaffeezone: Manizales. Die graue Stadt liegt auf einem schmalen Bergkamm. Dies erleichtert die Orientierung enorm. Rechts und Links der Innenstadt fallen die Wohngebiete an den Berghängen ab. Man kann sich also gar nicht verlaufen.

Wir futtern uns durch die gigantische Auswahl an Kaffeeprodukten, die wir schon in Armenia bestaunt haben. Hier gibt es nämlich nicht nur Kaffee, sondern auch Kaffeetoffees, Kaffeemarmelade, Kaffeepralinen, Kaffeekekse, Kaffeekuchen und noch mehr Kaffee.

Nachdem wir alles einmal probiert und uns zu Genüge mit Kaffeeallerlei eingedeckt haben, möchte das viele Koffein in unserem Körper auch beschäftigt werden. Nur gibt es hier einfach nichts zu tun.

Wir sehen das Positive in der Langeweile, und beschließen etwas Nützliches zu tun. Obwohl wir es sehr lange vor uns hergeschoben haben, lässt es sich nun nicht mehr vermeiden. Wir brauchen neue Klamotten.

Nach über 1,5 Jahren des Reisens sehen unsere Sachen mittlerweile sehr sehr mitgenommen aus. Schneider weigern sich inzwischen, unsere Hosen zu flicken. Wenn wir mit ausgestrecktem Daumen an der Straße stehen, hält alle paar Minuten ein Auto und man möchte uns Geld für den Bus schenken. Oder aber auch Geld für etwas zu Essen oder zu Trinken.

Schnell wird uns aber wieder bewusst, warum wir den Einkauf neuer Kleidung lange vermieden haben. Wir haben nämlich genau zwei Optionen. Entweder wir gehen in völlig überteuerte Shopping-Center und holen uns hippe, importierte Kleidung – oder wir geben uns dem südamerikanischen Schick hin.

Wir geben uns dem südamerikanischen Schick hin; das heißt: Für Männer gibt's sehr enganliegende T-Shirts mit nicht zu vermeidendem V-Ausschnitt. Bedruckt sind diese Schmuckstücke mit großen bunten Abbildern wilder Tiere im Stile von Ed Hardy, mit glitzernden Schriftzügen wie New York, Miami oder USA (mit großer Flagge) oder mit schlechten Markenfälschungen, die die gesamte Brust bedecken.

Die Frauenkleidung ist aufregend. Der Ausschnitt geht dabei meistens bis zum Bauchnabel, dort wo das Oberteil in aller Regel auch schon wieder endet. An unifarbene schlichte Kleidung ist nicht zu denken. Es geht darum, das Motiv so klein und dezent wie möglich zu halten. Doch in der Regel füllen bunte Herzchen, Blümchen, Tierchen und jede Menge Farben und Glitzer die gesamte Vorderseite aus.

Wem das nicht zusagt, der kann auch zu Schriftzügen greifen. Dann steht da zum Beispiel in riesigen Neonlettern ‚SEXY BITCH' oder aber auch Geistvolles wie ‚I love Shopping' oder ‚I love Boys'. Dekoriert mit Glitzer und/oder Pailletten.

Die Auswahl fiel schwer, doch war am Ende von Erfolg gekrönt. Mit im Paket sind zwei zerschlissene Röhrenjeans, deren Used-Look stark an unsere alten Jeans erinnert. Nur, dass diese sich nicht angefühlt haben wie Plastik.

Derart gekleidet werden wir bei unserem nächsten Stopp in der kolumbianischen Hauptstadt Bogotá hoffentlich kaum noch als Touristen auffallen.

Bogotá – Tauben, Gold und Volumen in Kolumbiens Hauptstadt

In Kolumbiens Hauptstadt Bogotá gelangen wir zum ersten Mal nach langer Zeit wieder in andines Hochgebirge. Auf mehr als 2.600 Höhenmetern gelegen fällt das Atmen schwer. Doch ist das nicht das einzige Begrüßungsgeschenk der Stadt. Bogotá eskortiert uns mit jeder Menge Tauben.

Ich bin Tauben gegenüber skeptisch. Sie sind die geflügelten Piraten der Großstadtplätze. Ihr Ruf als ‚Ratten der Lüfte' ist alles andere als charmant und so fühle ich mich in der Gegenwart riesiger Taubenschwärme eher unwohl. Vor allem irritiert mich ihr scheuloses Auftreten.

Auf der Plaza de Bolívar, mitten im Zentrum Bogotás, herrscht Chaos. Hunderte, wenn nicht tausende Tauben bevölkern die betonierte Fläche zwischen dem Justizpalast und dem Kongress. In ihrer Mitte stehen Fotografen und Snackverkäufer, Passanten und Herumtreiber, Touristengruppen und Polizeibeamte. Beständig flattert es um sie herum.

Manchmal fliegen die Tauben in weiten Kreisen um den Platz, doch immer wieder stürzen sie zwischen die Menschengruppen herab, in der Hoffnung, einen Brotkrümel zu ergattern. Unsere Sandwiches werden von hunderten starren Augen beobachtet und wir müssen uns mit dem Verzehr beeilen, denn die Meute kommt immer näher. Schon nach wenigen Augenblicken sind wir von einem Taubenmeer umringt. Aufgeregt glucksend drängen die Tiere mit nickenden Köpfen auf uns zu. Es dauert nicht lange, da sitzt die erste Taube auf meinem Schuh.

Der Versuch sie zu verscheuchen endet katastrophal. Um uns herum bricht ein Sturm los. Wir spüren den Luftzug von hunderten Flügelschlägen, eine grau gefiederte Wand umgibt uns, Staub wirbelt durch die Luft. Reflexartig schließe ich die Augen. Verfluchte Tauben.

Wir entfliehen dem Federvieh in östlicher Richtung, verlassen die Plaza de Bolívar und erkunden Bogotás berühmte Altstadt La Candelaria. Wer hinter der acht Millionen-Metropole Bogotá einen hässlichen, kolumbianischen Großstadtmoloch vermutet, den belehrt die Altstadt eines Besseren.

Hier im Herzen der Stadt geht es ruhig und gelassen zu. Die Bank- und Wirtschaftsgebäude, die Container des generierten Wohlstands, sind weit entfernt. Lediglich zweistöckige Häuser mit hölzernen Balkonen säumen unseren Weg entlang kopfsteingepflasterter Straßen. Aus der kolonialen Vergangenheit in die Gegenwart gerettet zieht La Candelaria Touristen magisch an.

So schlendern auch wir durch die beschaulichen Gassen, probieren Bogotás ‚chocolate santafereño', ein großes Stück in heißem Kakao geschmolzener Käse, und bestaunen die vielen Sanktuariengeschäfte.

In beinahe jeder Straße findet sich einer dieser kleinen Läden, in denen Heiligenfiguren verkauft werden. Jesus Christus, die Jungfrau Maria, Erzengel, Nonnen- und Priesterfiguren: In sämtlichen Größen- und Gewichtsordnungen werden die Figuren angeboten, um jedem Haushalt den passenden Heiligenschrein zu gewährleisten.

Wer keinen Gefallen an den Relikten der Katholischen Kirche findet, der lässt sich vielleicht auf eine Auseinandersetzung zum Thema Ästhetik im Museum ‚Botero' ein. Hier sind über 120 Werke des berühmten kolumbianischen Künstlers Fernando Botero ausgestellt.

Im Inneren dreht sich alles um Volumen, Rundungen und ausgeprägte Leiber. In Skizzen, Ölgemälden und Skulpturen offenbart sich die Welt des Künstlers, die vor allem aus Masse zu bestehen scheint. So räkeln sich dicke Frauen in der Gegend, während dicke Milizen in dicken Wäldern ihre dicken Gewehre streicheln und der dicke Tot sein trauriges Lied singt.

Nur wenige Straßen vom Museum Botero entfernt befindet sich Kolumbiens größter Schatz. Das Museo de Oro, das Goldmuseum. Es genießt einen unglaublich guten Ruf und tatsächlich treffen wir niemanden, der nicht in den höchsten Tönen davon schwärmt.

Auf mehreren Stockwerken erfahren wir alles, was es über das Edelmetall und Kolumbien zu wissen gibt. Von den Vorkommen über die prähispanische Verarbeitung und Verwendung bis zur Ausbeutung durch die Europäer. Dabei werden wir von einer Informationsflut derart erschlagen, dass wir uns ziemlich schnell nur noch damit zufrieden geben, das glänzende Metall hinter bruchsicherem Glas zu bewundern.

Drei Stunden lang betrachten wir die feinen Goldarbeiten, bevor wir wieder Bogotás Bergluft atmen und in die Candelaria zurückkehren. Die schmalen

Gassen und hübschen Kolonialbauten haben es uns angetan und wir erkunden ein ums andere Mal die historischen Straßenzüge.

Dass La Candelaria einmal als unsichere Gegend galt, davon ist heute nichts mehr zu spüren. An jeder Ecke stehen teils schwer bewaffnete Militärs, die mit gelangweiltem Blick ein Gefühl der Sicherheit verströmen sollen.

Die ganze Stadt, ja eigentlich das ganze Land, ist überschwemmt von Armee, Polizei und privaten Sicherheitsdiensten mit scharfen Hunden. Man gewöhnt sich in Windeseile an den Anblick bewaffneter Uniformierter. Schon bald sind sie zur kaum noch registrierten Routine geworden. Noch schlimmer: Nach wenigen Tagen erklimmt uns sogar das leichte Gefühl von Unsicherheit, sobald wir einmal nicht von bewaffneten Staatsdienern ‚beschützt' werden.

Personalmangel hat das kolumbianische Militär dabei jedoch keinen. Der Wehrdienst ist obligatorisch, einen etwaigen Zivildienst gibt es nicht. Überall sieht man die 18-jährigen Hilfssheriffs, einfach zu erkennen an den Schirmmützen mit der Aufschrift ‚Auxiliar', die anstatt mit einer scharfen Waffe nur mit Gummiknüppeln für Recht und Ordnung sorgen dürfen.

Eher zufällig gelangen wir auf die Plazoleta del Chorro de Quevedo. Der kleine Platz, dessen Mitte ein ebenso kleiner Springbrunnen ziert, ist ein beliebter Treffpunkt für Bogotás Studenten. Einer Theaterbühne nachempfunden, bietet der Platz die perfekte Kulisse für studentische Reden, Musik und Unterhaltung aller Art.

Auf der Plaza de Bolívar in Bogotá

Wir beobachten für ein paar Minuten das Kommen und Gehen auf dem Platz, als plötzlich ein Streit losbricht. Das lauthals schimpfende Paar verhält sich ganz südamerikanisch. Er ist in der Defensive, sie wirbelt mit ihren Armen durch die Luft, vor Wut schnaubend und mit schäumendem Mund. Einige Passanten springen, von der Heftigkeit der Emotionen überrascht, erschrocken beiseite.

Doch alles ist nur halb so wild. Das streitende Paar ist Teil einer Aufführung. Kommilitonen mit Digitalkameras filmen die Szene.

In den engen Gassen hinter der Plazoleta reihen sich urige, rustikale Kneipen und Restaurants eng aneinander. Nur hier an den kleinen dunklen Theken wird noch echtes Chicha ausgeschenkt.

Das aus fermentiertem Mais bestehende Getränk wurde bereits vor hunderten von Jahren von den südamerikanischen Ureinwohnern getrunken und erst im letzten Jahrhundert mit der Einfuhr des Bieres verdrängt. Heute gibt es Chicha fast nur noch in entlegenen Andendörfern oder eben in Bogotás Studentenszene.

Nur wenige Meter hinter den Kneipen liegt der ‚Parque de los Periodistas', der Park der Journalisten. Auch er ist fest in studentischer Hand. Auf der kleinen Grünfläche lümmeln jugendliche Sophisten, Bierflaschen klimpern und der süßliche Duft von Marihuana hängt in der Luft. Zugegeben: Eigentlich ist der Parque de los Periodistas der offizielle inoffizielle Kiffer-Treffpunkt, den die Polizei jedoch der Einfachheit halber niemals genauer in Augenschein nimmt.

Den Marihuanageruch kennen wir bereits aus der Wohnung unseres Couchsurfing-Gastgebers. Für David, seines Zeichens frisch promovierter Dozent für Anthropologie und Journalismus, gehört Marihuana zum Alltag.

Nicht, dass er ständig bekifft wäre, aber über den Tag verteilt löst er schon etwa vier bis fünf kleine Joints in Rauch auf. Dies wird nur noch übertroffen von Rafas Gewohnheiten. Davids Mitbewohner, unterrichtet ebenfalls an der Uni, leitet bereits seit ein paar Semestern ein Seminar zum Thema Drogenkonsum. Ironie des Schicksals.

Doch Marihuana ist nicht Davids einzige Schwäche. Auch Studentinnen haben es ihm angetan und so kommen wir in nur wenigen Tagen in das zweifelhafte Vergnügen, mehrere seiner Liebschaften kennenzulernen (und wir sprechen hier von nicht weniger als zwei Frauen täglich). Eigentlich werden wir nicht direkt vorgestellt, aber die Wände der WG sind dünn und Davids Eroberungen wenig diskret.

Einen kurzen Spaziergang von Davids Wohnung entfernt befindet sich die Septima, eine der wichtigsten Verkehrsstraßen der Stadt. Sie ist die Hauptachse für den Verkehr aus dem Zentrum in den Norden Bogotás. Unver-

zichtbar für sämtliche Busrouten und Taxifahrer. Jeden Freitag ab 17 Uhr verwandelt sich die Straße jedoch in Bogotás größte Fußgängerzone. Die Septima ist dann für den motorisierten Verkehr gesperrt.
Zwischen dem Parque de la Independencia und der Plaza de Bolívar entwikkelt sich auf einer Strecke von zwei Kilometern ein wahres Volksfest. Menschen spazieren über die sonst so geschäftige Straße, Musiker spielen ihre Instrumente, an Straßenständen werden Maiskolben verkauft. Und jeder der etwas kann (oder meint etwas zu können), ist dazu eingeladen, es vorzuführen.
So werfen Jongleure ihre Keulen in die Luft, Pantomime schleichen Passanten hinterher, und irgendwo schluckt ein heruntergekommener Typ für ein paar Almosen Glasscherben. Die meiste Aufmerksamkeit erlangt jedoch ein junger Mann, der seine dressierten Meerschweinchen mitten auf der Straße platziert hat. Für nur wenige Pesos wetten die Schaulustigen, in welche der aufgereihten, bunten Boxen die kleinen Nager verschwinden werden.
Auch an Sonn- und Feiertagen ist die Septima – ebenso wie viele weitere innerstädtische Straßen – für den Kraftverkehr gesperrt. Stattdessen tummeln sich auf mehr als 120 Kilometern Radfahrer, Skater und Fußgänger auf den breiten, asphaltierten Wegen. Die ‚Ciclovia', so heißt das wöchentlich stattfindende Ereignis, erstreckt sich beinahe über die gesamte Stadt. Von den Stadtvätern Bogotás ins Leben gerufen, sorgt sie dafür, dass Menschen einmal ungehindert ihre Stadt erkunden können. Dort wo sonst wilder, hektischer Verkehr über die Straßen braust, geht es nun beschaulich und friedlich zu. Fahrradfahrer übernehmen das Kommando. Ab und an verkaufen fahrende Händler Snacks und Getränke und mobile Fahrradreparateure eröffnen entlang der Strecke. Die Straßen füllen sich mit Menschen.
Dort wo Fußgänger sonst nur mit großer Vorsicht von einer Seite auf die andere huschen, schlendern sie nun vergnügt hin und her. Die Ciclovia, so ist es von den Veranstaltern geplant, erlaubt es den Bewohnern Bogotás, ihre Stadt wieder neu zu entdecken. So führt die Route nicht nur an touristischen Attraktionen vorbei. Wer mit dem Fahrrad während der Ciclovia unterwegs ist, durchkreuzt all die verschiedenen sozialen Klassen, die in Bogotá zu finden sind. Die Strecke präsentiert extravagante Häuser, umgeben von einem Hochspannungszaun und privatem Sicherheitsservice, ebenso wie heruntergekommene Sozialbauten.
Wir beobachten die Ciclovia aus der Vogelperspektive. Vom 48. Stock des Colpatria-Turmes haben wir einen fantastischen Blick auf Kolumbiens Hauptstadt – auf die kolonialen Bauten, die modernen Finanzgebäude, die mittelständischen Wohngebiete. Unter uns befinden sich Betonbauten aus den 1970ern, viktorianische Architektur aus dem 19. Jahrhundert und

Koloniales aus dem 16. und 17. Jahrhundert. Bogotás Stadtbild bietet einen ansprechenden Mix aus allen Epochen.
Vom Stadtberg Monserrate öffnet sich ein weiterer atemberaubender Blick. Knapp 600 Meter über der Stadt stehend, schauen wir über das Tal, in dem sich Bogotá immer weiter ausbreitet.
Mit der Seilbahn fahren wir bis hinauf auf den Gipfel. Hoch oben fallen gerade noch die letzten Sonnenstrahlen auf die Stadt, bevor die Sonne langsam hinter den umliegenden Bergen verschwindet. Unten im Tal gehen die ersten Straßenlaternen an. In Bogotá wird es Nacht.
Für uns ist es Zeit weiter zu ziehen. Am nächsten Morgen verlassen wir die kolumbianische Hauptstadt. Mit dem städtischen Nahverkehr gelangen wir zunächst bis an eine einsame Raststätte am nordwestlichen Stadtrand und warten. Eine Stunde vergeht, dann eine zweite. Der Verkehr ist überschaubar. Die wenigen Autofahrer, die hier vorbei kommen, sind zwar alle an uns interessiert, aber niemand wagt es uns mitzunehmen. Trampen ist in Kolumbien bei Weitem nicht so üblich wie in Argentinien, Uruguay oder Chile. Die jüngste Geschichte, geprägt von Drogenkriegen und dem Kampf gegen die Guerilla, hat eine starke Verunsicherung bei der Bevölkerung hinterlassen. Trotzdem möchte man uns helfen. Immer wieder versucht man uns Geld für den Bus zuzustecken. Wir lehnen stets dankend ab. Es dauert eine lange Weile, aber dann haben wir Glück. Ein LKW hält und wie wir möchte sein Fahrer ins mehr als 400 Kilometer entfernte Medellín.
Gemeinsam machen wir uns auf die Reise. Doch die Strecke ist schwierig. Es geht durch die Berge. Enge Serpentinen hinauf und hinab. Beinahe in Schrittgeschwindigkeit kommen wir voran. Stunden um Stunden vergehen, wir schlafen ein und wachen wieder auf und sind doch erst 100 Kilometer von Bogotá entfernt.
Wir kriechen weiter durch das Gebirge, bis die Nacht herein bricht. Doch dann kommen wir in Schwierigkeiten. Plötzlich leuchten die Rücklichter eines anderen LKWs vor uns auf. Vor ihm parkt ein Schwertransporter. Soweit wir im Licht der Scheinwerfer sehen können, reiht sich ein Lastwagen an den nächsten. Schnell ist die Ursache aufgeklärt. Eine Straßensperre etwa drei Kilometer vor uns. Streikende Kaffeebauern blockieren die Zufahrt nach Medellín. Eine lange Nacht steht uns bevor ...

Medellín – Ewiger Frühling im Schatten Pablo Escobars

Jeden Abend zwischen zehn und elf Uhr erwacht der Pate von Medellín wieder zum Leben. Das kolumbianische Privatfernsehen wiederholt gerade, pünktlich zum 20. Todestag der Hauptfigur, die populäre Serie Pablo Escobar – Patron des Bösen.

In über 110 Folgen wird hier erzählt, wie aus dem Sohn eines kolumbianischen Viehzüchters einer der mächtigsten Drogenbosse der Welt wurde. In den 1970er Jahren baute Escobar in seiner Heimatstadt Medellín sein Drogenimperium auf. Ende er 80er Jahre war Escobar laut dem Forbes Magazin der siebtreichste Mann der Welt und kontrollierte 80 Prozent des internationalen Kokainmarktes.
Man sagt über Pablo Escobar, dass er den Drogenhandel perfektioniert und industrialisiert haben soll. Auch erzählt man sich, dass Escobar sein vieles Geld gar nicht mehr zählen konnte. Er ließ es der Einfachheit halber nur noch wiegen.
Am Eingang seiner riesigen Hacienda Nápoles nahe seines Heimatortes steht, einem nationalen Denkmal gleichend, das Sportflugzeug, mit dem er die erste Ladung Kokain in die USA schmuggelte. Am Ende seiner fragwürdigen Karriere haben ihm Sportflugzeuge nicht mehr gereicht. In einer umgebauten Boeing 727 ließ er zehn Tonnen Kokain auf einmal in die USA exportieren.
Anfang der 90er Jahre erreichte der Drogenkrieg in Medellín seinen Höhepunkt. Im Schnitt wurden täglich 20 Menschen ermordet. Medellín galt als eine der gefährlichsten Städte der Welt. Im Dezember 1993 wurde Escobar auf der Flucht erschossen. An seiner Beerdigung nahmen über 20.000 Menschen teil. Zu Lebzeiten ließ Escobar fast 500 Polizisten und 30 Richter ermorden.
Heute, zwei Jahrzehnte später, sind in Kolumbiens zweitgrößter Stadt die Spuren von Pablo Escobar noch immer sichtbar. Touristen lassen sich zu den wichtigsten Stationen in Escobars Leben führen und lernen dabei sogar dessen älteren Bruder Roberto kennen. Im Internet kaufen sie dann T-Shirts mit dem Konterfei des Drogenbarons. Verkauft von seinem Sohn Juan Pablo, der unter falschem Namen in Buenos Aires lebt. Für das Armenviertel Barrio Pablo Escobar ist der Drogenpatron Namensgeber.
Die Bewohner Medellíns sind verärgert, wenn man über den wohl berühmtesten Sohn der Stadt sprechen möchte. Jeder hat hier, so heißt es, eine Geschichte über ihn zu erzählen. Doch niemand möchte – zu frisch sind die Erinnerungen an die wohl dunkelste Ära Medellíns.
Trotzdem: Fast die gesamte heutige Mitte-30er-Generation hat Kinderfotos aus dem Zoo in ihrem Fotoalbum kleben. Erinnerungen, geschossen auf dem Landsitz Escobars, wohin der Kopf des Medellín-Kartells die verschiedensten Tierarten für seinen persönlichen Zoo einfliegen ließ.
Inzwischen gilt Medellín nicht mehr als gefährlichste Stadt der Welt. Medellín hat sich gewandelt. Erst kürzlich erhielt die Stadt vom Wall Street

Journal den Titel ‚Innovativste Stadt der Welt' – noch vor der Konkurrenz aus New York und Tel Aviv.
Medellín hat sich gewandelt, weil es die Veränderung suchte. Man möchte das Stigma Escobar endlich hinter sich lassen. 25 bis 30 Prozent seiner Ausgaben steckt die Stadt in Kultur, Erziehung und Soziales. Zahlreiche Bibliotheken, Spielplätze und Parks ließ die Stadtverwaltung in die sogenannten Problemviertel setzen. Die Stadt ist Sitz von sechs Universitäten. Gerade in Kolumbien sind diese Zahlen herausragend. Im Kampf gegen die Guerilla wird hier nämlich lieber in die Armee und die Polizei investiert.
Die Paisas, die Bewohner der Region Antioquia, sind stolz auf ihre Hauptstadt Medellín. Sie gilt als eine der fortschrittlichsten Städte Kolumbiens. Die überirdische Schnellbahn, die Metro, gehört zu den modernsten Nahverkehrszügen Lateinamerikas. An der Haltestelle Acevedo kann man in die Gondelbahn umsteigen und über die unverputzten Ziegelhäuser des Armenviertels Santo Domingo gleiten. Eine Neuerung, die vor allem den Bewohnern der hoch oben auf den Hügeln gebauten Viertel den Alltag erleichtern soll.
Der berühmteste Sohn der Stadt soll nicht mehr Pablo Escobar heißen. Wie wäre es denn mit Fernando Botero? Den wohl touristischsten Platz der Stadt, die Plazoleta de las Esculturas, zieren 23 große Bronzestatuen des kolumbianischen Künstlers, der ein Freund und Verfechter der üppigen Masse ist.
Zwischen all den posierenden Touristen verkaufen hier mobile Verkäufer alles, was das Touristen-Herz begehrt. Strohhüte, unreife Mangos in Scheiben geschnitten und mit Salz, Pfeffer und Zitronensaft gewürzt oder kalte Getränke.
Das kulturelle Angebot in Medellín beeindruckt uns. Es laufen ganze acht Festivals gleichzeitig, lesen wir an einer der vielen Info-Tafeln in der blitzblanken Metrostation. Musik, Poesie, Kleinkunst, Literatur, Unterhaltung für Kinder und Familien, Fotografie.
Die meisten kulturellen Veranstaltungen sind kostenfrei und finden unter freiem Himmel statt.
Draußen. Das ist überhaupt das Stichwort der Stadt. Das Leben ist auf den unzähligen schönen Plätzen und Parks der Stadt zu finden. Und dabei handelt es sich nicht um jenes gezwungene Draußen-Sein, weil es drinnen heiß und stickig ist. Hier in Medellín, der Stadt des ewigen Frühlings, wie die Bewohner sagen, ist man draußen, weil es draußen einfach geradezu perfekt ist.
Die Stadt des ewigen Frühlings würden wir Mitteleuropäer wohl eher als die Stadt des ewigen Sommers bezeichnen. Das ganze Jahr über herrscht

tagsüber eine konstante Temperatur von 27 Grad. Die Sonne scheint. Das Leben ist schön.
Regen gibt es kaum. Und wenn, dann ist er nicht von Dauer. Wenn es hier mal eine Stunde am Stück regnet, gucken die Paisas verdutzt in den Himmel.
Im Botanischen Garten liegen die Studenten lesend im Gras, Pärchen tummeln sich nebenan turtelnd auf den Schrägen des Parque De Los Deseos, Musikstudenten klimpern und zupfen gemeinsam an ihren Instrumenten. Kinder spielen auf dem Spielplatz, während die Eltern entspannt in der Sonne liegen. Nachts werden hier Filme auf eine große Wand projiziert.
Der Parque Periodista ist genau wie in Kolumbiens Hauptstadt Bogotá der offiziell inoffizielle Kiffer-Treffpunkt, nur dass er hier nicht aus einer grünen Wiese mit vielen Jugendlichen, sondern aus einigen Holz- und Steinbänken mit fragwürdigen Gestalten besteht.
In der Altstadt ist der Parque de Bolívar morgens Treffpunkt der Rentner und am Nachmittag Pilgerort der Transvestiten.
Nach einem Rundgang durch die geschäftige Innenstadt kann man seine Füße im Parque de los Pies Descalzos, dem Barfuß-Park, auf Fußreflexzonen-Massage-Rundwegen oder bei einem erfrischenden Fußbad entspannen. Nebenan wird gerade eine Bühne aufgebaut. Für eines von drei Konzerten, das heute in der Stadt gespielt wird.
Im Museo Interactivo werden wir wieder zu großen Kindern und verbringen ungeplant tatsächlich den ganzen Tag in dem riesigen Gebäude. In unzähligen Experimenten kann man hier testen, wie flott das eigene Gehirn funktioniert, wie schnell man laufen, wie laut man schreien, wie komplex man denken und bei welcher Windstärke man nicht mehr stehen kann.
Medellín hat nicht nur die großartige Idee der Ein-Mann-Sitzbank erfunden (es muss ja nicht immer gesellig sein), sondern erfreut uns auch noch mit Einwohnern, die offener, freundlicher und extrovertierter sein sollen, als im Rest des Landes. Fragt man hier mal nach dem Weg, wird einem nicht nur eine kurze Erklärung entgegen gegrummelt. Ausnahmslos alle Menschen haben für uns ihre ursprüngliche Zielrichtung geändert und uns plaudernd bis zu unserem Ziel begleitet.
Diese Freundlichkeit muss wohl auch an dem guten Essen liegen. Ein typisches Paisa-Frühstück sieht in unseren Augen aus wie ein deftiges Mittagessen für zwei Personen. Nur, dass dazu eine heiße Tasse Kakao gereicht wird.
Doch das berühmteste Gericht aus der Gegend ist nicht etwa das Frühstück, sondern die hochgelobte und heiß umworbene Bandeja Paisa. Ein Teller randvoll gefüllt mit Rinderhack, Wurst, gebratenem Schweinebauch, roten Bohnen, Reis, gebratener Banane, der unumgänglichen Arepa, Spiegelei und Avocado.

Überschwemmte Seenlandschaft bei Medellín

Gemeinsam mit Luz, unserer Gastgeberin in Medellín, betreten wir einen hohen Turm, in dem zwei Aufzüge vom Wachpersonal beaufsichtigt werden. Der Aufzug führt uns in eine andere Welt. Haben wir in Cali noch in der sozialen Klasse 2, einer der niedrigsten in Kolumbien gewohnt, führt uns dieser Aufzug nun hoch in die soziale Schicht 5 von 6. Oben angekommen bringt uns eine Stahlbrücke mit Rundumblick auf Medellín in das geschützte Wohnviertel. In Apartmenthochhäusern wohnen hier die Wohlhabenden unter sich und teilen sich Sauna, Dampfbad, Pool und Fitnessraum.

Doch wir bleiben nicht lange im Paradies der Oberschicht. Uns zieht es zurück in die Stadt. Wir wollen uns dem ewigen Sommer-Traum hingeben, doch werden wir stattdessen zurück in die Realität geholt, die Medellín noch vor nicht allzu langer Zeit zu einer der gefährlichsten Städte der Welt machte. Auf der Plaza San Antonio finden wir die zerfetzen Reste einer Bronze-Statue des Künstlers Boteros.
1995 wurde durch ein Sprengstoff-Attentat nicht nur der bronzene Vogel zerstört. 23 Menschen verloren dabei ihr Leben. Botero benannte die Statue nach dem Anschlag in Pájaro herido, verwundeter Vogel, um und ließ direkt daneben eine Kopie der Statue errichten. Sie trägt den Namen Pájaro de la Paz – Vogel des Friedens.

Capurganá, Sapzurro, La Miel – Ursprüngliche Karibikparadiese

„Unsere Zeit ist so aufregend, dass man die Menschen eigentlich nur noch mit Langeweile schocken kann."

Samuel Beckett

Hart schlägt der Rumpf des Aluminiumbootes auf der Wasseroberfläche auf. Jeder Aufprall wandert über die schmalen Holzbänke den Rücken hinauf bis zum Kopf, wo sich der aufkommende Schwindel mit Müdigkeit vermischt. Vielleicht ist auch ein bisschen Übelkeit dabei.

Eingequetscht zwischen dicken Großmüttern mit schweren Plastiktüten und alleinreisenden Männergruppen, die bereits um neun Uhr morgens Aguardiente aus einer Plastikflasche trinken, rasen wir über den Golf von Urabá. Die staubige, geschäftige Hafenstadt Turbo verschwindet hinter uns bereits am Horizont. Das Schnellboot hüpft auf dem dunkelblauen Wasser auf und ab, während am Ufer tropische Küstenwälder in den verschiedensten Grüntönen leuchten.

Zwei Stunden dauert die morgendliche Fahrt, bis wir das kleine, abgelegene Fischerdorf Capurganá im äußersten Nordwesten Kolumbiens erreichen. Hier sind wir schon fast in Panama und so weit außerhalb der Zivilisation, dass es nicht mal eine Straße gibt, die hierher führt. Nur das einmal täglich verkehrende Schnellboot verbindet Capurganá mit dem Rest des Landes. Dunkle Wolken hängen über dem karibischen Meer, Fischerboote schaukeln sanft auf den Wellen hin und her. Ein Pelikan schwebt durch die Luft.

Etwa 2.000 Einwohner zählt der Ort. Drei Straßen, zwei Restaurants, ein Bäcker und keine Autos. Zwischen den bunten Holzhäusern befinden sich eine Handvoll Kioske und ein paar Geschäfte, die Strandartikel verkaufen. Hausnummern oder Straßennamen sucht man vergeblich, dafür ist das Dorf zu klein. Die Türen der einzigen Bank im Ort sind häufiger geschlossen, als dass sie den Kunden Einlass gewähren. Strom gibt es, wenn die Leitungen nicht zusammenbrechen, bis Mitternacht. Das ist Capurganá.

Als wir den Anleger verlassen, betrachten uns ein paar Männer, die Bier trinkend um einen ausladenden Baum herum sitzen. Kaum angekommen merken wir, dass die Uhr hier wesentlich langsamer tickt. Gerade die Abgeschiedenheit dieses Ortes macht seinen Reiz aus, lässt ihn wie ein authentisches karibisches Dorf vergangener Zeiten wirken. Capurganá ist so ursprünglich, dass es den Anschein macht, die große hektische Welt habe hier noch nicht Einzug gehalten.

Noch bevor wir unsere Herberge erreichen, bricht ein gewaltiger Regenschauer los. Ein Tropenguss wie aus dem Lehrbuch. In wenigen Sekunden sind wir komplett durchnässt. Wir stehen inmitten einer riesigen warmen Dusche. Noch nie war Regen so angenehm. Fröhlich stapfen wir von einer Pfütze in die nächste, amüsiert muss ich unweigerlich an Gene Kellys ‚Singing in the Rain' denken.

I'm singing in the rain
Just singin' in the rain
What a glorious feeling
I'm happy again

Als der Niederschlag nachlässt, kehren wir zum kleinen Hafen zurück. Neugierig werden wir von den Einheimischen beäugt. Wir sind nicht die ersten Touristen, die den Weg hierher gefunden haben, aber wir gehören definitiv zu einem auserwählten Kreis. Am Rand des Hafenbeckens stehen einige Jugendliche, ausgerüstet mit Haken und Angelschnüren, und warten geduldig auf ihren Fang.

Dahinter sammelt sich die Schar der Schaulustigen. Auch sie warten gespannt auf den Fang des Tages. Ab und an zucken die Angler an ihren im Wasser herumtreibenden Schnüren. Doch die meiste Zeit passiert nichts.

Es ist bereits Nachmittag. In einem Kiosk in Wassernähe flimmert ein Fußballspiel über den Bildschirm. Kolumbien spielt das entscheidende Spiel der WM-Qualifikation gegen Ecuador. Wir gesellen uns zu den wenigen Gästen, die vor dem Kiosk sitzen. Die meisten von ihnen tragen Uniform.

Trotz aller Abgeschiedenheit sorgt die Nähe zur panamaischen Grenze für erhöhte Aufmerksamkeit, denn der Drogenexport ist in Kolumbien noch immer ein sehr lukratives Geschäft. Viel Arbeit scheinen die Beamten hier in der Karibik jedoch nicht zu haben. Sie starren gelangweilt auf den Fernseher und beobachten ein Spiel, das ähnlich ereignislos ist wie das Geschehen rund um das Hafenbecken. Mal werden kleine Schwätzchen gehalten oder die Beine bei einem kurzen Spaziergang zur nächsten Ecke vertreten. Sonst passiert nichts.

Langsam dämmert uns, dass wir in Capurganá viel Zeit haben werden. Jeder hat hier viel Zeit. Ablenkung gibt es so gut wie keine und so sitzen die Einheimischen den ganzen Tag auf weißen Plastikstühlen vor ihren Hauseingängen, lassen die Beine den Bootsanleger hinunterbaumeln und betrachten den Himmel, das Wasser und uns zwei Neuankömmlinge. Manchmal spazieren ältere Männer im Schneckentempo ziellos von hier nach da.

Plötzlich kommt Aufregung in die Gruppe der Angler und Schaulustigen. Jauchzen und Schreie dringen zu uns herüber. Menschen eilen schnellen Schrittes herbei. Der Kiosk, vor dem wir noch immer sitzen, ist plötzlich

leer. Die Langeweile ist für einen Moment durchbrochen. Nur allzu gerne lässt man sich hier vom rätselhaften Tumult anlocken.
Wenig später zieht einer der Jugendlichen mit einem etwa einen Meter langen Fisch an uns vorbei. Er wird begleitet von den Zeugen seines triumphalen Fangs. Das Tier baumelt noch immer an der Angelschnur und nun beginnt eine Parade durch das ganze Dorf, damit auch jeder den Fisch zu sehen bekommt.
Wir verlassen Capurganá entlang des Sandstrandes. Fischerboote liegen am Ufer, die von kleinen Piraten geentert werden. Daneben sitzen die Fischer auf ihren Plastikstühlen. Gelegentlich murmeln sie sich Wortfetzen zu, nippen an ihren Bierflaschen.
Zwischen Palmen und anderen Hölzern schlendern wir entlang der felsigen Küste. Es ist heiß und feucht. Zum Glück kühlt uns die leichte, beständig wehende Meeresbrise. Etwa eine Stunde spazieren wir zwischen den schroffen Felsen und dem tropischen Dschungel, bevor wir auf ein kleines Fischerhaus an den Klippen treffen.
Mitten im Dschungel betreibt eine kolumbianisch-argentinische Familie, durch und durch Hippies, diese kleine Oase. Hier gibt es alles, von natürlichen Süß- und Salzwasserbecken bis zu rustikalen Liegestühlen und Kokosnusssaft. Unter dem schattigen Palmendach verbringen wir so den ganzen Tag an diesem sehr entspannten Ort. Wir schlürfen eine Kokosnuss nach der anderen leer und blicken stundenlang hinaus aufs Meer. Irgendwann gesellt sich ein kleines Mädchen zu uns, die Tochter der Hippie-Familie. Sie stellt sich als Alegria vor – Freude.
In Capurganá hat sich derweil das Leben vom Land ins Wasser verlagert. Die Kinder und Jugendlichen des Dorfes tummeln sich von morgens bis abends in den warmen Fluten der Karibik. Eigentlich, so scheint es, verlassen sie das Wasser nur, um vom Hafenbecken aus zu angeln.
Die Kleinen planschen in Ufernähe, beaufsichtigt von mindestens einer besorgten Mutter, während die Größeren in selbstgebauten Booten um die Wette paddeln, bis diese voller Wasser laufen und untergehen. Weiter draußen klettern die Jugendlichen auf eines der ankernden Fischerboote, um es als Sprungturm zu benutzen. Den ganzen Tag verbringen sie im Wasser und erst nach Sonnenuntergang verlassen sie wieder das Meer.
Dann sitzen sie im Schein der knatternden Straßenbeleuchtung und brüten zusammen über ihren Schulaufgaben.
Die gelassene Langsamkeit Capurganás greift schnell auf uns über und wir ertappen uns heimlich dabei, ziellos und mit geruhsamen Schritten durch den Ort zu schlendern. Ohne zu fragen warum, ohne zu wissen wohin.

Etwas weiter im Norden, unmittelbar an der Grenze zu Panama, liegt Sapzurro. Von Capurganá fahren regelmäßig Boote, doch entscheiden wir uns für eine Wanderung durch den Dschungel. Wir hätten es besser wissen sollen.
Es ist heiß und feucht und anders als bei unserem ersten Spaziergang durch den Dschungel, begleitet uns keine erfrischende Meeresbrise. Bereits nach wenigen Schritten sind wir in Schweiß gebadet. Dabei ist es erst acht Uhr morgens.
Um uns herum sprießt wildes Gewächs aus dem Boden. Farne, Sträucher, schlanke, riesige Bäume: Tausend verschiedene Grüntöne umgeben uns. Dazwischen leuchten kleine gelbe Früchte auf dem braunen Boden. Ihr schwerer, süßer Duft strömt durch den Urwald und begleitet uns auf unserem Weg. Ein Nasenbär huscht über den schmalen Pfad und verschwindet raschelnd im Unterholz.
In der Hitze des noch jungen Tages schleppen wir uns den steilen Hügel hinauf, der Capurganá von Sapzurro trennt. Der Schweiß rinnt uns mittlerweile in Bächen die Stirn und Wangen hinunter. T-Shirt und Shorts sind komplett durchnässt. Erst als wir den Gipfel erreichen, weht ein leichter Wind durch die Bäume.
Unten, an eine kleine Bucht geschmiegt, liegt Sapzurro. Nur halb so groß wie Capurganá, vermittelt der winzige Ort karibische Idylle pur. Fischerboote schwimmen im flachen, kristallklaren Wasser. Nur die schwer bewaffneten Soldaten, die hier gelangweilt die Grenze zu Panama bewachen, irritieren ein wenig. Verglichen mit Capurganá ist Sapzurro noch entspannter, noch ursprünglicher, noch langsamer. Wir erfrischen uns mit einem langersehnten Sprung ins türkis schimmernde, kühle Wasser.
Von Sapzurro erklimmen wir den Hügel, der Kolumbien von Panama trennt. Diesmal erleichtern uns betonierte Treppen den Aufstieg und so erreichen wir ohne große Anstrengungen den Grenzposten zu Panama – die wahrscheinlich einzige Grenze weltweit, die in Badeshorts überquert werden kann. Die Beamten mustern unsere verschwitzten Gesichter und nachdem wir ihnen erklären, dass wir zu Fuß von Capurganá kommen, zollen sie uns lachend Respekt.
Auf der anderen Seite des Hügels liegt Panama und der wohl schönste Strand der gesamten Region – La Miel. Honig, so heißt der Uferstreifen, der wie ein zum Leben erwachtes Postkartenparadies erscheint. Feiner weißer Sandstrand knirscht leicht unter den Füßen, lange gebogene Palmen spenden Schatten, während ihre Früchte unseren Durst nach der zweistündigen Wanderung löschen. Das Wasser ist so kristallklar, wie wir es noch nie zuvor gesehen haben und liegt ruhig in der zauberhaften Bucht. Über allem strahlt eine gleißende Sonne an einem hellblau erleuchteten Himmel.

In dem einzigen Restaurant am Strand vergnügen sich ein paar kolumbianische Pauschaltouristen mit feuriger Musik und kaltem Bier. Doch ihre Zeit ist begrenzt. Gegen 14 Uhr bläst das Schiffshorn ihrer Fähre und alle wackeln zurück an Bord. Dann ist es still – La Miel, das Paradies, gehört uns beinahe ganz allein. Lediglich die panamaischen Militärs im Tarnanzug und mit Maschinengewehr bewaffnet, stiefeln noch durch den Sand.

So vergeht die Zeit ganz langsam in und um Capurganá. Es ist eine lange Weile, die wir hier verbringen. Zum Abschluss erleben wir noch ein Spektakel inmitten dieser karibischen Gelassenheit: Capurganá vs. Sapzurro. Kreisklasse in der Karibik.

Über den unebenen Bolzplatz holpert der Ball zwischen den Spielern hin und her. Die hellen Trikots von Real Madrid und Inter Mailand gegen die dunklen Trikots von Barcelona und Arsenal.

Gelegentlich kreuzt ein Radfahrer das Spielfeld. An den Seitenlinien spielen kleine Jungen ihr eigenes Spiel, während unter einem schattigen Baum die Zuschauertribüne aus gelben Plastikstühlen aufgebaut ist. Eine Abwechslung, die sich niemand hier entgegen lässt. Das ganze Dorf ist auf den Beinen.

Das Spiel geht munter auf und ab. Fehlpässe prägen das Geschehen. Keiner der Torwarte nimmt seine Hände zur Abwehr des Balles zur Hilfe. Am Ende siegt Capurganá möglicherweise 7:3 – besonders sicher ist sich aber niemand.

Paradies an der Grenze zu Panama

An einem mobilen Imbissstand versorgen wir uns mit gefüllten Teigtaschen. Bietet uns der Bäcker am Vormittag noch eine kleine Auswahl an Lebensmitteln, so sind die Teigtaschen das einzig Essbare, was wir nach 13 Uhr noch bekommen können.
Derart gesättigt streunen wir noch ein bisschen durch Capurganá, bevor uns schwarze Wolken auffordern den Heimweg anzutreten. Bald darauf fängt es wie aus Eimern an zu schütten. Blendende Blitze durchzucken den Himmel, Donner kracht so laut wie Kanonenschüsse. Der Strom fällt aus – nicht das erste Mal seitdem wir hier sind.
Im Kerzenschein richten wir uns auf unserer Terrasse ein. Ab und an huscht der Lichtstrahl einer Taschenlampe über die Straße. Doch bald ist in Capurganá, vielleicht eines der letzten karibischen Paradiese, nur noch das Prasseln des Regens zu hören.

Mompox – In den Filmkulissen der vergessenen Stadt

> *„Das Haus war ein alter Schuppen aus rohen Bretterwänden mit einem Satteldach aus Weißblech, auf dem die Geier auf die Hafenabfälle lauerten. Es war in den Zeiten erbaut worden, als der Fluss so dienstwillig war, dass viele Seebarkassen und sogar einige Hochseeschiffe sich durch die Sümpfe der Mündung hier heraufwagten."*
>
> Gabriel García Márquez, Chronik eines angekündigten Todes

Nur wenige Jahre zuvor, wir befinden uns im 18. Jahrhundert, ist Mompox die wichtigste Handelsstadt zwischen der Karibik und dem kolumbianischen Hinterland. Auf dem Weg ins Landesinnere, 250 Kilometer von den Karibikstränden um Cartagena de Indias entfernt, werden hier sämtliche Waren umgeschlagen. Der Río Magdalena, der mächtigste Fluss Kolumbiens, ist die Lebensader der Region und Mompox das schlagende Herz.
Während die Städte an der Karibikküste mit Piratenangriffen zu kämpfen haben, entwickelt sich Mompox im Landesinneren ungehindert zu einer wohlhabenden Stadt. Viele Händler und Geschäftsleute schätzen die abgeschiedene und sichere Lage Mompox' und investieren großzügig in die nun boomende Stadt am Fluss. Fortschritt, so lautet die Maxime im Mompox jener Zeit. Riesige Villen und Handelshäuser, ganze Kontore entstehen, Gold- und Edelschmiede siedeln sich an. Mompox gewöhnt sich an den Luxus.
Doch dann verschlammt ein Teil des Flusses und wird für die großen Frachter unpassierbar. Der Schiffsverkehr von der Karibik ins Hinterland bleibt aus. Die Frachter finden andere Wege durch den Sumpf. Mompox, von der

Natur bestraft, bleibt abgetrennt vom großen Handel zurück. Übrig bleibt eine Stadt, die wohlgenährt dem Untergang entgegen blickt.
Das Schicksal Mompox‘ scheint besiegelt. Wohlstand und Reichtum gehören der Vergangenheit an. Große Teile der Bevölkerung kehren der Stadt den Rücken. Das ehemals stolze Mompox, die erste kolumbianische Stadt, die sich 1810 von den Spaniern lossagt, verschwindet in der Bedeutungslosigkeit.
Von den Sümpfen des Río Magdalena umgeben, liegt die Stadt isoliert auf einer der wenigen Anhöhen der Gegend. Straßen gibt es nicht, und der Fluss, die einzige Verbindung zur Außenwelt, lässt keine großen Transporte mehr zu. Der Weg nach Mompox ist nun lang und beschwerlich.

Dennoch wird die Stadt 1995 zum Weltkulturerbe ernannt und tatsächlich hat sich Mompox seit seiner Zeit als florierendes Handelszentrum kaum verändert. Weiß getünchte Herrenhäuser reihen sich entlang der staubigen Straßen aneinander. Große, dicht bewachsene Innenhöfe, spenden Schatten. Gleich mehrere Kirchen verdeutlichen Mompox‘ ehemaligen Stellenwert.
Heute ist Mompox ein Postkartenmotiv. Es ist die Erinnerung an vergangene Zeiten, ein Bühnenbild, eine Seite in einem Roman.
Es ist das Filmset einer kolonialen Kleinstadt. Wer durch die Straßen schlendert, erwartet ein Kamerateam hinter jeder Ecke. Die Stimmung ist entspannt. Hektik ist kein Begriff im Wortschatz der Mompesinos. Stattdessen sitzen sie auf ihren Schaukelstühlen und lehnen sich zurück in der Zeit.
In der „Zwei-Uhr-Nachmittags-Mattigkeit“, so beschreibt der kolumbianische Schriftsteller García Márquez die niederdrückende Hitze in seiner Chronik eines angekündigten Todes, ist niemand auf den Straßen zu sehen. Die Luft ist schwer. Es ist unerträglich heiß und feucht. Beim bloßen Sitzen im Schaukelstuhl schwitzen wir Blut und Wasser. Ebenso ergeht es der Hochzeitsgesellschaft in Garciá Márquez‘ Roman, der 1987 hier in Mompox verfilmt wird.
Auch heute, mehr als ein Vierteljahrhundert später, hat sich nichts geändert. Ein Ventilator rotiert ungleichmäßig und mit lautem Brummen über unseren Köpfen, während leuchtende Sonnenstrahlen in den Patio fallen. Unsere Gedanken ziehen orientierungslos mal in die eine, mal in die andere Richtung. Wir sind müde, doch es ist viel zu heiß zum Schlafen.
Ein langer Weg, von Villa de Leyva kommend, liegt hinter uns. Ein paar Verirrungen und viele frustrierende Stunden des Ausharrens am kolumbianischen Straßenrand stecken ebenso in unseren Knochen wie einige Kilometer im Nachtbus und eine anschließende holprige, dreistündige Fahrt auf der Ladefläche eines Pick Ups. In den frühen Morgenstunden ruckeln wir über kaputte Straßen und verwilderte Pfade.

Koloniales Mompox

Dann kommen wir endlich an. Erschöpft und übermüdet erreichen wir Mompox. Eine Stadt, die nicht mit Sehenswürdigkeiten um sich wirft, aber gerade deshalb so charmant, so authentisch ist. Auf den kleinen Plätzen und in den Gassen schalten wir sofort ein paar Gänge zurück. Geschuldet ist das neben der ländlichen Atmosphäre vor allem dem Wetter. Wir befinden uns in einer der heißesten Städte des Landes. Im Jahresdurchschnitt herrschen 28°C, doch bei einer Luftfeuchtigkeit von beinahe 80 Prozent wünschen wir uns bereits nach wenigen Schritten eine kalte Dusche herbei. Schweißgebadet stehen wir morgens 9 Uhr vor unserer Unterkunft.

An einen Stadtspaziergang ist unter diesen Bedingungen nicht zu denken. Gegen Mittag wird es noch unerträglicher. Jede Bewegung ist eine Bewegung zu viel. Erst am frühen Abend wagen wir uns erneut hinaus auf die Straße. Vor den Fenstern der altehrwürdigen Villen hängen Ziergitter in kolonialer Tradition, Torbögen und massive Holztüren prägen das Straßenbild.

Die beeindruckendste Sehenswürdigkeit der Stadt ist die Stadt selbst. Die edlen Herrschaftshäuser sind noch genau so erhalten, wie sie vor mehr als 150 Jahren verlassen wurden. Die Farbe ist vielerorts verwittert, Tür- und Fensterrahmen hinfällig. Einiges deutet darauf hin, dass die Zeit hier stehen geblieben ist – aber auch ebenso vieles offenbart den nagenden Zahn der Zeit. Mompox, das ist eine Erinnerung mit morbidem Charme.

Langsam kehrt das Leben zurück auf die Straße. Motorräder knattern ohrenbetäubend durch den Staub. Auf einem kleinen Markt am Flussufer wird etwas Obst und Gemüse angepriesen. Im Schatten eines Baumes lehnt ein Verkäufer vor seiner Auslage rohen Fleisches.

Schaukelstühle werden vor die Hauseingänge gestellt. Die Bänke auf den kleinen begrünten Plätzen sind bald belegt.

Lediglich auf der Uferpromenade entlang des Río Magdalena geht es betriebsam zu. Ein paar Mompesinos verlegen in Eigenregie Abflussrohre im Erdreich. Vom Staat haben sie keine Unterstützung zu erwarten, erzählen sie. Zu abgelegen, zu isoliert sei Mompox. Doch schwingt in der Klage auch ein wenig Stolz mit. Mompesinos wissen sich selbst zu helfen.

Für uns, die Nicht-Mompesinos, ist die Situation jedoch etwas ungewohnter. Erst seit ein paar Jahren ist Mompox überhaupt mit dem Auto zu erreichen. Der Zustand der einzigen Verbindungsstraße ist katastrophal, im Ort selbst gibt es kaum Geschäfte. Die einstige Handelsstadt verfügt heute gerade einmal über zwei winzige Supermärkte. Die Regale sind halb leer. Gegessen wird, was es zu kaufen gibt. Wer Käse benötigt, muss bei einem der umliegenden Bauern vorbei schauen.

Wir schlendern durch die Straßen, überqueren Plätze, die noch immer den Charme vergangener Tage versprühen und laufen vorbei an Kirchen und kolonialen Wohnhäusern. Dabei wirkt Mompox wesentlich authentischer als andere, komplett restaurierte Kolonialstädte des Landes, was vor allem an den fehlenden Touristenmassen liegt.

Aus einem Lautsprecher plärrt Salsa. In gerade einmal zwei Stunden erkunden wir diesen abgeschiedenen Ort. Selbst die Katzen auf dem Friedhof, die in der kühlen Kapelle vor sich hin dösen, sind uns nicht mehr fremd.

In der Dämmerung zeigt sich Mompox wohl von seiner schönsten, seiner unwirklichsten Seite. Fledermäuse jagen durch die Gassen, die nun in das gelbe Licht der Straßenlaternen gehüllt sind. Die luxuriösen Anwesen, teils verfallen, teils hübsch restauriert, werfen ihre Schatten in die Nacht hinaus. Am Ufer des Río Magdalena schwirren riesige Insektenschwärme hin und her. Glühwürmchen phosphoreszieren über dem Wasser, doch können wir nicht lange bleiben. Die allabendliche Invasion der Mücken zwingt uns zum schnellen Rückzug.

Das Leben in Mompox ist geprägt von der Hitze, Musik und Aguardiente. Der Schnaps aus Anis und Zuckerrohr wird am Abend herumgereicht. Im langen Schatten der Kirchengemäuer kommen die Mompesinos zusammen. Unter dem Schein des Mondes und umgeben von traurigen Sümpfen sitzen sie in der Tiefe der Nacht und erholen sich von der Hitze des Tages.

Cartagena – Zeitkapsel und koloniales Disneyland

Auf dem Weg von Mompox nach Cartagena de Indias, an Kolumbiens Karibikküste gelegen, haben wir mal wieder mit den landestypischen Beschwerlichkeiten des Reisens zu kämpfen. Im Klartext: Es wird gestreikt. Bauern protestieren für eine gerechte Landwirtschaftsreform und errichten im ganzen Land Barrikaden.

Die buckelige Straße, der wir seit dem Morgengrauen folgen, verliert sich im Niemandsland der morastigen Sümpfe. Doch anstatt ihr zu folgen, steht unser Fahrer gelangweilt auf der staubigen Piste herum. Lange Zeit passiert nichts und lediglich der veränderte Stand der Sonne gibt zu erkennen, wie viele Stunden wir hier schon ausharren.

Nur wenige Meter von uns entfernt fließt der mächtige Río Magdalena träge und behäbig an uns vorüber. Langsam, aber unaufhaltsam. Neidisch schauen wir dem trüben, stetig dahin plätschernden Wasser hinterher – Minute um Minute, Stunde um Stunde.

In der Mittagshitze ist die Luft schwer. In einer kleinen Imbissbude am Straßenrand liegen wir in Hängematten, ein paar Reisende bestellen gebratenen Fisch. Den beiden Mädchen, die im Schatten des Palmblattdaches ihre Schulaufgaben lösen, helfen wir beim Übersetzen ins Englische. Doch gegen die Langeweile haben wir keine Chance.

Endlich bekommen wir die erlösende Nachricht. Vom nahegelegenen Magangue wird uns ein motorisierter Einbaum geschickt, dessen Steuermann uns über den Río Magdalena bis zurück zu eben jener Stadt bringt. So umschiffen wir den Streik und können unsere Reise nach Cartagena fortsetzen. Zu Beginn der Dämmerung fahren wir endlich in Cartagena ein. Nun ist es nur noch eine einstündige Fahrt mit dem öffentlichen Nahverkehr bis ins Zentrum der Küstenstadt.

Es ist bereits dunkel, als wir unsere Rucksäcke aus dem Kleinbus hieven und nur wenig später vor den alten Stadtmauern stehen. Noch immer ist es heiß. Wir sind verschwitzt, genervt und erschöpft von der langen Reise. Doch in den schmalen Gassen des historischen Stadtkerns verfliegt unser Frust beinahe im Handumdrehen. Plötzlich sind wir in einer anderen Welt. Das historische Zentrum Cartagenas, umgeben von den altehrwürdigen Mauern, ist ein regelrechtes Juwel. Kleine Gassen, gepflasterte Straßen, hübsch restaurierte koloniale Gebäude. Eine Pferdekutsche rollt knarrend an uns vorbei. Vorne gibt der Kutscher ein paar Erklärungen, hinten lehnt sich ein älteres Paar entspannt in die weichen Ledersitze zurück.

Straßenlaternen tauchen die Umgebung in ein nostalgisches Gelb. Es ist zu schön, um wahr zu sein. Auf der Suche nach einer Unterkunft begegnen wir Plätzen mit bestuhlten Tischreihen und schmausenden Gästen. Alles wirkt friedlich und diese scheinbare Ruhe nehmen wir gerne in uns auf. Wir begegnen Straßenmusikern, die zwischen den Plätzen der Altstadt hin und her schlendern und mal vor diesem, mal vor jenem Restaurant aufspielen. Eine Gruppe junger Breakdancer unterhält ihre Zuschauer auf der Plaza de Santo Domingo.

Ein paar Schritte weiter, hinter der nächsten Ecke, kommt erneut eine Kutsche auf uns zu. Die vier Insassen sind in einem fröhlichen Gespräch vertieft. Sie scheinen ihre Umgebung kaum wahr zu nehmen. Der Kutscher lehnt lässig auf seinem Bock. Das alles wirkt so normal, so beiläufig, als sei dies die einzig mögliche Art der Fortbewegung. In dieser Nacht verfallen wir Cartagena.

Seit 1984 gehört Cartagenas historisches Zentrum mit dem massiven Festungsring zum Weltkulturerbe der UNESCO. Die Perle des Nordens, so der liebevolle Beiname der Stadt, strahlt noch immer im Glanz vergangener Tage. Jedes Haus ist ein Kleinod, ein Fotomotiv, ein Hingucker. Gasse um Gasse, Straße um Straße. Wir können uns kaum satt sehen, an so viel kolonialer Schönheit. Alle Gebäude sind noch immer so prachtvoll wie zu ihrer Entstehung vor mehreren hundert Jahren.

Cartagena ist eine Enklave der Vergangenheit, eine Zeitkapsel, aufgebrochen in der Gegenwart. Die Stadt gehört zweifelsohne zu den schönsten des Landes, wenn nicht sogar zu den schönsten Südamerikas. Die traumhafte Lage zwischen der, nach Cartagena selbst benannten Bucht und dem Karibi-

Cartagena de Indias – Kolumbiens Karibikperle

schen Meer trägt ebenso dazu bei. So wundert es nicht, dass am Tag unzählige Touristen die alten Gassen durchströmen. Während Cartagena am Abend auf uns noch beschaulich und ruhig wirkt, ist es tagsüber vollkommen überlaufen. Dann sind unzählige Besucher in der Stadt unterwegs. Sie spazieren über die Plätze, schlendern vorbei an Restaurants und Geschäften, flanieren über die Stadtmauer mit Blick auf die offene See. Unsere anfängliche Bewunderung erleidet einen Dämpfer.

Neben den Menschenmassen macht uns auch das Klima zu schaffen. Bei über 30° Celsius und mehr als 80 Prozent Luftfeuchtigkeit halten wir es nur kurze Zeit draußen aus. Die schwüle Schwere des karibischen Klimas droht uns zu erschlagen. Bereits am frühen Morgen ist es unerträglich heiß. Der Gang zum Bäcker endet mit dem Wechsel eines völlig durchgeschwitzten T-Shirts. Jede Bewegung verursacht einen erneuten Schweißausbruch. Aber eigentlich schwitzen wir auch im Sitzen. Und das auch noch nachts.

Wir brauchen Abkühlung und machen es den Einheimischen nach. Bereits in den frühen Morgenstunden trinken wir schon ein erstes eiskaltes Bier. Bier ist das einzige Getränk, was kalt genug ist, um gegen dieses Wetter anzugehen.

Erst am späten Nachmittag schlendern wir abermals durch die Gassen und gelangen zur Plaza de los Coches mit der imposanten Puerta del Reloj. Hier wurde einst der größte Sklavenmarkt des Kontinents abgehalten. Heute dominieren Scharlatane den weiten Platz. Sie tarnen sich mit riesigen Hutbergen und sonstigem Krimskrams, den sie durch die Gegend tragen – tatsächlich verdienen sie ihren Lebensunterhalt mit dem Verkauf von Drogen. Gleich mehrfach wird uns Kokain der besten Qualität versprochen. Die Angebote wiederholen sich in einer störenden Beständigkeit. Wir lehnen zunächst dankend und mit der Zeit bereits missmutig ab. Doch die Typen bleiben hartnäckig und aufdringlich.

Am anderen Ende der Plaza de los Coches befindet sich das Portal de los Dulces. In dem Säulengang werden die köstlichsten lokalen Süßigkeiten angeboten. Nüsse, Gebäck und Zuckerwaren jeglicher Art, wahre Plombenzieher gibt es hier.

Trotz der vielen Touristen ist ein Spaziergang durch die Altstadt angenehm entspannend. Die von der Stadtmauer umgebenen Viertel Centro und San Diego sind für den Autoverkehr gesperrt. Selbst Taxis bleibt die Zufahrt nach 16 Uhr verwehrt und so schlendern wir ohne jegliche Eile an hunderten eindrucksvollen Hausfassaden vorbei. Ab und an kreuzt eine der vielen Kutschen unseren Weg. Souvenirläden, Designgeschäfte, Cafés und Restaurants – Cartagenas Altstadt ist voll auf Tourismus ausgelegt. Dazu gehören natürlich überhöhte Preise und die ständige Versuchung, den einen oder anderen unvorsichtigen Besucher über den Tisch zu ziehen. Doch darin unterscheidet sich Cartagena kaum von anderen Touristenmagneten.

Die Stadt ist sowohl bei Einheimischen als auch bei internationalen Touristen ein beliebtes Reiseziel und so erfreuen sich täglich hunderte, wenn nicht sogar tausende Besucher an den alten Regierungsgebäuden, Kirchen und Monumenten. Wahre Menschenmassen drängen sich dann durch die Gassen und bewundern die vielen bunten kolonialen Wohnhäuser und ihre hölzernen Balkone und Ziergitter. Auf den kleinen, schattigen Plätzen lassen sie ihre Beine baumeln bevor sie in einer anderen Gasse verschwinden. Wir begegnen Frauen in traditioneller Kleidung, die so tun, als würden sie Obst verkaufen, sich aber eigentlich dafür bezahlen lassen, von und mit Touristen fotografiert zu werden. Die Stadt ist ein lebendes Freilichtmuseum, dem eine gewisse künstliche Atmosphäre nicht entweichen möchte.

Hier ist noch alles so erhalten wie im 16. und 17. Jahrhundert, als Cartagena die wichtigste spanische Hafenstadt des Kontinents ist. Waffen, Rüstungen, Textilien, Pferde, Gold, Silber, Edelsteine, Sklaven – alles wird hier gehandelt, vermarktet und verschifft. Cartagena die Perle ist zugleich Cartagena die Wohlhabende. Doch wo Reichtum herrscht, da gibt es auch Neider und so muss die Stadt mehrere Piratenangriffe über sich ergehen lassen.

Der berühmteste Freibeuter, der Cartagena attackierte, war Sir Francis Drake. Er plündert die Stadt 1585. Als Reaktion auf diesen und viele weitere Piratenangriffe errichten die Spanier eine elf Kilometer lange Schutzmauer, die Wehranlage San Felipe de Barajas, sowie zwei weitere Forts an der Einfahrt zur Bucht. Derart geschützt gilt Cartagena lange Zeit als uneinnehmbar und die Spanier feiern ihre eigene Militärarchitektur.

Ein einziges Mal kommt Cartagena noch in Bedrängnis. 1741 liegt eine englische Flotte mit 186 Schiffen vor den Toren der Stadt. Es ist die größte Belagerung in der Geschichte Cartagenas. Nach drei Monaten sind die Briten jedoch – geschwächt durch tropische Krankheiten – zum Rückzug gezwungen.

Gelten die Stadtmauern damals als unüberwindlich, so laden sie heute zum Spazieren ein. Auf den breiten Mauerrücken schlendern Touristen hin und her, die ihren Blick mal hinaus aufs Meer, mal hinein in die wunderschöne Stadt gleiten lassen. Ambulante Verkäufer versorgen die Durstigen mit kalten Getränken. Wir machen es uns in der Schießscharte eines alten Kanonenrohrs gemütlich und betrachten die sich leicht wiegende Karibik. Draußen vor der Mauer spielen ein paar Kolumbianer Fußball.

Wieder laufen wir durch die schönen Straßen des Centro, vorbei an der Kathedrale und weiter nach San Diego, das Viertel der Händler und Kaufleute. Hier ist es so schön, jedes Haus so herrlich, dass wir Cartagenas eigene Realität eher als Traumwelt wahrnehmen. Eine Art koloniales Disneyland. So wandeln wir in der Pracht umher, doch plötzlich ändert sich die Umgebung. Es zieren zwar noch immer koloniale Gebäude die Straßen und Gassen, doch sind die Fußwege nicht mehr ganz so sauber, der Putz löchrig, die Farbe an den Wänden verwittert. Wir sind in Getsemaní dem ehemaligen Arbeiterviertel. Zwar befinden wir uns noch innerhalb der Stadtmauern, doch ist der Ausflug ins Disneyland jetzt vorbei. Stattdessen holt uns kolumbianischer Alltag zurück in die reale Welt. Getsemaní ist nicht mehr so strahlend schön wie San Diego und das Centro, dafür ist es wesentlich authentischer. In den kleinen Seitengassen finden wir mehr Einheimische als Touristen – und obwohl auch hier immer mehr Hostels, Bars und Restaurants eröffnen, ist das Viertel zumindest für den Moment noch in kolumbianischer Hand.
Daneben ragen bereits moderne Gebäude in den Himmel, die nicht mehr mit dem kolonialen Erbe zu vereinen sind. Abrupt endet die Altstadt und Schönheit wird ersetzt durch Funktionalität. Charakterlose Kästen aus Stahl, Glas und Beton ersetzen Häuser mit Geschichte.
Direkt hinter Getsemaní erhebt sich das Castillo San Felipe de Barajas, der Stolz der spanischen Militärs während der Kolonialzeit. Bereits von weitem beeindruckt die Festung durch ihre hohen Mauern und die weitläufige Ausdehnung. Im Inneren des außergewöhnlichen Baus verläuft ein verzweigtes Tunnelsystem, das sowohl zur Versorgung, als auch zur Evakuierung diente. Gleichzeitig sollten die über mehrere Etagen angelegten, labyrinthischen Wege eindringenden Feinden das Leben so schwer wie möglich machen.
Von Cartagena machen wir uns mit dem Boot auf in den Nationalpark Corales del Rosario. Noch am Hafen herrscht Aufregung. Dutzende Ticketverkäufer buhlen um die ebenso zahlreichen Touristen. Jeder hat ein Sonderangebot und jeder macht den besten Preis. Es dauert eine Weile, bis wir das Chaos durchschaut und uns für einen Anbieter entschieden haben. Irgendwann sitzen wir in einem überfüllten Boot und fahren zu den etwas mehr als 30 Kilometer von Cartagena entfernten Koralleninseln des Parks. Einige von ihnen sind lediglich ein paar Dutzend Quadratmeter groß.
Inmitten des Nationalparks zeigt ein Aquarium auf der Insel San Martín de Pajarales die hier geschützte Unterwasserwelt. Nach dem Wunsch unseres Kapitäns haben wir eine Stunde Zeit, uns unserer Pesos zu entledigen. Wir können wählen zwischen einer überteuerten Schnorcheltour am vorgelagerten Riff oder dem Besuch des Aquariums mit einem europäisch anmuten-

den Eintrittspreis. Um beide Optionen machen wir einen großen Bogen und springen stattdessen vom Inselrand ins warme, kristallklare Wasser.
Obwohl niemand aus unserer Gruppe schnorcheln möchte – oder das Aquarium besucht – bleiben wir eine volle Stunde auf der kleinen Insel. So sieht es der Zeitplan unserer Tour vor.
Den Rest des Ausflugs verbringen wir an der Playa Blanca auf der Insel Barú. Der langgezogene weiße Sandstrand zählt zu den schönsten in der Umgebung Cartagenas und ist wohl deshalb auch bis zum Bersten gefüllt. Das Wasser leuchtet in einem hellen Türkis, Palmen säumen den feinen Sandstrand. Wir quetschen uns irgendwo zwischen zwei Liegestühle und werden sofort von mehreren massagefreudigen Frauen auf die Vorzüge ihrer Dienstleistungen aufmerksam gemacht. Mit „ficki, ficki“ und „fucki, fucki“ Ausrufen, deren Bedeutungen für uns leider im Verborgenen bleiben, machen sich die motivierten Frauen ungefragt mit öligen Händen an unseren Körpern zu schaffen. Wir bräuchten dringend Entspannung, meinen die geschäftigen Frauen zu wissen und sind letzten Endes nur mit barschen Worten von ihrem Vorhaben abzubringen.
Wir verbringen ein paar Stunden am Strand, bevor wir zurück nach Cartagena fahren. Unser Besuch in der wohl schönsten kolonialen Stadt Südamerikas endet mit ein paar Cuba Libres und dem Blick vom Balkon auf ein atmosphärisch oberflächliches, aber wahrhaft herrliches Cartagena.

Ciudad Perdida – Die verlorene Stadt der Tayrona-Indianer

Mit einem Tinto, dem kolumbianischen Guten-Morgen-Kaffee, und ein paar Arepas stärken wir uns für den Tag. Halb verschlafen blinzeln wir im Schatten der massigen Kathedrale Santa Martas in die umliegenden Gassen. Ein letztes lustvolles Gähnen. Noch bevor die Sonne untergeht, wird dieser Moment hedonistischen Genusses längst aus unserer Erinnerung verschwunden sein. Stattdessen werden wir uns schweißgebadet durch den kolumbianischen Dschungel schlagen – von Moskitos zerstochen und am Ende unserer Kräfte.
Wir machen uns auf zur Ciudad Perdida, der heiligen und lange Zeit verschollenen Stadt der Tayrona-Indianer. Die im dichten Dschungel versteckten Ruinen liegen in der Sierra Nevada, dem mit 5.775 Höhenmetern höchsten Küstengebirge der Welt. Kolumbiens jüngste Sehenswürdigkeit ist gleichzeitig auch eine der Unbekanntesten. Selbst viele Einheimische wissen nichts von ihrer Existenz, dabei ist die im 7. Jahrhundert erbaute ‚verlorene Stadt‘, so die deutsche Übersetzung, eine der größten und ältesten archäologischen Stätten des südamerikanischen Kontinents.

Ihre Entdeckung ist abenteuerlich. 1975 ziehen Marihuanabauern immer tiefer in den Dschungel der Sierra Nevada. Sie sind auf der Suche nach neuen Anbauflächen und gleichzeitig flüchten sie vor der Polizei, die immer häufiger den Regenwald nach illegalen Drogenplantagen durchforstet.
Tage und Wochen streifen die Männer durch das tropische Unterholz, bis sie plötzlich, mitten im Urwald, auf eine steinerne Treppe stoßen. Die verfallenen, schmalen Stufen, gezeichnet von der hohen Luftfeuchtigkeit, der Witterung und der Zeit, führen weit hinauf. An ihrem oberen Ende stehen die Suchenden inmitten riesiger, künstlich angelegter Terrassen – und werden fündig. Die historische Bedeutung dieser Flächen interessiert sie wenig. Dieser Ort scheint geradezu ideale für den Anbau von Marihuana – ein Glücksfall.
Die eigene, grenzenlose Gier und Dummheit der Bauern verurteilt das gewinnbringende Unterfangen jedoch schnell zum Scheitern. Der Streit um die wertvollen archäologischen Fundstücke, die sie im Boden finden, endet mit dem gewaltsamen Tod eines der Männer. Die mühselige Flucht vor der Polizei, die bis dato erfolgreich zu sein schien, endet prompt. Der Tote zieht die Aufmerksamkeit der Autoritäten auf sich. Alles fliegt auf.
Die Marihuanaplantage wird noch einmal abgeerntet, bevor nun Wissenschaftler und Touristen Einzug in die verlorene Stadt halten. Der archäologische Stützpunkt ist heute die wichtigste Ausgrabungsstätte Kolumbiens.
Wer die Stätte jedoch besuchen möchte, muss sich noch immer fünf lange Tage durch den kolumbianischen Dschungel kämpfen, muss der schwülen Hitze und durstigen Moskitoschwärmen entgegentreten und wird am Ende mit dem Anblick der geheimnisvollen Ciudad Perdida belohnt.

Tag 1: *Dorf Mamey – Campamento Múmake / Distanz: 15 km / Gehzeit: 4 h*
Unser Weg zur Ciudad Perdida führt von Santa Marta, im Norden Kolumbiens, zunächst mit dem Allradantrieb hinaus aus der Stadt. Zweieinhalb Stunden wackelt der alte Jeep über Landstraßen und Off-Road-Pisten. Auf der buckeligen Piste schießen die Steinchen nur so von den Rädern. Manchmal fliegen wir ein bisschen. Wir hüllen uns selbst in eine permanente Staubwolke und erreichen schließlich Mamey. Hier beginnt der Trek.
Es ist heiß, beinahe unerträglich heiß, und wir sind heilfroh, einen wolkenbedeckten Himmel über uns zu wissen. Mit dem Eintritt in den Wald beginnen jedoch die Qualen. Nun ist es nicht nur heiß, sondern auch extrem feucht. Sofort bilden sich dicke Schweißperlen auf der Stirn. Sie laufen entlang der Augenbrauen und sammeln sich an der Nasenspitze. Ich versuche, es unserem Guide Luis nachzumachen. Alle paar Minuten bleibt der kleine,

runde Mann für drei Sekunden stehen und beugt routiniert seinen Oberkörper nach vorne. Mit dem rechten Zeigefinger streicht er von links nach rechts über seine Stirn. Über der kleinen Schweißpfütze, die sich so unter ihm bildet, schüttelt er nochmals den Schweiß von seinem Zeigefinger aus. Luis macht diese Bewegung so häufig, so flink und so routiniert, dass es kaum noch auffällt.

Auch wir sind permanent damit beschäftigt, unsere Gesichter abzuwischen. Dem Rest des Körpers geht es nicht besser. Das T-Shirt klebt bereits nach wenigen Minuten am Rücken fest und selbst die Beine sind bald klatschnass. Jede Pore beginnt zu schwitzen – ein Gefühl, das uns in den nächsten Tagen stets begleiten wird. Die Luftfeuchtigkeit liegt bei über 90 Prozent.

Nach 30 Minuten möchten wir bereits unsere komplette nassgeschwitzte Kleidung wechseln. Stattdessen erfrischen wir uns mit einem kurzen Sprung ins kalte Wasser der Flusses Buritaca.

Doch die Erfrischung hält nur für wenige Minuten an. Kurz nach Verlassen des Flusses macht uns die Luftfeuchtigkeit erneut zu schaffen. Auch der immer steiler verlaufende Pfad fordert uns heraus. Wenigstens ist der lehmige Untergrund trocken und wir kommen entsprechend schnell voran. Wie ein Flussbett durchschneidet der schmale, braune Weg das umliegende Grün.

Als wir den Hügelkamm nach anderthalb Stunden stetigen Bergaufs erreichen, eröffnet sich vor uns die weite, hügelige Landschaft der Sierra Nevada. Hier säumen nur noch ein paar Bäume den Wegrand. Eine Hütte und ein stolzer Hahn laden uns zu einer dringend herbeigesehnten Pause ein. Mit einem extragroßen Stück gekühlter Wassermelone versuchen wir unseren Wasserhaushalt wieder auszugleichen. Noch nie war der Biss in eine Melone so beglückend. Der Verlust von gefühlten 10 Litern Schweiß muss ersetzt werden. Danach geht es bergab. Erneut treffen wir auf den Fluss Buritaca, an dessen Lauf wir unser Nachtlager aufschlagen.

Eine lange Hütte mit Wellblechdach schützt uns vor eventuellem Regen. Darunter schaukeln Hängematten, die uns in Empfang nehmen. Doch bevor wir unsere müden Körper ausstrecken, wagen wir von einem nahegelegenen Felsen noch einen vier Meter tiefen Sprung hinab in das kühle Flussbecken. Erfrischung und Dusche zugleich.

Den Abend verbringen wir wie so oft mit Reis und Hühnchen und einer luxuriösen Dose eines lokalen Bieres. Dann fallen wir in unsere Hängematte und werden vom betrunkenen Gelalle eines Bauern in den Schlaf gesummt.

Tag 2: *Campamento Múmake – Campamento Paraíso / Distanz: 8 km / Gehzeit: 9 h*

Dasselbe Lallen weckt uns einige Stunden später. Der gleiche Typ sitzt noch immer (oder schon wieder) am Fluss und begrüßt uns ebenso freundlich, wie die ersten Strahlen der Morgensonne, die durchs Blätterdach brechen und sich im Wasser des Buritacas spiegeln. Es riecht nach Kaffee, heißer Schokolade, Erde, Wald und Wiese. In der Nähe zwitschern ein paar Vögel. Noch verschlafen schaukeln wir in unseren Hängematten hin und her. Selten beginnt ein Tag so verheißungsvoll.

Wir frühstücken Papaya, schnüren unsere Rucksäcke, und befinden uns kurz nach sechs Uhr bereits wieder auf dem Pfad. Es geht weiter bergauf. Wir gehen vorbei an Futterwiesen für allerlei Viehzeug und sehen der Sonne zu, wie sie sich langsam über die Bergrücken am Horizont hinweg schiebt. Doch schon bald umgibt uns wieder das undurchdringliche Grün des Dschungels. Die Luftfeuchtigkeit steigt ins Extreme, fordert uns erneut heraus. Die Kleidung ist über Nacht nicht getrocknet. Sie hängt noch immer feucht vom Schweiß außen an unseren Rucksäcken, während die zweite (und letzte) Montur schon wieder verschwitzt an unseren Körpern klebt. Doch auch der Weg wird immer schwieriger. Unendliche Serpentinen liegen vor uns. Immer höher steigen wir durch den Regenwald. Schritt für Schritt hieven wir uns hinauf. Lockere Steine und Geröll lassen uns ein ums andere Mal straucheln. Dennoch: Mitten im kolumbianischen Dschungel sind wir elektrisiert, enthusiastisch. Mehr denn je fühlen wir uns mit der Natur verbunden. Wir atmen die duftende Luft des Regenwaldes, beobachten umhersummende Käfer und Schmetterlinge, lauschen hinein in das Unterholz. Jeder Moment erzeugt Glück. Wir könnten ewig weiter durch den Wald streifen.

Nach zwei Stunden erreichen wir einen Rastplatz und verzehren das zweite Frühstück. Während unser Geist noch immer beschwingt in der Natur wandert, verschlingen unsere Körper gierig zwei Portionen Rührei und Toast. Ganz in unserer Nähe befindet sich das kleine Dorf Mutanzi der indigenen Kogui-Gemeinde. Die Kogui gehören zu den Tayrona-Indianern, durch deren Territorium wir wandern. Nur mit ihrer Erlaubnis gelangen wir bis zur Ciudad Perdida. Allein der Ältestenrat entscheidet, ob und wie viele Besucher das Stammesgebiet betreten dürfen. Ein bisschen ehrfürchtig und neugierig schlendern wir am Dorf vorbei, doch niemand ist zu sehen.

Im Verlauf des Tages wird der Dschungel immer dichter, der Pfad immer enger und rutschiger. Der Untergrund ist mittlerweile so feucht wie die Luft, die wir atmen. Es geht nun hoch und runter, über kantige Felsen und die dicken Wurzeln der Baumriesen.

1.200 Stufen führen in die verlorene Stadt

Ein paar kleinere Flüsse kreuzen unseren Weg, die wir von Stein zu Stein hüpfend überqueren. Ein Mal hilft uns eine Hängebrücke, doch nur kurze Zeit später verhindert das breite Flussbett des Buritacas unser Weiterkommen. Es gibt keinen Weg hinüber, also müssen wir hindurch. Bis zu den Knien schwappt das Wasser und obwohl der Untergrund recht eben ist, rutschen wir immer wieder gefährlich über die glitschigen Steine.
Der letzte Streckenabschnitt hat es noch einmal in sich. Es geht steil bergauf. Wir klettern über Felsen, benutzen Wurzeln als Leitern, ziehen uns an Ästen und Lianen immer weiter hinauf. Der Pfad ist keine 30 Zentimeter breit und der Abgrund wächst von Minute zu Minute weiter in die Tiefe.
Doch dann, völlig unerwartet, wird der Weg wieder breiter und wir erreichen leichten Schrittes das Campamento Paraíso. Neun Stunden sind wir durch den Dschungel gelaufen und nun, gestärkt mit einer Tasse heißen Kaffees, blicken wir hinaus auf die uns umgebenden Berge. Hier irgendwo muss sie sein, die Ciudad Perdida.

Tag 3: *Campamento Paraíso – Campamento Koskunguena / Distanz: 6 km / Gehzeit: 10 h inklusive Ciudad Perdida*
Nervöse Aufgeregtheit macht sich am Morgen breit. Heute betreten wir die Ciudad Perdida. Davor haben wir noch die Wahl zwischen der nassen Kleidung von gestern und der nassen Kleidung von vorgestern. Bei einer Luftfeuchtigkeit von über 90 Prozent ist keines unserer Kleidungsstücke noch annähernd trocken. Wir schälen uns also in unsere nassgeschwitzten Hosen, die wir wenigstens im Gegensatz zu gestern nicht mehr vor lauter Schweiß auswringen können.
Trotzdem kann es niemand erwarten, endlich loszugehen. Um kurz nach sieben brechen wir auf. Zunächst folgen wir dem Buritaca über rutschige Felsen und nasses Gehölz, bis wir erneut durch den Strom steigen müssen. Ein über den Fluss gespanntes Seil dient uns als Absicherung gegen die starke Strömung.
Auf der anderen Seite klettern wir ein paar Meter die Uferböschung hinauf. Dann liegt sie vor uns, die Jahrhunderte alte Steintreppe zur Verlorenen Stadt. Mitten im Dschungel, umgeben von nichts anderem als wild wucherndem Gewächs, steigt sie in die Höhe. 1.200 Stufen sind es vom Fluss bis hinauf zum heiligen Komplex der Tempelanlage.
Die Treppe ist nicht gleichmäßig geformt. Mal braucht es einen großen Schritt für eine Stufe, dann wieder folgen mehrere kleine Erhebungen nacheinander. Unglaublich steil führt sie nach oben. Vorsichtig setzen wir einen Schritt nach dem anderen, doch auch nach weit mehr als 1.000 Jahren ist die Treppe stabil,

jede Stufe sitzt fest an ihrem Platz. Zwischen hohen Ranken und Farnen ist ein umgestürzter Baum das einzige Hindernis, das wir überwinden müssen.
Dann erreichen wir die erste von etwa 150 Terrassen der Ciudad Perdida. Auf einem Grat irgendwo zwischen 900 und 1.200 Metern Höhe gelegen befinden wir uns nun, ungläubig und beeindruckt. Dort, wo einst heilige Priester wandelten und noch vor wenigen Jahren Marihuana angebaut wurde, lassen wir einen ersten Blick über die Anlage schweifen.
Meterhohe aus Feldsteinen gelegte Mauern begrenzen die Terrasse. Sie sind von Moos bewuchert, kleine Gräser wachsen in den Zwischenräumen. Dahinter ragt die grüne Wand des Regenwaldes in die Höhe. Mehrere hohe Wasserfälle sind in den Weiten des Dschungels auszumachen. Unzählige, riesige Moskitos schwirren durch die Luft.
Gegen die Vielzahl der Mücken können wir uns kaum noch wehren. Mückenspray hilft schon lange nicht mehr gegen die schier unendliche Zahl der Blutsauger. Wir müssen in Bewegung bleiben, um nicht total zerstochen zu werden. Wir gehen über die Terrassen und durch die Gänge der Stadt, deren Ursprünge Ende des siebten Jahrhunderts angesiedelt werden.
Zwischen 1550 und 1600, so wird vermutet, verlassen die Tayrona die Stadt, die niemals von den damals einfallenden Spaniern entdeckt wurde. Der Komplex ist riesig. Ganze 35 Hektar sind bis heute bekannt. Wahrscheinlich besitzt die Stadt allerdings ein noch viel größeres Ausmaß.
Wir wandern über die Treppen und Wege, laufen über weiträumige und weniger großflächige Terrassen bis wir zum Heiligsten der Anlage gelangen. Dort, wo einst die spirituellen Führer ihre Zeremonien abhielten, öffnet sich der Wald. Der Blick geht weit hinaus bis zu den umliegenden Bergkuppen. Auf jeder thront eine eigene Tempelanlage. 26 sind es in der unmittelbaren Umgebung, doch die Ciudad Perdida ist mit Abstand die Größte.
Auf unserem Rundgang durch den Komplex kommen wir an der Nachbildung einer indianischen Wohnhütte vorbei. Plötzlich versperren uns vier Soldaten den Weg. Die Jungs sind gerade einmal 20 Jahre alt und schwer bewaffnet. Unser Guide Luis übergibt kleine Geschenke, etwas zu essen, Snacks. Er versteht sich gut mit den Jungs, hält sie bei Laune, und das aus gutem Grund: Nicht nur die Kogui-Indianer entscheiden, wer die Anlage betreten darf. Auch das Militär spricht ein Wörtchen mit.
Knapp drei Stunden bleiben wir in Teyuna, wie die Einheimischen die verlorene Stadt nennen, erkunden unzählige Schleichwege und Terrassenflächen, bevor wir uns wieder auf den Weg zum Campamento Paraíso machen.
Von hier geht es weiter bis ins Lager Koskunguena. Wie am Vortag schlagen wir uns mit einer Kletterpartie über Felsen und Wurzeln bis zum breiten

Flusslauf des Buritacas durch. Zweieinhalb Stunden laufen wir durch den Dschungel, dann setzt der Regen ein. Heftiger Regen.
Zunächst versuchen wir, dem Niederschlag noch mit großen Blättern entgegenzuwirken, die uns als Regenschirme dienen. Doch schon bald sind wir so durchnässt, dass wir auf diesen Schutz getrost verzichten können. Der Pfad verwandelt sich in eine Schlitterpiste, eine einzige Schlammpartie. Der lehmige Untergrund nimmt das Wasser nicht auf und so rutschen wir mehr, als dass wir gehen. Der Regen wird immer heftiger. Die schlammigen Pfade, die steil bergab führen, verlangen vollste Konzentration.
Während der Regen unaufhörlich auf uns niederprasselt, versuchen wir uns an Ästen, Wurzeln und Lianen entlang zu hangeln, um wenigstens etwas Sicherheit in unsere Bewegungen zu bekommen. Immer wieder helfen wir uns gegenseitig durch den Schlamm, doch dann ist es passiert. Ein unvorsichtiger Schritt und wir liegen im Matsch.
Das Gute daran: Ab jetzt ist alles egal. Zwei Stunden kämpfen wir mit dem Tropenguss und dem rutschigen Untergrund, bevor wir unser Nachtlager erreichen. Nichts ist trocken geblieben. So gut es irgendwie geht, versuchen wir unsere Kleidung an der Feuerstelle zu trocken, doch die kleine Flamme kann gegen den Berg nasser Klamotten kaum etwas ausrichten.

Tag 4: *Campamento Koskunguena – Campamento Múmake / Distanz: 4 km / Gehzeit: 3 h*

Nach einer Nacht unter dicken Wolldecken, lacht uns am frühen Morgen erneut die Sonne ins Gesicht. Heute haben wir viel Zeit. Es liegt lediglich eine knapp dreistündige Wanderung vor uns. Wir nutzen den zwanglosen Moment und besuchen das nahegelegene Kogui-Dorf Mutanzi.
Die Kogui sind Halbnomaden. Je nach Jahreszeit ziehen sie durch den Regenwald von einem Dorf zum nächsten. Sie leben von der Jagd und der Landwirtschaft und folgen noch immer den Bräuchen ihrer Vorfahren. Keine andere indigene Volksgruppe Kolumbiens lebt noch derart traditionsbewusst wie die Kogui.
In der Nähe des Dorfes angekommen, lässt uns unser Guide Luis stehen. Mit einigem Respekt nähert er sich den am Fluss Wäsche waschenden Frauen, fragt vorsichtig nach, ob wir das Dorf betreten dürfen. Oft genug wurde ihm der Eintritt verwehrt. Dass der Ältestenrat die Führung von Touristen durch das Terrain der Tayrona-Indianer erlaubt, ist nicht im Sinne aller Bewohner.
In den letzten Tagen sind wir schüchtern aber lächelnd von den Kogui begrüßt worden, deren Wege wir kreuzten. Die Kinder staunten und kicher-

ten. Doch es ist auch vorgekommen, dass unser Anblick von weitem schon reichte, um schnellstmöglich von den Trampelpfaden abzuweichen, um im Dickicht des Dschungels zu verschwinden und abzuwarten, bis wir Fremde außer Schichtweite waren.

Doch wir scheinen Glück zu haben. Die Frauen lassen uns in ihr Dorf eintreten.

Im Dorf sehen wir kaum einen Menschen. An einem Baum ist ein Schwein festgebunden. Zwei Kinder verfolgen sich spielend zwischen den mit Wildgras gedeckten Lehmhütten, unsere Anwesenheit verschreckt sie.

Im Ort möchte niemand so recht mit uns in Kontakt treten. Mit neugierigen Blicken werden wir aus den Hütten heraus beobachtet. Wir fühlen uns unwohl, möchten nicht stören und verlassen die Siedlung bald wieder.

Auf dem Dschungelpfad zurück zum Camp treffen wir dann aber eine kleine Gruppe Kinder, die gerade auf dem Weg in ihr Dorf sind. Auch sie reagieren etwas zurückhaltend auf uns, doch Luis greift in die Trickkiste, zaubert ein paar Bonbons hervor und plötzlich strahlen uns leuchtende Kinderaugen entgegen.

An den Kleinen erkennen wir die traditionelle Kleidung der Kogui. Sie tragen lange weiße Leinenhemden und langes, offenes Haar. Das Statussymbol der Männer ist der Poporo. Der ausgehöhlte Kürbis ist immer mit dabei. Niemand verlässt seine Hütte ohne ihn. Im Kürbis befindet sich zermahlener Muschelkalk. Dieser Kalkstaub wird zusammen mit Kokablättern – aufbewahrt in einer Umhängetasche – gekaut und verstärkt so die Wirkung der getrockneten grünen Blätter ein wenig. Aus einem normalen Kaffee wird so ein Espresso.

Von Luis erfahren wir viel über die Kogui. Einiges erscheint in unserer europäischen Vernunftanschauung merkwürdig, doch vieles berührt uns, lässt uns bewundernd aufhorchen. Respekt gegenüber Natur und Mensch, Toleranz, Hilfsbereitschaft und eine starke innere Balance sind nur ein paar Prinzipien, derer sich die Kogui seit Jahrhunderten annehmen.

Wir lassen die Dorfgemeinschaft hinter uns und wandern weiter bis zum nächsten Lagerplatz. Es ist derselbe Weg wie ein paar Tage zuvor. Zunächst überwinden wir einen steilen Aufstieg und laufen dann auf leichtem Terrain bis wir gegen Mittag das Camp unserer ersten Nacht wieder erreichen.

Tag 5: Distanz 15 km, Gehzeit 3 h, Ziel Dorf Mamey. Der letzte Tag unseres Treks ist entspannt. Erst gegen neun Uhr brechen wir auf, erklimmen eine Anhöhe und wandern weitere zwei Stunden durch den Wald. Immer wieder eröffnen sich uns traumhafte Ausblicke auf die Umgebung. Mittlerweile sind unsere Körper jedoch geschunden. Am fünften Tag sind unsere Beine schwer. Zum Glück haben wir keinen Zeitdruck und so können wir kurz vor der Ankunft in Mamey noch einmal in das kühle Nass des Buritacas eintauchen.

In Mamey erwarten uns ein ausgiebiges Mittagessen und ein kaltes Bier. Dann geschieht, woran niemand mehr geglaubt hatte. Nach fünf Tage im kolumbianischen Dschungel hören wir endlich auf zu schwitzen.

VENEZUELA

Die Gerüchteküche brodelt – Unser Weg nach Venezuela

Obwohl wir vor fast zwei Jahren den südamerikanischen Kontinent betreten haben, wussten wir bis vor kurzem noch nicht, ob wir auch Venezuela bereisen werden.

Nach dem Tod des ehemaligen Präsidenten Hugo Chávez schien die Lage in Venezuela lange Zeit kompliziert und für uns nur schlecht einschätzbar. Tatsächlich haben wir unsere ganze Reise über niemanden getroffen, der aus eigener Erfahrung über das sozialistische Land berichten konnte, der tatsächlich vor Ort war. Dennoch brodelte die Gerüchteküche die ganze Zeit über heftig. Die Südamerikaner sind wahre Spezialisten darin, Tatsachen überspitzt darzustellen, zu dramatisieren. Besonders was die Beschreibung von ‚Gefahrensituationen' angeht, sind sie wahre Meister.

Schon lange lächelten wir nur noch über Argentinier aus dem Süden, die zwar noch nie in Buenos Aires waren, uns aber mit weit aufgerissen Augen weismachen wollten, dass man dort für 10 Peso – weniger als 2 Euro – auf offener Straße und am helllichten Tage erstochen wird.

Wir lachten über Porteños, die uns wiederum erzählten, Buenos Aires sei nicht gefährlich, aber in Rio de Janeiro sollte man wirklich aufpassen. Später nickten wir Cariocas zu, die uns erzählten, dass in Rio zwar alles entspannt sei, aber das benachbarte Salvador sei ein wirklich gefährliches Pflaster. Doch auch im brasilianischen Salvador fühlten wir uns sicher, stieß uns nichts zu. Angekommen in der angeblich gefährlichsten Stadt Südamerikas beschwichtigte man uns sanftmütig. In Salvador würde uns nichts zustoßen, solange wir nicht unser Geld auf offener Straße zählten. Aber als Frau in den Iran zu reisen, das sei nun wirklich nicht zu empfehlen. Einfach zu gefährlich.

Und nun also Venezuela.

Die unerfreulichen Gerüchte störten uns lange Zeit wenig, waren wir doch geographisch weit davon entfernt, in die Nähe der Karibik zu gelangen.

Doch in Chile trafen wir auf die Couchsurferin Selva. Die Venezolanerin, auf einmonatiger Reise durch Chile, riet uns dringlich davon ab, ihre Heimat zu besuchen. So traurig es sie auch stimmen mochte, momentan sei Venezuela für Touristen einfach nicht sicher.

In Peru trafen wir auf den Polen Pawel. Er war gerade erst in Venezuela unterwegs und riet uns dringend davon ab, in eben dieses Land zu reisen. Seine Geschichten machten uns stutzig. Pawel, trinkfest und unerschrocken, reiste seit Monaten bereits per Anhalter durch Südamerika; seit einigen Jahren schon um die Welt.

Besonders der Norden Venezuelas, dort wo der Drogenschmuggel in die weiteren Karibikstaaten boomt, sei es wirklich lebensgefährlich, berichtete er uns. Als er dort bei seiner Couchsurfing-Familie gerade zu Abends aß, waren draußen Schüsse zu hören. Doch der Spuk war bald vorbei. Vor der Haustür wurde nur eine Leiche abtransportiert. Das Erschreckendste für Pawel: Niemand schien wirklich beeindruckt von den Geschehnissen in der eigenen Nachbarschaft.
In Ecuador berichtete uns die alte Maria, der nur noch wenige Zähne im Mund blieben, dass Venezuela nicht so gefährlich sei, wie alle behaupteten. Doch sicherheitshalber sollten wir dort mit Niemandem sprechen.
In Kolumbien erzählte uns Juan Carlos aus Cali von seinen Erfahrungen. Man könne schon nach Venezuela reisen, man müsse nur immer „sehr schnell gehen".
Je näher wir Venezuela kamen, umso mehr handfeste Informationen schienen wir zu bekommen. Eines wurde uns auf jeden Fall klar. Wir brauchten US-Dollar. Mit Dollar könnten wir in Venezuela leben wie die Könige, hieß es. Und auch bei einer anderen Sache waren sich alle einig: Die wahre Gefahr in Venezuela gehe von der Polizei aus. Die überaus korrupte Polizei sei darauf spezialisiert, Touristen auszunehmen. Es geht natürlich um Devisen, also US-Dollar.
Ein weiteres Gerücht beschäftigt uns. In Venezuela gäbe es aufgrund von Versorgungsengpässen kein Toilettenpapier. Und obwohl wir nicht viel Wert auf Gerüchte legen, decken wir uns vor dem Grenzübergang in Kolumbien vorsichtshalber mit ein paar Rollen extra ein.

Wir sind im Norden Kolumbiens, kurz vor der Grenze zu Venezuela. Der nächstgelegene Grenzübergang nach Venezuela wäre Paraguachón. Doch schon lange wissen wir, dass dieser Grenzübergang als extrem gefährlich eingestuft wird. Denn er liegt quasi im Niemandsland zwischen Kolumbien und Venezuela, also im angeblichen Gebiet der Drogenmafia. Uns wird dringend davon abgeraten, den Übergang zu nutzen. Wir sollten lieber die Grenze über Cúcuta wählen, mehr als 700 km weiter südlich.
An unserem letzten Abend in Kolumbien bekommen wir eine besorgte E-Mail von Selva. Sie hat mitbekommen, dass wir bald, trotz ihrer Warnung, nach Venezuela reisen wollen und klingt nun sehr ernst. Sie findet unsere Idee töricht und wünscht uns, dass uns nichts Ernsthaftes geschehen möge. Wir sollten uns unter gar keinen Umständen jemals alleine in Venezuela bewegen, sollen immer in Begleitung von einheimischen Couchsurfern sein, niemals unsere Kamera in der Öffentlichkeit herausholen und uns ab 16 Uhr nicht mehr draußen aufhalten.

Außerdem zeigt uns Selva eine Seite im Internet, auf der der aktuelle Schwarzmarktkurs für Dollar tagesaktuell angegeben wird. Momentan liegt er bei über 50 Bolívares. Der offizielle Dollar-Wechselkurs liegt bei 6 Bolívares. Nur etwas mehr als ein Zehntel des Schwarzmarktkurses. Doch auch hier warnt uns Selva: Zu den Schwarzmarktpreisen, die auf der Straße gelten, sollen wir nur in Begleitung von vertrauenswürdigen Einheimischen wechseln.
Nach einigen Überlegungen beschließen wir, die nahegelegene, angeblich unsichere Grenze nach Venezuela zu nehmen. Dafür wählen wir extra einen Bus, der die Strecke von Kolumbien bis nach Maracaibo, unserem Ziel in Venezuela, durchfährt. Die Grenze soll dabei tagsüber überquert werden.
Doch unser Plan geht natürlich nicht auf.
Aufgrund unerklärlicher Ereignisse hat unser Bus mehrere Stunden Verspätung. Als wir die Grenze erreichen, ist es bereits lange nach Mitternacht. An der Grenze steigen nur wenige Passagiere aus dem schäbigen Bus aus, um wie wir ihre Visaangelegenheiten zu klären.
Nach dem Ausreisestempel auf kolumbianischer Seite, müssen wir nun auf der kläglich beleuchteten Straße eine längere Strecke zu Fuß zurücklegen, um auf die venezolanische Seite zu kommen. Zwielichtige Männer treten aus der Dunkelheit an uns heran, bedrängen uns auf dem Weg, wollen unter allen Umständen Geld wechseln, Straßenhunde schrecken auf, tapsen zu uns herüber. Es ist also wie immer. Wie an jeder Grenze, die wir in Südamerika überquert haben. Wir gehen einfach weiter.
Bei der Migration geht alles sehr schnell. Auch hier scheint alles wie immer zu sein. Quasselige Frauen übereichen den in der Schlange wartenden Reisenden die nötigen Formulare, stehen bei Fragen zur Verfügung. Der kräftige Zollbeamte in dem kleinen Häuschen stempelt schweigend und etwas grummelig einen Pass nach dem anderen. Und schon sitzen wir wieder im Bus.
Nach kurzer Zeit hält der Bus erneut. Polizeikontrolle. Ich freue mich. Endlich. Die böse venezolanische Polizei. Der Beamte geht langsam durch den Bus. Hier und da möchte er etwas überprüfen. Auch bei uns bleibt er stehen. Ich grinse ihn demonstrativ an. Er lächelt zurück, fragt höflich nach unseren Dokumenten, die wir ihm aushändigen. Er grummelt etwas, bedankt sich und geht weiter. Sicherheitshalber merke ich mir seine Uniform.
Dann das böse Erwachen.
Wir sind in Maracaibo. Doch hält der Bus nicht am Busbahnhof, sondern etliche Kilometer davon entfernt auf der Schnellstraße, welche in die Stadt führt. Wir sollen aussteigen. Wir sind ein wenig verdutzt. Der Busfahrer klärt uns auf. Der Bus halte auf dem Weg von Kolumbien nach Venezuela lediglich in Maracaibo, fahre jedoch nicht in das Stadtzentrum hinein. Und so wie es scheint, sind wir die einzigen, die hier aussteigen wollen.

Unsere Couchsurfing-Familie in Maracaibo

Ich erkläre dem Busfahrer, dass wir kein Geld bei uns haben, also jetzt notgedrungen zu Fuß zum Bahnhof laufen müssen. Eine denkbar schlechte Idee, findet der venezolanische Fahrer. Es ist zwei Uhr morgens und wir tragen offensichtlich alles was wir besitzen bei uns. Der Busfahrer macht ein ernstes Gesicht, schaltet mit betroffener Miene den Motor aus und sagt trocken: Die bringen euch um.

Der Busfahrer steigt aus und drückt mir draußen wortlos 100 Bolívares in die Hand. Meinen fragenden Blick kommentiert er einsilbig mit den Worten: „für das Taxi".

Fast eine halbe Stunde braucht er, um ein Taxi für uns anzuhalten. Die wartenden Gäste im Bus protestieren. Wie denn die Taxis hier aussehen, frage ich naiv. Ich möchte zumindest so tun, als könne ich den hilfsbereiten Mann unterstützen. „Jedes Auto in Venezuela ist ein Taxi", antwortet er nur knapp. Ich halte mich fortan lieber zurück.

Schließlich bringt uns ein altersschwaches Auto mit zerrissener Lederrückbank nach einer schweigsamen Fahrt zum Busbahnhof. Der Busbahnhof ist anscheinend menschenleer. Alles wirkt sehr in die Jahre gekommen. Die Geschäfte sind geschlossen. Niemand ist hier zu sehen.

Während einer von uns beiden versucht, mit unserem letzten Kleingeld irgendwo ein öffentliches Telefon aufzutreiben, schleppt der andere unsere beiden Reiserucksäcke in den mit Neonröhren ausgeleuchteten Warteraum. Der Warteraum ist spärlich gefüllt. Männer liegen auf dem Boden oder haben es sich auf mehreren Sitzen bequem gemacht. Einige trinken, andere rauchen. Es herrscht Stille. Frauen oder Kinder sind nicht anwesend. Ich schleppe mich, wortlos beobachtet von allen Augenpaaren im Raum, auf einen orangenen Stuhl am Rand des Raumes. Als ich schließlich sitze, starren mich noch immer alle an.

Ich lächle einmal unsicher durch den Raum. Niemand reagiert. Stilles Starren. Auf einem kleinen Fernseher oben in der Ecke des Raumes läuft tonlos eine Baseball-Partie. Ich tue so, also würde ich verstehen, worum es geht. Tatsächlich kann ich ohne meine Brille jedoch gerade einmal erkennen, dass es sich um Baseball handelt.

Nach einer gefühlten Ewigkeit ist das Telefonat beendet. Es sei kompliziert, aber nicht aussichtslos. Emanuel, unser Gastgeber, ist kurzfristig vereist, kann uns also nicht abholen. Aber er gibt uns die Telefonnummer seiner Schwestern, die jetzt zuhause sein sollten. Der Plan lautet wie folgt: Wir brauchen einen Taxifahrer mit funktionierendem Handy, der sich von ihnen am Telefon die genaue Adresse durchsagen lässt. Sie würden ihn dann vor Ort bezahlen.

Als wir aus dem Bahnhof treten, können wir uns vor Taxifahrern kaum in Sicherheit bringen. Zu zehnt umringen sie uns, hoffen auf schnelles Geld. Als jedoch klar wird, dass wir keine US-Dollar bei uns tragen, ziehen sie sich wieder leise fluchend in ihre alten Wagen zurück. Wir steigen in ein anderes Auto. Den Fahrer können wir auch in Bolívares bezahlen, sagt er. Als der Mann jedoch merkt, dass wir zu Einheimischen fahren und diese wahrscheinlich den angemessen Preis für die Fahrt kennen, bugsiert er uns recht unfreundlich wieder aus seinem Wagen. Dieses Spielchen geht eine Weile. Niemand möchte uns zu diesen Bedingungen fahren. Mittlerweile ist es halb vier Uhr morgens.

Nach einer weiteren halben Stunde verlassen wir den Bahnhof und versuchen auf der Straße ein Auto anzuhalten.

Schon nach wenigen Stunden in Venezuela missachten wir also alle Ratschläge, die uns gutherzig mitgegeben wurden. Wir laufen mitten in der Nacht alleine mit all unserem Hab und Gut planlos durch eine uns unbekannte Stadt.

Schließlich hält ein gutgelaunter Fahrer. Sein Zustand ist nicht zu übersehen. Er ist sturzbetrunken. Doch er akzeptiert unsere Bedingungen. Also steigen wir ein. Wir rasen auf vier Spuren gleichzeitig lachend durch die dunkle venezolanische Nacht. Also der Fahrer lacht. Wir hingegen grinsen nur in einem leichten Anflug von Panik.

Wir kommen lebend an. Salome und Genesis erwarten uns bereits auf der Straße mit ihrer hinreißenden Herzlichkeit. Wir sind da, schließen die Türen, lassen die hitzige, schwüle Nacht hinter uns.

Nur langsam kommen wir runter. Die Anspannung der letzten Stunden lässt nach. Auch Dank des wohlschmeckenden venezolanischen Rums, der uns eisgekühlt in die Hand gedrückt wird.
Wir haben uns verrückt machen lassen, denke ich mir. Von Gerüchten, die wieder mal an den Haaren herbeigezogen waren. Dann sehe ich im Bad die verlassene Stelle, wo sonst das Toilettenpapier hängt.

Das Hornissennest Caracas – Die Stadt der Verängstigten

Caracas ist uns unheimlich, aber das war auch nicht anders zu erwarten. Ganz ehrlich: Wir haben gar keine andere Wahl, als mit diesem unbehaglichen Gefühl in die venezolanische Hauptstadt zu reisen. So viel Schlechtes hören wir über Caracas, dass wir noch auf dem Weg dorthin nicht sicher sind, das Richtige zu tun.
Die Gedanken an bewaffnete Raubüberfälle, mordende Motorradbanden, Clans, Gangs und all die üblen Gestalten, die sich in dem Hornissennest namens Caracas tummeln sollen, legen noch vor unserer Ankunft einige Sorgenfalten auf unsere Stirn.
Nervlich angespannt sind unsere ersten Schritte in Caracas ein Alptraum. Hinter jeder Ecke vermuten wir Gefahr. Dabei empfängt uns die Stadt nicht anders als andere südamerikanische Großstädte. Caracas ist ein riesiger, staubiger Moloch, dekoriert mit unzähligen, überdimensionalen Werbeplakaten über den Wellblechdächern der Armenviertel. Sie propagieren den Konsum, den sich zu ihren Füßen niemand leisten kann.
Im Sozialismus des 21. Jahrhunderts, wie er in Venezuela praktiziert wird, ist der Kapitalismus auf dem Vormarsch. In Caracas befindet sich an jeder Straßenecke eine Filiale der großen US-amerikanischen Fastfood-Ketten. In den Einkaufszentren reiht sich ein westliches Modelabel an das nächste. Vom sozialistischen Prinzip der Gleichheit ist nichts zu sehen, denn während draußen die Armen in Bauruinen hausen, stöckeln feine Damen in teuren Outfits durch die wohlklimatisierten Geschäfte.
Wir treffen uns mit Juan Carlos, der uns für ein paar Tage bei sich aufnehmen wird. Er lebt zusammen mit seiner Freundin in einem Viertel der Mittelschicht, etwas außerhalb des Stadtzentrums. Natürlich dauert es nicht lange und wir kommen auf die Sicherheitslage zu sprechen. „Alles nicht so schlimm", meint Juan Carlos. Es sei nur wichtig zu wissen, mit wem und wohin man unterwegs sei. Ab einer Gruppenstärke von sechs Personen gebe es kaum noch Probleme. Eine Aussage, die uns nur bedingt beruhigt.
Am Abend treffen wir uns mit ein paar Freunden. Gleich an der nächsten Straßenkreuzung versammelt sich die gesamte Nachbarschaft um eine Liquoreria, einen Bier- und Schnapsladen. So lernen wir Cousins, eine Tante,

Freunde und Nachbarn kennen, die alle angeregt schwatzend vor dem Kiosk ein Feierabendbier nach dem anderen trinken. Mich erinnert das irgendwie an meine Zeit als gelangweilter Jugendlicher, die ich oft mit Freunden an Bushaltestellen verbrachte. Hier jedoch sind wir nicht von Teenagern umgeben, sondern von erwachsenen Menschen um die 40 Jahre. In großen und kleinen Gruppen stehen sie zusammen und das Abend für Abend. Kein Grund zur Beunruhigung also?

Wie fest die Angst vor Übergriffen in der Psyche der Bevölkerung verankert ist, erfahre ich jedoch am nächsten Morgen. Gerade komme ich vom überfüllten Supermarkt, in dem sich dutzende Venezolaner um eine gerade eingetroffene Lieferung Maismehl zanken, wieder. Vor der Eingangstür unseres mehrstöckigen Wohnhauses treffe ich auf eine Frau, die mich entgeistert anschaut, die Pforte vor meinem Gesicht ins Schloss schmeißt und fluchtartig im Haus verschwindet. Auf dem Weg dorthin brüllt sie mir panisch entgegen, dass sie die Polizei rufen würde, wenn ich nicht sofort verschwinde. Hinter einer dicken Glasscheibe beobachtet sie mich verängstigt zitternd. Erst als ich mühsam den Haustürschlüssel aus meiner Tasche fummele, entspannt sich ihre Mimik. Statt einer Entschuldigung merkt sie nur an, dass man ja nie wisse, wer plötzlich vor einem stünde.

Irritiert erzähle ich Juan Carlos diese Geschichte. Er muss lachen, fügt aber zugleich vollkommen ernst an, dass auch er immer wieder paranoid reagiert, sobald er zwei Personen auf einem Motorrad bemerkt. Wer weiß schon, ob die zwei nicht Räuber oder gar ein Killerkommando sind.

Das Leben in Caracas ist geprägt von derartigen Verhaltensmustern.

Mit der Metro fahren wir ins Zentrum. Dicht gedrängt stehen die Menschen, krampfhaft ihr Hab und Gut an sich drückend. Immer mehr Personen drängen in den Passagierraum. Ein Kleinkind beginnt zu schreien. Die Stimmung wirkt angespannt, gereizt.

Ähnlich verhält es sich auf der Straße. Caracas ist maßlos überfüllt. Niemand weiß genau, wie viele Menschen in der Stadt leben. Bis zu drei Millionen Einwohner werden vermutet. Sie alle zieht es tagtäglich hinaus auf die Straßen, die für derart viele Verkehrsteilnehmer nicht konstruiert sind. Mit den ersten Sonnenstrahlen dröhnen die lärmenden Motoren und die genervten Huptiraden bis spät in der Nacht durch die Stadt. Bei unserem Versuch von einer Straßenseite auf die andere zu wechseln, rast der Verkehr nur so an uns vorbei. Zebrastreifen und rote Ampeln haben absolut keinen Einfluss auf das Fahrverhalten. Vollgas ist das Einzige was zählt. Angsteinflößend sind vor allem die Motorradfahrer.

Selbst wenn es eine Gruppe waghalsiger Fußgänger mal auf die Straße schafft und mit ihrer Anwesenheit die PKWs zum Anhalten zwingt, gilt das noch lange nicht für die motorisierten Zweiräder. Sie brausen ohne Rücksicht durch die Massen und es erscheint uns wie ein Wunder, dass nicht jeden Tag dutzende Menschen bei Verkehrsunfällen verletzt werden.

Dann endlich erreichen wir unversehrt die Plaza Bolívar im historischen Zentrum Caracas'. Der schattige, von Bäumen umstandene Platz wirkt nach all der Hektik in den Straßen der Stadt wie eine Oase der Ruhe. Daran ändern auch die vielen Dollarverkäufer nichts, die hier gegenüber dem Capitolio Nacional ihre illegalen Geschäfte abwickeln.

Wir genießen die warmen Sonnenstrahlen auf unserer Haut und werden unerwartet Zeugen einer kleinen Theateraufführung. Vor einer Gruppe Touristen spielt sich eine Szene aus dem historischen Caracas ab. Bauern treten auf, der spanische Adel stellt sich arrogant zur Schau und dazwischen, majestätisch und kraftvoll, Simón Bolívar.

Wir erkennen den Freiheitskämpfer und Nationalhelden sofort wieder, denn hier in Venezuela ist er allgegenwärtig. Nicht nur, dass sämtliche kolonialen Hauptplätze seinen Namen tragen, auch ist sein Konterfei als Identifikationsmotiv auf vielen politischen Plakaten der regierenden PSUV im ganzen Land zu sehen.

Der ehemalige Präsident Hugo Chávez verstand es hervorragend, eine Verbindung zwischen sich und Simón Bolívar, den er stets als sein Vorbild pries, zu ziehen. Simón Bolívar ist gleich Hugo Chávez ist gleich ein geeintes Venezuela, so das Credo. Ein Leitsatz, der den verstorbenen sozialistischen Führer bei seinen Anhängern in einen Heldenstatus erhebt.

Nur wenige Straßen nördlich der Plaza Bolívar befindet sich das imposante Panteón Nacional, das Ehrendenkmal für die venezolanischen Unabhängigkeitskämpfer. In seinem Inneren präsentiert der aus einem kolonialen Kirchengebäude und einer modernen Erweiterung bestehende Komplex die Gedenkstätten der Helden des venezolanischen Unabhängigkeitskrieges. Das ehemalige Kirchenschiff steht voller Monumente und Kenotaphe wichtiger Persönlichkeiten.

In der angrenzenden, mit Marmorplatten ausgelegten Erweiterung steht der Sarg Simón Bolívars flankiert von einer Ehrenwache. Daneben ragen die Flaggen der sechs südamerikanischen Staaten in die Höhe, die dem berühmten Freiheitskämpfer ihre Unabhängigkeit verdanken.

Wir verlassen Caracas' historisches Zentrum und tauchen ein in die Beton- und Stahlkonstruktionen der modernen Stadt. Um uns herum ragen riesige Hochhäuser wie die Asamblea Nacional, der Sitz der Nationalversammlung, in die Höhe. Auch die weitläufige Plaza Diego Ibarra beeindruckt vor allem durch viel Beton und wenig Grün.

Überhaupt wurde hier viel Material zu wenig ansehnlichen Gebäuden verbaut. Alles erinnert ein bisschen an realsozialistischen Schick der 70er Jahre. Auch die überdimensionalen Propagandaplakate Chávez' und des neuen Präsidenten Maduros versprühen den Charme von Klassenkampf.
Überhaupt ist Chávez, die Lichtgestalt der sozialistischen Partei PSUV, omnipräsent. Vor allem das Abbild seiner Augen ist zum Symbol der politischen Linken mutiert. Sie prangen auf Hauswänden, T-Shirts, Ansteckern, Aufklebern – von überall schaut Chavez auf die Bevölkerung herab.
Soviel Personenkult bereitet mir Unbehagen und beim Blick in die starren Augen muss ich unweigerlich an George Orwells großen Bruder denken.
Auf unserem Rundgang durch die Stadt gelangen wir an den Parque Central, einen riesigen langgezogenen Gebäudekomplex, in dem sich Wohnungen, Geschäfte, Kunst- und Kultureinrichtungen und administrative Strukturen befinden. In den beiden angeschlossenen Zwillingstürmen, nach dem Gran Torre Santiago in Santiago de Chile die zweithöchsten Wolkenkratzer Südamerikas, bekommen wir es dann das erste Mal mit der sozialistischen Bürokratie zu tun.
Um einen Blick von der Spitze eines der Türme zu werfen, bis vor Kurzem noch ein beliebter Aussichtspunkt bei Touristen, brauchen wir eine Genehmigung des Hausdirektors. Kein Problem, so erklärt man uns. Wir müssten nur einen schriftlichen Antrag einreichen und etwa drei Tage auf die bestätigende Antwort warten. Spontan entschließen wir uns gegen einen Aufstieg. Stattdessen treffen wir uns mit Samuel und besuchen mit ihm den etwas außerhalb gelegenen Stadtteil El Hatillo. Die schmalen Gassen und bunten Kolonialhäuser rund um die kleine Plaza eignen sich bestens, um aus der überfüllten Stadt zu fliehen. Außerdem gibt es hier hervorragendes Speiseeis, das wir uns auf einer der Parkbänke schmecken lassen.
Auf dem Weg zurück ins Zentrum erzählt uns Samuel noch eine spannende Geschichte über das sogenannte Barrio Vertical, das senkrechte Armenviertel.
Der als Bank- und Wohngebäude geplante Wolkenkratzer, der 1994 errichtet wurde aber aus finanziellen Gründen nie über den Rohbau hinaus kam, wurde 2007 von Mittellosen übernommen. Seit nunmehr acht Jahren hausen sie mitten im Geschäftsviertel Caracas' in einer 45-stöckigen Ruine. Zunächst reichten Hängematten und Zelte, später kamen Planen hinzu. Heute leben die 3.000 Bewohner des Barrio Vertical, der auch als Torre David bekannt ist, in selbstgebauten Apartments, haben Strom- und Wasserleitungen gelegt. Es gibt Bäcker und Kioske auf jeder Etage, einen Friseur und eine Werkstatt.

Die Bewohner organisieren sich selbst, berichtet Samuel. Ein eigener Sicherheitsdienst regelt das Zusammenleben, das Haus hat seinen eigenen Bürgermeister, eigene Gesetze. Niemand zahlt Miete, doch muss jede Familie Abgaben an die Gemeinschaft leisten, mit denen der Ausbau des Gebäudes finanziert wird. Die Polizei setzt schon lange keinen Fuß mehr in das Gebäude.
Die umliegenden Nachbarn, alle in der gehobenen Gesellschaftsschicht zuhause, halten die Hausbesetzer für Verbrecher. Sie haben Angst vor Überfällen und Schlimmerem. Für sie ist Armut gleichbedeutend mit Kriminalität. Auch Samuel ist nicht glücklich mit der Situation, weiß aber auch, dass die Bewohner des Barrio Vertical kaum eine andere Chance haben. Die sozialistische Regierung lässt sie gewähren. Anderenfalls würde sie 3.000 wichtige Stimmen verlieren. Ein herber Verlust in der ohnehin angespannten politischen Lage Venezuelas.

Salto Angel – Mit dem Einbaum zum höchsten Wasserfall der Welt

Langsam rollt die Maschine aufs Flugfeld. In ihrem Inneren schnattern die Passagiere angeregt durcheinander. Dann heulen die Motoren auf. Die beiden Propeller rotieren immer schneller. Das Stimmengewirr weicht dem Dröhnen der Triebwerke. Ein Ruck geht durch das kleine Flugzeug, bevor es auf der Startpiste beschleunigt. Für die 19 Passagiere in der vollbesetzten Maschine gibt es jetzt kein Zurück mehr. Schnell werden noch ein paar letzte Fotos geschossen, dann heben wir ab.
Der Flughafen von Ciudad Bolívar bleibt unter uns zurück, wird kleiner und kleiner. Die Häuser der Stadt breiten sich aus und verlieren sich wieder am Ufer des mächtigen Orinocos. Ein paar Felder für Ackerbau und Viehzucht erstrecken sich dahinter. Dann geht die Landschaft in das undurchdringliche, dunkle Grün des Regenwaldes über.
Der Motorenlärm im Inneren des Flugzeugs ist ohrenbetäubend. Langsam steigen wir immer höher. Auf 3.000 Metern gleitet die Maschine über den Dschungel hinweg, der sich bis an den Horizont erstreckt. Beim Anblick der schier grenzenlosen Weite fühle ich mich unendlich klein. Bei so viel unentdeckter Welt läuft mir ein freudiger Schauer den Rücken hinunter.
Wir überfliegen die Gran Sabana im Südosten Venezuelas. Mit knapp 11.000 km^2 ist die weite Ebene in etwa so groß wie Jamaika. Umschlossen von einer Gebirgskette, gehört sie zu den ältesten geologischen Formationen unseres Planeten. Die Gesteine stammen aus der Zeit des Urkontinents Gondwana. Noch heute zerklüftet Erosion die Landschaft. Seit Jahrmillionen nagen die Kräfte der Natur an den Sandsteinmassen und lassen weite Täler und die

berühmten, massiven Tafelberge entstehen. Das Alter der Berge wird auf etwa 70 Millionen Jahre geschätzt.
Nach einer knappen Stunde Flugzeit, während der ein paar heftige Windböen an der Maschine wackeln, öffnet sich der Dschungel. Wir erkennen ein paar gerodete Flächen und Häuser. Unter uns liegt die indigene Kommune Canaima, der Ausgangspunkt für alle Reisen zum Salto Angel, dem höchsten Wasserfall der Welt. Der gleichnamige Nationalpark Canaima gehört seit 1994 zum Weltnaturerbe der UNESCO.
Auf der holprigen Landebahn kommt unsere Propellermaschine langsam zum Stehen. Draußen ist es heiß und feucht. Mitten im Dschungel gelandet, sehen wir uns in Canaima zunächst jeder Menge touristischer Annehmlichkeiten gegenüber. Mit Ventilatoren, Klimaanlagen und kalten Getränken soll die äquatoriale Hitze vertrieben werden. Wie ein Vorposten der Moderne behauptet sich der kleine Ort im alles verschlingenden Urwald.
Ein Flugzeug nach dem anderen senkt sich über Canaima. Darunter auch ein paar einmotorige Cessna-Propellermaschinen, die während ihres Fluges vermutlich ordentlich durchgeschüttelt werden. Der kleine Flughafen ist Canaimas einzige Verbindung zur westlichen Zivilisation. Alles kommt und geht durch dieses Nadelöhr.
Nur wenige Meter von der Siedlung entfernt befindet sich die Lagune Canaima. Sie wird gleich von mehreren Wasserfällen gespeist. Einer bricht tosender in die Lagune als der andere. Spektakulär stürzen die Wassermassen in das weite Sammelbecken.
Das Ufer der Lagune ist gesäumt von einem schmalen, feinen Sandstreifen. Hier lassen wir uns für einen Augenblick nieder. Angenehme Ruhe umgibt uns und würde die starke Sonne nicht meine Haut verkohlen, könnte ich es hier noch Stunden aushalten.
In unmittelbarer Nähe wachsen drei langgestreckte Palmen aus dem roten, mineralhaltigen Wasser in die Höhe. Etwas sonderbar stehen die Bäume allein in den plätschernden Fluten der Lagune. Ihr Standort ist so bizarr, dass kaum eine Postkarte ohne dieses Motiv auskommt. So bescheren die drei Palmen im Wasser Canaima einen unverwechselbaren Wiedererkennungswert.
Mit einem Kanu überqueren wir die Lagune. Das Wasser spritzt in allen Richtungen davon, als wir mit Vollgas über die von leichten Wellen gekräuselte Oberfläche gleiten. Keine 20 Minuten dauert die Überfahrt ans andere Ufer. Dort angekommen machen wir uns zu Fuß auf den Weg zum Salto Sapo, einem der Wasserfälle, der die Lagune mit Frischwasser speist.
Etwa eine halbe Stunde laufen wir durch kniehohes Gras und vorbei an trockenen Sträuchern, bis unser Weg vor dem Schleier des herabstürzenden

Salto Sapo endet. Doch hinter dem Wasserfall schlängelt sich ein schmaler Pfad die Felswand entlang. Über die Fallkante rauscht das Wasser kraftvoll hinweg und prallt krachend auf der Oberfläche der Lagune auf.
In Badekleidung balancieren wir mit vorsichtigen Schritten hinter den Wassermassen. Meine Sorge gilt in diesem Moment dem nassen, rutschigen Untergrund. Ein falscher Schritt und meine Fotokamera segelt dem herabstürzenden Wasser hinterher.
Am anderen Ende des Wasserfalls sind wir von Kopf bis Fuß durchnässt. Auf einer kleinen Terrasse am Rand des Sapo lassen wir uns von der Sonne trocknen, dann klettern wir hinauf auf den Wasserfall. Oben fließt das Wasser ruhig und gemächlich. Es erscheint beinahe unmöglich, dass der Fluss eine derartige Kraft im Wasserfall freisetzen kann.
Von hier oben eröffnet sich eine fantastische Aussicht über die Lagune und ihre Umgebung. Ein Panorama, in dessen Hintergrund sich drei Tafelberge erheben. Dunkle Grünstreifen am Horizont kennzeichnen den Beginn des dichten Dschungels. In unserer unmittelbaren Umgebung dagegen liegen einige kahlgeschlagene Flächen.
Auf dem Weg zurück zu unserem Kanu wagen wir noch einen Abstecher zum Wasserfall Hacha. Hier krachen die Wassermassen noch gewaltiger in das Becken der Lagune. Mose und Gräser wachsen an den Steilhängen. Stunde um Stunde, Tag um Tag werden sie vom Wasser begossen. Ihre Blätter und Stängel sind so glitschig, dass die Pflanzen sich bereits wie Algen anfühlen.
Auch hinter dem Wasserfall Hacha führt ein Weg im Gestein entlang. Der Eingang zum Pfad wird jedoch vom herabfallenden Wasser verdeckt. Mit nacktem Oberkörper die Kamera schützend, laufe ich durch den rauschenden Vorhang. Das Wasser schlägt heftig auf meinen Kopf ein, doch die Kamera bleibt trocken.
Der Hacha ist eine Wucht, ein ganz anderes Kaliber als der Sapo. Obwohl der Weg gut sechs Meter hinter dem Wasserfall entlang führt, nebelt uns die Gischt des aufgewirbelten Wassers permanent in eine Wolke winziger Wassertröpfchen.
Hier tost das herabfallende Wasser so stark, dass wir uns nur noch mit Mühe unterhalten können. Der Wasserschleier kühlt unsere Körper in wenigen Minuten aus. Zitternd stehen wir hinter den beeindruckenden Massen, die sekündlich in die Tiefe rauschen.
Wenig später kehren wir über die Lagune zurück nach Canaima. Die letzten Sonnenstrahlen leuchten über den hohen Bäumen, dann hüllt die Nacht den kleinen Ort in Dunkelheit. Der Dschungel zieht in das Dorf ein.
Nichts ahnend stehen wir mitten in Canaima plötzlich vor einem riesigen Tapir. Während wir den Koloss mit offenen Mündern bestaunen, trottet

dieser gemütlich über die Wiesen der Gemeinde. Das Tier scheint sich überhaupt nicht an uns zu stören. Langsam setzt es seinen Weg fort und verschwindet bald darauf wieder in der Dunkelheit.
Am nächsten Morgen besteigen wir erneut ein Kanu und fahren über den Fluss Carrao stromaufwärts in Richtung des Salto Angels. Doch bereits nach wenigen Minuten müssen wir den Einbaum schon wieder verlassen. Der Fluss trägt wenig Wasser und so bleibt uns nichts anderes übrig, als die Stromschnellen und Untiefen zu umwandern, während der Bootsführer sein Gefährt sicher durch die Gewässer bringt.
So vertreten wir uns ein letztes Mal die Beine, bevor wir für mehrere Stunden im Einbaum festsitzen. Zurück auf dem Fluss sind wir zu beiden Seiten von dichtem Dschungel umgeben. Vier Stunden tuckern wir über den Carrao. Ab und an schießt ein Eisvogel an uns vorbei, gelegentlich hören wir den Schrei eines Tieres aus den Wipfeln der Bäume.
Neben all der liebreizenden Natur bin ich vor allem mit den Schmerzen meines Körpers beschäftigt. Auf der schmalen Holzplanke, die uns als Sitzfläche dient, halte ich es nicht lange aus. Mein Rücken schmerzt und ich bin unentwegt damit beschäftigt, mein Gewicht von einem Oberschenkel auf den anderen zu verlagern.
Nach zwei Stunden tauchen die ersten Tafelberge vor uns auf. Die Ureinwohner nennen sie Tepuis. Schon von weitem sehen wir die riesigen Felsbrocken aus der flachen Ebene des Dschungels herausragen. Ihre steil abfallenden Hänge wirken gewaltig, mächtig, uneinnehmbar.
Dann sind es noch zwei Flussbiegungen bis zum Camp, in dem wir die Nacht verbringen werden und plötzlich befindet er sich direkt vor uns. Der imposante Salto Angel, der höchste Wasserfall der Welt, fällt nahe des Flusses knapp einen Kilometer weit in die Tiefe.
Wir erreichen das Camp. Eine überdachte Grundfläche mit umherbaumelnden Hängematten wartet auf uns. Doch für entspanntes Schaukeln in den Baumwolltüchern bleibt zunächst wenig Zeit.
Wir brechen auf zum Salto Angel. Obwohl der Wasserfall so nah wirkt, liegt noch ein einstündiger Fußmarsch durch den Urwald vor uns. Ein schmaler Pfad führt uns bis nahe an den Fuß des Auyan-Tepui, von dessen Gipfel das Wasser in die Tiefe fällt.
Bis zum Aussichtspunkt auf den Salto Angel bedarf es etwas Kletterkunst. Der Weg ist steil und rutschig. Als wir den Felsvorsprung erreichen, der uns einen freien Blick auf den Wasserfall gewährt, sind wir schier überwältigt.
Knapp 1.000 Meter fällt das Wasser vor uns in die Tiefe. Die Fallhöhe ist so enorm, dass bereits nach einem Drittel des Weges das Wasser zu einer Wolke aus kleinen Tropfen zerstäubt wird. Nur ein feuchter Schleier fällt zu Boden.

Hinter dem Wasserfall Hacha

Die Stärke des Wasserfalls ist abhängig von der Jahreszeit. Da es auf dem Tepui keine Quelle gibt und der Wasserfall nur durch Regenwasser gespeist wird, versiegt er in der Trockenzeit zu einem kleinen Rinnsal, während er in der Regenzeit als mächtiger Strom nach unten geht.
Benannt wurde der Salto Angel nach dem US-amerikanischen Buschpiloten Jimmie Angel. Bei einem seiner Erkundungsflüge entdeckt dieser 1933 den riesigen Wasserfall am Rand des Auyan-Tepuis. Zwei Jahre später verursacht Angel auf dem selben Tafelberg eine Bruchlandung. Zusammen mit seiner Frau und zwei weiteren Expeditionsmitgliedern benötigt er elf Tage zurück in die Zivilisation.
Unser Aufenthalt dauert nicht ganz so lange. Anderthalb Stunden laben wir uns an dem Ausblick auf den Wasserfall, dann ist es Zeit umzukehren. Wir wollen noch vor Anbruch der Dunkelheit zurück im Camp sein.
Schwarze Wolken ziehen über uns hinweg, als wir unser Lager erreichen. Nur wenig später beginnt es zu regnen. Schwere Tropfen trommeln auf das Wellblechdach über unseren Hängematten. Ein Tropenguss geht über uns nieder, der sich durch die ganze Nacht zieht.
Am nächsten Morgen erwachen wir mit den ersten Sonnenstrahlen. Der Regen ist vorüber. Mit verschlafenen Augen treten wir hinaus an den Fluss und trauen unseren Augen nicht. Der Salto Angel ist über Nacht dank des Regens zu einem gewaltigen Wasserfall angeschwollen. Die Wassermassen rauschen bis in die Tiefe. Ein ehrfürchtiger, ein atemberaubenden Anblick.

Doch viel Zeit bleibt nicht, uns diesem Schauspiel hinzugeben. Wir müssen zurück nach Canaima, wo bereits ein Flugzeug auf uns wartet. Am Nachmittag landen wir in Ciudad Bolívar. Vor dem städtischen Flughafen, einem Denkmal gleich, steht die restaurierte Maschine vom Typ Ryan Flamingo, mit der Jimmie Angel einst auf dem Auyan-Tepui bruchlandete.
35 Jahre steckt die Maschine oberhalb des Salto Angel fest. Erst 1970 wird sie vom venezolanischen Militär geborgen und nach Ciudad Bolívar geschafft. Bis heute reizt sie mit ihrem alternden Charme jeden Besucher. Bis heute sieht es so aus, als würde sie gleich wieder abheben wollen.

Der Tafelberg Roraima – 6 Tage auf dem Weg in eine andere Welt

Vielen Mythen und Legenden ranken sich um den Tafelberg Roraima. Es heißt, dass auf seinem Hochplateau übernatürliche Energien frei werden. Die Rede ist von Außerirdischen und UFOs, von Paranormalem und Unerklärlichem. Für die indigenen Pemón ist der Roraima heilig. Sie verehren die Tafelberge als Häuser der Götter. Auch die Europäer inspirierte der Roraima für lange Zeit. So diente der Berg Arthur Conan Doyle als Vorlage für seinen Roman The Lost World.
Es gibt also genug Gründe für eine Expedition auf den Roraima-Tepui, der in der äußersten südöstlichen Ecke Venezuelas gen Himmel ragt. Auf seinem Bergplateau treffen die Ländergrenzen Guyanas, Brasiliens und Venezuelas zusammen. Doch nur von venezolanischer Seite sind die senkrecht abfallenden Felswände zugänglich.
Steile 700 Meter erhebt sich der massive Sandsteinblock des Tafelbergs über den tropischen Regenwald, der ihn umgibt. Schon von weitem ist das beeindruckende Relief des Roraimas und seines Zwillingstepuis Kukenán sichtbar. Wir starten unsere Tour in Santa Elena de Uairén und machen uns mit dem Jeep auf den Weg in das kleine Dorf Paraitepui. Anderthalb Stunden juckeln wir über Asphalt bis wir bei San Francisco de Yuruaní von der Landstraße auf eine staubige und holprige Piste abbiegen, der wir weitere 30 Minuten folgen. In Paraitepui beginnen wir unseren 6-tägigen Marsch auf den Roraima.

Tag 1: *Paraitepui (1.200 Meter ü. NN) – Camp Rio Tek (1.150 Meter ü. NN) / Distanz: 9 km / Gehzeit: 3,5 h*

Am Nachmittag verlassen wir die kleine Gemeinde Paraitepui und setzen uns in Richtung der mächtigen Tafelberge Roraima und Kukenán in Bewegung. Obwohl wir erst in zwei Tagen mit dem Aufstieg beginnen werden, erheben sich die Tepuis schon jetzt eindrucksvoll am Horizont der Grassavanne. Unsere Rucksäcke sind vollgepackt mit Schlafsäcken, Isomatten, Kleidung, Snacks und Wasser. Ich ziehe meine Mütze tiefer ins Gesicht, wir brechen auf.

Mit diesem Ziel vor Augen machen wir uns auf den Weg durch die weite Graslandschaft. Ein 30-minütiger Aufstieg ist der kräftezehrende Höhepunkt des Tages. Dann geht es gemächlich und in einem leichten Gefälle wieder hinab. Vier schmale Bäche kreuzen unseren Weg, in denen wir unsere Wasservorräte auffüllen können. Das Wasser ist rein und kalt. In der tropischen Hitze nehmen wir diese angenehme Erfrischung gerne an.
Der Weg – breit und sandig – führt uns vorbei an ein paar kleinen Wäldern. Sie sind die Überreste des einstigen Dschungels, der hier einmal wuchs. Nun macht sich die Monotonie der Grassavanne in unserem Blickfeld breit und setzt sich dort für die nächsten Stunden fest.
Nach dreieinhalb Stunden erreichen wir gegen 16:30 Uhr unser Camp. In der kleinen Lehmhütte verkauft eine alte Bäuerin überteuertes, warmes Bier an die durstigen Wanderer. Doch nur kurze Zeit später ist sie mit etwas Anderem beschäftigt und so bleibt das kleine Häuschen für den Rest des Abends verschlossen.
Wir beziehen unser Zelt und lassen die letzten Sonnenstrahlen auf den Bänken vor dem Teilzeitkiosk in unsere Gesichter fallen.

Tag 2: *Camp Rio Tek (1.150 Meter ü. NN) – Base Camp (1.870 Meter ü. NN) / Distanz: 11 km / Gehzeit: 5 h*
Nach einer warmen Nacht werden wir gegen 5:30 Uhr geweckt. Noch bevor die ersten Sonnenstrahlen über den Horizont kriechen, verlassen wir das Zelt. Ein paar Hunde schleichen um unseren Schlafplatz herum. Sie sind neugierig auf die Fremden. Wahrscheinlich wittern sie auch eine gute Chance, etwas zu Fressen zu ergattern. So weichen die Vierbeiner nicht mehr von unserer Seite, und als wir uns zum Frühstück vor die Lehmhütte setzen, sind auch die Hunde mit wässrigen Mäulern nicht weit entfernt.
Gegen 7 Uhr brechen wir auf. Keine zehn Minuten benötigen wir bis zum Rio Tek, einem kleinen Fluss in der Nähe des Camps, den wir durchwaten. Sein Wasser ist kalt und so früh am Morgen erweckt mich dieser Schock erst so richtig aus meinem dahindösenden Zustand.
Es dauert nicht lange und wir erreichen einen zweiten Fluss, den Rio Kukenán. Gespeist vom Wasserfall des gleichnamigen Tafelbergs fließt er kilometerweit durch die Grassavanne. Auch ihn durchqueren wir und haben Glück auf den rutschigen Steinen im Flussbett nicht der Länge nach in den Fluten zu landen.
Die Sonne steht mittlerweile hoch am Himmel, doch werden wir von einer dichten Wolkendecke geschützt. Die Temperaturen bleiben angenehm warm. Ideale Voraussetzungen, denn der heutige Abschnitt führt stetig bergauf. Wir besteigen einen grünen Hügel nach dem anderen. Immer wenn wir

die Spitze des einen erreichen, erhebt sich dahinter ein weiterer Anstieg. So zieht sich der Vormittag dahin. Kurz vor dem Basislager am Roraima-Tepui stehen wir vor der Quebrada de Puta, dem Hügel der Hure. Eine Stunde quälen wir uns den schmalen Pfad hinauf. Gleich mehrfach hoffen wir, die Hügelkuppe erreicht zu haben und werden mehrfach bitter enttäuscht. Alles Schimpfen und Fluchen hilft nichts. Die Hügelkette wird ihrem vielsagenden Namen gerecht.

Doch irgendwann besiegen wir die Quebrada de Puta und erreichen kurz vor 12 Uhr unser Camp am Fuß des Roraima.

Umgeben von feuchtem Regenwald erheben sich die steilen Felswände vor uns. Dichte Wolken hängen um das Hochplateau des Tafelbergs und auch der benachbarte Kukenán ragt mächtig gen Himmel.

Den Nachmittag verbringen wir hauptsächlich dösend und schlafend. Zusammen mit Steve aus Kanada und Naoki aus Japan spiele ich zwischen den Zelten Baseball. Ausgerüstet mit einem Stock und einer harten Limette, die wir in den Büschen zwischen unseren Zelten finden, legen wir los. Ein ums andere Mal jagen wir die Limette durch die Luft und besonders Naoki beweist Home Run-Qualitäten.

Ich habe das Spiel nicht ganz begriffen, aber die Urwaldvariante macht sehr viel Spaß.

Am Abend werden wir attackiert. Die Puri-Puris kommen. Die winzigen, fast unsichtbaren Sandfliegen schwirren durch die Luft. Sie sind weder zu sehen, noch zu hören. Doch ihre plagenden Stiche werden bald so nervig, dass wir in unseren Zelten Schutz suchen und diese erst am nächsten Morgen wieder verlassen werden.

Tag 3: *Base Camp (1.870 Meter ü. NN) – Hochplateau des Roraima Tepui (2.800 Meter ü. NN) / Distanz: 6 km / Gehzeit: 5 h*

Es ist still. Nur mein eigener Atem dringt an mein Ohr. Draußen vor dem Zelt dauert es noch eine Weile, bevor die Nacht sich dem Tag geschlagen gibt. Ich bin jedoch hellwach. Mit leichtem Unwohlsein bin ich vor einigen Stunden in meinen Schlafsack gekrochen und nun liege ich mit verkrampftem Magen und Schweißperlen auf der Stirn im Zelt und kann mich weder entschließen aufzustehen, noch liegen zu bleiben.

Irgendwann treffen meine Organe die Entscheidung. Klatschnass taumele ich aus dem Zelt. Bis auf unsere indigenen Träger ist noch niemand wach. Ein Umstand, für den ich momentan sehr froh bin.

Eine halbe Stunde später kommt Leben in das Camp. Es gibt Frühstück, von dem ich nichts herunterbekomme. Die riesige Felswand des Roraima-Tepuis ragt vor uns aus dem Wald heraus.

Heute erwartet uns der härteste Abschnitt des Treks. Zwischen dem Camp und der Spitze des Tafelberges liegen 1.000 Höhenmeter. Ich fühle mich wie ausgekotzt.
Gegen 8 Uhr brechen wir auf. Zunächst führt uns ein schmaler Pfad durch den dichten Urwald, der den Tafelberg umschließt. Der Weg ist steil und ich bin mit meinen Kräften am Ende. Jeder zweite Stein lässt mich stolpern. Jeder Schritt fühlt sich an wie der letzte einer langen Reise. Ein letzter Schritt folgt auf den nächsten, folgt auf den nächsten, folgt auf den nächsten. Schweiß rennt meinen Rücken hinunter. Ich schleppe mich vorwärts. Während der Rest der Gruppe bereits weit vor mir zwischen Bäumen, Farnen und Sträuchern verschwunden ist, komme ich nur sehr langsam voran.
Der Pfad führt nun noch steiler in Richtung der Sandsteinwand des Roraimas. Auf dem lehmigen Untergrund befinden sich tief ausgetretene Stufen, die ich mit großen Schritten zu überwinden versuche. Jeder Einzelne fordert mich heraus. Alle paar Meter halte ich inne, atme tief durch. Es ist ein Kampf zwischen mir und dem Weg. Er verhöhnt mich, aber ich stemme mich gegen ihn.
Immer wieder brauche ich eine Pause, eine Auszeit vom Kreuzzug gegen den sturen Pfad. Stattdessen schlage ich mich nun mit meinem Inneren herum. Mein Körper streikt. Mir fehlt die Kraft zum Weitermachen. Magen und Darm habe ihre eigene Meinung zu dem, was ich von meinem Körper verlange.
Mein Kopf ringt mit dem Körper. Alles in mir schreit „Nein!“, und dann setzt sich doch der linke vor den rechten Fuß und ich gehe weiter.
So geht es eine Weile. Von meinen Begleitern habe ich jede Spur verloren. Ich bin aber auch froh, allein – nur mit mir selbst – zu leiden. Irgendwann, ohne es richtig zu merken, erreiche ich die Steilwand des Roraima-Tepuis. Senkrecht ragt das Massiv in die Höhe. Vorsichtig berühre ich den Stein. Er ist kalt, kantig, uneben.
Der Pfad schlängelt sich nun nach links – immer entlang der Wand. Mal führt er ein Stück hinauf, mal ein Stück hinab. Ich ziehe mich von Ast zu Ast, von Wurzel zu Wurzel, von Baumstamm zu Baumstamm. Mechanisch bewegen sich meine Beine vorwärts. Der Widerstand meines Körpers scheint gebrochen. Langsam aber stetig komme ich voran.
Dann plötzlich taucht die sogenannte Rampe vor mir auf. Steil und steinig führt sie in die Höhe. Der herausforderndste Abschnitt des Aufstiegs auf den Roraima ragt in einiger Entfernung aus dem Regenwald heraus.
Geröll und herabfließendes Wasser machen jeden Schritt zu einem Abenteuer. Jede Bewegung verlangt meine volle Konzentration. Die kann ich leider nicht mehr leisten und so rutsche ich zusammen mit meinem Gepäck

und dem lockeren Gestein immer wieder die gerade erst erklommenen Zentimeter zurück in die Tiefe.
Doch je höher ich die Rampe erklimme, desto wohler wird mir. Die Temperatur fällt merklich ab. Über den Wipfeln des Waldes weht ein kühler Wind. Die zerstäubten Tropfen eines nahen Wasserfalls beleben meinen stumpfen Geist.
Das letzte Stück der Rampe ist sehr steil. Mit allen Vieren klettere ich über die Felsen. Dann ist es geschafft. Das Geröll ist überwunden und ein schmaler Pfad windet sich durch wesentlich einfacheres Terrain. Kurz vor dem Hochplateau gelingt es mir sogar, zu einem Teil meiner Gruppe aufzuschließen.
Die Aussicht von hier oben ist atemberaubend. Die weite Ebene der Gran Sabana liegt tief unter uns. Am Himmel stehen flauschige Kumuluswolken. Sie sind uns viel näher als das flache Land zu unseren Füßen. Die senkrechte Felswand des Tepuis streckt sich erhaben in das Panorama.
Bis hinauf auf den Roraima sind es nur noch ein paar Meter. Das Hochplateau ist keine gerade Fläche, wie es der Begriff Tafelberg vielleicht vermuten lässt. Tiefe Furchen prägen die Landschaft auf dem Tepui. Markante und bizarr geformte Felsen erzeugen ein beinahe surreales Bild. Ein verwirrendes Felsenlabyrinth liegt vor uns.
Wir wandern weiter über die fantastische Ebene und gelangen gegen 13 Uhr an einen enormen Sandsteinbrocken. Ein Felsvorsprung dient uns und unse-

Blick auf die Tafelberge Kukenán und Roraima

ren Zelten als Schutz. Zur Begrüßung im ‚Hotel' reicht uns unser Guide eine Tasse heißen Tee. Die Verpflegung hier auf dem Hochplateau ist schwierig. Das Wasser für unseren Tee wurde vor wenigen Augenblicken erst aus einer kleinen Wasserlache geschöpft. Wir trinken quasi abgekochtes Pfützenwasser. Kurz darauf fängt es erneut an zu regnen. Dichte Wolken ziehen sich eng um den Roraima und zwingen uns zum Nichtstun. Die schlechte Sicht reicht gerade einmal hundert Meter weit. Es ist bitterkalt und unter dem Felsvorsprung starren wir stundenlang hinaus in das Weiß der Wolken und das Grau der Steine.
So endet dieser ohnehin schon furchtbare Tag zähneklappernd und zitternd in 2.800 Metern Höhe auf dem Roraima.

Tag 4: *Rundgang über das Hochplateau des Roraima-Tepuis (2.800 Meter ü. NN) / Gehzeit: 6 h*
Auf dem Roraima-Tepui, so erzählt man sich, herrsche eine mystische Aura. Die Rede ist von Energien, die hier freigesetzt werden, von paranormalen Phänomenen und metaphysischen Ereignissen. Selbst UFOs sollen bereits gesichtet worden sein.
Nun sind verschwommene Fotografien und blumige Erzählungen von Außerirdischen für mich kein Beweis für Übernatürliches, aber als ich an diesem Morgen aufwache, fühle ich mich frisch und leicht. Mein Körper ist fit und auch meine Verdauungsorgane lassen mich vollkommen unbehelligt.
Sollten mich die positiven Energien, die dem Berg nachgesagt werden, geheilt haben, so bin ich ihnen sehr dankbar.
Noch immer umgeben üppige Wolken den Roraima. Dafür regnet es nicht mehr, und so machen wir uns auf zu einem Spaziergang über das eigenwillige Plateau. Der Sandstein besteht fast ausschließlich aus Quarz. Überall auf dem Roraima befinden sich riesige Quarzkristallfelder. Vom Regen ausgewaschen, bedecken sie große Teile der Hochebene.
Einige niedrige Pflanzen gedeihen hier oben inmitten der Wolken. Auf dem nährstoffarmen Boden besitzen viele Pflanzen raffinierte Überlebensstrategien. So entwickeln sich einige von ihnen zu Fleischfressern. Auf dem ganzen Tafelberg wimmelt es nur so von mörderischen Pflanzen, denen unzählige Insekten zum Opfer fallen.
Zu den wenigen Wirbeltieren auf dem Tepui zählt das sogenannte Scheinfröschchen (Oreophrynella quelchii). Dieser nur zwei Zentimeter große Frosch kommt ausschließlich auf dem Roraima und nur einem weiteren Tepui vor. Überhaupt sind hier oben rund 80 Prozent aller Organismen endemisch.

Über die zerfurchte, von Schluchten durchzogene Oberfläche gelangen wir an den Rand des Roraima-Tepuis. Doch noch immer stecken wir in einem Wolkenteppich und so sehen wir hinter dem Abgrund lediglich eine weiße Wand. Auch der Blick in die Tiefe hält keine schwindelerregenden Aussichten bereit, sondern nur eine undurchdringliche Wolkenmasse.
Vielleicht ist das aber auch ganz gut so. Ich zweifle, dass ich einem Blick, der schutzlos 700 Meter in die Tiefe führt, standhalten könnte.
Wir laufen vorbei an verrückten Felsformationen – versteinerten Penissen, fliegenden Schildkröten, der Teufelsmaske. Tiefe Schluchten durchziehen die Oberfläche des Tafelberges. Wenn es regnet entstehen Wasserfälle und Flüsse. Bizarre Landschaften liegen vor uns. Doch dann beginnt es erneut zu regnen und wir kehren zu unserem Unterschlupf zurück.
Kalte Nässe kriecht unter unsere eh schon feuchte Kleidung. Über Nacht ist in dieser klammen Kälte natürlich nichts getrocknet. Und so sitzen wir in Grüppchen fröstelnd auf unseren Isomatten unter dem Felsvorsprung, der jetzt unser Zuhause darstellt.
Am Nachmittag ändert sich das Wetter nicht und so üben wir uns notgedrungen in Geduld. Eigentlich warten wir nur auf die nächste Mahlzeit. Das hat jedoch rein pragmatische Gründe, denn das Essen ist einfach. Verkochte Pasta, geschmackloses, weiches Toastbrot, Milch aus Milchpulver und Regenwasser gemischt. Wir sind hungrig und motivationslos.
Erst als sich unter dem Felsvorsprung Langeweile in Gereiztheit verwandelt, bricht die Sonne doch noch durch die Wolkendecke.
Schnell brechen wir zu einem nahegelegenen Aussichtspunkt auf und haben tatsächlich das Glück für ein paar Sekunden vom Rand des Roraima in die Weite der Gran Sabana zu blicken. Doch nur wenige Augenblicke später schließt sich die Wolkendecke erneut und wir bleiben in ihr zurück.

Tag 5: *Hochplateau des Roraima-Tepui (2.800 Meter ü. NN) Camp Rio Tek (1.150 Meter ü. NN) / Distanz: 18 km / Gehzeit: 6 h*

Am Tag unseres Abstiegs scheint uns das Wetter verhöhnen zu wollen. Hatten wir in den letzten Tagen mit Wolken und Regen zu kämpfen, so strahlt heute ein blauer Himmel über uns. Zum ersten Mal sehen wir den benachbarten Kukenán in seiner ganzen Schönheit. Auch der Zwillings-Tepui des Roraimas lässt sich besteigen.
Anders als der Roraima hat der Kukenán aber ein eher schlechtes Image. Es heißt, dass auf dem Berg böse Geister herrschen. Vor allem nachts soll es dort oben spuken. Zwar können Touren auf den Kukenán gebucht werden, doch weigern sich die indigenen Führer auf seinem Hochplateau zu über-

nachten. Sie verlassen den Berg vor Sonnenuntergang und kehren erst am nächsten Morgen wieder.
Gegen 6 Uhr morgens beginnen wir mit dem Abstieg vom Roraima-Tepui. Wir sind schnell unterwegs und erreichen bereits drei Stunden später das Basislager am Fuß des Tafelberges. Von hier geht es in einem leichten Gefälle stetig bergab, sodass wir gegen 13 Uhr das Camp unserer ersten Nacht am Río Tek erreichen.
Da die Bäuerin, die unsere Verpflegung verwaltet, nirgendwo aufzutreiben ist, schmeißen wir alle unsere übriggebliebenen Snacks zusammen und laben uns an einem bunten Mix aus Keksen, Nüssen und sonstigem Knabberkram.
Den letzten Abend in der Gran Sabana begehen wir mit zwei Flaschen Wein, die es irgendwie in unseren Besitz geschafft haben. Das Abenteuer Roraima ist vorbei.

Tag 6: *Camp Rio Tek (1.150 Meter ü. NN) – Paraitepui (1.200 Meter ü. NN) / Distanz: 9 km / Gehzeit: 4,5 h*
Die letzte Etappe gestaltet sich unerwartet schwierig. Die Beine sind schwer. Der gestrige Abstieg macht sich nun als Muskelkater bemerkbar. Doch das Tagesprogramm kommt gediegen daher. Ein wenig bergauf, ein wenig bergab. Uns bleibt ausreichend Zeit. Es ist 6 Uhr als wir das Camp verlassen. Gemütlich schlendern wir über den Pfad.
Hinter uns erheben sich die beiden Tepuis – Roraima zur Rechten und Kukenán zur Linken. Prachtvoll liegen sie inmitten der weiten Savanne und verabschieden uns eindrucksvoll. Gegen 10:30 Uhr erreichen wir unseren Ausgangspunkt Paraitepui. Von dort fahren wir zurück nach Santa Elena de Uairén.
Den Abend verbringen wir mit denselben netten Menschen, mit denen wir auch die letzten Tage verbrachten. Es regnet heftig. Der Strom fällt aus. Doch nach den Strapazen der letzten Tage kann uns nichts mehr die Laune verderben. Wir sitzen auf der Terrasse und erfreuen uns an einer wohlverdienter Pizza und großartigem venezolanischen Rum.

TRINIDAD und TOBAGO

Trinidad & Tobago – Englische Karibik zwischen Afrika und Indien

Kennt ihr diese Rastamann-Aschenbecher, die in jedem x-beliebigen Kiffershop in der Auslage stehen?
Der Typ mit dem breiten Grinsen und der Sonnenbrille, der seine enormen Haare unter eine noch größere Strickmütze in Jamaika-Farben getüdelt hat? Wisst ihr, wen ich mein?
Ich hab ihn gesehen. Den Typen. In echt. Er steht in Port of Spain in der Henry Street und verkauft Obst. Ohne Witz. Ist ein netter Kerl.

Aber von Anfang an.
Wir vermeiden es ja immer gerne, in einen Flieger zu steigen. Eigentlich hat diese Form des Reisens ja auch wenig mit dem Reisen an sich zu tun. Man steigt in die Maschine. Man schläft ein bisschen. Oder man liest. Oder man macht sich über das Bordessen her. Einfach nur so. Weil es umsonst ist. Wenn man Glück hat, gibt es Wein oder andere alkoholische Getränke. Dann steigt man wieder aus. An einem völlig anderen Ort. Im schlimmsten Fall hat man etliche, ja vielleicht tausende Kilometer hinter sich gebracht, ohne etwas von der Reise mitbekommen zu haben.
Unser Flug von Venezuela nach Trinidad und Tobago ist hingegen kurz. Und unvermeidbar. Die Grenze zwischen den Nachbarländern Venezuela und Guyana ist aufgrund von Streitigkeiten nicht passierbar. Daher entscheiden wir uns für den Umweg über Trinidad und Tobago.
Wir nutzen die Gelegenheit und wollen zwei Wochen lang die beiden Schwesterinseln in der Karibik erkunden.
Die Einreisebestimmungen sind ungewohnt streng. Ganz offensichtlich haben wir Südamerika und seine annehmlichen Einreise- und Aufenthaltsbestimmungen hinter uns gelassen. In Südamerika bekommt man an fast jeder Grenze ein dreimonatiges Visum, ganz ohne großes Aufsehen. Und wenn das nicht reicht, reist man zur nächstgelegenen Grenze und besorgt sich einen neuen Stempel. Immer wieder. Wir haben Leute kennengelernt, die machen das schon jahrelang.
Doch in der Inselhauptstadt Port of Spain angekommen, müssen wir nicht nur ein Rückflugticket vorweisen. Wir benötigen außerdem einen Nachweis über unsere Unterkunft und auch der Grund unserer Einreise wird mit strengen Blicken erfragt.
Wir planen bei unserem Gastgeber Fletch zu nächtigen. Ich muss der jungen Dame am Schalter das Konzept von Couchsurfing erklären. Wie lange ich diesen Mann Namens Fletch denn schon kennen würde, fragt sie mich mit

ernster Miene. Augenscheinlich hält sie mich für überaus naiv. „Du willst also ernsthaft eine Woche lang bei einem Mann schlafen, den du überhaupt nicht kennst? Darf ich fragen, wie alt du bist?“ Dass ich den genauen Beruf unseres Gastgebers nicht angeben kann, macht sie noch stutziger. Ich muss auf ihren Vorgesetzen warten. Hätte ich doch bloß die Adresse irgendeines schäbigen Hotels angegeben.

Doch Fletch kennt die Regeln hier schon. Mit dem gezückten Handy wartet er in der Halle des Flughafens. Nach einem kurzen Telefonat zwischen dem Supervisor und Fletch, bei dem meine Antworten mit den seinigen verglichen werden, darf ich endlich passieren.

Wir haben nun endgültig den spanischsprachigen Raum verlassen. In Trinidad und Tobago wird Englisch gesprochen. Und auch sonst ist der britische Einfluss in der ehemaligen Kronkolonie nicht zu übersehen.

War Venezuela wohl der Höhepunkt des südamerikanischen Chaos‘, so scheinen wir hier ein ganzes Stück näher an Europa gekommen zu sein. Port of Spain kommt sehr ordentlich und bürgerlich daher. Der botanische Garten und die Parks erscheinen mir übertrieben sauber, gehegt und gepflegt. Schilder markieren hier die Picknick-Areas und die Nicht-Picknick-Areas. Die Grünanlagen tragen prachtvolle Namen wie Queens Park Savanna oder King George V Park. Es herrscht Linksverkehr.

Etwa die Hälfte der Bewohner in Trinidad sind Nachfahren von hierher verschleppten Sklaven aus Afrika. Die zweite Hälfte hat, wie unser Gastgeber Fletch, indische Wurzeln. Nach der Abschaffung der Sklaverei weigerten sich die ehemaligen Sklaven weiter auf den Plantagen zu arbeiten. Auch die Aussicht auf Vergütung lockte sie nicht zurück. So wurden kurzerhand indische Kontraktarbeiter nach Trinidad geholt, die nun unter ähnlich schlechten Arbeitsbedingungen wie zuvor die Afrikaner arbeiteten. Seit damals haben diese beiden ethnischen Lager immer mehr an Bedeutung gewonnen. Mittlerweile stellen sie die wichtigsten Gruppierungen. Auf Trinidad gibt es deshalb keine politischen Richtungen und Parteien, die in links oder rechts einzuteilen sind. Stattdessen wird unterschieden zwischen den Interessen der indischen Einwanderer und der Bevölkerung afrikanischen Ursprungs.

Der hier gesprochene englische Akzent ist eine Wucht. Eine amüsante Mischung aus karibischem Englisch mit dicken, runden Vokalen und vereinfachter Grammatik mischt sich mit dem typischen indischen Akzent. Diese Mischung ist so tief im Sprachgebrauch verankert, dass selbst Schwarze mit indischem Akzent sprechen.

Den indischen Einfluss finden wir auch in der lokalen Küche wieder. Roti und Curry sind nur zwei der typischen Köstlichkeiten, mit denen wir uns auf Trinidad den Bauch vollschlagen.

Wir spazieren durch die Straßen Port of Spains. Zu viele Autos quetschen sich in zu enge Gassen. Der Verkehr kommt regelmäßig zum Erliegen. Wer auf ein Sammeltaxi wartet, das hier den Bus ersetzt, muss Geduld mitbringen (und dann vor allem schnell sein). Doch sitzt man erstmal drin, wird man ganz britisch mit „Good Morning, Madame“ oder „Good Morning, Sir“ begrüßt.
Abgesehen vom Verkehr ist in der kleinen Hauptstadt jedoch alles sehr entspannt. Die Menschen sind extrem freundlich und hilfsbereit. Wir fühlen uns auf Anhieb wohl. Kinder mit strengen Schuluniformen spielen auf dem Schulhof. Aus den Läden schallt meist Reggae-Musik zu uns herüber. Oder auch Soca. Diese karibische Musikrichtung, so beschreibt sie uns Fletch, höre sich so chaotisch an „als ob mehrere Lieder gleichzeitig gespielt werden“. Tatsächlich ist Soca eine Mischung aus dem typisch karibischen Calypso, gespielt auf den traditionellen Steelpans, und Einflüssen aus Funk, Soul und vor allem indischen Musikrichtungen.
Auf unserem Spaziergang durch die Stadt gelangen wir in die Nähe des Hafens. Hier ragen ein paar moderne Glasbauten in den Himmel. Die Büro- und Konferenztürme verleihen Port of Spain beinahe eine geschäftige Skyline. Doch so richtig gewirtschaftet wird an anderer Stelle.
In der Innenstadt schlägt das kommerzielle Herz Port of Spains. Während in der Frederick Street noch eine gewisse Ordnung herrscht, laufen die Menschen in der angrenzenden Henry Street und der Charlotte Street wild durcheinander. Hier fühle ich mich wieder wie in Südamerika. An provisorischen Ständen wird alles verkauft, was es auch in den Einkaufszentren nebenan gibt. Nur viel günstiger.
Überall in der Stadt befinden sich auch immer wieder Häuser und Kirchen im alten, englischen Kolonialstil. Wir schlendern unter der karibischen Sonne durch die Straßen. Für uns kommt Port of Spain sehr entspannt daher. Fletch lacht. Er beschreibt die Stadt als „hektisch“, fügt aber noch grinsend hinzu „so hektisch eine karibische Stadt nun mal sein kann.“
Tatsächlich ist es gar nicht so einfach, in Stress zu geraten, wenn das karibische Meer Tag ein und Tag aus lieblich in den Ohren säuselt. Darüber hinaus beruhigen sich die Trinis mit ihrer ganz eigenen Lieblingsbeschäftigung – dem ‚Liming‘. Damit meinen sie das gepflegte Rumhängen und drücken so ihr karibisches Lebensgefühl aus.
Mit ein paar Freunden und ein paar Flaschen Bier hängt man in Port of Spain vor allem abends auf der Tragarete Road herum. Hier reihen sich Bars, Kneipen und Restaurants aneinander.
Die langen Schlangen jedoch gibt es vor den Essensständen, die sich hier taktisch klug in der tiefen Nacht positionieren. Verkauft wird das wohl typischs-

te Trini-Gericht: die Doubles. Und auch bei diesem National-Imbiss sind die indischen Einflüsse nicht fern. Zwei kleine Fladenbrote werden dabei von einer Masse Kichererbsencurry überschwemmt. Dieser soßenreiche Snack ist eine riesige Sauerei. Geschmacklich lohnt es sich aber ungemein.

Tagsüber und an den Wochenenden erlebt das süße Trini-Leben seinen Liming-Höhepunkt. Der beliebteste Ort zum Limen ist – wie sollte es in der Karibik anders sein – der Strand. Um genauer zu sein, der sagenumwobene Strand von Maracas Bay.

Der beliebteste Sandstreifen von Trinidad liegt etwa eine Autostunde nördlich von Port of Spain. Der bergige Weg zeigt uns, wie grün und hügelig die Insel eigentlich ist. Von diversen Anhöhen erkennen wir die dichte Vegetation der Insel. Ausnahmen bilden da lediglich die Stadt und die Strände. Die grünen Berge fallen zu idyllisch gelegenen Buchten ab.

Die Maracas Bucht ist ein langgezogener, palmengesäumter Strand, der für gewöhnlich raue Wellen zu bieten hat. Täglich bewachen Rettungsschwimmer die limenden Badegäste, die sich freudig in die Fluten schmeißen.

Neben Musik und Bier, Strand, Palmen und Sonne gibt es noch einen weiteren Grund zur Maracas Bay zu fahren: Bake‘n‘Shark – ein Stück paniertes Haifilet in einem frittierten, brotähnlichen Klops.

Nach belieben wird der Bake mit diversen leckeren Soßen und Gemüse gefüllt. Wem das zu viel ist, kann sich auch einen Bake‘n‘Cheese oder einen Bake‘n‘Vegetables bestellen. Dutzende Stände bieten in der Nähe des Strandes diesen berühmtesten aller Trinidad-Snacks an. Wir gönnen uns diese ausgesprochene Leckerei bei dem angeblich besten Anbieter: Richards Bake‘n‘Shark. Eine wirkliche Institution auf der Insel.

Ein weiterer Ausflug führt uns an die Westküste der Insel. Wir fahren zum Caroni Swamp, Trinidads zweitgrößtem Mangroven-Feuchtgebiet.

Mit einer Horde fotografierender Pauschaltouristen werden wir in einem Boot durch die Mangroven-Landschaft gefahren. Höhepunkt der mäßig interessanten Tour sind die pink leuchtenden Scharlach-Ibisse, die hier in der Abenddämmerung in großen Scharen am Himmel zu sehen sind und sich wie bunte Neonfleckchen in die grünen Bäume setzen.

Doch statt Mangroven und bunter Vögel gönnen wir uns lieber noch einen Bake‘n‘Shark am Strand von Maracas Bay mit unseren neuen Gastgebern Chantelle und Carlos. Danach ziehen wir weiter in die Stadt und limen mit ein paar Bieren und noch mehr Doubles.

Port of Spain hat es mir irgendwie angetan. Trinidad hat eine enorme Lebensqualität zu bieten. Die ideale Mitte zwischen entspanntem Limen und Hauptstadtleben. Denn obwohl Port of Spain gerade einmal 50.000 Einwohner zählt, muss man auf nichts verzichten.

Wer es noch ruhiger mag, der besucht die viel kleinere Schwesterinsel Tobago. Dort überwiegt die natürliche Idylle zwischen tropischem Regenwald und unzähligen karibischen Traumständen. Von Urbanität keine Spur. Ein garantierter Ausstieg aus dem Alltag.

Tobago – Zwischen Rastafaris, Traumstränden und Reggaemusik

Auf meiner persönlichen Landkarte taucht Trinidad und Tobago erstmals 2006 auf. Damals lag ich in einem mittelschweren Fußballfieber und verordnete mir selbst weniger Uni und mehr WM. Trinidad und Tobago war das kleinste Land, das sich bis dahin für eine Fußballweltmeisterschaft qualifizierte und hatte damit alle meine Sympathien gewonnen.
Ich war gespannt auf die Mannschaft. Am 10. Juni betraten die Nationalspieler der Soca Warriors den Rasen des Dortmunder Westfalenstadions, um gegen Schweden ihr erstes WM-Spiel zu bestreiten. Zwischen all den für mich Unbekannten strahlte auf einmal das Lächeln von Dwight Yorke in die Kamera.
Jener Dwight Yorke, der zuvor mit Manchester United alles gewann, was es zu gewinnen gab – darunter auch das denkwürdige Championsleague-Finale von 1999. Jener Dwight Yorke, von dem ich bis zu diesem Moment ernsthaft dachte, er wäre Brite.
Seit dieser kolossalen Entdeckung ist der Karibikstaat fest auf meinem imaginären Globus verankert. Jetzt, Jahre später, betreten wir Tobago, die Geburtsinsel Yorkes. Mit der Fähre haben wir Port of Spain am frühen Morgen verlassen und stehen nach einer vierstündigen Überfahrt im Hafen von Scarborough, der Hauptstadt Tobagos.
Unser Gastgeber Garth, glatzköpfig und von robuster Statur, begrüßt uns mit einem einnehmenden Lächeln und lädt uns zu sich nach Hause ein. Drei Flaschen des lokalen Bieres Stag stoßen zusammen, als wir von unserer Reise erzählen. Garth ist ein interessierter Zuhörer. Vor allem unsere Berichte über Venezuela haben es ihm angetan und trotz aller Schreckensmeldungen, die auch durch Trinidad und Tobago kursieren, ist er fasziniert vom Nachbarstaat auf dem Festland.
Doch auch Garth weiß uns viel zu erzählen. Von ihm lernen wir einiges über die Befindlichkeiten der Menschen auf Tobago. Über die entspannte Lebensweise, die noch viel ruhiger und gemütlicher ist als auf Trinidad, aber auch über die schwelende Unterdrückung, die hier viele Menschen empfinden.
Tatsächlich fühlen sich die Tobagonias von der Landesregierung in Port of Spain immer wieder übergangen oder benachteiligt. Daher werden häufig Rufe nach einer Abspaltung laut. Garth selbst hält nichts davon. Geboren auf Trinidad hat er sich für ein Leben auf Tobago entschieden. Hier schwärmt er

von mehr Herzlichkeit, schönerer Natur, weniger Kriminalität und Alltagsproblemen. Gleichzeitig weiß er aber auch, dass eine Abspaltung Tobagos wirtschaftlichen Ruin bedeuten würde.
Das Eiland, mit 300 km² nur drei Mal so groß wie Sylt, ist zu abhängig von den Einnahmen der Schwesterinsel durch Rohölexporte. Allein durch den Tourismus, der auf Tobago stärker ausgeprägt ist als auf Trinidad, und ein bisschen Landwirtschaft kann sich die Insel nicht selbst erhalten.
Mittlerweile ist es Nachmittag geworden. Die Mittagshitze ist überwunden und Garth steigt zurück in sein Taxi. Wir machen uns hingegen auf nach Crown Point, ganz im Westen der Insel. Hier befinden sich die meisten touristischen Anlagen – Hotels, Restaurants, der einzige Nachtclub Tobagos. Am äußersten Rand liegt der Strand Store Bay.
Ein kleiner weißer Sandstreifen, gerade einmal 200 Meter lang, schmiegt sich an ein paar niedrige Felsen. Das türkisfarbene Wasser fällt seicht ab. Liegestühle und Sonnenschirme laden zum Entspannen ein. Palmen spenden Schatten. In der Bucht dümpeln Boote vor sich hin.
Die Sonne scheint und verbrutzelt braungebrannte Pauschaltouristen mit Goldkettchen und pomadiger Frisur. Gleich daneben verkaufen mehrere Anbieter Exkursionen zum nahegelegenen Buccoo-Riff. Mit einem Glasbodenboot geht es hinaus aufs Meer über den Coral Garden. Während wir im Boot etwas hin und her schaukeln, ziehen unter uns jede Menge Korallen vorbei. Von Fischen ist allerdings wenig zu sehen. Der Coral Garden sieht eher aus wie eine überschwemmte Mondlandschaft. Wenig später erreichen wir das Buccoo-Riff, eines der südlichsten Korallenriffe der Karibik.
Mit Schnorchel, Maske und Flossen erkunden wir die nahe Umgebung des Bootes. Ein paar Papagei- und Kaiserfische tummeln sich unter uns. Auch Doktorfische tauchen hier und da in meinem Blickfeld auf.
Der Höhepunkt des Ausflugs ist dann aber der Sprung in den sogenannten Nylon-Pool. Etwa eine Meile vor der Küste befindet sich diese riesige Sandbank. Das Wasser reicht gerade einmal bis zum Bauchnabel. Besonders die südamerikanischen Touristen haben hier ihren Spaß. Zu laut wummerndem Reggaeton, der aus den großen Lautsprecherboxen des Bootes dröhnt, schwingen sie in den kühlen Fluten ihre Hüften.
Zurück auf dem Festland verlassen wir Crown Point in Richtung Norden. Entlang der Küstenstraße haben wir die Qual der Wahl. Ein Strand reiht sich an den nächsten. Wir entscheiden uns schnell für die Mount Irvine Bay.
Weißer Sandstrand, klares Wasser und schattenspendende Palmen sind hier auf Tobago keine Alleinstellungsmerkmale. Jeder Strand wartet mit diesen paradiesischen Attributen auf. Was uns jedoch an der Irvine Bay fasziniert,

ist die scheinbare Abgeschiedenheit. Obwohl der Strand nur wenige Kilometer vom touristischen Crown Point entfernt liegt, ist kaum jemand hier. Eine Handvoll Surfer treiben draußen auf dem Meer. Am Ufer beschäftigen sich zwei junge Mütter mit ihrem Nachwuchs. Vor dem Kiosk am Strand betrachtet ein alter Fischer seine leere Bierflasche. Hier herrscht absolute Ruhe.

Dem Paradies ein Stück näher kommen wir jedoch an einem anderen Strand. Fährt man entlang der Nordroute von Westen nach Osten über die Insel, so passiert man auf etwa halber Strecke ein kleines Schild, das die Englishman's Bay auszeichnet.

Der Regenwald reicht bis an den Rand dieser kleinen, versteckten Bucht. Weicher Sand knirscht unter unseren Füßen und leichte Wellen rauschen vom offenen Meer heran. Das Wasser fällt steil ab und schon wenige Meter vom Ufer entfernt fehlt jeglicher Grund. Diesmal sind wir tatsächlich ganz allein.

Selbst als es zu regnen beginnt, können wir uns nicht dazu entschließen diesen traumhaften Strand zu verlassen. So sitzen wir unter dem Blätterdach der Palmen und warten. Irgendwann sind wir komplett durchnässt, werden aber für unsere Hartnäckigkeit belohnt. Die Sonne scheint durch die aufgerissene Wolkendecke und trocknet uns in wenigen Minuten.

Den Abend verbringen wir in Scarborough. Mit etwa 15.000 Einwohnern ist sie mit Abstand die größte Stadt der Insel. Dennoch sind es nur wenige Straßen, die das Zentrum bilden. Die Main Street ist die Geschäftigste unter ihnen. Hier verkaufen Rastafaris hinter selbstgezimmerten Straßenständen Obst und Gemüse. Jeder Stand wird von mindestens einer großen Box gestützt, aus der fortlaufend Reggaemusik tönt. Überhaupt ist der afrikanische Einfluss auf Tobago riesig. 90 Prozent der Inselbevölkerung ist schwarz. Anders als auf der Nachbarinsel Trinidad gibt es hier fast keine Inder und die einzigen Weißen, die wir zu Gesicht bekommen, sind die wenigen Touristen aus Crown Point.

Wir schlendern entlang der Uferpromenade an der Rockly Bay und treffen bald auf ein riesiges Plakat. In großen Lettern wird der ‚Fish Fryday' angekündigt. Eine Tradition, die einst auf Barbados entstand, aber nun auch mit Begeisterung auf Tobago gefeiert wird. Die Idee ist simpel und genial zugleich. Es gibt jede Menge Fisch- und Meeresfrüchte zu essen und dazu Live-Musik. Wir spazieren vorbei an den langen Tischen der Verkaufsstände, schauen in Töpfe und Pfannen, probieren hier ein bisschen und dort ein bisschen. Am Ende sind unsere Bäuche voll und unsere Ohren aufgrund der überwältigenden Lautstärke der Musik dauerhaft geschädigt.

An seinem freien Tag führt uns Garth über Tobago. Wir bleiben im dichter besiedelten Westen der Insel zwischen Crown Point und Scarborough und fahren durch kleine Dörfer und Gemeinden wie Black Rock oder Plymouth. Dicht besiedelt heißt in diesem Teil der Insel aber auch nur, dass die Orte nur wenige Kilometer von einander entfernt liegen. Lediglich 50.000 Einwohner zählt Tobago – ebenso viele wie Port of Spain auf Trinidad.
Wir fahren entlang der Küste und biegen bald in den üppigen Regenwald ein. Garth zwinkert uns vielsagend zu und nur wenig später stehen wir vor einem riesigen, verrosteten Wasserrad. Wir befinden uns auf einer ehemaligen Zuckerrohrplantage. Hier schufteten einst afrikanische Sklaven. Mittlerweile holt sich der Wald sein Territorium zurück. Überall wuchert es grün. Tobagos Geschichte ist bewegt. Mehr als 100 Jahre stritten Engländer, Franzosen und Niederländer unentwegt um die kleine Insel. Auch Piraten mischten gelegentlich mit. Noch heute erzählen alte Festungen von dieser Zeit. Das Fort King George thront hoch über Scarborough. Erbaut von den Briten fiel es nur wenige Jahre später in französische Hände. Es folgte ein ständiges Hin und Her. Die Festung diente als Gefängnis und als Krankenhaus. Heute erhebt sich ein kleiner Leuchtturm auf dem Gelände. Von hier haben wir einen perfekten Blick über die Stadt und die umliegenden Buchten.
Am Abend besuchen wir die Sunday School in Black Rock. Eine wöchentlich stattfindende Reggae-, Dancehall- und Soca-Veranstaltung unter freiem Himmel. Es wird getanzt und getrunken. Hier kennt jeder jeden. Auch die beiden Mädchen in der Mitte der Tanzfläche, die im rasanten Tempo lediglich mit dem Hintern wackeln, gehören zum Inventar. Jedes Wochenende, so erzählt uns Garth, ziehen die beiden diese Show unter den geifernden Blicken der Typen ab.
Unsere Tage auf Tobago ziehen dahin. Einen letzten Strand wollen wir besuchen und wählen den Pigeon Point. Er befindet sich in Privatbesitz und so kommen wir nicht drum herum, Eintritt zu bezahlen. Es heißt, der Pigeon Point sei der schönste Strand der Insel. Tatsächlich macht er einiges her. Von Palmen gesäumt windet er sich um eine langgezogene Landspitze. Postkartenmotive finden sich alle paar Meter. Hier gibt es Bars und Restaurants. Am Abend versinkt die Sonne glühend hinter dem Horizont, während sich im nahegelegenen kleinen Club das Partyvolk zusammenrottet.

So gerne wir auch auf Trinidad und Tobago bleiben würden – unsere Ausreise steht bevor. Wir kehren zurück nach Südamerika und betreten Länder von denen wir noch nie etwas gehört haben. Die Guyanas lassen grüßen.

Postkartenmotiv: die Englishman's Bay auf Tobago

Die GUYANAS

Georgetown – Die Symbiose von Müll und Gestank

Georgetown kann unser leicht zu erwärmendes Reiseherz nicht erobern. Obwohl eigentlich die Tatsache schon reichen müsste, dass wir eine weitere Grenze überschritten haben, die Grenze zum uns unbekannten Dschungelstaat Guyana, kommt irgendwie keine Freude auf.

Es liegt nämlich etwas in der Luft. Und zwar Gestank. Bestialischer Gestank.

Guyana. Wem das erstmal nichts sagt, ist genauso schlau wie wir.

Die Guyanas, das sind die drei kleinen Nachbarstaaten Guyana, Suriname, und Französisch Guayana, die im nördlichsten Teil Südamerikas an der Atlantikküste, eingekreist von Venezuela und Brasilien ihr unbeachtetes Dasein fristen.

Die Bevölkerung Guyanas lässt sich am Besten als eine Art Cocktail beschreiben. Ein Mix aus den Nachfahren ehemaliger Sklaven, indigenen Dschungelstämmen, Kontraktarbeitern aus Indien, Indonesien, Laos, China, Portugal und Brasilien. Hübsch angerichtet mit etwas niederländischem und britischem Kolonialismus.

Diese bunte Mischung hat vor allem in Guyana in der Vergangenheit zu rassistisch motivierten Konflikten, Unruhen und Spannungen geführt. Hinzu kommen potenzielle Ölvorkommen vor der Küste des Landes, die für Grenzstreitigkeiten mit den Nachbarstaaten sorgen.

Die drei Dschungelstaaten sind spärlich bevölkert und dicht bewachsen. Lediglich eine befestigte Straße führt an der Küste der Guyanas entlang. Im Inneren der Länder ist kaum Infrastruktur vorhanden. Hier herrscht der dichte Urwald.

In Guyana beginnt die befestigte Küstenstraße sogar erst in der heruntergekommenen Hauptstadt Georgetown, im Osten des Landes. Im Westen und im Hinterland liegt die Infrastruktur völlig brach.

Im unzugänglichen Inneren des Landes leben verschiedene indigene Volksstämme, die sich nach der Abschaffung der Sklaverei weit in den Dschungel zurückgezogen haben. Das Leben der verschiedenen Gruppierungen, so spärlich und verstreut sie auch liegen, ist geprägt von Misstrauen und Spannungen untereinander.

Von Venezuela kommend, gibt es keinen offiziellen Grenzübergang und auch keine Straße, die nach Guyana führt. Auch hier sind Grenzstreitigkeiten die Ursache.

Unser Weg nach Guyana führt uns mit dem Flugzeug von Port of Spain, Hauptstadt des Inselstaates Trinidad und Tobago, nach Georgetown.

Wir fliegen lange über das dichte, endlose Grün des Dschungels. Hier, aus der Vogelperspektive betrachtet, wissen wir noch nicht, dass unseren eigentlich unempfindlichen Riechorganen bald schon Schlimmes bevorsteht.
In Georgetown, 2 Meter unter dem Meeresspiegel gelegen, haben die Niederländer zur Zeit ihrer Kolonialherrschaft ein breites Grachten- und Abwassersystem angelegt, ähnlich dem der Niederlande.
Die Briten, die etwa 100 Jahre später in Georgetown an die Macht kamen, hielten das System aus vielen großen und kleinen Kanälen aufrecht. Doch nach der Unabhängigkeit des Landes 1966 verfiel das ausgetüftelte Netzwerk zusehends. Kurzerhand wurde ein Teil der Abwassersysteme wieder zugeschüttet.
Und was passiert in einer Stadt, die unter dem Meeresspiegel liegt und ein brach liegendes Abwassersystem sein Eigen nennt?
Genau. Die stehende braune Brühe, die überall in der ganzen Stadt rechts und links entlang der Straßen und an jedem noch so kleinen Häuschen vorbeiführt, stinkt zum Himmel. Georgetowns ureigenes Parfüm ist das einer Kloake.
Die Bewohner Georgetowns denken sich wohl, dass in dieser stinkenden Kloakenstadt eh nichts mehr zu retten ist. Denn sie schmeißen ihren Müll, wo immer sie auch stehen, sitzen und gehen auf den Boden. Die Stadt ist übersät mit Müll. Den Abfall zu einem Mülleimer zu tragen, scheint uns aber auch nicht gerade vielversprechend. Denn aus den öffentlichen Müllsammelstellen sind öffentliche Müllberge und riesige Müllhalden geworden, die das Stadtbild beherrschen.
An sich überkommt uns ein sehr merkwürdiges Gefühl, als wir uns in der Stadt umsehen. Die Häuser sind verfallen und marode. Viele abgefuckte Typen lungern in den Straßen der Innenstadt umher. Hagere Gestalten mit nackten Oberkörpern und zerrissenen Hosen. Ihre Blicke sind glasig, die Aussprache unkoordiniert, der Gang torkelnd. Wer kann, übt sich in Schimpftiraden auf die Welt, die meisten sind jedoch selbst dafür zu ausgebrannt. Hier scheint jeder sein eigenes kleines Päckchen zu tragen – ob es sich dabei um ein Drogen- oder Alkoholproblem handelt, ist nicht immer gleich auszumachen.
Als Wahrzeichen der Stadt gilt der Stabroek-Markt. Der Uhrenturm, der aus dem riesigen gusseisernen Gebäude ragt, ist schon aus der Ferne auszumachen. Am Markttag platzt hier fast alles aus den Nähten. Doch die Atmosphäre will uns nicht so recht gefallen. Zu viele zwielichtige Gestalten streunen um den Markt herum oder liegen vor den Türen in ihrem eigenen Erbrochenen.

Generell passiert es uns hier in Guyana das erste Mal, dass wir uns in einer Stadt nicht wohl und auch nicht besonders sicher fühlen. So sehr steuert der permanent beißende Geruch in der Stadt unser Unterbewusstsein. So eindeutig zeigt Georgetown sein dubioses Gesicht.
Doch nicht nur wir halten es kaum hier aus. Auch die Guyaner selbst zieht es hinaus – einfach weg. Im Land selbst leben circa 700.000 Guyaner (250.000 davon in Georgetown). Weitere 500.000 aber leben bereits im Ausland.
Die Guyaner, die noch geblieben sind, ignorieren uns meistens und würdigen uns auf der Straße keines Blickes. Es sei denn, sie wollen uns etwas verkaufen.
Wir treffen uns mit Vidya, einem Guyaner indischer Abstammung, auf einen morgendlichen Kaffee. Auch er erzählt uns von dem weit verbreiteten Rassismus im Land. Doch pocht er auch auf die Schönheit des kleinen Landes, die, so muss er selbst zugeben, vielleicht nicht gerade in der Hauptstadt zum Tragen kommt.
Doch die touristische Infrastruktur ist nur schlecht ausgebaut. Auf eigene Faust ist hier Nichts zu holen. Um die wenigen Sehenswürdigkeiten des Landes kennenzulernen, müssen stets mehrtägige Touren von der Hauptstadt aus gebucht werden. Die Wege sind zwar nicht besonders lang, dafür aber sehr beschwerlich. Und da sich nach Guyana auch kaum Touristen verirren, ist der Tourismus überaus kostspielig.
Generell ist das Preisniveau in dem kleinen Land sehr hoch. Für uns sind die Preise in Georgetown, gemessen an der Lage und dem Zustand der Stadt, geradezu völlig aus der Luft gegriffen. Für den Genuss eines kühlen Bieres bezahlen wir gut und gerne vier Euro. Die umgebenden Müllberge und die stinkende braune Scheiße, die langsam an uns vorbeizieht, gibt es dann gratis dazu.
Doch wollen wir der Stadt noch eine Chance geben und gehen, wie von Vidya empfohlen, zur Waterwall, der Atlantikpromenade Georgetowns.
Wir sind hoch motiviert etwas Gutes, Hübsches oder Charmantes an Georgetown zu finden. Doch leider kommt es nicht dazu. Der Anblick der Promenade ist beinahe noch schwerer zu ertragen, als ein Spaziergang durch die Innenstadt. Der Atlantik, eine braune Brühe, siecht bewegungslos vor sich hin. Die Promenade ist ein zugemüllter, baufälliger Betonstreifen. Hier und da liegt ein kaputter Typ in der Ecke oder auf einer der Betonbänke in seinem eigenen Elend. Alles hier wirkt trostlos und schäbig.
Spätestens jetzt beschließen wir, dass wir die kommenden Weihnachtstage überall auf der Welt, aber nicht in dieser stinkenden Stadt verbringen wollen. Händeringend kümmern wir uns um ein Visum für den Nachbarstaat Suriname. Auf dass uns dort eine schönere Welt erwarten möge.

Paramaribo – Pannekoeken und Poffertjes in Südamerika

Habt ihr eine Ahnung wo Suriname liegt? Ist das nicht irgendein Land in Asien oder eine Hauptstadt in Afrika? Nein, nein. Suriname ist ein kleines Land an der Karibikküste Südamerikas.

Von Guyana kommend, überqueren wir den Grenzfluss Corantijn und quetschen uns in einen viel zu engen Kleinbus ohne Klimaanlage. Stundenlang rollen wir über die einzige gut ausgebaute Straße im Land. Von Westen immer in Richtung Osten, immer entlang der Küste, bis wir nach ein paar Stunden die Hauptstadt Paramaribo erreichen.

Der Weg dorthin ist gesäumt von Palmen. Es ist heiß und feucht – alles wie gehabt. Nur das gesprochene Niederländisch passt irgendwie nicht ins Bild. Suriname ist die letzte Bastion eines einstmals großen niederländischen Kolonialgebiets auf dem südamerikanischen Kontinent, das bis weit ins Landesinnere hinein reichte. Doch nach Streitigkeiten mit Großbritannien und Frankreich blieben der niederländischen Krone nur noch ein paar karibische Inseln und das Territorium des heutigen Surinames übrig.

Wir erreichen Paramaribo und sind sofort von der Stadt begeistert. Noch immer steckt uns der Schrecken aus Georgetown – der Müll und der Gestank – in den Knochen. Doch unsere übereilige Flucht aus Guyana war genau das Richtige. In Paramaribo gibt es weder Schmutz noch Dreck. Im Gegenteil. Von den sauberen und gepflegten Gassen der Stadt sind wir emotional überwältigt. Überall ragen charmante niederländische Kolonialbauten in die Höhe. Weiß und Schwarz sind die bestimmenden Farben.

Schon nach wenigen Stunden in Paramaribo fühlen wir uns wie in einem sicheren Hafen nach einem heftigen Sturm. Alles wirkt entspannt, unaufgeregt. Ein bisschen Europa mit karibischem Flair. Plötzlich passen auch wieder unsere Rundstecker in die Steckdosen. Zum ersten Mal seit sehr langer Zeit benötigen wir keinen Adapter. Es ist kaum zu beschreiben, welche Gefühle das in uns auslöst.

Wir sind plötzlich und unerwartet ein Stück näher an zuhause. Selbst Toilettenpapier kann hier ohne eine große Katastrophe auszulösen einfach weggespült werden. Es sind diese Kleinigkeiten, die einen großen Unterschied ausmachen können.

Doch zurück auf die Straße. Das Klima ist tropisch, heiß und feucht. Das macht auch der schönsten Architektur zu schaffen. Von vielen hölzernen Gebäuden blättert die Farbe. Hier und da macht sich der Verfall bemerkbar. Je weiter wir uns vom Zentrum entfernen, desto offensichtlicher wird es.

Dazu kommt ein beständiger Regen. Wir befinden uns in einer von zwei Regenzeiten, die das Land regelmäßig heimsuchen. Nicht selten fliehen wir vor den karibischen Schauern in eines der kleinen Cafés in der Innenstadt.

So werden dicke holländische Pommes, Poffertjes und Pannekoeken mit Sahne zu unserem Weihnachtsmenü. Es hätte uns durchaus schlechter erwischen können.

Die vielen niederländischen Touristen in der Stadt erkennen wir an ihrer blassen Haut. Es ist schon merkwürdig nach Monaten der Abstinenz plötzlich wieder so viele Europäer um uns zu wissen.

Sie alle schlendern rund um den Onafhankelijkheidsplein (Was für ein Wort – ich liebe Niederländisch) – den Unabhängigkeitsplatz – und schießen Fotos vom karibischen Weihnachtsbaum in dessen Mitte.

In der Nähe befinden sich die Regierungsgebäude und der Präsidentenplatz. Die Villen sind hübsch anzusehen und trotz ihres offiziellen Charakters wirken sie nicht sonderlich abgeschirmt oder isoliert. Es scheint, als stünde ihre Tür für jeden offen.

Hinter dem Präsidentenpalast erstreckt sich der Palmentuin. In diesem öffentlich zugänglichen Palmengarten wachsen etwa 1.000 Bäume in den Himmel. Wege, Bänke und Brunnen laden zum Spazieren und Ausspannen ein. Ein paar Ruhesuchende schlendern durch die Anlage.

Für uns ist die ganze Stadt jedoch wie eine Oase der Entspannung. Immer wieder laufen wir durch die kolonialen Gassen des Zentrums und erfreuen uns an der Gemütlichkeit des Ortes. Etwa die Hälfte der Bevölkerung Surinames lebt in Paramaribo. Dennoch besitzt die Stadt nur etwas mehr als 240.000 Einwohner. Gerade jetzt um die Weihnachtszeit geht es noch gemächlicher zu.

Überhaupt ist Suriname ein gemütliches Fleckchen Erde. Statistisch gesehen verteilen sich hier gerade einmal 3 Einwohner pro Quadratkilometer. Die nach Paramaribo nächstgrößere Stadt Lelydorp kommt nicht einmal auf 16.000 Bewohner. Suriname ist geprägt von dichtem Dschungel, der rund 80 Prozent des Landes bedeckt. Lediglich entlang der sumpfigen Küstenebene gibt es Siedlungen. Hier leben 9 von 10 Einwohner des Landes.

Individuelles Reisen ins Landesinnere ist daher praktisch unmöglich. Zwar gibt es entlang der vielen Flüsse in dem ausgedehnten Dschungel einige Öko-Lodges und Touranbieter, die Ausflüge in den Regenwald organisieren, Angebote für Budgetreisende gibt es jedoch keine.

So bleibt uns nur Paramaribo. Wir verbringen die Weihnachtstage hier und genießen die angenehme Atmosphäre. Hatten wir in Georgetown ständig ein unbehagliches Gefühl der Unsicherheit, so fühlt sich Paramaribo viel freier und unbefangener an.

Das liegt vor allem an den Einwohnern Surinames. Bedingt durch ihre heterogene ethnische Zusammensetzung gelten sie als sehr freundlich, offen und tolerant. Afrikanische und indische Abstammungen machen weit mehr als

die Hälfte der Bevölkerung aus. Es gibt jedoch auch Bevölkerungsanteile aus Indonesien, China, Palästina, Libanon, Europa, indigenen Volksgruppen und den verschiedensten Paarungen zwischen den Gruppen. Die Amtssprache ist Niederländisch aber die Kreolsprache Sranan-Tongo wird im ganzen Land als Erst- oder Zweitsprache angewandt. Englisch und die Muttersprachen der unterschiedlichen Bevölkerungsgruppen sind weit verbreitet.
Bei so viel kultureller Diversität ist es gar nicht so leicht sich von anderen abzugrenzen. So muss es zwangsläufig auch in Paramaribo sein, wo wir das erste Mal eine Synagoge direkt neben einer Moschee erblicken. So viel friedliches Zusammenleben beeindruckt uns sehr. Da passt die Gandhi-Statue mitten in der Stadt natürlich gut ins Bild.
Auf unserem Stadtspaziergang, der uns am Fort Zeelandia und der Uferpromenade des Flusses Surinam vorbei führt, gelangen wir zum Zentralmarkt. In dem riesigen zweistöckigen Gebäude gibt es alles, was man zum Leben braucht. Im Erdgeschoss türmen sich Obst und Gemüse, Kräuter, Wurzeln, Gewürze und Kunsthandwerk übereinander. Im Obergeschoss werden allerlei Plastikartikel, asiatische Importe und Kleidung in allen möglichen Farben, Formen und Größen angeboten. In den engen Gängen des Marktes fühlen wir uns dann doch wieder wie in Südamerika.
Nach unserer Erkundungstour durch die Stadt treffen wir uns mit unserem Gastgeber. August ist etwa 75 Jahre alt, kahlköpfig und drahtig. Mit seinen tiefliegenden Augen sieht er aus wie eine Mischung als einem buddhistischen Mönch und Gollum. Unsere ersten Gespräche in seiner riesigen, dunklen, spärlich eingerichteten Wohnung verlaufen stockend. Wir wissen nicht so richtig, woran wir bei ihm sind.
Am Abend lockert sich die Stimmung jedoch etwas. August fährt ins Casino und nimmt uns mit.
Glücksspiel ist in Paramaribo erlaubt und so schießen große und kleine Spielhallen wie Pilze aus dem Boden. August kennt sie alle. Solange die Gäste noch spielen, erklärt August, bieten die meisten Casinos freies Essen und Getränke an. Sogar alle alkoholischen Getränke sind umsonst. So entscheiden wir uns nicht für eine Einrichtung, sondern für ein Abendessen. Irritierenderweise kennt August nicht nur alle Casinos, sondern ist auch bestens mit den wöchentlichen Speiseplänen vertraut. Nach einer kurzen Beratung entschließen wir uns für ein chinesisches Buffet und landen im Casino Princes.
In langen Reihen stehen hier die Spielautomaten eng aneinander. Ergrautes Haar, überall wohin wir blicken. Silberrücken und Kahlköpfe. Ein Rentner-Spiele-Paradies. Wie in Hypnose starren die Alten auf die Maschinen vor sich. Daneben sind Roulette- und Pokertische aufgebaut. Auch das klassische Black Jack darf natürlich nicht fehlen.

Wir laden etwas Geld auf eine Chipkarte und suchen nach einem freien Automaten. Nach einigem Hin und Her entscheiden wir uns für eine Pokermaschine, die uns wenigstens das Gefühl gibt, selbst ein bisschen zu unserem Glück beizutragen.
August hingegen tigert durch die Reihen der Automaten. Er flucht und ist auf der Suche nach seinem Automaten für den heutigen Abend. August ist überzeugt davon, dass es Spielmaschinen gibt, an denen garantiert Gewinne ausgeschüttet werden. Alles hängt nur von der Aura ab oder so. Doch jedes Mal, wenn August einen passenden Automaten zu finden scheint, ist dieser bereits besetzt und August nuschelt wütende Schimpftiraden in sich hinein. Am Ende des Abends haben wir unser kleines Limit verzockt. August strahlt jedoch zufrieden. Offensichtlich war seine Suche nach einem passenden Automaten doch noch von Erfolg gekrönt.
Am nächsten Abend gehen wir wieder ins Casino. Diesmal ins Mirage. Die Klientel ist etwas schicker als zuvor im Princes. Anzugträger und Frauen in den Mitvierzigern lungern an den Automaten und Spieltischen herum. Wir entscheiden uns wieder für einen Pokerautomaten und August geht erneut auf die Suche. Doch es dauert nicht lange, da kommt er auch schon wieder wütend zu uns zurück.
Unterschwellig drängt er uns zum Gehen. Also unterbrechen wir unsere kleine Glückssträhne und lassen uns das Vierfache unseres Einsatzes auszahlen. Nur August eilt direkt zum Ausgang ohne den Zahlschalter auch nur eines Blickes zu würdigen. Wie gewonnen, so zerronnen.
Auch an unserem dritten Abend will August wieder ins Casino. Schon etwas gelangweilt aufgrund der immer gleichen Routine machen wir uns auf den Weg. Zwei bis drei Mal in der Woche, so antwortet August auf meine Frage, gehe er ins Casino – offensichtlich eine Untertreibung. Wir fühlen uns vom spielsüchtigen kleinen Mann eingeengt. Nach unserem gestrigen Gewinn, weicht er heute nicht mehr von unserer Seite. Doch auch dieser Abend geht irgendwann zu Ende.

Französisch Guayana – Frankreichs wildes Wohnzimmer

Also wir den Grenzfluss Maroni überqueren, werden wir auffallend begrüßt. Am anderen Ufer, in Französisch Guayana, ragt ein Metallstab aus dem Boden. An seinem oberen Ende befindet sich ein blaues Schild mit zwölf gelben Sternen. Willkommen in der EU. Im Nordosten Südamerikas betreten wir nach knapp zwei Jahren wieder europäischen Boden.
Französisch Guayana ist das einzige Land des Kontinents, das sich nicht von seinem einstigen Kolonialherren lossagen konnte. Heute besitzt es den Status eines Übersee-Departements, wie auch Martinique und Réunion.

Die Menschen sprechen natürlich Französisch, aus den Lautsprecherboxen erklingt Patrice, an jedem noch so schäbigen Straßenimbiss gibt es, wenn man wünscht, ein Glas Wein zum Essen, in den Supermärkten eine unendliche Auswahl an Käse und noch mehr besten französischen Rotwein. Bei letzterem muss man jedoch aufpassen. Werden die Flaschen nicht kühl gelagert, dann kippt der Wein in dem feucht-heißen Klima schnell um, wird schlecht und schmeckt eher unwürdig.
Im kleinen verschlafenen Grenzstädtchen St. Laurent stellen wir uns an die Straße. Unsere Daumen zeigen in die Ferne in Richtung der Hauptstadt Cayenne. Es ist ein heißer Nachmittag. Die Straße ist wenig befahren und so dauert es lange, bis wir eine Mitfahrgelegenheit finden.
Die Sonne ist bereits untergegangen, als Eric für uns hält. Unser Französisch ist nicht vorhanden und sein Englisch mehr als rudimentär, dennoch können wir uns irgendwie verständigen. Auch er will nach Cayenne. Bevor wir einsteigen, verlangt er jedoch unsere Ausweise zu sehen. Ein Umstand, den wir bisher noch nie hatten und der uns stutzen lässt.
Eric erklärt etwas umständlich, dass er sicher gehen möchte, dass wir nicht illegal im Land sind. Er kann sich momentan keinen weiteren Ärger mit der Polizei erlauben. Wir fragen nicht weiter nach. Auch als wir zwei Stunden später vor einer Polizeikontrolle halten, geht Eric auf Nummer sicher. Wir müssen seinen Wagen 500 Meter vor der Kontrolle verlassen und in der Dunkelheit zu Fuß an der Kontrollstation vorbei. Alles kein Problem. Zwar beschleicht uns ein mulmiges Gefühl, aber als uns Eric einige hundert Meter hinter dem Sicherheitsposten tatsächlich wieder abholt, sind alle Zweifel beseitigt.
Die Polizisten lachen viel und sind gut drauf. Ihr Englisch ist eine Katastrophe. Wir verständigen uns mit Händen und Füßen, meistens jedoch mit hoch gestreckten Daumen. Als wir erklären, dass wir gerade aus Suriname kommen, klatschen die französischen Beamten beeindruckt in die Hände. Sie glauben tatsächlich, dass wir den Weg aus Suriname bis hierher zu Fuß bewältigt haben. Wir lassen sie in dem Glauben. Sie würden uns eh nicht verstehen. Als wir gehen ruft einer der Polizisten uns noch stolz ein „Good Bye“ hinterher.
In Cayenne wohnen wir bei Sebastién in einem der Vororte der 63.000 Einwohner fassenden Stadt. Unsere Couch ist diesmal eine WG in den Tropen. Die Küche befindet sich auf der offenen Veranda, ist zugleich Wohn- und Esszimmer. Als wir ankommen, entschuldigt sich Sebastién kurz und schlägt mit seiner Machete eine Kokosnuss von der Palme im Garten, als er uns etwas zu trinken anbieten möchte.

Im Haus selbst hält man es kaum aus. Nachts ist es viel zu heiß und so verlegen wir unseren Schlafplatz kurzerhand ins Freie auf die Terrasse.
Die WG ist ein bunter Haufen abenteuerlicher Franzosen, die alle bereits mehr oder weniger lange in Französisch Guayana leben. Cayenne wimmelt nur so von europäischen Kontinentalfranzosen, Franzosen aus Metropole, wie sie von den Einheimischen genannt werden. Auf der Suche nach Jobs verschlägt es sie auf die andere Seite des Atlantiks. Die meisten bleiben nur für ein paar Jahre. Sie verdienen in ausgelagerten Ressorts französischer Unternehmen ein sehr gutes Gehalt und kehren dann wieder zurück.
Während ihrer Zeit in Französisch Guayana lassen sie es ordentlich krachen. Auswandern nach Französisch Guayana ist für viele Franzosen ein leicht zu kalkulierendes Risiko. Es ist noch immer derselbe Staat, man spricht die gleiche Sprache, alle Produkte werden aus Frankreich importiert, nur der Regenwald und das tropische Klima sind neu, Rum und vor allem Kokain extrem billig. Ein Leben in Französisch Guayana zelebrieren vielen von ihnen als einen auf Jahre ausgedehnten wilden Urlaub.
Fragt man Franzosen aus Metropole, wie sie das Leben in Guayana mit dem Leben in Frankreich vergleichen, verstehen die meisten die Frage überhaupt nicht. „Das hier ist doch Frankreich", bekommen wir jedes Mal zur Antwort. Sie verstehen Französisch Guayana uneingeschränkt als Teil des Mutterlandes. Allerdings kennen nur die wenigsten tatsächlich einen Einheimischen. Die Franzosen aus Europa bleiben unter sich.
Wenn europäische und südamerikanische Franzosen zusammentreffen, dann bleiben sie stets in ihren eigenen kleinen Grüppchen. Für uns wirkt es so, als könnten die einen nichts mit den anderen anfangen und umgekehrt. Die ursprünglich Einheimische Bevölkerung ist vornehmlich schwarz, fährt mit dem Bus in die Stadt, arbeitet für wenig Geld und sieht sich keinesfalls als Franzosen. Sie sind stolz auf ihre Heimat, auf Französisch Guayana, auf ihre Flagge. Frankreich ist für sie etwas ganz anderes.
Franzosen aus Europa sind dagegen den ganzen Tag im eigenen Auto unterwegs. Wir haben in zwei Wochen, die wir in Cayenne verbracht haben, nicht einen einzigen Weißen im öffentlichen Nahverkehr gesehen. Ihr Leben ist wesentlich großspuriger und geht häufig mit den verschiedensten Arten eines Rausches einher.
Die unterschiedliche Wahrnehmung über das Land zeigt sich auch in der historischen Bewertung. Wir verstehen Französisch Guayana noch immer als eine Art Kolonie, als einen Staat, der nie seine Unabhängigkeit erreichte. Viele Franzosen aus Metropole widersprechen dem rigoros. Französisch Guayana sei schon deshalb keine Kolonie, so argumentieren sie, weil es vor den Franzosen gar keine Menschen in diesem Gebiet gab. Die Franzosen

wären hier auf unbesiedeltem Terrain gelandet. Das hört die indigene Urbevölkerung vermutlich nicht so gerne.
Cayenne, die Landeshauptstadt des Departements (Französisch Guayana untersteht natürlich auch der Bundeshauptstadt Paris), ist eine kleine, europäisch anmutende Stadt. Entlang der Av. du Général de Gaulle, der Haupteinkaufsstraße, reihen sich Restaurants, Klamotten- und Technikläden, wie wir sie aus Europa kennen. Es gibt schicke Kleider zu kaufen, teure französische Kosmetikmarken, ganze Geschäfte voller Macheten. Die beachtlichen Waffen gibt es in erschreckenden Größen. Mit dem angedeuteten Sägeblatt wirken sie auf uns wie Schlachtergerät; werden hier aber völlig legal an jeden verkauft.
In den Seitenstraßen geht es dann aber etwas südamerikanischer zu. Auf dem großen Obst- und Gemüsemarkt gibt es die besten Tropenfrüchte, Mangos und Maracujas. Beim Bäcker nebenan leckeres Baguette. Am anderen Ende der Straße essen wir Crêpes.
Wie überall in Südamerika ist der informelle Sektor sehr groß. Viele Arbeiter leben jedoch ohne Papiere hier. Sie sind illegal, kommen aus Kolumbien, Venezuela oder Guyana und versuchen hier, in Europa, ein etwas besseres Leben zu führen, als sie es in ihrem eigenen Land vermögen. Yasmin gehört zu ihnen. Sie arbeitet als Schneiderin und kam vor etwa einem Jahr über Brasilien durch den Dschungel bis nach Cayenne. Das Leben hier sei schwierig, erklärt sie, aber noch immer besser als in ihrem Heimatland Kolumbien. Sie lädt uns zu sich ein, gibt sich Mühe, in ihren bescheidenen Wohnverhältnissen eine gute Gastgeberin zu sein. In der Wohnung leben unzählige Afrokolumbianer auf engstem Raum. Yasmin selbst nennt sechs Quadratmeter ihr Eigen. Mehr als ein Bett und ein kleiner Tisch mit Nähmaschine, ihr Arbeitsplatz, passen nicht hinein.
Als wir uns der Silvesternacht nähern, lädt uns Sebastién zu einer Feier mit seinen Freunden ein. Wir fahren hinaus aus der Stadt, setzen in der Dunkelheit mit einer wackeligen Nussschale über einen Fluss und erreichen nach einer zehnminütigen Bootsfahrt eine Holzhütte auf Stelzen inmitten riesiger Sümpfe und Wälder. Das Haus ist groß, mit einer breiten Terrasse auf der an einer langgezogenen Tafel bereits eine gut gelaunte Meute sitzt. Alles Franzosen aus Metropole.
Der Abend wird feuchtfröhlich. Ein bisschen Elektrizität gibt es aus einem laut brummenden Generator. Ein maroder, moosbewachsener Steg führt einige Meter abseits in einen kleinen Toilettenraum. Um uns herum wuchert der Dschungel. Keine Lichtquelle ist weit uns breit auszumachen. Nur wir und eine Gruppe lallender Franzosen in einer Holzhütte mitten in den feuchten Sümpfen Französisch Guayanas. Irgendwann so scheint es, kommt

auch Kokain ins Spiel. Die abenteuerlichen Franzosen machen das Beste aus ihrer Zeit. Es ist die erste Silvesternacht unseres Lebens, die wir ohne Feuerwerk verbringen. Ganz ruhig ist es – wenn man von unserer feiernden Gruppe absieht.
Auch den nächsten Tag verbringen wir zu großen Teilen auf der hölzernen Terrasse. Es regnet heftig und niemand verspürt besondere Lust unter diesen Bedingungen in ein Boot zu steigen. So sitzen wir im Dschungel von Französisch Guayana und harren aus, liegen in den Hängematten auf der Terrasse bis die Wolkendecke wieder aufreißt.
Das Land ist spärlich besiedelt und selbst Cayenne kommt über den Charme einer Kleinstadt nicht hinaus. Französisch Guayana ist fast ausschließlich von ausladendem Dschungel überwuchert. Direkt hinter der Stadtgrenze beginnt der mächtige Wald. Die Energiegewinnung im ganzen Land läuft über die Verbrennung von Holz. Holz gibt es hier im Überfluss, so scheint es.
Zwar gibt es noch das europäische Raumfahrtzentrum in Kourou, aber auch dieser Ort ist eher beschaulich.

Tage verstreichen. Wir verbringen viel Zeit am Strand oder lassen uns von Jess, einer Mitbewohnerin Sebastiéns, die Umgebung zeigen. So gelangen wir nach Cacao. Das Dorf liegt etwa 75 Kilometer von Cayenne entfernt. Ein kleines Stückchen Laos in Südamerika. Die Dorfgemeinschaft besteht hauptsächlich aus Mitgliedern der Hmong, einer Volksgruppe, die in den 1970er-Jahren aus Laos fliehen musste und in Französisch Guayana eine neue Heimat fand. Da in Französisch Guayana alles aus Frankreich importiert wird und die eigene Wirtschaft kaum existiert, sorgen die Hmong mittlerweile für 80 Prozent der landwirtschaftlichen Erzeugnisse im Land.
Jeden Sonntag öffnet ein kleiner Wochenmarkt in Cacao, auf dem traditionelles Hmong-Handwerk und laotisches Essen verkauft wird. Vor allem die Marktküche ist so beliebt, dass sich jedes Wochenende dutzende Autos von Cayenne auf den Weg nach Cacao machen, nur um eine warme Suppe zu schlürfen.

Nach zwei Wochen ist es dann soweit. Wir halten zwei Flugtickets für einen Inlandsflug über den Atlantik in unseren Händen. Morgen früh landen wir in Paris. Ein bisschen wehmütig sitzen wir in der Wartehalle des Terminals. Adiós américa del sur. Nos vemos otro dia.

Epilog

Schluss. Aus. Es ist vorbei. Das war es dann. Spätestens jetzt an der Autobahnraststätte bei Frechen kurz hinter der deutsch-belgischen Grenze endet unsere abenteuerliche Reise. Der Weg von Paris bis hierher war einfach. Lächelnd wurden wir von den Franzosen und Belgiern, die wir an den Tankstellen um eine Mitfahrt baten, in ihre Autos gewunken.
Jetzt dringen völlig unvorbereitet die ersten deutschen Gesprächsfetzen an unsere Ohren. Jemand bestellt eine Bockwurst, ein paar Meter weiter erörtert eine Frau ihrem Liebsten den gerade gelesenen Zeitungsartikel. Wir erleben den ersten deutschen Tankstellenschnack seit mehr als zwei Jahren. Wir atmen tief durch und versuchen den Moment zu konservieren, ihn festzuhalten, um später davon zu erzählen. Das haben wir uns vorgenommen. Wenn man uns bald fragen wird, wie es sei, wieder in Deutschland zu sein, dann wollen wir von diesem Augenblick an der Raststätte in Frechen erzählen.
Doch was haben wir konserviert? Welche Veränderungen haben wir wahrgenommen? Welche Unterschiede waren spürbar? Zwei Jahre nachdem wir Deutschland verlassen haben, stehen in der BILD noch immer völlig übertriebene Schlagzeilen, wird noch immer gerne Bockwurst an Raststätten gegessen, sind die Menschen noch genau so, wie sie vor zwei Jahren waren. Zurück nach Deutschland zu kommen, heißt auch, wieder nach Hause zu kommen. Es heißt einen Ort zu betreten, den man bestens kennt, der sich kaum ändert und auch in der eigenen Abwesenheit stets so bleibt, wie er immer war. Heimat bleibt auch nur deshalb Heimat, weil es sich einer Veränderung widersetzt.
Da sind wir also wieder. Zurück in Deutschland. Zurück zuhause. Und alles ist so, wie wir es einst zurückgelassen haben. Merkwürdig.

Hatten wir einen Kulturschock erwartet? Dachten wir, dass zwei Reisejahre durch Südamerika das Leben in Deutschland vergessen machen würden? Dass wir unser Deutschsein verlernen würden? Dass uns Ordnung, Pünktlichkeit und ein gewisses Spießbürgertum plötzlich fremd und unwirklich erscheinen würden? Wohl kaum.
Aber warum halten wir dann inne? Warum stehen wir in einer kalten Januarnacht an einer Raststätte bei Frechen, debil grinsend und mit schneller schlagenden Herzen? Vielleicht weil uns erst jetzt klar wird, dass das größte Abenteuer unseres bisherigen Lebens nun tatsächlich der Vergangenheit angehört.

752 Tage sind wir durch Südamerika gereist. Per Autostopp und mit Couchsurfing haben wir einen Kontinent kennengelernt, der vielfältiger nicht sein könnte. Wir sind durch Wüsten und Regenwälder gewandert, haben Berge erklommen und sind in Höhlen gestiegen, haben Gletscherwasser getrunken und in der Karibik gebadet.
Mehr als 56.000 Kilometer haben wir zurückgelegt – das entspricht in etwa der anderthalbfachen Erdumrundung entlang des Äquators. 246 Mitfahrgelegenheiten hielten für uns am Straßenrand.
Knapp 80 Gastgeber in 14 verschiedenen Ländern empfingen uns, die beiden Reisenden aus Deutschland, nicht als Fremde, sondern als gute Freunde. Allen sind wir zu tiefstem Dank verpflichtet und jedem fühlen wir uns auf irgendeine Weise verbunden.
Egal ob Diogo, der uns 10 Tage zu sich nach Rio einlud und uns mehr über die fabelhafte Stadt und Brasilien lehrte, als wir jemals in Reiseführern hätten nachlesen können, oder Germán, der uns in Argentinien an die entlegendsten Orte brachte und alles erdenklich Mögliche tat, um uns eine angenehme Zeit zu gestalten. Wir sind stolz darauf, seine ersten Couchsurfing-Gäste gewesen zu sein. Wir danken Belén für ihre uneingeschränkte Gastfreundschaft auf Feuerland, dem südlichsten Ende der Welt, und das Vertrauen, das ihre kleine Familie uns entgegenbrachte. Danke an Avner, Dani, Carlos (3 Mal), Cristian, Flor, Pedro, Alejo, Estefania, Francisco, Chuly, Hugo, Luis, Juan Carlos, Kathy, Henry, Edwin, Luna, Manuel (3 Mal), Nacho, Vero, Nico, Mario (2 Mal), Vicky, Damian, Javier, Chalo, Anja, José, Ruben, Bery, Jorge, Ludemar, Bruno, Ignacio, Rafa, Tati, Dhiego, Sebastián, John, Magda, Florencia, Philippe, Coque, Enrique, Maria, Paulo, Jonathan, Azul, Alex, Mauricio, David, Brian, Juan, Sebastién, Hermogenes, Carolina, Nancy, Maja, Dom, Rafael, Luciana, Margarita, Cami, Carmen, Samuel, Luz, Genesis, Salome, Cira, Garth, Chantelle und Fletch, die binnen weniger Stunden zu Freunden wurden.
Jedem Einzelnen verdanken wir etwas Besonderes. Jeder brachte uns dazu, unseren Blickwinkel neu zu justieren, andere Perspektiven anzunehmen und über den eigenen Tellerrand hinaus zu schauen. Wir wurden zu einem Teil der Familie, waren Mitglied im Freundeskreis, feierte Geburtstage, Volksfeste und Familienfeiern. Gleichzeitig erfuhren wir von persönlichen Schicksalsschlägen und Schererei, von Problemen und Widrigkeiten im Kleinen wie im Großen. Aber vor allem lernten wir das Leben zu lieben, den Moment zu genießen und die Freude des Zusammenseins auszukosten.
Wenn wir heute, mehr als ein Jahr nach der Rückkehr nach Deutschland, an Südamerika zurückdenken, dann verblassen die Bilder der Orte. Die Details

verschwimmen, wenn wir uns an diesen oder jenen Berg oder Strand, an diese oder jene Lagune oder Stadt erinnern.
Woran wir uns jedoch erinnern, sind die Menschen und ihre Geschichten, die sie erzählen. Wir können noch immer unsere Gastgeber der Reihe nach aufzählen, ohne einen einzigen zu vergessen. Wir erinnern uns an die Marktfrauen in Sucre, Bolivien, und an die meisten Coca-kauenden LKW-Fahrer, die uns kreuz und quer über die Anden brachten. Vor allem aber erinnern wir uns an die Gastfreundschaft und Lebensfreude, die uns stets entgegengebracht wurde, an die stille Bescheidenheit in den traditionellen Bergdörfern und die selbstbewusste Zurschaustellung der Menschen in den großen Metropolen wie Buenos Aires, Bogotá oder Lima.

Wenn es nur eine einzige Sache gibt, die nach dieser Reise bleibt. Nur eine Veränderung in unseren Köpfen, dann ist es das fest zementierte Vertrauen an die Menschheit und die Menschlichkeit. Die Welt ist kein schlechter Ort. Sie hängt nur davon ab, was jeder Einzelne aus ihr macht.
Vielleicht muss man nicht reisen, um diese Erkenntnis zu gewinnen, aber das Reisen hilft ungemein, zu dieser Erkenntnis zu gelangen. Also macht euch auf. Geht hinaus. Packt unvoreingenommene Neugier in die linke und ein bisschen Abenteuerlust in die rechte Hosentasche und genießt die Welt. Es gibt nichts Schöneres.

CAPURGANÁ
AMAZONAS
MACHU PICCHU
RIO DE JANEIRO
VALPARAISO
CABO POLONIO
USHUAIA
SOUTH AMERICA

Die Raupe und der Buddha

Ein Jahr Auszeit und rein ins Abenteuer! Auf den Spuren von Marco Polo begibt sich Fotograf Marcus Hillerich auf die legendäre Seidenstraße. Entlang der historischen Handelsroute nimmt er die politische, religiöse und kulturelle Situation unter die Lupe und erfasst das heutige Leben im Sucher seiner Kamera.
Von Usbekistan und Kasachstan aus reist Marcus Hillerich mehr als 6.000 km durch Steppen, Wüsten und den Himalaya. Über China und Tibet gelangt er nach Burma und wird Zeuge des Umbruchs. Teegespräche mit Marihuana rauchenden Schaffnern, die Attacke eines Polizeihundes und vergorene Stutenmilch zum Frühstück gehören ebenso zu seinen Erlebnissen wie die Begegnung mit dem Sicherheitsdienst in Burma oder der ständige Kampf mit behördlichem Irrsinn.

Erhältlich im Buchhandel und auf http://shop.traveldiary.de.